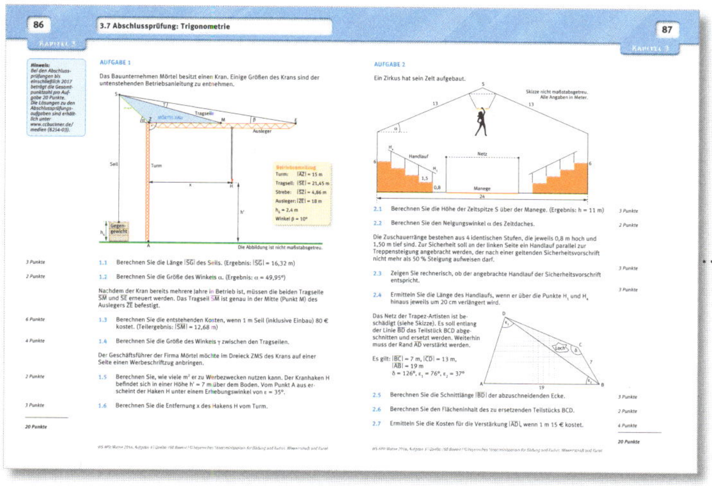
86 3.7 Abschlussprüfung: Trigonometrie 87

Zum Abschluss der Vermischten Aufgaben findet ihr **Original-Prüfungsaufgaben** der letzten Jahrgänge.

Der **zweite Teil** enthält „Diskussionsaufgaben“: Bezieht Stellung zu den Behauptungen und begründet oder widerlegt sie. Anschließend vergleicht ihr eure Ergebnisse mit einem Partner.

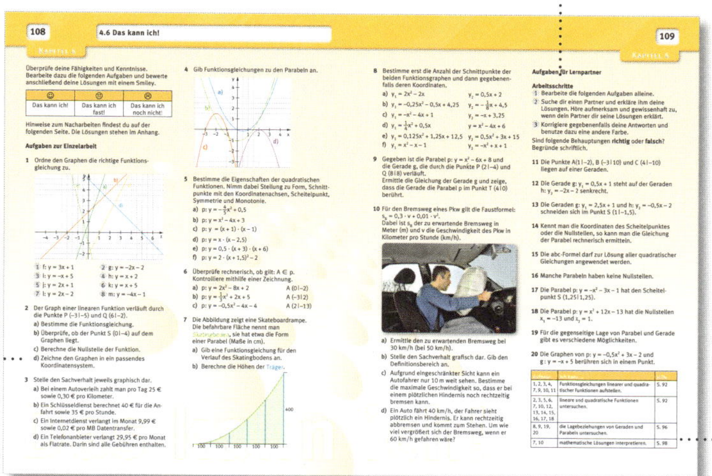
108 4.6 Das kann ich! 109

Die Doppelseite **Das kann ich!** hat verschiedene Teile: Im **ersten Teil** findet ihr Aufgaben, die ihr alleine löst. Anschließend bewertet ihr euch selbst. Näheres findet ihr auf den Seiten selbst. Die Aufgaben sind einfach gehalten, ihr solltet also einen Großteil davon gut schaffen.

Mithilfe der Tabelle könnt ihr prüfen, was ihr gut könnt und wo ihr noch üben müsst. Ihr findet auch Seitenverweise zum Nacharbeiten.

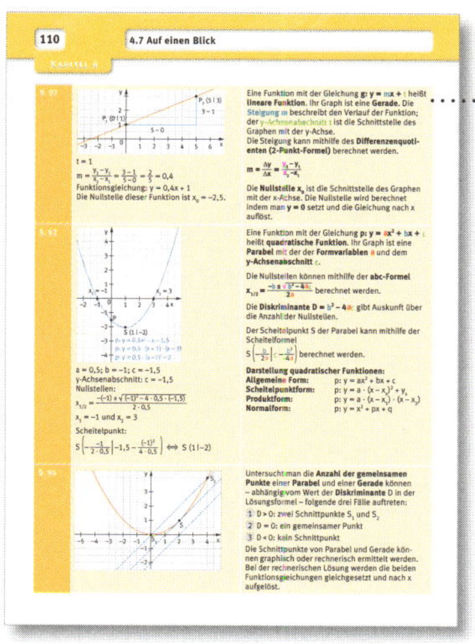
110 4.7 Auf einen Blick

Die Seite **Auf einen Blick** enthält das Grundwissen des Kapitels in kompakter Form.

Lernsituation 59

Der Abschlussball

Jedes Großkapitel schließt nach den Vermischten Aufgaben mit einer **Lernsituation** ab.

Mathe.Logo 10

Wirtschaftsschule Bayern

Herausgegeben von Michael Kleine

Bearbeitet von Birgit Falge-Bechwar,
Claudia Honold,
Michael Kleine,
Petra Kraft,
Katharina Maul,
Sabrina Mistlberger,
Sandro Reinhardt

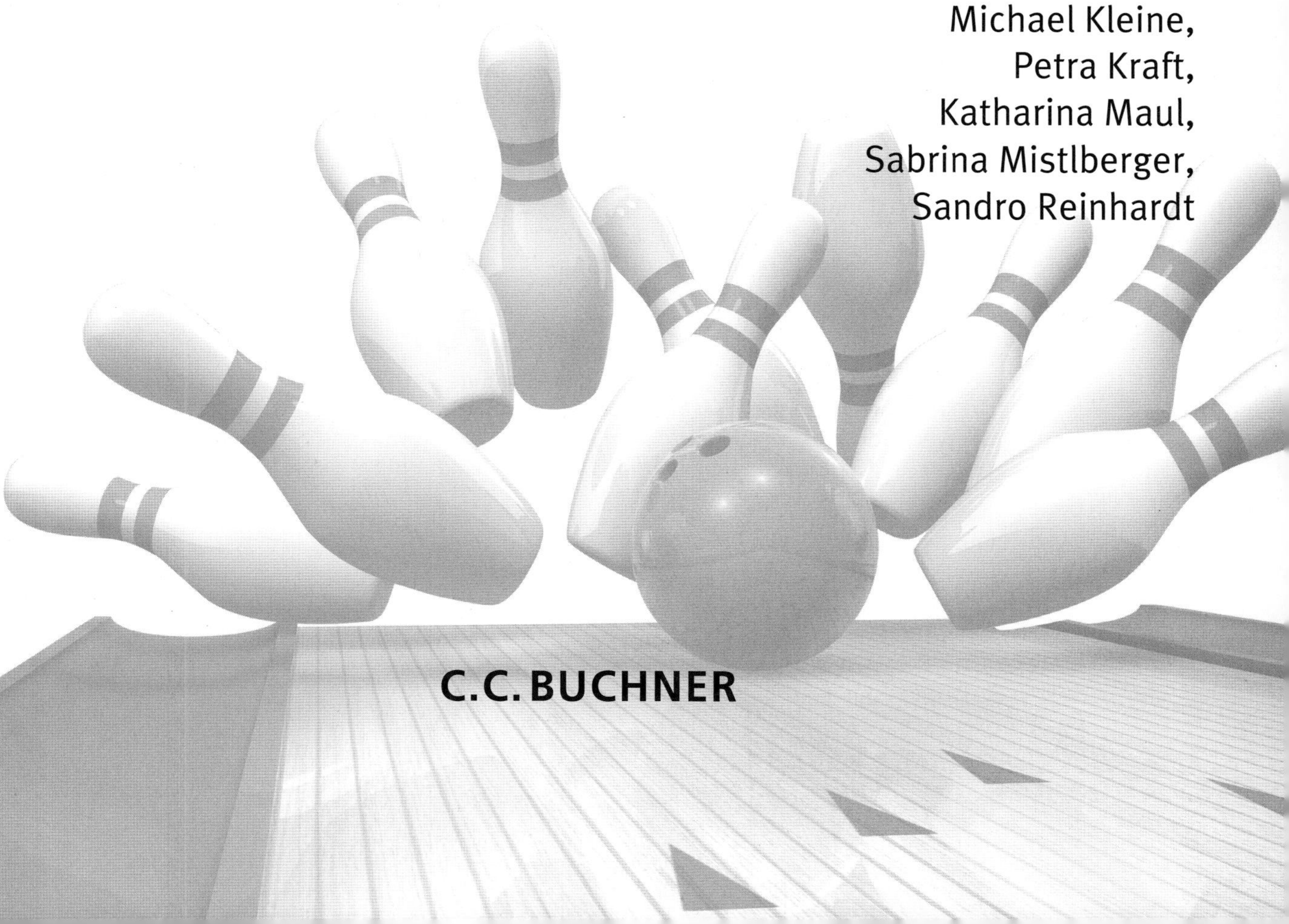

C.C. BUCHNER

Mathe.Logo
Wirtschaftsschule Bayern
Herausgegeben von Michael Kleine

Mathe.Logo 10
Bearbeitet von Birgit Falge-Bechwar, Claudia Honold, Michael Kleine, Petra Kraft, Katharina Maul, Sabrina Mistlberger und Sandro Reinhardt

Die Mediencodes enthalten zusätzliche Unterrichtsmaterialien, die der Verlag in eigener Verantwortung zur Verfügung stellt.

1. Auflage, 2. Druck 2021
Alle Drucke dieser Auflage sind, weil untereinander unverändert, nebeneinander benutzbar.

Dieses Werk folgt der reformierten Rechtschreibung und Zeichensetzung. Ausnahmen bilden Texte, bei denen künstlerische und lizenzrechtliche Gründe einer Änderung entgegenstehen.

Redaktion: Sonja Krause
Grafische Gestaltung: Wildner+Designer GmbH, Fürth
Druck- und Bindearbeiten: mgo360 GmbH & Co. KG, Bamberg

www.ccbuchner.de

ISBN: 978-3-7661-**6254**-0

Inhalt

1 Finanzmathematik

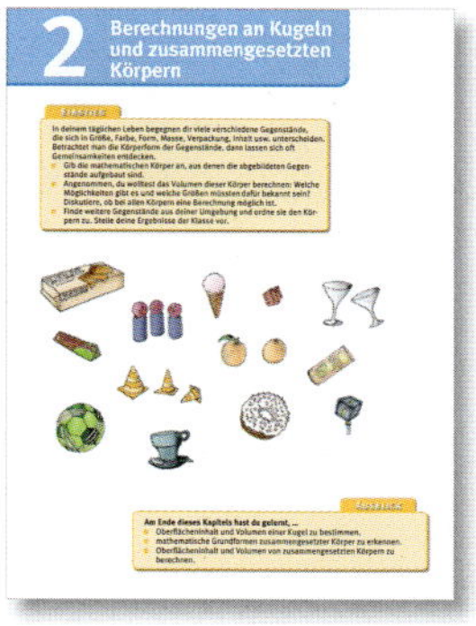
2 Berechnungen an Kugeln und zusammengesetzten Körpern

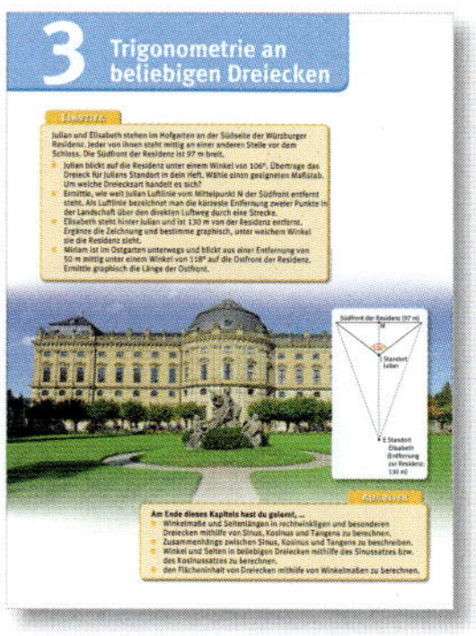
3 Trigonometrie an beliebigen Dreiecken

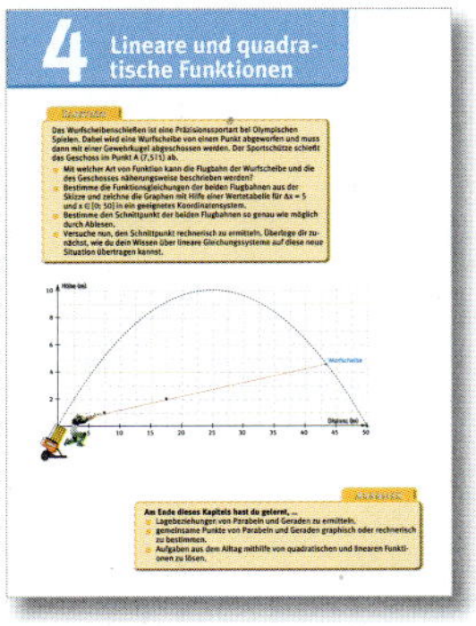
4 Lineare und quadratische Funktionen

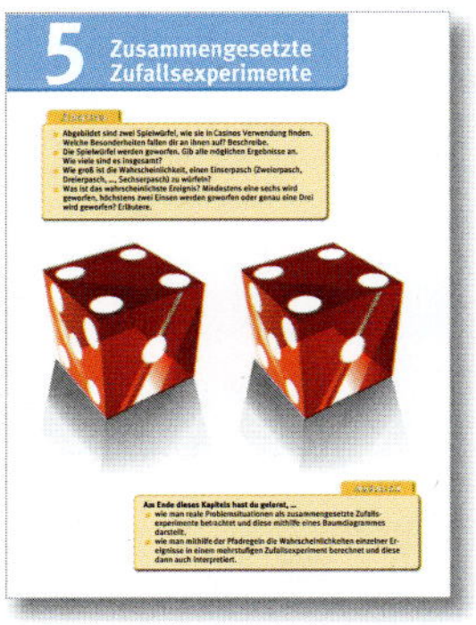
5 Zusammengesetzte Zufallsexperimente

6 Prüfungstraining

Mathematische Zeichen und Abkürzungen

$\mathbb{N}$	Menge der natürlichen Zahlen
$\mathbb{N}_0$	Menge der natürlichen Zahlen mit Null
$\mathbb{Z}$	Menge der ganzen Zahlen
$\mathbb{Q}$	Menge der rationalen Zahlen
$\mathbb{Q}^+$	Menge der positiven rationalen Zahlen
$\mathbb{D}$	Definitionsmenge; Definitionsbereich einer Funktion
$\mathbb{W}$	Wertemenge; Wertebereich einer Funktion
$\mathbb{G}$	Grundmenge
$\mathbb{L}$	Lösungsmenge
$\varnothing$	leere Menge
$\{a, b, c\}$	aufzählende Form der Mengendarstellung „Menge mit den Elementen a, b, und c“
$T_1, T_2, \ldots$	Terme
$\in (\notin)$	Element von (nicht Element von)
$\Longrightarrow$	daraus folgt
$\Longleftrightarrow$	äquivalent
$\longmapsto$	ist zugeordnet
$f(x), g(x), \ldots$	Funktionsgleichung; Funktionsterm; Funktionen
m	Steigung
t	y-Achsenabschnitt
x_0	Nullstelle
$N(x_0 \mid 0)$	Schnittpunkt eines Funktionsgraphen mit x-Achse
$P(0 \mid t)$	Schnittpunkt eines Funktionsgraphen mit y-Achse
p	Parabel
$=, \neq$	gleich, ungleich
$\approx$	ungefähr gleich
$>, <$	größer als, kleiner als
$\geqq$	größer oder gleich
$\leqq$	kleiner oder gleich
$\hat{=}$	entspricht
$\mid, \nmid$	teilt, teilt nicht
$+, -$	plus, minus
$\cdot, :$	mal, multipliziert mit, geteilt durch, dividiert durch
$\frac{a}{b}$	Bruch mit Zähler a und Nenner b
a^n	Potenzschreibweise; „a hoch n“
$\sqrt{a}, \sqrt[3]{a}$	Quadratwurzel, Kubikwurzel aus a
$\sqrt[n]{a}$	n-te Wurzel aus a
$\log_a c$	Logarithmus von c zur Basis a
%	Prozent
$H(Z)$	absolute Häufigkeit, mit der das Ergebnis Z (z. B. Zahl) vorkommt
$h(Z)$	relative Häufigkeit, mit der das Ergebnis Z (z. B. Zahl) vorkommt
$p(E)$	Wahrscheinlichkeit eines Ereignisses E
$\bar{x}$	arithmetisches Mittel (Durchschnittswert)
$x_{mod}(m)$	Modalwert
$x_{med}(z)$	Median (Zentralwert)
x_{max}, x_{min}	Maximum, Minimum
$R(s)$	Spannweite
$P(x_1 \mid y_1)$	Punkt P mit den Koordinaten x_1 und y_1
$g, h, \ldots$	Geraden
$\overline{PQ}$	Strecke mit den Endpunkten P und Q
$\lvert\overline{PQ}\rvert$	Länge der Strecke $\overline{PQ}$
$k(M; r)$	Kreislinie mit Mittelpunkt M und Radius r
$\alpha, \beta, \gamma, \ldots$	Winkelbezeichnungen
$^\circ$	Grad, Maßeinheit für Winkel
u	Umfangslänge
r	Radius eines Kreises
d	Durchmesser eines Kreises
A	Flächeninhalt
$O(A_O)$	Oberflächeninhalt
$G(A_G), G(A_M)$	Grundfläche, Mantelfläche
V	Volumen, Rauminhalt
$\perp, \parallel$	senkrecht auf, parallel zu
$\sin\alpha$	Sinuswert des Winkels α
$\cos\alpha$	Cosinuswert des Winkels α
$\tan\alpha$	Tangenswert des Winkels α

Die Lösungen zum Grundwissen findest du im Anhang.

Mit rationalen Zahlen rechnen

1 Berechne ohne Taschenrechner.

a) $(+86) - (-44) =$
$(-112) - (+36) =$
$(-250) + (-185) =$

b) $(+2{,}4) - (+3{,}6) =$
$(-4{,}8) + (-1{,}9) =$
$(+3{,}9) + (+12{,}1) =$

c) $\left(+\frac{4}{5}\right) + \left(-1\frac{2}{5}\right) =$
$\left(-2\frac{3}{4}\right) - \left(-1\frac{1}{4}\right) =$
$\left(-3\frac{5}{6}\right) + (-2) =$

d) $\left(-\frac{2}{3}\right) + \left(-\frac{1}{9}\right) =$
$\left(+\frac{3}{10}\right) - \left(+\frac{7}{50}\right) =$
$\left(-1\frac{1}{6}\right) - \left(-2\frac{4}{15}\right) =$

2 Berechne vorteilhaft ohne Taschenrechner.

a) $20 \cdot (-6) =$
$-50 \cdot (+0{,}5) =$
$-1{,}5 \cdot (-22) =$
$-30 \cdot 2{,}6 =$

b) $-\frac{1}{2} \cdot \left(-\frac{1}{3}\right) =$
$\frac{5}{8} \cdot \left(-\frac{8}{5}\right) =$
$-\frac{3}{4} \cdot 8 =$
$4\frac{1}{2} \cdot \frac{8}{3} =$

c) $-144 : (-12) =$
$143 : (+13) =$
$(-195) : (+15) =$
$198 : (-11) =$

d) $15 : (-2{,}5) =$
$-9{,}6 : (+1{,}2) =$
$-8{,}75 : (-1{,}25) =$
$(+3{,}5) : (-0{,}05) =$

3 Berechne ohne Taschenrechner.

a) $\frac{3}{2} : \left(\frac{5}{6} - \frac{5}{9}\right)$
b) $\left(\frac{1}{4} + \frac{7}{12}\right)^2 : \left(\frac{2}{7} - \frac{1}{6}\right)$
c) $13 : (0{,}75 \cdot 6 - 2)$
d) $3{,}75 - 0{,}345 : 0{,}15$

4 Berechne ohne Taschenrechner. Nutze Rechengesetze.

a) $(-5) \cdot 3{,}5 + (-5) \cdot 4{,}5 =$
b) $36{,}7 + (-12{,}9) + (-6{,}7) - 5{,}1 =$
c) $\frac{1}{4} - \frac{1}{6} + \left(-\frac{7}{8}\right) + \left(-\frac{5}{12}\right) =$
d) $-22{,}1 \cdot 98 + 5{,}6 \cdot (-98) =$
e) $\left(-\frac{3}{4}\right) \cdot (-14{,}7) - \left(-\frac{4}{3}\right) \cdot (-14{,}7) =$
f) $0{,}01 \cdot (-27{,}1) + (-15{,}9) \cdot 0{,}01 =$

5 Der Platzwart eines Fußballvereins mäht den Rasen. Nachdem er eine Platzhälfte ganz und ein Drittel der zweiten Hälfte gemäht hat, beginnt es plötzlich zu regnen und er muss aufhören. Welchen Anteil des Fußballplatzes muss er nach der Regenpause noch mähen?

6 Lisa steht auf einem 100 m langen Rollband im Flughafen und legt die Strecke in 20 s zurück. Zu Fuß würde sie 72 s brauchen. Wie lange würde sie gehend auf dem Rollband für 100 m brauchen?

Addition und Subtraktion von Brüchen

Ungleichnamige Brüche werden zunächst **gleichnamig gemacht**. Anschließend werden die **Zähler addiert bzw. subtrahiert**. Der gleichnamige Nenner wird beibehalten.

Beispiel: $\frac{2}{5} + \frac{3}{10} = \frac{4}{10} + \frac{3}{10} = \frac{4+3}{10} = \frac{7}{10}$

Multiplikation und Division von Brüchen

Brüche werden multipliziert, indem man **Zähler mit Zähler** und **Nenner mit Nenner** multipliziert.
Man dividiert durch einen Bruch, indem man mit seinem **Kehrbruch multipliziert**.

Beispiel: $\frac{2}{3} \cdot \frac{5}{7} = \frac{10}{21}$ $\quad \frac{4}{7} : \frac{8}{9} = \frac{4}{7} \cdot \frac{9}{8} = \frac{\overset{1}{\cancel{4}} \cdot 9}{7 \cdot \underset{2}{\cancel{8}}} = \frac{9}{14}$

Addition und Subtraktion rationaler Zahlen

Bei gleichen Vorzeichen der Summanden werden die Beträge addiert; das gemeinsame Vorzeichen bleibt.

Beispiel: $(-4{,}2) + (-1{,}4) = -5{,}6$

Bei verschiedenen Vorzeichen der Summanden wird der kleinere Betrag vom größeren Betrag subtrahiert; das Ergebnis hat das Vorzeichen des Summanden mit dem größeren Betrag.

Beispiel: $(-6{,}3) + (+1{,}7) = -4{,}6$

Die Subtraktion einer rationalen Zahl lässt sich stets durch die Addition ihrer Gegenzahl ersetzen.

Multiplikation und Division rationaler Zahlen

Zwei rationale Zahlen werden multipliziert (dividiert), indem man zunächst deren Beträge multipliziert (dividiert). Haben beide Zahlen dasselbe Vorzeichen, so ist das Ergebnis positiv, andernfalls negativ.

Beispiel: $-2{,}3 \cdot (-1{,}5) = 3{,}45$ $\quad 3{,}45 : (-1{,}5) = -2{,}3$

Rechengesetze in $\mathbb{Q}$ (für alle $a, b, c \in \mathbb{Q}$)

Kommutativgesetz

$a + b = b + a$ $\quad a \cdot b = b \cdot a$

Beispiel: $(4{,}2) + (-2{,}3) + (3{,}8) = (4{,}2) + (3{,}8) + (-2{,}3)$
$(2{,}5) \cdot (-1{,}8) \cdot (-6) = (2{,}5) \cdot (-6) \cdot (-1{,}8)$

Assoziativgesetz

$a + (b + c) = (a + b) + c$ $\quad a \cdot (b \cdot c) = (a \cdot b) \cdot c$

Beispiel: $(-0{,}8) + [(2{,}8) + (-1)] = [(-0{,}8) + (2{,}8)] + (-1)$
$\left(-\frac{3}{4}\right) \cdot \left[\left(-\frac{1}{2}\right) \cdot \left(+\frac{5}{7}\right)\right] = \left[\left(-\frac{3}{4}\right) \cdot \left(-\frac{1}{2}\right)\right] \cdot \left(+\frac{5}{7}\right)$

Distributivgesetz

$a \cdot (b + c) = ab + ac$ $\quad a \cdot (b - c) = ab - ac$

Beispiel: $(-5) \cdot (3 + 8) = (-5) \cdot 3 + (-5) \cdot 8$

Potenzgesetze

7 Vereinfache den Term und berechne seinen Wert. Es gilt: $a^1 = a$ ($a \in \mathbb{R}$); $a^0 = 1$ ($a \in \mathbb{R} \setminus \{0\}$)

a) $4^3 \cdot 4^0 \cdot 4^{-5} =$ b) $(4^{-2} \cdot 4^3) : 4^{-2} =$
c) $(2^{-3} + 2^{-2}) \cdot 2^4 =$ d) $1{,}2^4 \cdot (1{,}2^{-3} - 1{,}2^{-4}) =$
e) $(-2)^8 \cdot (-2)^{-4} \cdot (-2)^{-2} =$ f) $(2^4 \cdot 2^{-7}) : (2^{-3} \cdot 2^0) =$

8 Vereinfache so weit wie möglich.

a) $\frac{2^{10} \cdot a^5}{(2a^2)^5 \cdot 2^4} =$ b) $\frac{(-6)^4 \cdot a^5}{6a^3 \cdot (-6)^2} =$
c) $\frac{3x^5 \cdot 2x^4}{2x^2 \cdot 3x^3} =$ d) $\left(\frac{x^4y}{x^2y^3}\right)^{-2} =$
e) $\frac{(5x^2)^3 - (-3)^3 \cdot x^6}{(x^{-1})^2 \cdot (2x^2)^4} =$ f) $\frac{25x^2}{5 \cdot x^{-3}} + \frac{30x^4}{6x^{-5}} =$
g) $(x^3 - x^2 + x - 1) \cdot x^{-3} =$ h) $\frac{1}{x-2} + 3 - \frac{1-x}{2-x} =$

1 Werden **Potenzen mit gleicher Basis** multipliziert (dividiert), bleibt die **Basis erhalten.** Der Exponent ist die Summe (Differenz) **der Exponenten.**
Beispiel: $(-3)^5 \cdot (-3)^3 = (-3)^{5+3} = (-3)^8$
$(-3)^5 : (-3)^3 = (-3)^{5-3} = (-3)^2$

2 Werden **Potenzen mit demselben Exponenten** multipliziert (dividiert), dann bleibt der **gemeinsame Exponent erhalten.** Die Basis ist dabei das Produkt (der Quotient) **der einzelnen Basen.**
Beispiel: $(-8)^5 \cdot 2^5 = (-8 \cdot 2)^5 = (-16)^5$
$(-8)^5 : 2^5 = (-8 : 2)^5 = (-4)^5$

3 Wird eine Potenz potenziert, werden die Exponenten multipliziert. Die Basis bleibt erhalten.
Beispiel: $(7^3)^5 = 7^{3 \cdot 5} = 7^{15}$

Rechnen mit Wurzeln

9 Bestimme die Lösungsmenge rechnerisch.

a) $x^2 - 49 = 0$ b) $x^2 = 2{,}25$ c) $x^2 = 0$
d) $\frac{1}{2}x^2 = 8$ e) $x^2 + 1 = 0$ f) $49x^2 = 9$
g) $4 - 9x^2 = 0$ h) $1 + 36x^2 = 0$ i) $25 + 4x^2 = 0$

10 Gib zur angegebenen Lösungsmenge eine reinquadratische Gleichung an.

a) $\mathbb{L} = \{-3; 3\}$ b) $\mathbb{L} = \{-1; 1\}$ c) $\mathbb{L} = \{-\frac{2}{3}; \frac{2}{3}\}$
d) $\mathbb{L} = \{-2{,}5; 2{,}5\}$ e) $\mathbb{L} = \varnothing$ f) $\mathbb{L} = \{-\sqrt{2}; \sqrt{2}\}$

11 Rechne im Kopf.

a) $\sqrt{25 \cdot 9} =$ b) $\sqrt{196 \cdot 16} =$ c) $\sqrt{361 \cdot 9} =$
d) $\sqrt{\frac{36}{81}} =$ e) $\sqrt{\frac{49}{64}} =$ f) $\sqrt{\frac{81 \cdot 16}{121}} =$

12 Vereinfache folgende Terme.

a) $\sqrt{144 \cdot a^3b^2} =$ b) $\sqrt{\frac{8a^2}{b^2}} =$
c) $\sqrt{\frac{xy^2}{49}} =$ d) $\sqrt{\frac{1}{0{,}81 \cdot x^2y^4}} =$

13 Fasse zusammen.

a) $2 \cdot \sqrt{8} + 3 \cdot \sqrt{8} =$ b) $9 \cdot \sqrt{3} - \sqrt{12} + \sqrt{3} =$
c) $6 \cdot \sqrt{15} - 2 \cdot \sqrt{60} =$ d) $7 \cdot \sqrt{63} - 5 \cdot \sqrt{28} =$

14 Setze Ziffern so in die Lücken ein, dass die Rechnungen stimmen.

a) $\sqrt{2} \cdot \sqrt{\square} = \sqrt{50}$ b) $\sqrt{\square 9} \cdot \sqrt{\square} = \sqrt{196}$
c) $\sqrt{\square 0} \cdot \sqrt{5} = \sqrt{1\square\square}$ d) $\sqrt{432} : \sqrt{\square} = 6$

Addition und Subtraktion von Wurzeln

Zwei Quadratwurzeln lassen sich im Allgemeinen **nicht** zu einer Quadratwurzel **zusammenfassen** (Ausnahme: Wurzeln mit gleichen Radikanden).

Beispiel: $\sqrt{9} + \sqrt{16} \neq \sqrt{9 + 16} = \sqrt{25}$
$3 + 4 \neq 5$

Bei Summen gilt das **Distributivgesetz**:
$a \cdot \sqrt{c} + b \cdot \sqrt{c} = (a + b) \cdot \sqrt{c}, c > 0$

Beispiel: $3 \cdot \sqrt{2} + 5 \cdot \sqrt{2} = (3 + 5) \cdot \sqrt{2} = 8 \cdot \sqrt{2}$

Multiplikation und Division von Wurzeln

Multiplikation zweier Quadratwurzeln
$\sqrt{a} \cdot \sqrt{b} = \sqrt{a \cdot b}$ für $a, b \geqq 0$

Beispiel: $\sqrt{16} \cdot \sqrt{9} = \sqrt{16 \cdot 9}$

Division zweier Quadratwurzeln
$\frac{\sqrt{a}}{\sqrt{b}} = \sqrt{\frac{a}{b}}$ für $a \geqq 0, b > 0$

Beispiel: $\frac{\sqrt{9}}{\sqrt{16}} = \sqrt{\frac{9}{16}}$

Lässt sich der Radikand in ein Produkt zerlegen, bei dem ein Faktor eine Quadratzahl ist, dann wird häufig nur **für diesen Teil die Wurzel gezogen.**
Für $b > 0$ gilt: $\sqrt{a^2 \cdot b} = |a| \cdot \sqrt{b}$

Beispiel: $\sqrt{12} = \sqrt{2^2 \cdot 3} = \sqrt{2^2} \cdot \sqrt{3} = 2 \cdot \sqrt{3}$

Potenzen, Wurzeln höherer Ordnung und Logarithmen

15 Übertrage die Tabelle ins Heft und vervollständige die Lücken.

	Potenz	Wurzel	Logarithmus
a)	$2^3 = 8$	□	□
b)	$3^4 = 81$	□	□
c)	$4^5 = 1024$	□	□

	Potenz	Wurzel	Logarithmus
d)	□	$\sqrt[3]{64} = 4$	□
e)	□	$\sqrt[6]{729} = 3$	□
f)	□	$\sqrt[9]{512} = 2$	□

	Potenz	Wurzel	Logarithmus
g)	□	□	$\log_3 27 = 3$
h)	□	□	$\log_6 1296 = 4$
i)	□	□	$\log_8 64 = 2$

16 Bestimme den Wert unter der Wurzel. Schreibe die Wurzel dazu als Potenz und notiere auch die zugehörige Umkehraufgabe.

Beispiel: $\sqrt[4]{81} = 81^{\frac{1}{4}} = 3$
Umkehraufgabe: $3^4 = 81$

a) $\sqrt[4]{16}$ b) $\sqrt[3]{512}$ c) $\sqrt[5]{3125}$
d) $\sqrt[6]{729}$ e) $\sqrt[7]{128}$ f) $\sqrt[10]{59049}$
g) $\sqrt[3]{\frac{1}{27}}$ h) $\sqrt[4]{\frac{16}{256}}$ i) $\sqrt[7]{\frac{1}{2187}}$

17 Bestimme die Lösungsmenge der Gleichungen.

Beispiel: $x^3 = 8 \Leftrightarrow x = \sqrt[3]{8} = 8^{\frac{1}{3}} = 3$

a) $x^4 = 256$ b) $x^5 = 3125$
c) $x^3 = 343$ d) $x^6 = 0{,}000064$
e) $x^5 = 0{,}00032$ f) $x^7 = 0{,}0000001$
g) $x^8 = \frac{1}{256}$ h) $x^6 = \frac{64}{729}$

18 Berechne mit dem Taschenrechner. Runde auf zwei Stellen nach dem Komma.

Beispiel: $\log_4 8 = \frac{\log 8}{\log 4}$

a) $\log_2 9$ b) $\log_3 25$ c) $\log_7 38$
d) $\log_8 50$ e) $\log_9 127$ f) $\log_{12} 1500$
g) $\log 25$ h) $\log 1750$ i) $\log 82$
j) $\log 0{,}5$ k) $\log 0{,}08$ l) $\log \frac{1}{4}$

Das **Radizieren** ist die Umkehroperation zum Potenzieren, wenn die Basis gesucht wird.
Allgemein:
$a^n = c$ Umkehrung: $a = \sqrt[n]{c}$

Weiterhin gelten folgende Zusammenhänge:
$\sqrt[n]{a} = a^{\frac{1}{n}}$ und $\sqrt[n]{a^m} = a^{\frac{n}{m}}$

Beispiel:
$5^4 = 625$
Umkehrung: $5 = \sqrt[4]{625}$ bzw. $5 = 625^{\frac{1}{4}}$

Das **Logarithmieren** ist die Umkehroperation zum Potenzieren, wenn der Exponent gesucht wird.
Der Exponent in der Gleichung $a^n = c$ heißt **Logarithmus von c zur Basis a.**
Allgemein:
$a^n = c$ Umkehrung: $n = \log_a c$

Beispiel:
$5^4 = 625$ Umkehrung: $4 = \log_5 625$

Der **dekadische Logarithmus** oder **Zehnerlogarithmus** hat die Basis 10.
Statt $\log_{10}$ schreibt man oft auch nur log oder kurz: lg

Weiterhin gelten folgende Zusammenhänge:
1 $\log_a c = \frac{\log c}{\log a}$ und
2 $\log_a u^n = n \cdot \log_a u$ bzw. $\log u^n = n \cdot \log u$

Auf deinem **Taschenrechner** findest du verschiedene Tasten für den Logarithmus.

LOG bzw. LG	Logarithmus zur Basis 10: $\log_{10} x$ = LOG x oder $\log_{10} x$ = LG x

Für die Berechnung beliebiger Logarithmen mit dem Taschenrechner gilt:

$\log_a c = \frac{\text{LOG } c}{\text{LOG } a}$

19 Rechne im Kopf. Erkläre Gesetzmäßigkeiten.

a) $\log 10$ | $\log 100$ | $\log 1000$ | $\log 10\,000$

b) $\log \frac{1}{10}$ | $\log \frac{1}{100}$ | $\log \frac{1}{1000}$ | $\log \frac{1}{10\,000}$

c) $\log_2 4$ | $\log_2 8$ | $\log_2 16$ | $\log_2 32$

20 Berechne im Kopf und notiere jeweils die Umkehraufgabe.

Beispiel: $\log_2 8 = 3$, da $2^3 = 8$

a) $\log_3 9$ b) $\log_2 128$ c) $\log_5 125$
d) $\log_6 216$ e) $\log_4 1024$ f) $\log_7 7$
g) $\log_2 \frac{1}{8}$ h) $\log_5 \frac{1}{625}$ i) $\log_7 \frac{1}{49}$

21 Löse die Gleichungen. Notiere bei a) bis f) die zugehörige Potenz.

a) $\log_x 9 = 2$ b) $\log_x 64 = 3$ c) $\log_x 9 = 1$
d) $\log_2 x = 3$ e) $\log_3 x = 2$ f) $\log_7 x = 1$
g) $3^x = \frac{1}{243}$ h) $2^x = \frac{1}{256}$ i) $55 + 7 \cdot 5^x = 90$

Gleichungen, bei denen die Variable im Exponenten auftaucht, können durch **Logarithmieren beider Seiten** gelöst werden.

Wir fassen den Ausdruck $5^x = 625$ als Gleichung auf und wenden auf beiden Seiten den Logarithmus an.

$5^x = 625$ | log
$\log 5^x = \log 625$ Anwendung von (2)
$x \cdot \log 5 = \log 625$ | : log 5
$x = \frac{\log 625}{\log 5} = 4$

Allgemeine Zusammenhänge:

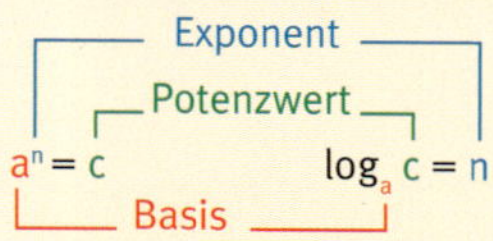

Mit Termen rechnen

22 Vereinfache so weit wie möglich.

a) $9x - (5x + 11) + (7x + 21)$
b) $x - [x + (3 - x) - (x - 3)] + (5 - 3x)$
c) $4x - 8 - [3 + (3{,}3 - 2{,}5x) - (-8{,}7 - 3{,}5x)]$
d) $2 \cdot (x + 0{,}5) + 5 \cdot (x - 5{,}2)$
e) $x \cdot (x + 1) + x^2 - (4 + x) \cdot x$
f) $(x - 3) \cdot (-2) + 5 \cdot (3x + 11)$

23 Die Terme (1) bis (6) sind jeweils äquivalent zur Summe oder Differenz zweier Terme auf den grünen Kärtchen. Ordne zu.

(1) $4 + 7x$	(2) $12 - 10x$	(3) $8x$
(4) $20 - x$	(5) $40 + 2x$	(6) $4 - 2x$
$T_1(x) = 16 + x$	$T_2(x) = 4 + 2x$	$T_3(x) = 8 - 4x$
$T_4(x) = 24 + x$	$T_5(x) = 6x - 4$	$T_6(x) = 12 + 3x$

24 Wie lautet ein gemeinsamer Faktor? Klammere ihn aus und vereinfache.

a) $7x^2 + 21x$ b) $12ab - 36a^2 + 18ab^2$
c) $15x^3 + 12x^2y$ d) $0{,}4klm + 2k^2lm - 1{,}6kl$
e) $0{,}8x^2 + 0{,}4ax - 0{,}2x$ f) $-t^4 - 1{,}2t^2 - 4{,}8t^3s$

(1) **Gleichartige Summanden** kann man zusammenfassen.

Beispiel: $3xy + 7xz - 7xy + 2xy - 2xz = -2xy + 5xz$

(2) Wird eine **Summe (Differenz) addiert**, dann bleiben nach Auflösen der Klammer die Vor- bzw. Rechenzeichen in der Klammer gleich.

Beispiel: $x + (y - z) = x + y - z$

(3) Wird eine **Summe (Differenz) subtrahiert**, dann kehren sich nach Auflösen der Klammer die Vor- bzw. Rechenzeichen in der Klammer um.

Beispiel: $x - (y - z) = x - y + z$

(4) Wird eine **Summe mit einem Faktor multipliziert**, dann wird **jeder Summand** mit dem Faktor **(aus-) multipliziert**. Die entstandenen Produkte werden mit ihren Vorzeichen addiert.

Beispiel: $x \cdot (y + 12) = x \cdot y + 12x$

(5) Kommt in einer **Summe von Produkten** in jedem Summanden **derselbe Faktor** vor, dann kann dieser **ausgeklammert werden.**

Beispiel: $x^2y + 12xy = xy \cdot (x + 12)$

Summenterme und binomische Formeln

25 Multipliziere die Klammern aus.

a) $(x - 3) \cdot (x + 1)$ **b)** $(a - b) \cdot (a - 2)$
c) $(-3x + 2) \cdot (x - 4)$ **d)** $(2{,}5y + 7) \cdot (x - y)$
e) $(1{,}2s - 0{,}5) \cdot (1{,}2s - t)$ **f)** $(-0{,}9a + b) \cdot (a - 6)$

26 Multipliziere die Klammern aus. Nutze die binomischen Formeln.

a) $(x - 1{,}5)^2$ **b)** $(8x + 2y)\ (8x - 2y)$
c) $3 \cdot (3 + h)^2$ **d)** $(2x + 6)^2$
e) $-(9y - 5x)^2$ **f)** $\frac{3}{4} \cdot (0{,}5a - 0{,}25b)^2$

27 Faktorisiere.

a) $a^2 - 4ab + 4b^2$ **b)** $9 + 16z^2 + 24z$
c) $6{,}25 - 4y^2$ **d)** $-1 - 4r - 4r^2$
e) $1{,}44x^2 - 0{,}64a^2$ **f)** $289y^2 - 4$

Beim **Multiplizieren von Summentermen** muss **jeder Summand** der ersten Klammer **mit jedem Summanden** der zweiten Klammer **multipliziert** werden.
Beispiel:
$(a - b) \cdot (c - d) = ac - ad - bc + bd$

Mithilfe der **binomischen Formeln** lassen sich bestimmte Terme umformen.

1 $(a \oplus b)^2 = a^2 \oplus 2ab + b^2$
2 $(a \ominus b)^2 = a^2 \ominus 2ab + b^2$
3 $(a + b) \cdot (a - b) = a^2 - b^2$

Lineare Gleichungen

28 Übertrage die Additionsmauer in dein Heft. Bestimme den Term im obersten Stein. Finde heraus, für welchen Wert x steht, wenn das Ergebnis auf dem oberen Stein …

a) 0 **b)** 36 **c)** −36 **d)** 144 ist.

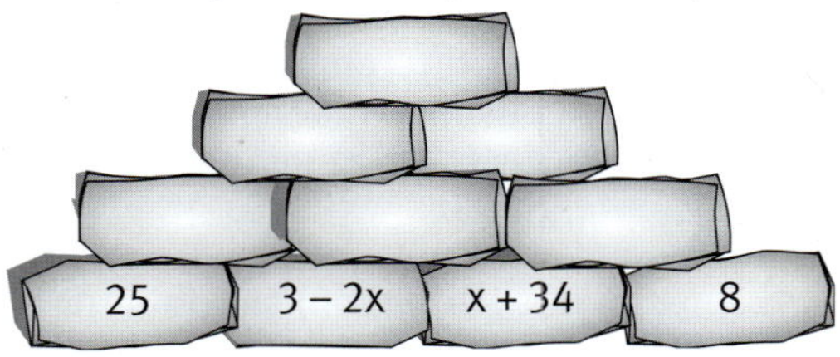

29 Gib jeweils die Lösungsmenge an.

a) $12x - 1 = 2 \cdot (5x + 8)$ $\mathbb{G} = \mathbb{N}$
b) $-2{,}5 + 4x = 4 - (x - 2{,}5 + 4x)$ $\mathbb{G} = \mathbb{Z}$
c) $-z \cdot (2 - z) = (2 - z)^2$ $\mathbb{G} = \mathbb{Q}$
d) $(2x + 3)^2 = 4x \cdot (x + 6)$ $\mathbb{G} = \mathbb{Q}$

30 Finde die gesuchte Zahl.

a) Subtrahiert man vom Achtfachen einer natürlichen Zahl die Zahl 56, so erhält man 128.
b) Welche ganze Zahl ist um 162 größer als das Achtfache ihrer Gegenzahl?
c) Der Summenwert von fünf aufeinanderfolgenden Vielfachen von 5 ist 600. Bestimme die kleinste dieser Zahlen.

Gleichungen, die die Variable in der ersten Potenz enthalten, heißen **lineare Gleichungen.**
Die **Grundmenge** $\mathbb{G}$ gibt an, welche Zahlen für die Variable eingesetzt werden dürfen.
Die **Lösungsmenge** $\mathbb{L}$ gibt die Zahlen aus $\mathbb{G}$ an, die man für die Variable einsetzen kann, damit eine wahre Aussage entsteht.

Gleichungen kann man auch durch **Äquivalenzumformungen** lösen. Es gilt:

- Man **addiert** (**subtrahiert**) auf beiden Seiten der Gleichung die **gleiche Zahl** oder den **gleichen Term.**
- Man **multipliziert** (**dividiert**) auf beiden Seiten die **gleiche Zahl** (die nicht null sein darf).

Beispiel:

$4 \cdot (2 + x) - x = -1$	I ausmultiplizieren
$8 + 4x - x = -1$	I zusammenfassen
$8 + 3x = -1$	I − 8
$3x = -9$	I : 3
$x = -3$	
$\mathbb{L} = \{-3\}$	

Lineare Gleichungssysteme

31 Ermittle graphisch die Lösungsmenge des linearen Gleichungssystems.

a) I $2x - y = 2$
II $-x + y = 1$

b) I $2y - x = -3$
II $2x + y = 6$

c) I $3x + 2y = 5$
II $3y = -x - 3$

d) I $6y - 2x = +3$
II $3y - x = -3$

e) I $y - 0{,}5x = 1{,}5$
II $2y - x = 3$

f) I $y - 2x - 3 = 0$
II $x = 0{,}5y + 1{,}5$

32 Bestimme die Lösungsmenge rechnerisch mit einem Verfahren deiner Wahl.

a) I $x = y + 5$
II $x + y = 29$

b) I $2x - 5y = 31$
II $2x = 16 - 10y$

c) I $5y + 32 = 4x$
II $12x - 6y = 42$

d) I $2x + 4y = 10$
II $0{,}5x = 8 - y$

e) I $x - 2y = 6$
II $y + 1 = 0{,}5x - 2$

f) I $22y - 6x + 15 = 0$
II $x = \frac{2}{3}y + 7$

33 Die Nachmittagsvorstellung eines Wanderzirkus (300 Plätze) war zur Hälfte ausverkauft. Finde mithilfe des abgebildeten Preisschilds heraus, wie viele Erwachsene und wie viele Kinder diese Vorstellung besucht haben, wenn die Einnahmen für diese Vorstellung 1 325 € betrugen. Wie hätten sich die Einnahmen an diesem Nachmittag geändert, wenn anstelle jedes erwachsenen Besuchers ein Kind und anstelle jedes Kinds ein Erwachsener gekommen wäre?

34 In einem rechtwinkligen Dreieck stehen die Längen der Katheten im Verhältnis 3 : 1. Verlängert man beide Katheten um jeweils 2 cm, dann nimmt der Flächeninhalt um 10 cm² zu. Wie lang sind die Katheten?

35 Die Notenverteilung einer Schulaufgabe der 10. Klasse mit 28 Schülern ist unvollständig.

Note	1	2	3	4	5	6
Anzahl	1	6		7		0

Bestimme die fehlenden Anzahlen, wenn der Notendurchschnitt 3,25 beträgt.

Sollen Zahlenpaare (x | y) **zwei lineare Gleichungen gleichzeitig erfüllen**, so spricht man von einem **linearen Gleichungssystem.**

Es gibt drei Fälle:

1 genau eine Lösung
2 keine Lösung
3 unendlich viele Lösungen

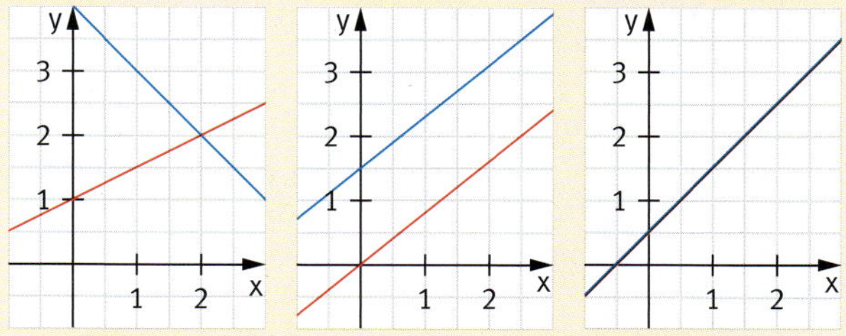

Rechnerische Lösungsverfahren:

Einsetzungsverfahren
Löst man eine der Gleichungen nach einer Variable (z. B. y) auf, dann kann man diesen Term in die andere Gleichung einsetzen.

Beispiel: I $-x - 2y = 3$
II $y = 2x$ einsetzen in I
$-x - 2 \cdot (2x) = 3$
...

Gleichsetzungsverfahren
Löst man beide Gleichungen nach einer Variable (z. B. y) auf, dann kann man die Terme gleichsetzen.

Beispiel: I $y = 2x - 1$
II $y = -x + 5$ gleichsetzen
$2x - 1 = -x + 5$
...

Additionsverfahren
Man addiert beide Gleichungen, wenn vor einer Variable betragsgleiche Koeffizienten stehen, die ein unterschiedliches Vorzeichen haben.

Beispiel: I $2x - 2y = -5$
II $4x + 2y = -7$
I + II
$6x = -12 \quad | : 6$
...

Prozentrechnung

36 Barbara hat sich eine Skijacke gekauft und dabei 30 € gespart. Der Händler hat 15 % Nachlass gewährt. Berechne den ursprünglichen Preis der Jacke.

37 Beim Kauf eines Fahrrades wurden 30 % Anzahlung geleistet. Berechne den Kaufpreis, wenn die Anzahlung 126 € beträgt.

38 Sandra geht mit ihrer Mutter einkaufen. Im Laden sind einige Produkte mit Rabattschildern versehen. Berechne, wie viel Sandra für ihr neues Outfit insgesamt noch bezahlen muss.

a)

b)

c)

39 Eine Schokoladentafel der Firma „Zuckersüß" kostet 0,89 €. Der Händler möchte den Preis um 15 % erhöhen. Damit der Käufer die Erhöhung nicht direkt bemerkt, beschließt er, den Preis zunächst um 8 % zu erhöhen.
Einige Wochen später steigt der dann aktuelle Preis nochmals um 7 %. Untersuche, ob sich damit der ursprüngliche Preis um insgesamt 15 % erhöht hat.

40 Bei einer Sonnenblume hat man folgendes Wachstum beobachtet:

Alter in Tagen	5	10	15	20	25	30	35
Höhe in cm	16	24	38	55	80	82	82

a) Wie viel Prozent der vollen Pflanzenhöhe (82 cm) hat die Sonnenblume an den beobachteten Tagen jeweils erreicht? Runde geeignet.

b) Um wie viel Prozent ist die Pflanze zwischen den beobachteten Tagen jeweils gewachsen? Runde geeignet.

41 Nachdem ein Paar Schuhe zweimal hintereinander um je 25 % ermäßigt wurde, kosten sie jetzt 54 €. Wie teuer waren die Schuhe ursprünglich?

Bei der Prozentrechnung gibt der **Grundwert GW** das Ganze an, der **Prozentwert PW** den Teil vom Ganzen sowie der **Prozentsatz p** die Anzahl der Hundertstel, die dem Prozentwert entsprechen.

Es gilt: $\frac{PW}{p} = \frac{GW}{100}$

Entspricht der Grundwert einem Prozentsatz von **mehr als 100**, so spricht man von einem **vermehrten Grundwert**.

Beispiel: 0,5 l Eistee kosten inkl. 10 % Bedienungsgeld 3,30 €.

	$GW_{vermehrt}$	GW
Preis in €	3,30	□
Prozentsatz p	100 + 10	100

Preis für Eistee ohne Bedienungsgeld: 100 %	Bedienungsgeld: 10 %
Preis, der zu zahlen ist: 110 %	

$GW_{vermehrt} = 3{,}30\ €$

$GW = \frac{3{,}30\ €}{110} \cdot 100 = 3{,}00\ €$

Preis ohne Bedienungsgeld: 3,00 €

Berechnung mit dem **Wachstumsfaktor**:
GW = 3,30 € : 1,1 = 3,00 €
Preis ohne Bedienungsgeld: 3,00 €

Entspricht der Grundwert einem Prozentsatz von **weniger als 100**, so spricht man von einem **verminderten Grundwert**.

Beispiel: Der Preis eines Snakeboards wurde um 20 % reduziert. Es kostet jetzt noch 52 €.

	$GW_{vermindert}$	GW
Preis in €	52	□
Prozentsatz p	100 – 20	100

ursprünglicher Verkaufspreis: 100 %	
Preis, der zu zahlen ist: 80 %	Nachlass: 20 %

$GW_{vermindert} = 52\ €$

$GW = \frac{52\ €}{80} \cdot 100 = 65\ €$

Berechnung mit dem **Wachstumsfaktor**:
GW = 52 € : 0,8 = 65 €
Ursprünglicher Preis: 65 €

Statistische Kennwerte und Häufigkeiten

42 Bestimme das arithmetische Mittel, den Median und den Modalwert der folgenden Datenreihen:

a) 2; 4; 5; 6; 4; 3; 5; 3; 3; 2; 1

b) 5,00 m; 5,20 m; 5,40 m, 5,20 m; 5,24 m

c) 0,1; 0,4; 0,4; 0,2; 0,22; 0,34; 0,1; 0,3

43 Christian misst eine Woche lang, wie viele Minuten er am Tag fernsieht:

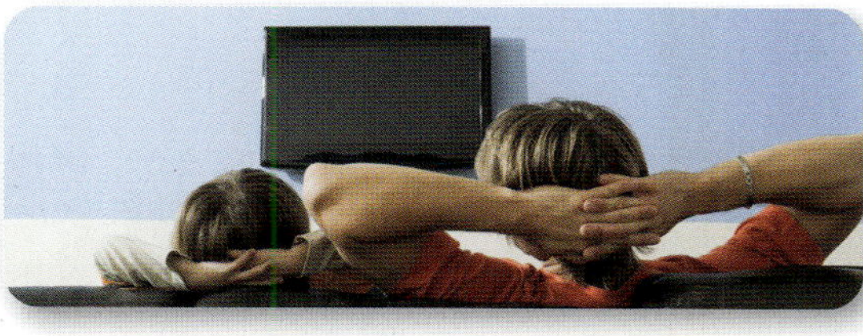

Mo	Di	Mi	Do	Fr	Sa	So
20	30	25	35	60	180	35

a) Er möchte einen Mittelwert seiner täglichen Fernsehzeit berechnen. Hilf ihm dabei. Welchen Mittelwert würdest du Christian empfehlen? Begründe.

b) Seit neuestem kommt dienstags eine 30-minütige Serie, die Christian gern zusätzlich sehen möchte. Begründe, welche Mittelwerte sich dadurch ändern würden und welche nicht.

c) Christian nimmt sich vor, dass das arithmetische Mittel seiner täglichen Fernsehzeit nur noch 45 Minuten betragen darf. Wie lange dürfte er samstags noch fernsehen, wenn er an den restlichen Tagen genauso lange wie in der Tabelle angegeben schaut?

44 Die Schüler der 10a wurden nach der Anzahl ihrer Geschwister gefragt. Die Tabelle zeigt die Ergebnisse.

Anzahl der Geschwister	0	1	2	3	4
Häufigkeit	6	10	4	2	1

a) Stelle die Daten in einem Kreisdiagramm und einem Balkendiagramm dar. Runde geeignet.

b) Berechne das arithmetische Mittel der Geschwisteranzahl in der Klasse 10a.

c) Begründe, in welchem Diagramm aus a) man das arithmetische Mittel gut darstellen kann.

d) Gib den Median und den Modalwert der Daten an. Begründe, wecher Mittelwert die Umfrage besser beschreibt.

Kennwerte, die die Streuung von Daten beschreiben:

Minimum x_{min}: kleinster Datenwert

Maximum x_{max}: größter Datenwert

Spannweite R: Unterschied zwischen Minimum und Maximum

Kennwerte, die Daten durch einen zentralen Wert beschreiben:

Modalwert x_{mod}: häufigster Wert

Median x_{med}: Wert in der Mitte einer geordneten Datenreihe

arithmetisches Mittel: $\overline{x} = \frac{\text{Summe aller Einzelwerte}}{\text{Anzahl der Einzelwerte}}$

Beispiel:

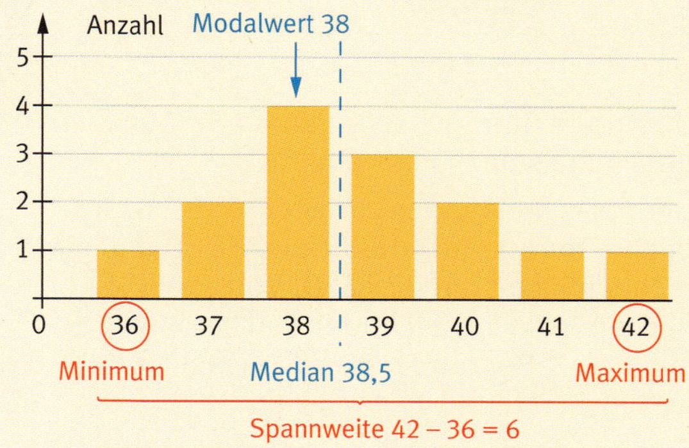

$$\overline{x} = \frac{36 + 37 + 37 + ... + 41 + 42}{14} \approx 38{,}7$$

Die **tatsächliche Anzahl,** wie oft ein Ergebnis vorkommt, bezeichnet man als **absolute Häufigkeit H.**

Den Anteil, mit dem ein Ergebnis in Bezug auf die Gesamtanzahl aller Daten vorkommt, nennt man **relative Häufigkeit h.**

Zur Darstellung absoluter Häufigkeiten verwendet man **Säulen- oder Balkendiagramme.**

Zur Darstellung relativer Häufigkeiten eignen sich **Streifen- oder Kreisdiagramme.**

Kreisdiagramm

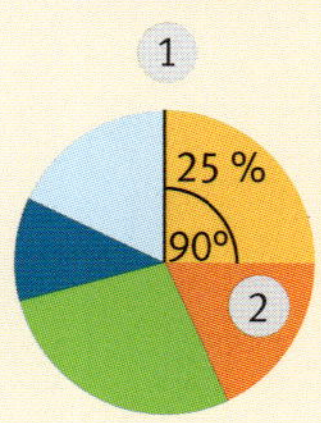

Streifendiagramm

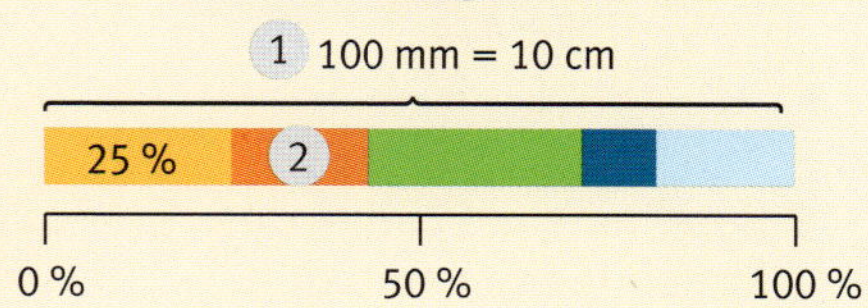

Flächeninhalt und Umfang von ebenen Figuren

45 Bestimme den Flächeninhalt der Figuren. Übertrage sie zunächst und miss die nötigen Längen.

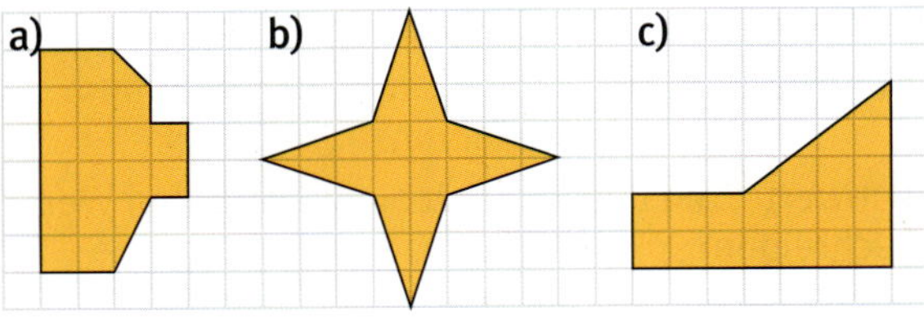

46

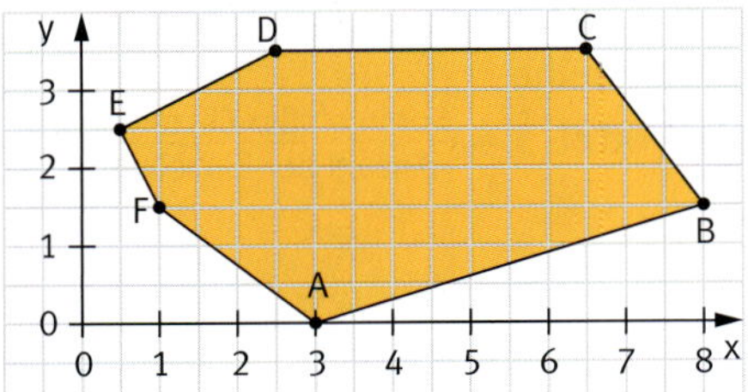

a) Übertrage das Sechseck in dein Heft und bestimme seinen Flächeninhalt.

b) Henriette meint: „Ich zerlege das Sechseck in das Dreieck ABF, das Trapez FBCD und ein rechtwinkliges Dreieck EFD. Von allen Teilflächen kann ich leicht den Flächeninhalt bestimmen." Begründe, warum dieses Verfahren geschickt ist, und wende es an.

c) Ergänze das Sechseck zu einem Rechteck und zeige so, dass A = 17,5 cm².

47 a) Ein Kreis hat den Radius r = 3 cm. Berechne seinen Flächeninhalt und Umfang.

b) Ein Kreis hat einen Umfang von 14,7 cm, der Radius eines zweiten Kreises ist 3,5 cm groß. Welcher Kreis hat den größeren Flächeninhalt?

c) Ein Kreis hat den Umfang u = 36 cm. Welchen Radius hat ein Kreis mit fünffachem Umfang?

48 Berechne jeweils den Inhalt der gelben Fläche.

a)

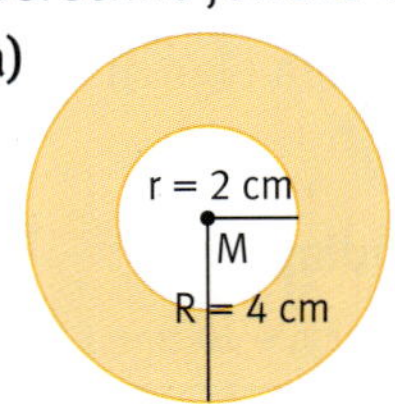

b)

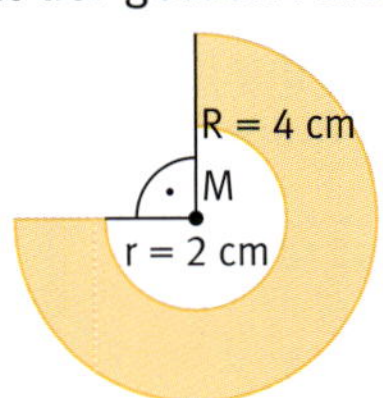

49 Bestimme die Länge des Kreisbogens b und den Flächeninhalt A.

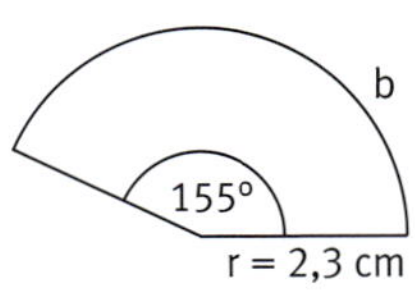

Rechtecke und Quadrate

Für den **Flächeninhalt** und den **Umfang** eines **Rechtecks** und **Quadrats** gilt:

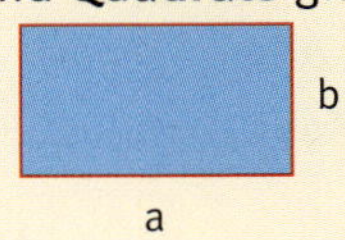

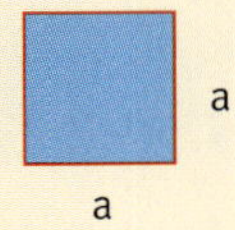

$A_R = a \cdot b$
$u_R = 2 \cdot a + 2 \cdot b$

$A_Q = a \cdot a = a^2$
$u_Q = 4 \cdot a$

Dreiecke

Für den **Flächeninhalt** und den **Umfang** eines **Dreiecks** mit der Grundseite g und der dazugehörigen Höhe h gilt:

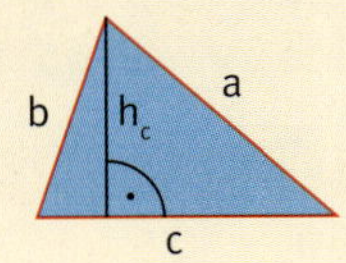

$A_D = \frac{1}{2} \cdot g \cdot h$

hier:

$A_D = \frac{1}{2} \cdot c \cdot h_c$

$u_D = a + b + c$

Parallelogramme

Für den **Flächeninhalt** und den **Umfang** eines **Parallelogramms** gilt:

A_P = Grundseite · zugehörige Höhe

$A_P = g \cdot h$

hier:

$A_P = a \cdot h_a$ oder $A_P = b \cdot h_b$

$u_P = 2 \cdot (a + b)$

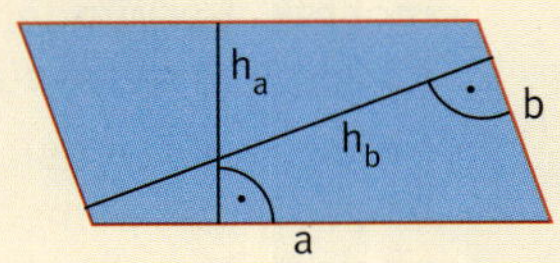

Trapeze

Für den **Flächeninhalt** und den **Umfang** eines **Trapezes** gilt:

$A_{Tr} = \frac{a + c}{2} \cdot h = \frac{1}{2} \cdot (a + c) \cdot h$

$u_{Tr} = a + b + c + d$

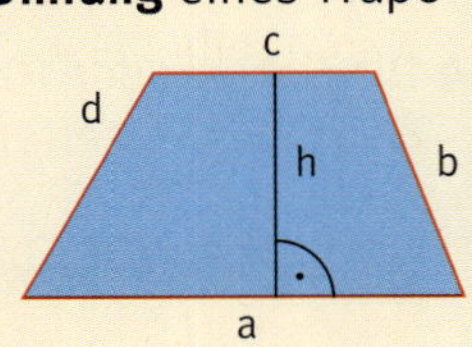

Kreise

Für den **Flächeninhalt** und den **Umfang** eines **Kreises** gilt:

$A_K = \pi \cdot r^2$

$u_K = \pi \cdot d$

bzw. mit d = 2r

$u_K = 2 \cdot \pi \cdot r$

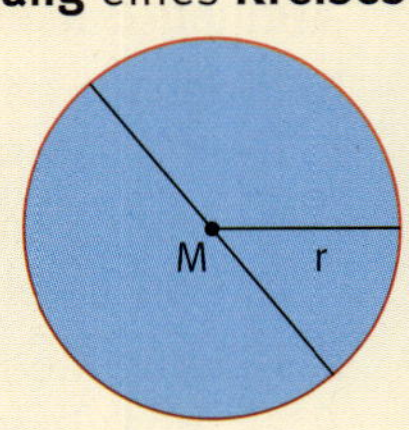

Satz des Pythagoras

50 Berechne die Längen der gelben Strecken.

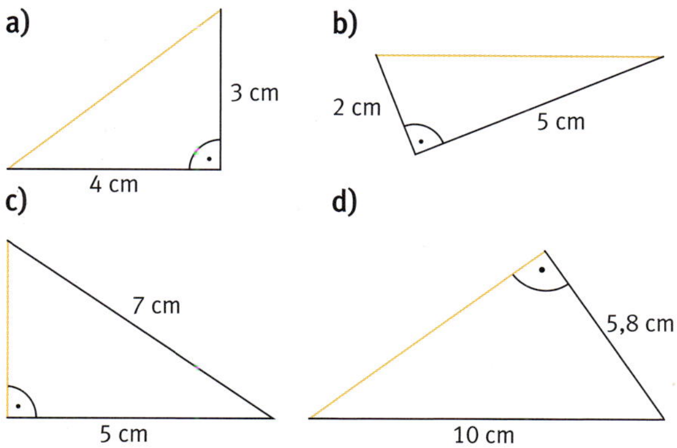

51 Übertrage die Tabelle in dein Heft und berechne die fehlenden Werte.

Länge von ...	a)	b)	c)	d)
Kathete 1	12 cm	7 cm	8 dm	▢
Kathete 2	9 cm	24 cm	▢	240 dm
Hypotenuse	▢	▢	17 dm	26 m

52 Bestimme rechnerisch die Breite des Sees an der angegebenen Stelle.

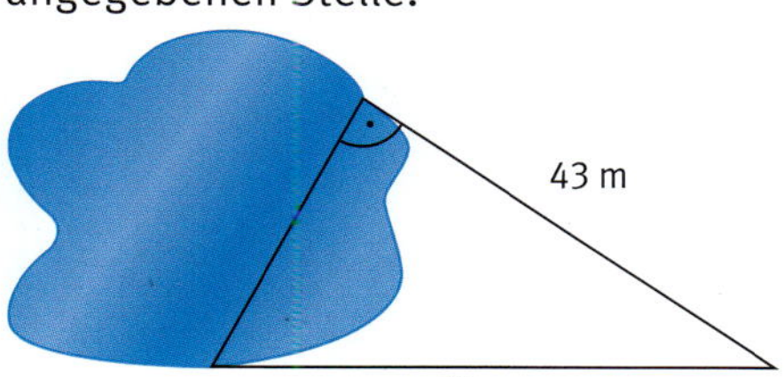

53 Wie lang ist die Raumdiagonale eines Würfels mit der Kantenlänge a = 5 cm? Zeichne zunächst ein Schrägbild dieses Körpers.

Der Satz des Pythagoras in der Ebene

In einem rechtwinkligen Dreieck hat das Quadrat über der Hypotenuse den gleichen Flächeninhalt wie die Quadrate über den Katheten zusammen.

Allgemein gilt:
Kathetenlänge² + Kathetenlänge² = Hypotenusenlänge²

Mit den Bezeichnungen in der Abbildung gilt kurz:
$a^2 + b^2 = c^2$

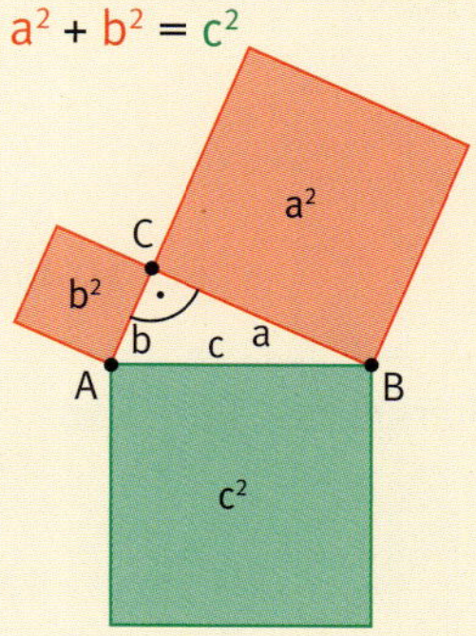

Die Hypotenuse liegt dem rechten Winkel gegenüber.

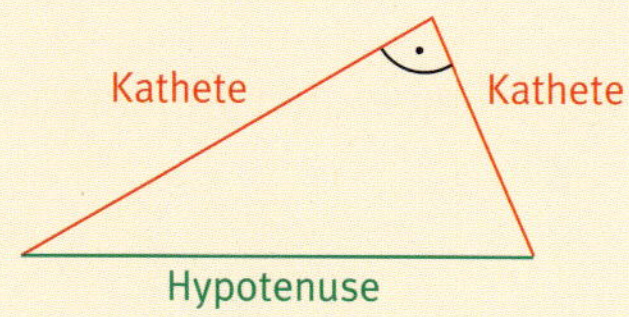

Der Satz des Pythagoras in Körpern

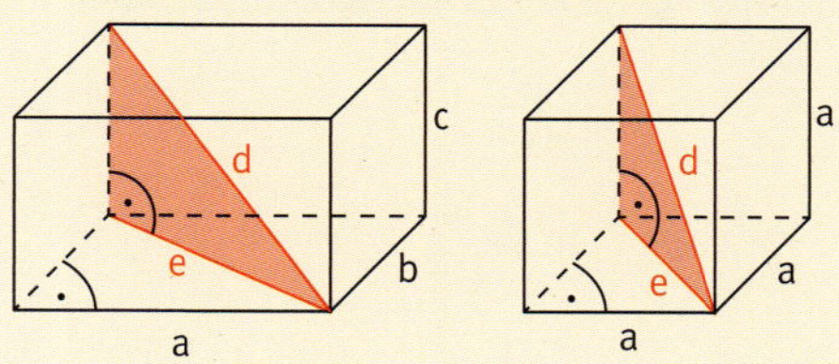

In Quadern:

Flächendiagonale
$e^2 = a^2 + b^2$
$e = \sqrt{a^2 + b^2}$

Raumdiagonale
$d^2 = e^2 + c^2$
$d^2 = a^2 + b^2 + c^2$
$d = \sqrt{a^2 + b^2 + c^2}$

Bei Würfeln gilt speziell:
$e = a\sqrt{2}$ $d = a\sqrt{3}$

Satz des Thales

54 Zeichne fünf verschiedene rechtwinklige Dreiecke ABC_1, ABC_2, ... und ABC_5 mit gemeinsamer Hypotenuse $\overline{AB}$ der Länge 8,5 cm.

55 Konstruiere jeweils ein rechtwinkliges Dreieck ABC aus den gegebenen Bestimmungsstücken.

a) $a = 5\text{ cm} = b$, $\gamma = 90°$

b) $a = 5\text{ cm}$, $c = 7\text{ cm}$, $\gamma = 90°$

Satz des Thales

Liegt der Punkt C eines Dreiecks ABC auf einem Halbkreis (**„Thaleskreis“**) über der Strecke $\overline{AB}$ ($C \notin \overline{AB}$), dann hat das Dreieck bei C einen rechten Winkel.

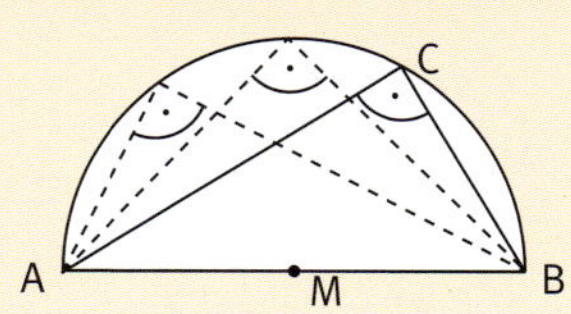

Zusammenhänge im Dreieck

56 Ermittle die Größen aller Innenwinkel eines Dreiecks ABC. Begründe deine Berechnungen.

a) $\alpha = \beta = \gamma$ **b)** $\gamma = 5 \cdot \alpha$; $\beta = 3 \cdot \alpha$.

57 Konstruiere, wenn möglich, das Dreieck ABC (Planfigur, Zeichnung, Beschreibung). Nenne den verwendeten Kongruenzsatz.

a) a = 5,2 cm; c = 3,8 cm; $\beta = 70°$

b) a = 4,8 cm; b = 6,0 cm; c = 7,0 cm

c) b = 4,3 cm; $\alpha = 57°$; $\gamma = 80°$

d) a = 5,4 cm; $\gamma = 3\alpha$; $\alpha = 2\beta$

Summe der Innenwinkel

In jedem Dreieck beträgt die Summe der Innenwinkel stets 180°.

Kongruenzsätze für Dreiecke

Dreiecke sind genau dann kongruent, wenn sie …

- in der Länge aller Seiten übereinstimmen (**SSS**).
- in der Länge zweier Seiten und dem Maß des eingeschlossenen Winkels übereinstimmen (**SWS**).
- in der Länge einer Seite und dem Maß beider anliegenden Winkel übereinstimmen (**WSW**).

Strahlensätze

58 Bestimme die Länge der rot markierten Strecken (g ∥ h).

a)

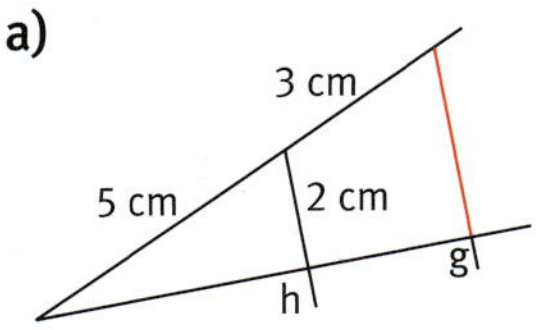

b)

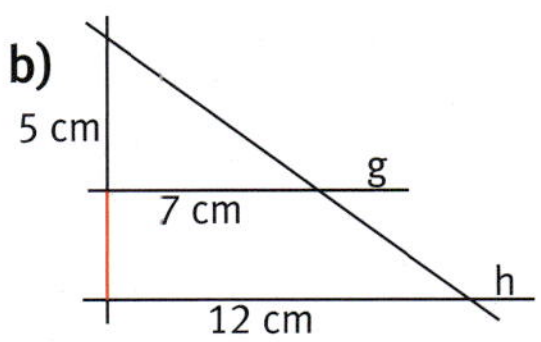

c)

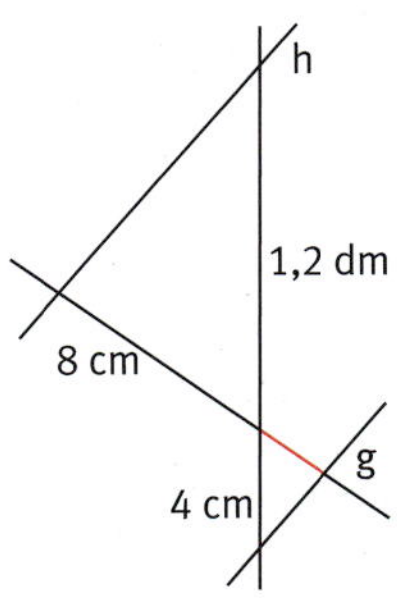

d)

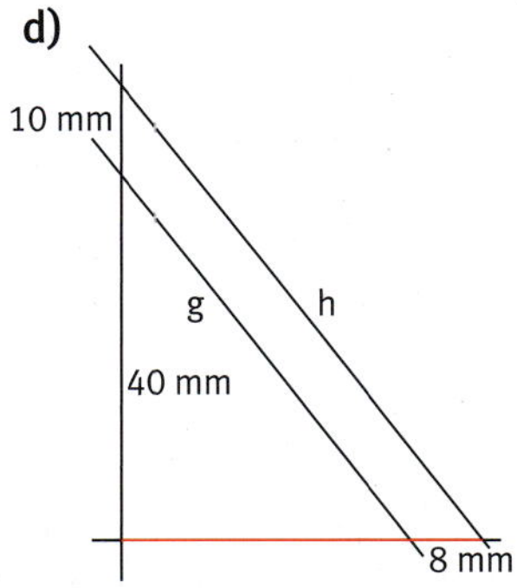

59 Ergänze im Heft die Verhältnisgleichungen (g ∥ h).

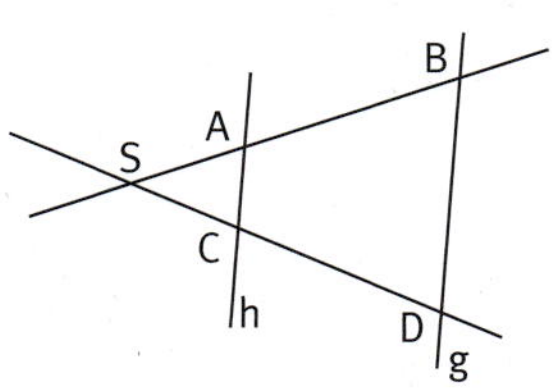

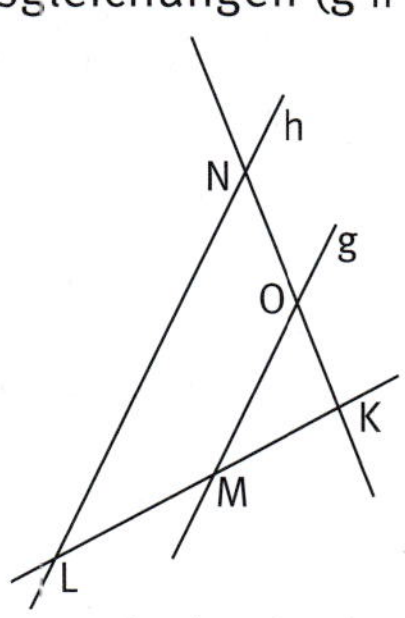

a) $\frac{|\overline{SC}|}{|\overline{SD}|} = \frac{|\overline{SA}|}{\square}$ **b)** $\frac{|\overline{SA}|}{|\overline{SB}|} = \frac{\square}{|\overline{BD}|}$ **c)** $\frac{|\overline{AC}|}{|\overline{SA}|} = \frac{|\overline{BD}|}{\square}$

d) $\frac{|\overline{LN}|}{|\overline{NK}|} = \frac{\square}{|\overline{OK}|}$ **e)** $\frac{|\overline{LK}|}{|\overline{NK}|} = \frac{|\overline{KM}|}{\square}$ **f)** $\frac{|\overline{OK}|}{\square} = \frac{\square}{|\overline{NL}|}$

Werden zwei sich in Z schneidende Geraden von zwei Parallelen geschnitten, …

- dann stehen die Längen einander entsprechender Streckenabschnitte auf den Geraden durch Z im gleichen Verhältnis **(1. Strahlensatz)**.

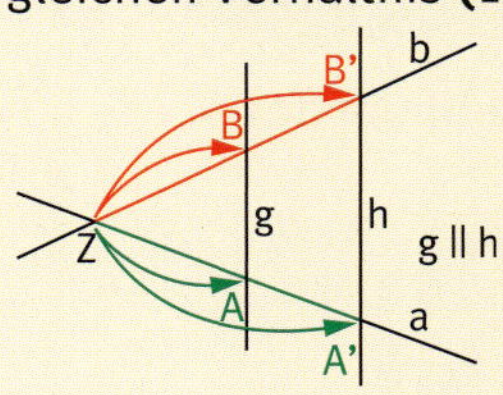

$\frac{|\overline{ZA}|}{|\overline{ZA'}|} = \frac{|\overline{ZB}|}{|\overline{ZB'}|}$

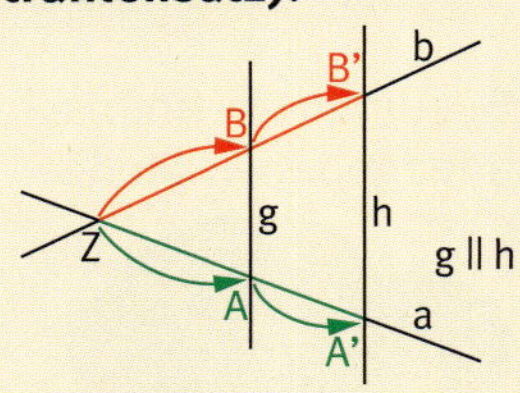

$\frac{|\overline{ZA}|}{|\overline{AA'}|} = \frac{|\overline{ZB}|}{|\overline{BB'}|}$

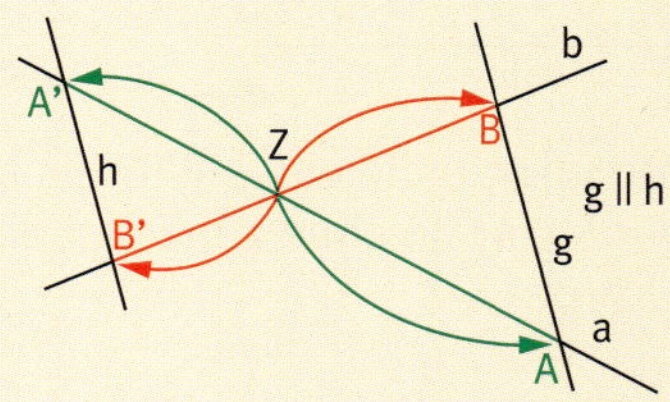

$\frac{|\overline{ZA}|}{|\overline{ZA'}|} = \frac{|\overline{ZB}|}{|\overline{ZB'}|}$

- dann ist das Verhältnis der Längen der Streckenabschnitte auf den Parallelen gleich dem zugehörigen Streckenlängenverhältnis auf jeder der Geraden durch Z (**2. Strahlensatz**).

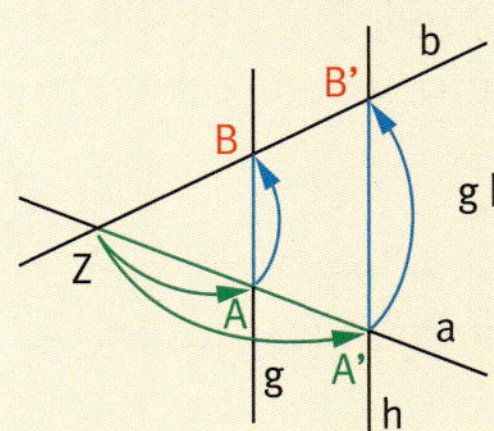

$\frac{|\overline{ZA}|}{|\overline{ZA'}|} = \frac{|\overline{AB}|}{|\overline{A'B'}|}$

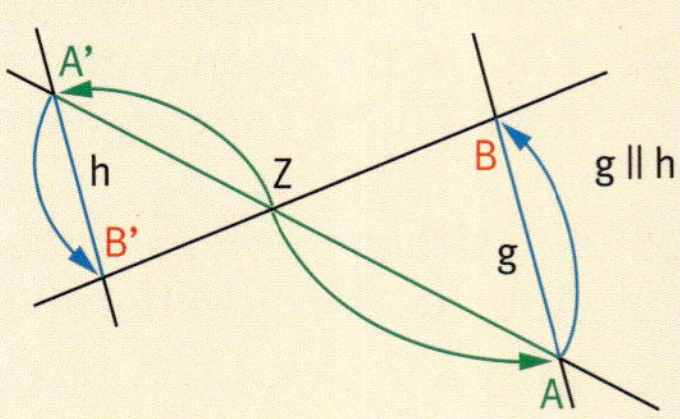

$\frac{|\overline{ZA}|}{|\overline{ZA'}|} = \frac{|\overline{AB}|}{|\overline{A'B'}|}$

1 Finanzmathematik

Einstieg

Nachdem man die Führerscheinprüfung bestanden hat, ist der Wunsch nach einem eigenen Roller oder Motorrad sehr groß. Meistens reicht das ersparte Geld nicht für ein Neufahrzeug aus. Dann hilft eine Finanzierung. Bei einer Finanzierung leiht man sich in der Regel von einer Bank einen bestimmten Geldbetrag. Man spricht von einem Kredit bzw. einem Darlehen. Die Schulden, die man bei der Bank hat, müssen zuzüglich Zinsen innerhalb eines vereinbarten Zeitraums wieder zurückgezahlt werden. Dies geschieht meistens in Form von monatlichen Raten. Die Rückzahlung von Schulden bezeichnet man allgemein auch als Tilgung.

- Berechne für jedes Angebot den Gesamtpreis und vergleiche die Angebote. Welches ist der „teuerste" Kredit?
- Was passiert, wenn die monatlich zu zahlenden Raten nicht mehr gezahlt werden können? Informiere dich auch im Internet.

Drive and fun

1690 €	Kredithöhe
12	Monate Laufzeit
145 €	monatliche Rate

Classic

1690 €	Kredithöhe
24	Monate Laufzeit
74 €	monatliche Rate

Easy and go

1690 €	Kredithöhe
36	Monate Laufzeit
51 €	monatliche Rate

Drive and fun

3390 €	Kredithöhe
24	Monate Laufzeit
150 €	monatliche Rate

Classic

3390 €	Kredithöhe
36	Monate Laufzeit
101 €	monatliche Rate

Easy and go

3390 €	Kredithöhe
48	Monate Laufzeit
78 €	monatliche Rate

Ausblick

Am Ende dieses Kapitels hast du gelernt, ...

- in verschiedenen Situationen Aufgaben zur Zinsrechnung zu bearbeiten.
- die Zinseszinsrechnung in verschiedenen Situationen anzuwenden.
- verschiedene Finanzmodelle zu unterscheiden, zu berechnen und anzuwenden.
- unterschiedliche Sparmodelle zu vergleichen.

1 Mischa hat bei einem Preisausschreiben den Hauptgewinn erhalten: 1000 € in bar. Diese legt sie bei einer Bank an.

2 Das 15 Jahre alte Auto von Frau Grün ist nicht mehr durch den TÜV gekommen. Zeit für ein neues! Frau Grün nimmt dazu einen Kredit auf.

- Welche kaufmännischen Fachbegriffe bringst du mit diesen beiden Situationen in Verbindung?
- Wie hängen diese Begriffe mit den Begriffen Grundwert, Prozentwert und Prozentsatz zusammen?

Merkwissen

Die **Zinsrechnung** ist eine Anwendung der Prozentrechnung.

Prozentrechung	Zinsrechnung
Grundwert GW	Kapital K (auch: Guthaben, Darlehen, Kreditbetrag, ...)
Prozentwert PW	Zinsen Z (auch: Jahreszinsen, Dividende)
Prozentsatz p	Zinssatz p (auch: Verzinsung, Zinsfuß)

In den meisten Fällen wird ein **Jahreszins** vereinbart.
Die Zinsen nach einem Jahr lassen sich somit als Teil vom Ganzen bestimmen:

$Z = K \cdot \frac{p}{100}$ **Zinsformel für Jahreszinsen**

Vergleiche: $PW = GW \cdot \frac{p}{100}$ bzw. $\frac{PW}{p} = \frac{GW}{100}$

Wird Geld nur einen **Teil des Jahres** angelegt, dann wird auch nur der zugehörige **Anteil der Jahreszinsen Z** berechnet.

*Vereinbarung:
1 Monat hat 30 Tage,
1 Jahr hat 360 Tage.*

Beispiel: Jahreszinsen 120 €

Zinsen für 150 Tage:
$Z\ (150\ \text{Tage}) = 120\ € \cdot \frac{150}{360} = 50\ €$

Zinsen für 7 Monate:
$Z\ (7\ \text{Monate}) = 120\ € \cdot \frac{7}{12} = 70\ €$

Beispiele

p. a. (lat. pro anno) heißt „pro Jahr“.

I a) Ein Kapital von 4000 € wird zu einem Zinssatz von 1,8 % p. a. angelegt. Berechne die Jahreszinsen.

b) Welches Guthaben muss man anlegen, um beim Zinssatz 2 % nach einem Jahr 60 € Zinsen zu haben?

c) Bei einem Guthaben von 12 000 € werden nach einem Jahr 450 € Zinsen gutgeschrieben. Gib den Zinssatz an.

Bei der Zinsrechnung hast du die gleichen Lösungsmöglichkeiten wie bei der Prozentrechnung.

Lösung:

a) $Z = K \cdot \frac{p}{100}$

$Z = 4000\ € \cdot \frac{1,8}{100} = 72\ €$

Die Jahreszinsen betragen 72 €.

b)

Zinssatz p	Geldbetrag
2	60 €
100	3000 €

(· 50 auf beiden Seiten)

Man muss 3000 € anlegen.

c) $\frac{p}{100} = \frac{Z}{K}$

$p = \frac{450\ €}{12\ 000\ €} \cdot 100 = 3,75$

Der Zinssatz beträgt 3,75 %

Am Einzahlungstag werden keine Zinsen berechnet, jedoch am Auszahlungstag.

II Frau Krause hat am 15. Juni einen Kleinkredit über 2000 € aufgenommen bei einem Zinssatz von 1,5 %. Sie zahlt den Kreditbetrag samt Zinsen am 20. Dezember zurück. Berechne die Höhe der Rückzahlung.

Lösung:

Anzahl der Tage: $t = 15\ \text{Tage} + 5 \cdot 30\ \text{Tage} + 20\ \text{Tage} = 185\ \text{Tage}$

$Z\ (185\ \text{Tage}) = 2000\ € \cdot \frac{1,5}{100} \cdot \frac{185}{360} \approx 15,42\ €$

Frau Krause zahlt 2015,42 € zurück.

Verständnis

- Gib an, wovon die Höhe der erhaltenen Zinsen abhängt.
- Eine Bank wirbt wie folgt: „5 % p. a. Zinsen, die dem Kapital jährlich gutgeschrieben werden.“ Sind die insgesamt erhaltenen Zinsen proportional zur Anlagedauer in Jahren? Begründe.

Aufgaben

1 Berechne die Zinsen und das Kapital nach einem Jahr.

a) Kapital: 1000 €, Zinssatz p. a. 0,6 % **b)** Kapital: 1430 €, Zinssatz p. a. 0,2 %
c) Kapital: 20 300 €, Zinssatz p. a. 1,8 % **d)** Kapital: 871,43 €, Zinssatz p. a. 0,5 %
e) Kapital: 47 368,40 €, Zinssatz p. a. 2,9 %
f) Kapital: 5500 €, Zinssatz p. a. 1,25 %

Tipp:
2 % Zinsen, 700 €:
Höhe der Zinsen:
$700\,€ \cdot \frac{2}{100}$
$= 700\,€ \cdot 0{,}02$
$= 14\,€$
allgemein: $K \cdot \frac{p}{100}$

Kapital nach 1 Jahr:
$700\,€ + 700\,€ \cdot 0{,}02$
$= 700\,€ \cdot (1 + 0{,}02)$
$= 700\,€ \cdot 1{,}02$
allgemein: $K \cdot \left(1 + \frac{p}{100}\right)$

2 Übertrage die Tabelle in dein Heft und vervollständige sie.

	a)	b)	c)	d)	e)	f)	g)
Kapital in €	320	□	7450	□	43 000	3870	□
Zinssatz p. a.	1,75 %	2,2 %	□	2,4 %	3,25 %	□	2,5 %
Zinsen in €	□	88,00	141,55	285,60	□	69,66	387,50

3 Berechne die Zinsen für die angegebenen Zeiträume.

a)

Kapital	Zinssatz p. a.	Zeitraum
12 000 €	2,1 %	300 Tage
4 400 €	0,9 %	$\frac{3}{4}$ Jahr
18 500 €	1,6 %	3 Monate
3 600 €	0,7 %	9 Monate 4 Tage

b)

Darlehen	Zinssatz p. a.	Zeitraum
4 920 €	7 %	01.02. – 30.06.
1 670 €	5,75 %	18.03. – 01.07.
1 260 €	3,25 %	06.03. – 12.05.
2 900 €	4 %	19.03. – 07.07.

4 Übertrage die Tabelle in dein Heft und vervollständige sie.

d ist die Anzahl der Tage.

	a)	b)	c)	d)	e)	f)	g)
Darlehen in €	6000	36 000	1980	72 000	798	□	□
Zinssatz p. a.	□	4,3 %	9,5 %	□	10,0 %	13,0 %	6,8 %
Zinsen in €	120,00	309,60	□	468,00	55,42	130,00	612,00
Laufzeit in d	180	□	40	60	□	45	120

5 Wer hat sein Geld am besten angelegt?

Frau Braun

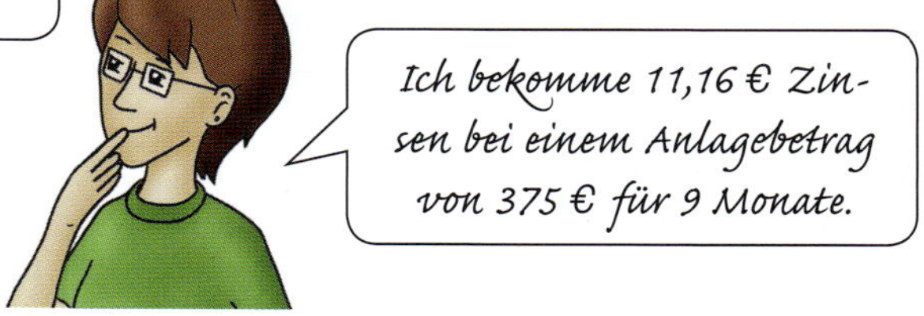

Frau Weiß

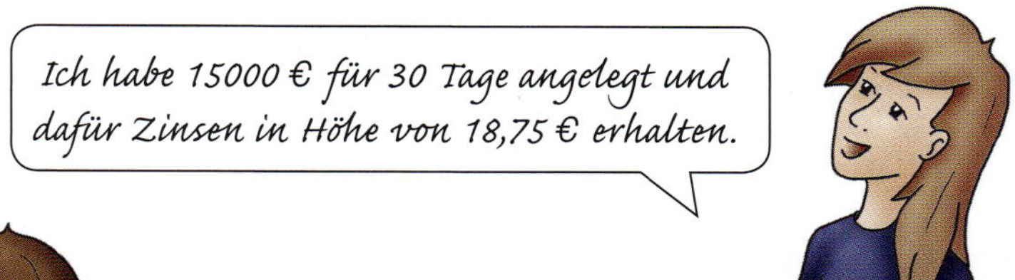

Frau Rot

6 Frank möchte sich von den Zinsen seines ersparten Geldes in Höhe von 6000 € in fünf Monaten ein aktuelles Smartphone mit einem Preis von etwa 500 € kaufen. Berechne den dafür notwendigen Zinssatz bei einer Bank und schätze diesen Wert unter aktuellen Gesichtspunkten realistisch ein.

7 Berechne und beschreibe jeweils deinen Rechenweg.

a) Herr Böttcher hat 1200 € für 240 Tage angelegt und bekommt 48 € an Zinsen für den Zeitraum gutgeschrieben. Berechne die Höhe des Zinssatzes.

b) Frau Guthoff hat bei einem Zinssatz von 4 % nach 9 Monaten 45 € Zinsen bekommen. Berechne die Höhe des angelegten Kapitals.

c) Für ein Darlehen in Höhe von 20 000 € zahlt Herr Meyer 1100 € Zinsen im ersten Jahr. Gib den Zinssatz des Darlehens an.

d) Frau Besold will sich ein Auto kaufen. Sie leiht sich von ihrer Bank 16 000 € und muss den Betrag nach einem Jahr mit 8 % Zinsen zurückzahlen.

8 Den Kauf eines Wohnmobils muss Herr Groß zu 40 % über ein Bankdarlehen finanzieren, den Rest bezahlt er aus eigenen Ersparnissen. Für das Bankdarlehen muss er nach 8 Monaten 496 € Zinsen bei einem Zinssatz von 2,5 % aufbringen.
Berechne die Höhe des Darlehens und den Verkaufspreis des Wohnmobils.

9 **a)** Die Jahreszinsen für ein Kapital von 650 € bei einem Zinssatz von 2 % werden dem Kapital zugeschlagen. Auf welchen Betrag hat sich das Kapital dadurch nach einem Jahr erhöht?
Beschreibe die unterschiedlichen Lösungswege mit eigenen Worten.

2% von 650 € sind:
0,02 · 650 € = 13 €
Erhöhung des Kapitals auf:
650 € + 13 € = 663 €

Änderungsfaktor:
1 + 0,02 = 1,02
Das Kapital erhöht sich auf:
1,02 · 650 € = 663 €

b) Eine Firma nimmt einen Kredit über 1,5 Mio. € auf. Die Bank behält 3 % dieser Kreditsumme als Damnum ein. Welcher Betrag wird an die Firma ausgezahlt?
Beschreibe die unterschiedlichen Lösungswege mit eigenen Worten.

3% von 1,5 Mio. € sind:
0,03 · 1 500 000 € = 45 000 €
Ausgezahlter Betrag:
1 500 000 € – 45 000 € =
1 455 000 €

Änderungsfaktor:
1 – 0,03 = 0,97
Ausgezahlter Betrag:
0,97 · 1 500 000 € =
1 455 000 €

Gut zu wissen
*Als **Damnum (Disagio)** bezeichnet man die Differenz zwischen dem erhaltenen Betrag und dem Rückzahlungsbetrag eines Darlehens. Banken zahlen das Darlehen also nicht in vollständiger Höhe aus, sondern behalten einen Teil der Kreditsumme ein.*

10 Du kennst die Berechnung eines erhöhten (erniedrigten) Grundwerts bereits aus der Prozentrechnung durch **Änderungsfaktoren**.

Wird ein Geldbetrag um p % erhöht bzw. erniedrigt, dann kann man den neuen Betrag mit dem Wachstumsfaktor $q = 1 + \frac{p}{100}$ bzw. Abnahmefaktor $q = 1 - \frac{p}{100}$ bestimmen.
In der Zinsrechnung bezeichnet man diese Faktoren auch als **Zinsfaktoren**.

Überlege zunächst, welche Größe gesucht ist. Berechne dann mithilfe des Zinsfaktors.

1 Jan hat 525 € für ein Jahr angelegt und erhält dafür 3 % Zinsen.
2 Petras Kontostand ist nach einem Jahr bei einem Zinssatz von 3,5 % auf 258,75 € angewachsen.
3 Frau Schmidt hat 4000 € angelegt. Nach einem Jahr beträgt der Kontostand 4080 €.
4 Ein Unternehmen nimmt bei seiner Hausbank ein Darlehen in Höhe von 5 Mio. € auf. Die Bank behält 4 % der Kreditsumme als Damnum ein.
5 Herr Kleine zahlt bei einer 500 € - Anleihe nur 470 € für das Wertpapier.
6 Ehepaar Uhl hat zur Finanzierung ihres Hauses einen Kredit aufgenommen. Sie bekommen 295 500 € ausgezahlt. Das Damnum betrug 1,5 %.

Gut zu wissen
*Ein **Wertpapier** ist vereinfacht ausgedrückt ein Recht auf ein Vermögen in Form einer Urkunde. Zu Wertpapieren gehören z. B. **Aktien** oder **Anleihen** (zinstragendes Wertpapier).*

Vertiefung

Der Effektivzinssatz

Oftmals werden neben Zinsen auch Gebühren verlangt, die einen Kreditbetrag verteuern.
Um Angebote miteinander zu vergleichen, werden diese Gebühren zum Kreditbetrag hinzugezählt.
Der **Effektivzinssatz** drückt die Gesamtkosten für einen Kredit in Prozent des Kreditbetrags aus.

Beispiel:
Für einen Kredit über 50 000 €, der für 180 Tage in Anspruch genommen wird, berechnet die Gemeinschaftsbank Oberpfalz 4 % Zinsen p. a. und eine Bearbeitungsgebühr von 0,5 % des Kreditbetrags.

Tatsächliche Kreditkosten:	Effektivzinssatz:
4 % von 50 000 € für 180 Tage: $50\,000\,€ \cdot 0{,}04 \cdot \frac{180}{360} = 1000\,€$ 0,5 % Bearbeitungsgebühr: $50\,000\,€ \cdot 0{,}005 = 250\,€$ Kreditkosten insgesamt: 1250 €	$p_{eff} = \frac{\text{Kreditkosten} \cdot 100 \cdot 360}{\text{Auszahlungsbetrag} \cdot \text{Tage}}$ $p_{eff} = \frac{1250\,€ \cdot 100 \cdot 360}{50\,000\,€ \cdot 180} = 5$ Der Effektivzinssatz beträgt 5 %.

- Erkläre das Vorgehen zur Berechnung des Effektivzinssatzes im Beispiel.
- Familie Schmidt möchte ein Darlehen in Höhe von 9000 € für ein Jahr lang aufnehmen. Vergleiche die Angebote anhand ihres Effektivzinssatzes.

1 5,4 % Zinsen pro Jahr
2 4,9 % Zinsen und 100 € Bearbeitungsgebühr
3 4,9 % Zinsen und 1,5 % der Darlehenssumme Bearbeitungsgebühr

- Thomas hat vor, seinen Kredit für ein Rennrad innerhalb von zehn Monaten zurückzuzahlen. Dabei rechnet er damit, dass er das durch Weihnachtsgeld und Geschenke am Ende dieser Zeit auf einmal schafft. Der Kredit, der ihm über den Fahrradhändler vermittelt wird, enthält folgende Angaben: Kredithöhe: 2500 €, Zinsen: 4,38 %, Gebühr: 1,2 %, Laufzeit: 10 Monate. Berechne den Effektivzinssatz.

Legt man sein Geld über mehrere Jahre auf einem Konto an, so werden die erzielten Zinsbeträge diesem Konto gutgeschrieben. Damit erhöht sich also der Grundwert in jedem Jahr.

- Ermittle das Guthaben am Ende des 1. Jahres (2. Jahres, ..., 5. Jahres), wenn 1000 € zu 4 % angelegt werden und die Zinsen jeweils am Jahresende dem bisherigen Kapital zugeschlagen werden.
- Stelle die Veränderung des Guthabens graphisch dar. Ist der Verlauf des Graphen linear? Begründe.

Merkwissen

Wenn ein Anfangskapital K_0 zu einem jährlichen Zinssatz p über n Jahre hinweg verzinst wird und die Zinsen jeweils zum Ende eines Jahres ausgezahlt werden, so berechnet sich das Kapital K_n nach diesem Zeitraum mittels der sogenannten **Zinseszinsformel**:

$$\mathbf{K_n = K_0 \cdot q^n}$$

mit $\mathbf{q = 1 + \frac{p}{100}}$ **(Zinsfaktor)**

Beispiel:
Zinssatz 3 %; Anfangskapital K_0

- Kapital am Ende des 1. Jahres:
  $K_1 = K_0 \cdot 1{,}03$ bzw. $K_1 = K_0 \cdot 1{,}03^1$
- Kapital am Ende des 2. Jahres:
  $K_2 = \underbrace{(K_0 \cdot 1{,}03)}_{K_1} \cdot 1{,}03$ bzw. $K_2 = K_0 \cdot 1{,}03^2$
- Kapital am Ende des 3. Jahres:
  $K_3 = \underbrace{(K_0 \cdot 1{,}03 \cdot 1{,}03)}_{K_2} \cdot 1{,}03$ bzw. $K_3 = K_0 \cdot 1{,}03^3$
- Kapital am Ende des n-ten Jahres:
  $K_n = \underbrace{K_0 \cdot 1{,}03 \cdot \ldots \cdot 1{,}03}_{\text{n-mal}} = K \cdot 1{,}03^n$

Beispiele

Endkapital K_n gesucht

I Ein Kapital in Höhe von 5000 € wird genau fünf Jahre zu einem Zinssatz von 3,5 % p. a. angelegt. Berechne den Wert des Kapitals nach dieser Laufzeit.

Lösung:
$K_5 = 5000\,€ \cdot 1{,}035^5 \approx 5938{,}43\,€$
Nach fünf Jahren beträgt der Wert des Kapitals ca. 5938,43 €.

Anzahl der Jahre n gesucht

II Ein Kapital in Höhe von 6500 € wird mit 4,0 % p. a. über mehrere Jahre angelegt. Berechne den Zeitraum in Jahren, über den man das Kapital liegen lassen muss, um es zu verdoppeln.

Zusammenhänge:
Exponent, Potenzwert, Basis: $a^n = c$ — $\log_a c = n$

Lösung:

$$\begin{aligned} 6500\,€ \cdot 1{,}04^n &= 13\,000\,€ && |:6500\,€ \\ 1{,}04^n &= 2 && |\log \\ \log 1{,}04^n &= \log 2 \\ n \cdot \log 1{,}04 &= \log 2 && |:\log 1{,}04 \implies n = \frac{\log 2}{\log 1{,}04} \approx 17{,}7 \end{aligned}$$

Das Kapital hat sich somit nach 18 Jahren erstmalig verdoppelt.

Anfangskapital K_0 gesucht

III Ein Kapital noch unbekannter Höhe soll für ein zukünftiges Bauvorhaben über einen Zeitraum von 10 Jahren und einem Zinssatz von 3,8 % p. a. angelegt werden. Der Zielbetrag liegt bei 25 000 €. Ermittle das notwendige Anfangskapital.

Lösung:
Es gilt: $K_{10} = x \cdot 1{,}038^{10} \geqq 25\,000\,€$
$\implies x \geqq 17\,217{,}36\,€$
Der Anlagebetrag sollte bei mindestens 17 217,36 € liegen.

IV Ein Kapital in Höhe von 6700 € wird für einen Zeitraum von 12 Jahren angelegt. Nach diesen 12 Jahren weist das Konto ein Guthaben von 8000 € auf. Berechne den Zinssatz.

Zinssatz p gesucht

Lösung:

$6700\text{ €} \cdot q^{12} = 8000\text{ €} \qquad | : 6700\text{ €}$

$q^{12} = \frac{8000\text{ €}}{6700\text{ €}} \Longrightarrow q = \sqrt[12]{\frac{8000\text{ €}}{6700\text{ €}}} \approx 1{,}0148 \ldots \Longrightarrow \text{Zinssatz: } \approx 1{,}5\ \%$

Der Anlagebetrag wurde zu einem Zinssatz von etwa 1,5 % verzinst.

VERSTÄNDNIS

- Begründe, warum das Anfangskapital auch oftmals mit K_0 bezeichnet wird.
- Ein Kapital K wird angelegt. Beschreibe, wie sich K entwickelt, wenn die Zinsen am Jahresende jeweils abgehoben werden (auf dem Konto verbleiben).

AUFGABEN

1 Berechne die fehlenden Größen. Runde geeignet.

	a)	b)	c)	d)	e)
Anfangskapital	3000 €	7000 €	□	25 000 €	45 000 €
Laufzeit	2 Jahre	3 Jahre	3 Jahre	5 Jahre	□
Zinssatz	4 %	6 %	3,5 %	□	3 %
Endkapital	□	□	13 304,62 €	26 500 €	50 647,90 €

2 Sabrina legt 2000 € für drei Jahre auf einem Bankkonto an. Der Zinssatz beträgt 4,5 %, die Zinsen werden jeweils mitverzinst.

a) Berechne die Höhe des Guthabens zum Ende der Laufzeit.

b) Bestimme den Gesamtbetrag der Zinsen, den Sabrina im Laufe der drei Jahre erhält.

c) Vergleiche das Ergebnis aus b) mit den Zinsen, die Sabrina insgesamt bekommen hätte, wenn die Zinsen jeweils ausgezahlt worden wären.

3 Ein Kapital von 10 000 € wird auf zwei unterschiedliche Weisen angelegt:

1 Mit einem Zinssatz von 6 % für drei Jahre, die Zinsen werden mitverzinst.

2 Im ersten Jahr werden 600 € Zinsen, im 2. Jahr 650 € und im 3. Jahr 700 € gutgeschrieben. Die Zinsen werden nicht verzinst.

Welche Anlageform ist die günstigere? Schätze zunächst und berechne dann.

4 Das Anfangskapital auf einem Sparbuch beträgt 12 500 € mit einem festen Zinssatz von 3,75 %. Berechne das Endkapital nach 15 Jahren ...

a) mithilfe einer Tabelle.

b) durch die Zinseszinsformel.

5 Herr Richter kauft einen Sparbrief für 6000 € zu einem Zinssatz von 3,4 %. Die Laufzeit beträgt fünf Jahre. Berechne die Höhe des Guthabens zum Laufzeitende.

6 Johanna behauptet, dass sie eine so gute Geldanlage gefunden hat, dass sich ihr Erspartes innerhalb von fünf Jahren verdoppelt. Kann das sein? Welcher Zinssatz wurde ihr versprochen?

7 „Wenn man sein Geld anlegt, kann man großen Gewinn einstreichen.“, behaupten viele Anzeigen im Internet oder in Zeitungen.

Kapital sparen lohnt sich!
Startkapital: 20 000 €
Laufzeit: 5 Jahre
Gewinn: 30 000 €
Fester Zinssatz über die gesamte Laufzeit.

Lassen Sie Ihr Geld für sich arbeiten!
Machen Sie aus **2000 €** in nur drei Jahren **4000 €**.

Sicher in den Ruhestand!
Zahlen Sie jetzt 10 000 € ein, dann warten Sie auf den Ruhestand und erhalten 100 000 €.*
**Rechenbeispiel gültig, wenn Sie noch 35 Jahre arbeiten.*

a) Ermittle für jedes Angebot einen Rechenausdruck, der das Kapital in Abhängigkeit von der Zeit beschreibt.

b) Stell dir vor, du legst je 100 € zu den Zinssätzen der obigen Angebote an. Zeichne die drei Entwicklungen in ein Koordinatensystem.

c) Begründe, dass einige solcher Angebote unseriös sind.

8 Frau Zoller hatte mit dem Rauchen aufgehört. Sie steckte jeden Tag den Preis für eine Schachtel Zigaretten (damals 4,80 €) in die Sparbüchse. Nach einem Jahr legte sie das Geld zu einem Zinssatz von 2,2 % auf ein Sparkonto.

a) Ermittle die Höhe des Sparguthabens nach fünf Jahren.

b) Wann hätte sich das Guthaben verdoppelt?

Gut zu wissen
Thesaurieren *bedeutet, den Zinsertrag wieder anzulegen, so dass Zinseszins berechnet werden muss.*

9 Florian legt sein Geld auf ein Festgeldkonto und möchte wissen, wie lange es bei 4,35 % thesauriert fest angelegt werden muss, damit das Kapital um mindestens 20 % anwächst.

10 Alina bekommt von ihren Großeltern zum Geburtstag 200,00 €. Sie legt diese zu 3,75 % Zinsen auf einem Termingeldkonto an. Sie entscheidet sich für Kündigungsgeld und überlegt, wann sie kündigen muss, wenn sich das Kapital verdoppeln soll und sie eine Kündigungsfrist von sechs Monaten hat. Wird sie sich über das Ergebnis freuen?

Gut zu wissen
Festgeld *ist Geld, das bei der Bank fest angelegt wird. Die Banken bieten daher höhere Zinsen.*
Man unterscheidet Termingelder, die automatisch nach einem bestimmten Zeitraum zur Verfügung stehen, und Kündigungsgelder, die eine lange Kündigungszeit haben.

11 a) Berechne das Endkapital, das sich nach acht Jahren ergibt, wenn die Bank das Anfangskapital von 4000 € zu 3,5 % p. a. verzinst.

b) Welches Anfangskapital hätte man anstelle der 4000 € von Teilaufgabe a) anlegen müssen, um bei einer Verzinsung von 3,5 % p. a. nach acht Jahren als Endkapital 6000 € zu erhalten?

c) Berechne den Jahreszinssatz, wenn das Anfangskapital von 4000 € nach fünf Jahren auf 4500 € angewachsen ist.

d) Ermittle den Zeitraum in Jahren, den man ein Anfangskapital von 4000 € anlegen muss, damit es bei einer Verzinsung von 5 % p. a. auf 6841,36 € anwächst.

12 Wachstumsvorgänge können einen ganz unterschiedlichen Verlauf haben. Zwei Formen des Wachstums sind besonders häufig:

1 Lineares Wachstum

Eine Größe wächst pro Zeiteinheit stets um den gleichen Betrag.

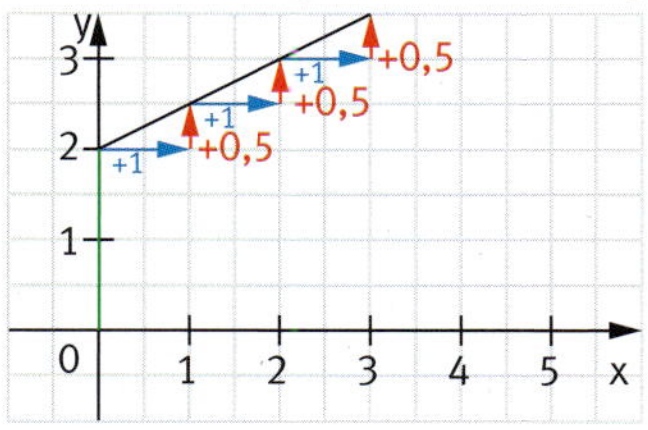

+1 +1 +1

x	0	1	2	3
y	t	t + m	t + 2m	t + 3m

+m +m +m

$y = mx + t$

2 Exponentielles Wachstum

Eine Größe wächst pro Zeiteinheit stets um den gleichen Faktor.

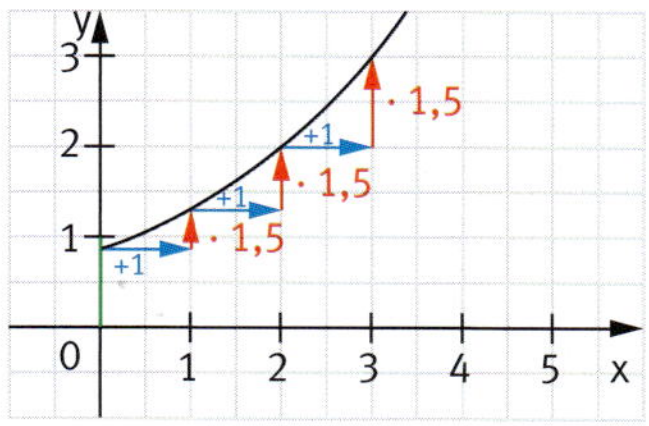

+1 +1 +1

x	0	1	2	3
y	b	$b \cdot a$	$b \cdot a^2$	$b \cdot a^3$

· a · a · a

$y = b \cdot a^x$

a) Begründe, dass es sich bei der Zinseszinsrechnung um exponentielles Wachstum handelt.

b) Erfinde eine Beispielaufgabe für ein lineares Wachstum in der Zinsrechnung.

13 Berechne bei einem Zinssatz von 8 % p. a. und einem Anfangskapital von 5000 €, welches Kapital man am Ende des 1., 2., 3., 10. ... Jahrs hat, wenn man mit bzw. wenn man ohne Zinseszinseffekt rechnet und die Zinsen einmal pro Jahr dem Kapital zugeschlagen werden. Vergleiche dann mit dem Diagramm.

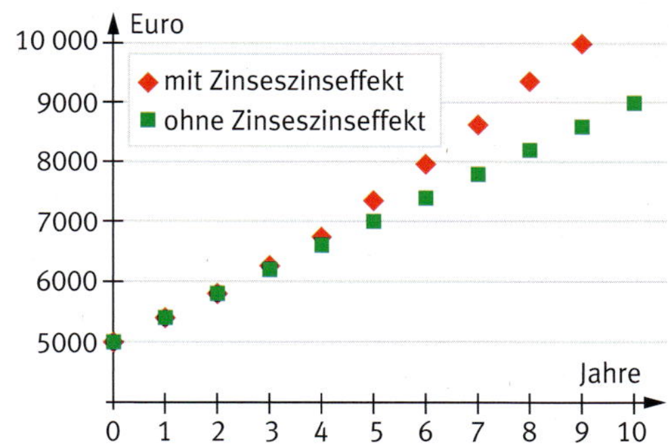

14 Du legst ein Anfangskapital in Höhe von 25 000 € an.

a) Untersuche mit einem Tabellenprogramm die Entwicklung des Kapitals für verschiedene Zinssätze (2,5 %; 2,75 %; 3 %; 3,25 %; 3,5 %) und verschiedene Zeiten (n = 1; 2; ...; 25 Jahre). Berücksichtige den Zinseszins.

b) Stelle die Daten auch in einem Diagramm dar. Was stellst du fest?

15 Bei vielen Tagesgeldkonten werden die Zinsen nicht jährlich, sondern am Ende eines Quartals dem Konto gutgeschrieben.

Wenn ein Kapital K zu einem jährlichen Zinssatz von p % über q **Quartale** hinweg angelegt wurde, so kann man den Wert des Kapitals K_q zum Ende dieser Laufzeit wie folgt bestimmen: $K_q = K_0 \cdot \left(1 + \frac{p}{100} \cdot \frac{1}{4}\right)^q$

a) Begründe die Richtigkeit der obigen Formel.

b) Gib eine Formel zur Berechnung des Kapitals nach m Monaten (t Tagen) an, wenn man davon ausgeht, dass die erreichten Zinsen monatlich (täglich) dem Konto gutgeschrieben werden. Begründe deine Vorgehensweise.

c) Ein Tagesgeldkonto bietet einen jährlichen Zinssatz von 3,5 % an. Ein Interessent möchte 100 000 € anlegen. Er kann selbst entscheiden, welche Art der Verzinsung er wünscht. Es stehen die jährliche, die quartalsmäßige, die monatliche sowie die tägliche Gutschrift der Zinsen zur Wahl. Begründe (möglichst ohne Rechnung), auf welches Angebot der Interessent eingehen sollte. Berechne für alle drei Angebote den Kapitalbetrag nach fünf Jahren.

Gut zu wissen

*Wenn die Verzinsungsintervalle kleiner sind als ein Jahr, dann spricht man von einer **unterjährigen Verzinsung** mit m Intervallen pro Jahr.*

Sabrina ist gerade 16 Jahre alt geworden und möchte sich mit 18 Jahren ein Auto kaufen. Sie wünscht sich einen Kleinwagen, der etwa 8000,00 € kostet. Bereits jetzt trägt sie Zeitungen aus. Zusätzlich gibt sie Nachhilfe in Mathematik. Sie überlegt, jeden Monat einen Teil des Geldes zur Seite zu legen.

- Begründe, warum es hilfreich ist, jeden Monat denselben Betrag zu sparen.
- Formuliere eine Möglichkeit, wie Sabrina berechnen kann, wie viel Geld sie an ihrem 18. Geburtstag zusammengespart hat.
- Beurteile, wie realistisch ihre Sparabsichten sind.

r = regelmäßige Zahlung (Rente/Rate)

Merkwissen

Werden in regelmäßigen Zeitabständen gleich große Ein- oder Auszahlungen getätigt, dann nennt man eine solche Zahlung eine **Rente r**.

Wird eine regelmäßige Zahlung jeweils zu Beginn eines Jahres getätigt, so spricht man von einer **vorschüssigen Rentenzahlung**. Am Ende des Jahres werden dabei Zinsen gutgeschrieben.
Bei einer Zahlung jeweils am Ende eines Jahres spricht man von einer **nachschüssigen Rentenzahlung**. Die letzte Rate wird dabei nicht mehr verzinst.

Herleitung des Endwerts einer Rentenzahlung nach n Jahren mit Zinsfaktor $q = 1 + \frac{p}{100}$ und regelmäßiger Rente r bei vorschüssiger Rente:

1 Die erste Rentenzahlung r wächst nach n Jahren auf: $r \cdot q^n$
Die zweite Rentenzahlung im Folgejahr wächst auf: $r \cdot q^{n-1}$
...

2 Die Summe der Beträge ist: $r \cdot q^n + r \cdot q^{n-1} + r \cdot q^{n-2} + \ldots + r \cdot q = r \cdot q \cdot \frac{q^n - 1}{q - 1}$

Es folgt für den **Endwert** des Guthabens bei ...

1 vorschüssiger Rentenzahlung:	2 nachschüssiger Rentenzahlung:
$K_n' = r \cdot q \cdot \frac{q^n - 1}{q - 1}$	$K_n = r \cdot \frac{q^n - 1}{q - 1}$
Wird eine Anfangszahlung geleistet, muss diese ebenfalls berücksichtigt werden. Für die **Kapitalmehrung** ergibt sich:	
$K_n' = K_0 \cdot q^n + r \cdot q \cdot \frac{q^n - 1}{q - 1}$	$K_n = K_0 \cdot q^n + r \cdot \frac{q^n - 1}{q - 1}$
Entsprechend ergibt sich für eine **Kapitalminderung**:	
$K_n' = K_0 \cdot q^n - r \cdot q \cdot \frac{q^n - 1}{q - 1}$	$K_n = K_0 \cdot q^n - r \cdot \frac{q^n - 1}{q - 1}$

Beispiele

I Moritz schließt einen Sparvertrag ab, bei dem er die nächsten sechs Jahre am Jahresende jeweils 1200 € einbezahlt bei einem Zinssatz von 2,8 %.

a) Bestimme sein Guthaben am Ende der Laufzeit.

b) Berechne die Höhe des Guthabens, das aus den Zinseszinsen resultiert.

Lösungsmöglichkeit:

a) $r = 1200$ €, $r = 6$, $q = 1 + \frac{2,8}{100} = 1,028$

$K_6 = 1200\text{ €} \cdot \frac{1,028^6 - 1}{1,028 - 1} \approx 7723,22\text{ €}$

Moritz hat nach sechs Jahren 7723,22 € zur Verfügung.

b) Einzahlungen insgesamt: $6 \cdot 1200\text{ €} = 7200\text{ €}$
Moritz erhält nach sechs Jahren 523,22 € durch die Verzinsung der Zinsen.

II Sarah bekommt zum 18. Geburtstag von ihrer Oma einen Bausparvertrag geschenkt. Die Oma hat als Anfangssumme 10 000 € eingezahlt und sie zahlt sechs weitere Jahre je 3000 € zu Jahresbeginn ein. Die Bausparkasse verzinst das Geld mit 3,5%. Berechne die Gesamtsumme, die in den sechs Jahren angespart wird.

Lösung:

$n = 6$, $q = 1,035$, $r = 3000$ €, $K_0 = 10\,000$ €

Endwert der vorschüssigen Rentenzahlung:

$K'_6 = 10\,000\text{ €} \cdot 1,035^6 + 3000\text{ €} \cdot 1,035 \cdot \frac{1,035^6 - 1}{1,035 - 1} \approx 32630,78\text{ €}$

Nach sechs Jahren wurden 32630,78 € angespart.

Verständnis

- Begründe die Unterschiede in der vorschüssigen und nachschüssigen Endwertformel.
- Erkläre das Vorgehen in den Beispielen in eigenen Worten.
- Markus behauptet: „Nachschüssige Zahlung ist wie vorschüssige Zahlung mit einem Jahr weniger.“ Stimmt das? Begründe.
- Lea überlegt, ob sie keine Anfangszahlung leistet, dafür aber höhere Rentenzahlungen tätigt. Sie meint, sie kommt zur selben Ansparsumme innerhalb der gleichen Zeit. Kann das sein?

Aufgaben

1 Celine zahlt seit ihrem 12. Geburtstag zu jedem Geburtstag 200 € auf ein Sparkonto. Die Zinsen betragen 4,325 %. Berechne die Höhe des Betrags, den Celine zur Volljährigkeit ausbezahlt bekommt.

2 Vergleiche die Angebote miteinander bei einer Laufzeit von sieben Jahren.

Baubank	**Neubank**
Zinssatz 4,8 %	Zinssatz 4,8 %
jährliche Rate am 01.01.	jährliche Rate am 31.12.
750,00 €	750,00 €

3 Der 14-jährige Florian soll sparen lernen. Darum macht ihm seine Mutter zu Jahresbeginn folgendes Angebot: Sie eröffnet ein Sparkonto auf seinen Namen mit einem Garantiezins von 3,8 %, auf das sie sofort 1000 € einbezahlt. In jedem Jahr muss Florian nach Weihnachten jeweils 500 € einzahlen. Berechne den Geldbetrag, den Florian nach vier Jahren auf seinem Konto hat.

4 Luca hat sich bei der Bank zwei Angebote erstellen lassen, mit deren Hilfe er in den nächsten Jahren Geld sparen möchte.

Topsparen
Angebot bis 31.10.
Einmaleinlage 2000 €
Jährlich zu Jahresanfang 500 €
3 % Zinsen
Gebührenfrei
Festanlage: min. 5 Jahre

Supersparen
Fünf Jahre lang am Jahresanfang 900 € einzahlen und die Verzinsung von 4,2 % genießen.
Ohne Gebühren

a) Vergleiche die Angebote. Schätze zuerst und rechne dann.

b) Was könnte Luca dazu bewegen, das „schlechtere Angebot“ anzunehmen?

5 Louise legt ein Sparbuch an und zahlt jeweils nachschüssig 60 € im Jahr ein bei einem Zinssatz von 4 %. Ab dem wievielten Jahr hat sie mehr als 500 € auf dem Konto?

6 Ab der Geburt ihres Kindes zahlen die Eltern jährlich 780 € auf ein Konto ein. Berechne den Kontostand am 1., 2., 3., ... 18. Geburtstag bei 2,5 % Zinsen.

7 Ein Rentner hat ein Vermögen von 80 000 €. Am Ende eines jeden Jahres entnimmt er den festen Betrag von 6500 €. Die Verzinsung beträgt 3 %. Stelle einen Auszahlungsplan auf, bis das Vermögen aufgebraucht ist.

8 Hanna hat mit ihrer Ausbildung angefangen und will jeden Monat 50,00 € sparen. Das Geld zahlt sie jeweils am Ende des Jahres auf ihr Sparkonto ein. Dort werden ihr 2,25 % Zinsen gutgeschrieben. Berechne die Summe, die sie am Ende ihrer Ausbildung (drei Jahre) angespart hat.

9 Katharina trägt Zeitungen aus und spart jeden Monat 50,00 €, die sie gleich auf ein Konto einzahlt. Im ersten Jahr bekommt sie 3,5 %, im zweiten Jahr 3,2 % und im dritten Jahr noch 2,7 % Zinsen. Berechne den Geldbetrag, den sie am Ende des dritten Jahres zur Verfügung hat.

10 Elena zahlt, seit sie 12 Jahre alt ist, ihr Erspartes immer am Jahresende auf ihr Sparkonto. Da sie das Weihnachtsgeld der Großeltern auch nicht ausgibt, kommen so jedes Jahr 480,00 € zusammen. Berechne die Summe, die sie an Weihnachten nach ihrem 18. Geburtstag auf dem Konto hat, wenn sie 2,4 % Zinsen gutgeschrieben bekommt.

11 Ein Bausparer zahlt bei einer Bausparkasse am Anfang des Jahres einmalig 5000 € ein und ab dem Folgejahr für weitere fünf Jahre jeweils 2000 € zu Jahresbeginn. Nach sechs Jahren kann er über den doppelten Betrag seines Kapitals als Bausumme verfügen. Berechne die Höhe der Bausumme bei einem Zinssatz von 2,8 %.

12 Frau Kraft schließt einen Sparvertrag mit folgenden Bedingungen ab: 10 000 € zahlt sie sofort zu Jahresbeginn ein und dann jeweils 1200 € zum Jahresende. Die Laufzeit des Sparvertrages beträgt acht Jahre bei einem Zinssatz von 3,5 %.

a) Berechne den Betrag, der sich am Ende der Laufzeit angesammelt hat.

b) Gib die Höhe des Endwerts an, der auf den Zinseszinseffekt zurückzuführen ist.

13 Die Zwillinge Tobias und Luca sparen fleißig in ihr Sparschwein. Immer zum Weltspartag am 31.10. wird das Geld auf ein Sparkonto eingezahlt. Sie bekommen 1,5 % Zinsen jährlich gutgeschrieben. Die Tabelle zeigt die Einlagen von Tobias und Luca in den letzten Jahren.

Tipp: Da Luca und Tobias immer 12 Monate sparen, kannst du mit Jahreszinsen rechnen.

Tobias	1. Jahr: 22,27 €	2. Jahr: 24,87 €	3. Jahr: 81,32 €
Luca	1. Jahr: 16,74 €	2. Jahr: 27,88 €	3. Jahr: 83,84 €

Überlege, zuerst, wer am Weltspartag vor der Einzahlung im vierten Jahr am meisten Geld auf dem Sparkonto hat, und berechne dann.

14 Solveig ist noch in der Ausbildung und hat bereits 2000,00 € zusammengespart. Auf einer Werbetafel sieht sie das abgebildete Angebot.
Kann das ein seriöses Angebot sein? Solveig ist misstrauisch, da die Raten nicht angegeben werden. Könnte sie entsprechende Raten zahlen?

> **BANK AN DER ECKE DA**
> Zustände wie beim Lotto!!!
> Verfünffachen Sie Ihren Einsatz innerhalb von sechs Jahren.
> Schon ab einem einmaligen Einsatz von 2000,00 € und zusätzlichen jährlichen Raten zum Jahresende verzinsen wir Ihr Geld mit sagenhaften 3,7 %.

a) Berechne die Rate und beurteile, ob Solveig diesen Betrag aufbringen kann.

b) Solveig möchte höchstens 500 € im Jahr anlegen und kann ein entsprechendes Angebot aushandeln. Bestimme die Höhe des Vermögens nach sechs Jahren.

15 Maurice möchte sein Erspartes von 1500 € mindestens vervierfachen. Seine Bank bietet ihm Ratensparen zu 3 % an. Nach wie vielen Jahren hat er sein Ziel erreicht, wenn er jedes Jahr 650 € einzahlt? Unterscheiden sich vorschüssige und nachschüssige Zahlungen?

Annika und Dominik wollen ein Haus kaufen. Sie haben zwar einiges gespart, müssten aber trotzdem einen Kredit aufnehmen. Sie informieren sich über verschiedene Angebote und erhalten unterschiedliche Rückzahlungsmodalitäten.

- Informiere dich bei einer Bank nach verschiedenen Rückzahlungsmodellen.
- Lasse dir von einer Bank zu einem Kreditbeispiel deiner Wahl einen Tilgungsplan erstellen und stelle ihn deiner Klasse vor.

Restschuld ist der Betrag, der am Ende des Jahres von der Kreditsumme übrig ist.

Bei unseren Rückzahlungen gehen wir von Tilgungen jeweils zum Jahresende aus.

Berechnung einer gleichbleibenden Annuität: *s. S. 33.*

Merkwissen

In der Finanzwelt erhält man beispielsweise von einer Bank einen Kredit und zahlt diesen in n Jahren in Raten zurück. Die jährliche Rückzahlungsrate wird **Annuität A** genannt. Sie ist die Summe aus den **Zinsen Z** der Restschuld und dem **Tilgungsanteil T**, mit dem der Kreditbetrag verringert wird: A = Z + T.

Man unterscheidet zwei Arten der Rückzahlung:

1 Ratentilgung

Die jährliche Tilgung T ist konstant. Die Zinsen und die jährliche Annuität nehmen im Laufe der Jahre ab.

Beispiel: Ein Darlehen von 6000 € wird bei einem Zinssatz von 3 % durch eine jährliche Tilgung von 2000 € zurückbezahlt.
Tilgungsplan:

Jahr	Restschuld	Z	T	A
1	6000 €	180 €	2000 €	2180 €
2	4000 €	120 €	2000 €	2120 €
3	2000 €	60 €	2000 €	2060 €
			Gesamtbetrag:	**6360** €

2 Annuitätentilgung

Die jährliche Annuität A ist konstant. Die jährlichen Zinsen sinken, während der Tilgungsbetrag steigt.

Beispiel: Ein Darlehen von 6000 € wird bei einem Zinssatz von 3 % in drei Jahren durch eine gleichbleibende Annuität (2121,18 €) zurückbezahlt.
Tilgungsplan:

Jahr	Restschuld	Z	T	A
1	6000 €	180 €	1941,18 €	2121,18 €
2	4058,82 €	121,76 €	1999,42 €	2121,18 €
3	2059,40 €	61,78 €	2059,40 €	2121,18 €
			Gesamtbetrag:	**6363,54** €

I Ein Darlehen in Höhe von 15 000 € soll innerhalb von fünf Jahren zurückgezahlt werden. Die jährliche Tilgung soll jeweils gleich sein. Die Bank verlangt 3,8 % Zinsen. Berechne die Höhe der jährlichen Belastung und den Gesamtbetrag des Kredits. Beschreibe dein Vorgehen.

Lösung: Ratentilgung

1 gleichbleibende Tilgungsrate berechnen:
Die jährliche Tilgungsrate beträgt 15 000 € : 5 = 3000 €.

2 Tilgungsplan erstellen:

Jahr	Restschuld	Zinsen	Tilgung	Annuität
1	15 000 €	570 €	3000 €	3570 €
2	12 000 €	456 €	3000 €	3456 €
3	9000 €	342 €	3000 €	3342 €
4	6000 €	228 €	3000 €	3228 €
5	3000 €	114 €	3000 €	3114 €
		Gesamtbetrag:		**16 710 €**

Dem Tilgungsplan kann man entnehmen, dass die jährlichen Belastungen (Annuitäten A) von 3570 € auf 3114 € fallen, da die zu zahlenden Zinsen jedes Jahr geringer werden.

3 Gesamtbetrag bestimmen: Insgesamt müssen für den Kredit 16 710 € zurückbezahlt werden.

II Die Familie Reinhardt will innerhalb von vier Jahren den Kredit für die Küche in Höhe von 6000 € zurückzahlen. Sie möchte jeweils zum Jahresende 1800 € an die Bank zahlen. Die Bank verlangt 4,5 % Zinsen. Ist der Kredit nach vier Jahren zurückbezahlt? Beschreibe dein Vorgehen.

Lösung: Annuitätentilgung

1 Tilgungsplan erstellen:

Jahr	Restschuld	Zinsen	Tilgung	Annuität
1	6000 €	270 €	1530 €	1800 €
2	4470 €	201,15 €	1598,85 €	1800 €
3	2871,15 €	129,20 €	1670,80 €	1800 €
4	1200,35 €	54,02 €	1200,35 €	1254,37 €
			Gesamtbetrag:	**6654,37 €**

2 Beurteilung: Es klappt, Familie Reinhardt ist nach vier Jahren schuldenfrei. Die letzte Annuität ist sogar geringer, da die Restschuld zzgl. Zinsen kleiner ist als der geplante letzte Rückzahlungsbetrag.

Verständnis

- Beschreibe Vor- und Nachteile der unterschiedlichen Tilgungsarten.
- Richtig oder falsch? Wenn die prozentuale Tilgung niedrig ist, beeinflusst das die Rückzahlung mehr, als wenn die Zinsen hoch sind.
- Patrick stellt fest: „Annuitätentilgung ist wie Rentensparen rückwärts.“ Was meint er? Hat er Recht?

Aufgaben

1 Kira möchte sich ein Auto kaufen. Hierfür nimmt sie einen Kredit in Höhe von 9500 € bei einer Laufzeit von fünf Jahren auf. Die Bank verlangt 3,2 % Zinsen und vereinbart mit ihr Ratentilgung. Erstelle einen Tilgungsplan.

2 Johannes liebäugelt mit einem schönen Motorrad. In der Zeitung hat er ein Angebot für eine gebrauchte Maschine für 11 500 € gefunden. 3000 € hat er bereits zusammen. Den Rest muss er über einen Kredit finanzieren. Da er lieber gleiche Beträge zurückzahlt, entscheidet er sich für einen Annuitätenkredit mit einer jährlichen Annuität von 1600 €, den er innerhalb von sechs Jahren zurückzahlen will. Die Bank berechnet 3,3 % Zinsen.
Erstelle einen Tilgungsplan und bestimme die letzte Annuität.

3 Stellt man keinen Tilgungsplan auf, kann man die Werte auch berechnen. Bei Ratentilgungen wird die Schuldsumme in n Jahren in n gleichen Teilbeträgen getilgt. Damit ergeben sich folgende Formeln:

$q = 1 + \frac{p}{100}$ (Zinsfaktor)

In deiner Abschlussprüfung darfst du eine Merkhilfe, in der unter anderem diese Formeln stehen, verwenden. Du musst sie also nicht auswendig lernen.

Tilgungsraten:	$T = \frac{K_0}{n}$
Zinsen der Restschuld in einem Jahr v:	$Z_v = T \cdot (q - 1) \cdot (n - v + 1)$
Annuität = Zinsen + Tilgung:	$A = Z + T$
Für die letzte Annuität im Jahr n gilt:	$A_n = T \cdot q$
Für die Annuität im Jahr v gilt:	$A_v = T \cdot (q - 1) \cdot (n - v + 1) + T$
Restschuld am Ende des v-ten Jahres:	$K_v = T \cdot (n - v)$

Probiere nun verschiedene Möglichkeiten aus.
Selina zieht in ihre erste eigene Wohnung. Dazu benötigt sie Möbel. Wenn sie das Nötigste kauft, summiert sich der benötigte Geldbetrag auf 3700 €. Ihr erspartes Geld hat sie für den Urlaub verwendet, so dass sie nun einen Kredit beantragen muss. Von der Bank bekommt sie folgendes Angebot:

Du kannst auch ein Tabellenprogramm nutzen.

Vier Jahre lang jedes Jahr 1050 € zurückzahlen.

Berechne die Höhe der Zinsen.

4 Özlem zieht mit ihrem Freund zusammen. Sie müssen sich eine neue Küche für 4500 € kaufen und wollen diese über einen Konsumkredit finanzieren. Der Händler bietet ihnen über seine Bank einen Ratenkredit mit 20-prozentiger Tilgung an, so dass sie innerhalb von fünf Jahren die Schulden abbezahlt hätten. Er verlangt allerdings 5,65 % Zinsen. Erstelle einen Tilgungsplan und bestimme den Gesamtbetrag des Kredits.

Konsumkredite werden oftmals bei Händlern angeboten. Der Zinssatz kann dabei höher sein, als direkt bei einer Bank.

5 Familie Schreiber möchte einen Kredit für die Wohnung in Höhe von 950 000 € jährlich mit 4 % tilgen. Die Zinsen betragen 2,95 %.

a) Gib die Höhe der jährlichen Tilgungsrate an.

b) Bestimme die Laufzeit des Kredits. Erstelle dazu einen Tilgungsplan.

Nutze ein Tabellenprogramm, wenn möglich.

6 Eine gleichbleibende Annuität entspricht der Rente bei der Rentenzahlung. Bei vorgegebener Laufzeit kann man durch diesen Zusammenhang die Höhe der Annuität bestimmen.

> Berechnung einer **gleichbleibenden (nachschüssigen) Annuität A** bei dem Kreditbetrag K_0 über eine Laufzeit von n Jahren und dem Zinsfaktor q:
>
> $$K_0 \cdot q^n = A \cdot \frac{q^n - 1}{q - 1} \quad \Leftrightarrow \quad A = K_0 \cdot q^n \cdot \frac{q - 1}{q^n - 1}$$
>
> Die Tilgungsraten sind bei der Annuitätentilgung nicht konstant. Somit ergibt sich in Abhängigkeit der Jahre:
>
> Tilgungsrate im Jahr 1: $T_1 = \frac{K_0 \cdot (q-1)}{q^n - 1} = \frac{A}{q^n}$
>
> Tilgungsrate im Jahr v bzw. n: $T_v = T_1 \cdot q^{v-1}$ bzw. $T_n = T_1 \cdot q^{n-1}$
>
> Zinsen der Restschuld in einem Jahr v: $Z_v = \frac{K_0 \cdot (q-1) \cdot (q^n - q^{v-1})}{q^n - 1}$
>
> Restschuld am Ende des v-ten Jahres: $K_v = K_0 \cdot q^v - \frac{A \cdot (q^v - 1)}{q - 1}$

Diese Formeln musst du nicht auswendig lernen. Du erhältst sie bei deiner Abschlussprüfung in der Merkhilfe.

a) Berechne die gleichbleibende Annuität A für folgende Kredite:
1. K_0 = 10 000 €, n = 5 Jahre, Zinssatz: 2,5 %
2. K_0 = 90 000 €, n = 12 Jahre, Zinssatz: 1,5 %
3. K_0 = 6500 €, n = 4 Jahre, Zinssatz: 4,6 %

b) Ein Darlehen soll in fünf Jahren zurückgezahlt werden. Der Zinssatz beträgt 4 %, die Annuität soll 1000 € betragen.
1. Bestimme das mögliche Darlehen für diese Bedingungen.
2. Stelle allgemein wie im Kasten eine Formel zur Berechnung des Kreditbetrages bei den vorgegebenen Bedingungen auf.

7 Eine Hypothek in Höhe von 450 000 € soll innerhalb von 20 Jahren durch eine gleichbleibende Annuität getilgt werden. Berechne die Höhe der jährlichen Belastung, wenn die Zinsen 3,25 % betragen.

8 Sarah hat im Geschäft eine Medienanlage für 2300 € entdeckt. Bei ihrer Bank erhält sie ein Angebot für einen Kredit. Der Händler bietet ihr eine Finanzierung in Form eines Konsumkredits (Ratenzahlung) an.

a) Vergleiche beide Angebote.

b) Nenne Gründe, die Sarah dazu bewegen könnten, sich für das jeweilige Kreditangebot zu entscheiden.

> ***Konsumkredit!***
> *Anzahlung 300 €*
> *Rest in 12 gleichen monatlichen Raten in Höhe von 180 €*

> **BANKKREDIT**
> Nur bis zum 30. dieses Monats!!!
> 4,2 % Zinsen und 12 gleiche monatliche Raten

9 Sandro hat im Internet ein verlockendes Angebot für ein Motorrad gefunden. Da er nicht 7500 € auf dem Konto hat, muss er es über einen Kredit finanzieren. Es liegen ihm zwei Kreditangebote (Laufzeit: 1 Jahr) vor:

Bei unterjähriger Verzinsung wird der monatliche Effektivzins berechnet: $q = 1 + i$, $i = \frac{p}{m \cdot 100}$
m: Häufigkeit, mit der im Jahr verzinst wird

> **Alles Easy Kredit**
> Monatliche Raten von 700 €,
> Verzinsung pro Jahr: 4,5 %

> **Gerechte Verzinsung!**
> Tilgen Sie jeden Monat gleich
> Schuldzinsen pro Jahr: 5,5 %

a) Begründe jeweils, welche Tilgungsart vorliegt.

b) Erstelle jeweils einen Tilgungsplan. Welches Angebot ist günstiger?

> **Gut zu wissen**
> *Der **Nominalzins** ist der beim Kredit zu zahlende, vertraglich vereinbarte Zins. Hier sind noch keine Nebenkosten und weiteren Einflüsse berücksichtigt.*

1 Julia und Admir sind mit der Lehre fertig und wollen nun zusammenziehen und eine Wohnung kaufen. Ein angebotener Kreditvertrag enthält folgende Bedingungen.
Beide haben das Gefühl, dass der Kredit doch nicht so günstig ist, wie es im ersten Augenblick erscheint, und bitten dich um Hilfe. Berechne für sie den Effektivzins.

> **Kreditvertrag**
> Zwischen ....
> Kreditsumme: 100 000 €
> Nominalzins: 2,24 %
> Bearbeitungsgebühr: 1,5 %
> Damnum: 2 %

> **Gut zu wissen**
> *Ein Kredit, der erst nach Ende der Laufzeit fällig wird, d. h. zurückzuzahlen ist, nennt man **Fälligkeitskredit**.*

2 Niklas benötigt 15 000 €, die er über einen Kredit finanzieren muss. Er hat die Wahl zwischen folgenden Kreditangeboten:

① Nominalzins: 3,78 %
Damnum: 1 %

② Zinsen: 3,63 %
Bearbeitungsgebühr: 1,45 % der Kreditsumme

a) Berechne die effektive Verzinsung im ersten Jahr.

b) Wie ändert sich das Angebot bei einer Laufzeit von drei Jahren?

c) Ermittle den günstigeren Kredit, wenn davon ausgegangen wird, dass erst am Ende der Laufzeit (drei Jahre) die gesamten Schulden inkl. Zinsen zurückgezahlt werden.

> **Gut zu wissen**
> *Beim **Dispo** (Überziehungskredit) handelt es sich um eine von der Bank eingeräumte Kreditlinie, die bei Bedarf vom Kontoinhaber genutzt werden kann. Diese Kreditlinie dient der kurzfristigen Überbrückung finanzieller Engpässe.*

3 Arne hat einen monatlichen Kontoeingang von 600 €. Seine Bank gewährt ihm einen Dispositionskredit in doppelter Höhe zu einem Zinssatz von 7,9 %.

a) Arne möchte den Dispo vollständig für 15 Tage (11 Monate, ein Jahr) in Anspruch nehmen. Gib die zu zahlenden Zinsen an.

b) Im Mai benötigt er den Dispo in voller Höhe für 20 Tage. Allerdings reicht der Zahlungseingang im Juni nicht aus, um diesen Dispo zu begleichen. Begründe, ob der monatliche Zahlungseingang im Juli ausreicht, um den Dispo zu begleichen.

4 Peter kauft sich ein Fahrrad für 1500 €. Bei sofortiger Zahlung werden 3 % Rabatt gewährt. Dafür müsste er allerdings sein Konto für zehn Tage überziehen. Der Zinssatz für den Dispo beträgt 8,5 %. Hilf Peter bei seiner Entscheidung und begründe rechnerisch. Berate ihn und weise auf die Gefahren eines Dispos hin.

5 Ein Auszubildender vergleicht die Girokonto-Angebote verschiedener Banken.

Bank	monatliche Grundgebühr	Dispozins	Guthabenszins
1	0 €	12,75 %	0,33 %
2	3,50 €	11,89 %	0 %
3	5,90 €	8,50 %	0 %
4	0 €	13,24 %	1,10 %

a) Das Konto weist ein Guthaben von über 3000 € auf. Ermittle für jedes Angebot den Kontostand nach fünf Monaten ohne Geldbewegung.

b) Das Konto wird um 1000 € überzogen. Vergleiche die anfallenden Kosten (einschließlich Grundgebühr) pro Monat.

c) Hole dir Angebote von Banken aus deiner Umgebung ein und stelle diese deinen Mitschülern vor. Nutze zum Vergleich ähnliche Aufgaben wie zuvor.

Nutze ein Zahlenbeispiel und argumentiere dann.

6

Super-Sparen	TOP-Sparen	Extra-Sparen
1. Jahr: 2 %	1. Jahr: 3 %	1. Jahr: 1 %
2. Jahr: 3 %	2. Jahr: 3 %	2. Jahr: 3 %
3. Jahr: 4 %	3. Jahr: 3 %	3. Jahr: 5 %

Vergleiche die Angebote der Banken miteinander, wenn die Zinsen ...

a) am Ende jedes Jahres ausbezahlt werden.

b) am Jahresende auf dem Konto verbucht und mitverzinst werden.

7 Frau Vieldahl lässt ein Guthaben von 4200 € drei Jahre lang auf ihrem Konto liegen. Am Ende zeigt der Kontoauszug ein Guthaben von 4724,43 € an. Mit welchem gleichbleibenden Zinssatz wurde das Geld verzinst? Berechne.

8 Stell dir vor, die Bank gibt dir 3 % Zinsen auf dein Guthaben. Du lässt das Geld über Jahre hinweg unberührt auf dem Konto liegen. Dabei werden die Zinsen jeweils auf dem Konto gelassen und mitverzinst. Am Ende des Jahres hast du somit 103 % bzw. das 1,03-Fache des Kapitals vom Jahresanfang auf dem Konto. Nach n Jahren wächst dein anfängliches Guthaben K auf $K \cdot 1{,}03^n$ an.

a) Überprüfe die Aussagen aus dem Text an einem Zahlenbeispiel.

b) Du zahlst 10 000 € auf das Konto ein. Nach wie vielen Jahren bist du Millionär?

9 Bei der Geburt ihres ersten Kindes legt Familie Simon bei der Bank 1000 € an bei einer jährlichen Verzinsung von 1,8 %. Die Zinsen verbleiben auf dem Konto.

a) Beschreibe die Entwicklung des Kontostandes in den ersten fünf Jahren.

b) Berechne die Höhe des Kontostands nach fünf Jahren, wenn zu Beginn jedes Jahres 1000 € auf das Konto eingezahlt werden.

c) Wie viel Geld hätte die Famlie einmalig anlegen müssen, um nach fünf Jahren den gleichen Kontostand zu haben wie in b)?

10 Ein Kapital in Höhe von 25 000 € wird auf einem Festgeldkonto mit einem Zinssatz in Höhe von 3,8 % p. a. angelegt. Die Zinsen werden nicht ausgezahlt. Nutze zur Lösung ein Tabellenkalkulationsprogramm.

a) Berechne die Höhe des Kapitals jeweils am Ende des Jahres bei einer Laufzeit von zehn Jahren.

	A	B	C	D	E
1	**Jahre**	**Kapital**	**Zinssatz**	**Zinsen**	**Endkapital**
2	1	25.000,00 €	3,80%	950,00 €	
3	2		3,80%		
4	3		3,80%		
5	4		3,80%		

b) Ermittle die Mindestlaufzeit für die Verdopplung des Kapitals.

c) Bestimme die Laufzeit, ab der der jährliche Zuwachs durch Zinszahlungen über 3500 € liegt.

d) Stelle in einem geeigneten Diagramm die Kapitalentwicklung innerhalb der ersten zehn Jahre dar.

e) Ermittle den Zinssatz, der mindestens notwendig wäre, um das angegebene Kapital innerhalb von zehn Jahren zu verdoppeln.

11 Elena ist 18 Jahre alt und möchte für eine Wohnungseinrichtung sparen. Im Internet findet sie zwei Angebote:

BINGO BANK	RATE-BANK
Niedrige Rate und hohe Verzinsung beim Ratensparen. Vertragsbindung: vier Jahre Einmalige Zahlung: 1000 € Jährliche Rate: 500 € Zinsen: 2,8 %	Sparen Sie regelmäßig, um Ihr Vermögen aufzubauen: 750 € jährliche Rate Nur für vier Jahre! Wir gewähren einen Zinssatz von 3,1 %.

Elena ist etwas skeptisch, ob die Angebote im Internet auch halten, was sie versprechen. Sie vereinbart einen Termin bei ihrer Hausbank.

a) Vergleiche die Angebote der beiden Internetbanken miteinander. Unterscheide dabei vorschüssige und nachschüssige Rentenzahlung.

b) Welchen Zinssatz müsste Elenas Hausbank ihr mindestens bieten, um attraktiver zu sein als die Internetangebote? Elena hat bereits 1800 € auf dem Konto bei ihrer Hausbank und könnte jedes Jahr 450 € zusätzlich anlegen.

12 Herr und Frau Bödger möchten ein Darlehen über 30 000 € aufnehmen. Die Bank macht ihnen drei Finanzierungsangebote. Bestimme jeweils die jährliche konstante Annuität.

a) Laufzeit: 5 Jahre, Zinssatz: 2,5 %

b) Laufzeit: 10 Jahre, Zinssatz: 3,0 %

c) Laufzeit: 15 Jahre, Zinssatz: 3,5 %

13 Herr Kemper möchte für den Ausbau seiner Ferienwohnung einen Kredit über 40 000 € aufnehmen, den er in sechs Jahren getilgt haben möchte. Die Bank bietet ihm bei 2,5 % eine Ratentilgung oder eine Annuitätentilgung an. Stelle für beide Möglichkeiten einen Tilgungsplan auf und berate Herrn Kemper.

14 Frau Kaiser nimmt für eine Geschäftserweiterung einen Kredit über 90 000 € auf. Sie möchte den Kredit in gleichbleibenden Raten von 7000 € im Jahr bei einem Zinssatz von 1,5 % zurückzahlen.

a) Berechne die Restschuld am Ende von fünf Jahren.

b) Bestimme, nach wie vielen Jahren der Kredit vollständig getilgt ist.

15 Welches Darlehen kann sich Familie Meisel leisten, wenn sie im Jahr den angegebenen Betrag zurückzahlen kann und die jeweiligen Bedingungen gegeben sind?

a) Betrag: 4000 €, Zinssatz: 1,5 %, Laufzeit: 10 Jahre

b) Betrag: 1500 €, Zinssatz: 2 %, Laufzeit: 4 Jahre

c) Betrag: 7500 €, Zinssatz: 1,2 %, Laufzeit: 15 Jahre

16 Das Darlehen der Familie Neubert soll in fünf Jahren zurückgezahlt sein bei einem aktuellen Zinssatz von 1,5 %. Die jährliche gleichbleibende Annuität soll 1000 € betragen. Bestimme die Höhe des Darlehens und stelle einen Tilgungsplan auf.

Situationsbeschreibung

Johannes ist 18 Jahre alt und hat einen Traum: Wenn er 30 ist, möchte er ein Häuschen mit Garten besitzen. Er rechnet damit, dass er dafür 250 000 € benötigt. Da seine Eltern auch ein Haus besitzen, weiß er, dass es verschiedene Möglichkeiten gibt, seinen Traum zu finanzieren. Er ist überzeugt davon, dass es sinnvoll ist, zuerst etwas Geld zu sparen, und überlegt sich, dass er während der dreijährigen Lehre jeden Monat 250,00 € und anschließend 450,00 € sparen kann. Sein Arbeitgeber hat ihm vermögenswirksame Leistungen zugesagt. Er hat bei verschiedenen Anbietern Angebote eingeholt und muss diese nun miteinander vergleichen.

Angebot 1: Junge Familien

Erfüllen Sie sich Ihren Traum innerhalb weniger Jahre, indem Sie jedes Jahr 4000 € ansparen. Die Zinsen betragen phantastische 4,2 %.
Mindestanlage fünf Jahre, danach jährlich kündbar. Für eine monatliche Ansparung während des Jahres bieten wir Ihnen ein Tagesgeldkonto mit 1,8 % Zinsen.

Angebot 2: Traum vom Eigenheim

12 Jahre ansparen zu 1,4 %
Sperrfrist: 7 Jahre
Danach besteht die Möglichkeit eines Bausparkredits mit 2,78 % Zinsen, um ein Haus im Wert von 250 000 € zu finanzieren.

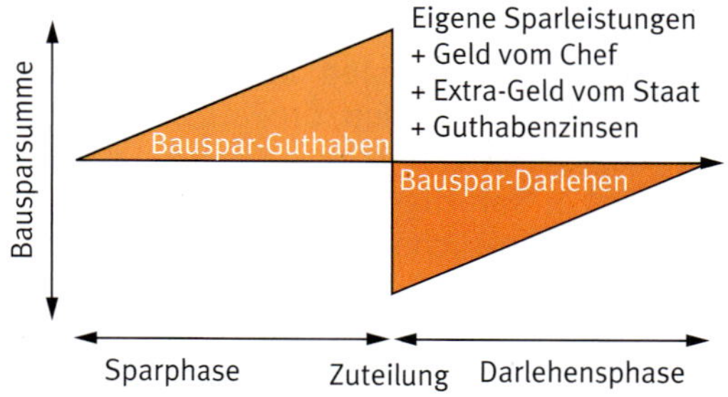

Angebot 3: Fond-Sparen

Zahlen Sie jedes Jahr 3000 € in einen Fond und sparen Sie so ein Vermögen an, über das Sie nach zehn Jahren frei verfügen können! Die Zinsen können bis zu 6 % betragen. Der Ausgabenaufschlag beträgt lediglich 2,5 % bei 0,5 % Verwaltungsgebühr.

Angebot 4: Private Equity

Legen Sie jedes Jahr 5000 € gewinnbringend in Private Equity an. Professionelle Prüfer untersuchen die Unternehmen, damit sich Ihr Gewinn maximiert.
Nach jeweils 6 Jahren können Sie mit Gewinnen zwischen 7,5 % und 9 % rechnen.

Handlungsaufträge

1. Beurteile, wie realistisch Johannes Annahmen zum Sparen sind. Wovon hängen die Annahmen ab?
2. Erkundige dich bei einer Bank und im Internet nach weiteren Spar- und Finanzierungsangeboten.
3. Stelle Kriterien zusammen, die Johannes für sein Ansparen wichtig sein sollten.
4. Vergleiche die angegebenen und eingeholten Angebote miteinander. Beurteile, inwiefern es sinnvoll sein kann, Angebote zu kombinieren oder Angebote zu wechseln. Gehe davon aus, dass die Angebote über die Jahre stabil bleiben.

Hinweis:
Bei den Abschlussprüfungen bis einschließlich 2017 beträgt die Gesamtpunktzahl pro Aufgabe 20 Punkte.
Die Lösungen zu den Abschlussprüfungsaufgaben sind erhältlich unter www.ccbuchner.de/medien (6254-01).

AUFGABE 1

Herr Zink gewinnt bei einem Fernsehquiz 500 000 €. Er möchte sich seinen Traum erfüllen und von einem Teil des Gewinnes eine kleine Finca auf Mallorca kaufen. Ein passendes Objekt ist schnell gefunden und Herr Zink erhält von der Hin und Weg GmbH einen Brief mit drei verschiedenen Finanzierungsvorschlägen.

Herrn Hans Zink
Franz-Fihl-Str. 3c
80992 München

Hin und Weg GmbH
Balnerario 4-5
Playa de Palma

Tel.:+34 (913) 1979080
info@hinundweg.tv

Playa de Palma, 22.06.2014

Finanzierungsvorschläge für das Objekt 123-453

Sehr geehrter Herr Zink,

anbei schicken wir Ihnen die gewünschten Unterlagen und möchten Ihnen, wie vor Ort besprochen, drei attraktive Finanzierungsbeispiele unterbreiten.

Angebot 1: Sofortige Barzahlung von 120 000,00 € und Zahlung der restlichen 100 000,00 € in einem Jahr

Angebot 2: Fünf vorschüssige Zahlungen – beginnend in zwei Jahren – in Höhe von jeweils 50 000,00 €

Angebot 3: Sofortige Barzahlung von 15 000,00 € und jeweils weitere vier nachschüssige jährliche Zahlungen in Höhe von 52 000,00 €

Bitte teilen Sie uns Ihre Entscheidung bis Ende August 2014 mit.
Mit freundlichen Grüßen

Michael Schuhmann
Michael Schuhmann
Geschäftsführer Hin und Weg GmbH

6 Punkte

1.1* Berechnen Sie, welches Angebot für Herrn Zink am besten wäre, wenn er mit einem Zinssatz von 3,5 % rechnen kann.

Herr Zink möchte 20 % seines Gewinns von 500 000 € bei seiner Hausbank anlegen und sich davon jeweils am Jahresende 8000 € auszahlen lassen.

5 Punkte

1.2 Berechnen Sie, wie viele Jahre er sich den vollständigen Betrag auszahlen lassen kann, wenn ihm seine Hausbank einen jährlichen Zinssatz von 2,5 % anbietet.

1.3 Seiner Frau wäre es aber lieber, sich nur zehn Jahre lang jeweils am Jahresanfang eine bestimmte Summe auszahlen zu lassen. Berechnen Sie diesen Betrag. *3 Punkte*

Herrn Zinks 25-jähriger Sohn Felix erhält einen Teil des Gesamtgewinns als Startkapital für ein Eigenheim. Die restlichen benötigten 150 000 € bekommt er von seiner Hausbank, mit der er nachstehenden Darlehensvertrag abschließt.

DARLEHENSVERTRAG

Darlehensgeber: Moneybank München, Dachauerstr. 220, 80992 München
Darlehensnehmer: Felix Zink, Franz-Fihl-Str. 3c, 80992 München

1. Darlehensgewährung
Der Darlehensgeber gewährt dem Darlehensnehmer ein verzinsliches Darlehen in Höhe von 150 000,00 € (in Worten einhundertfünfzigtausend Euro).

2. Verzinsung
Das Darlehen ist mit 2,9 % p. a. zu verzinsen.

3. Annuitäten
Das Darlehen ist mit zehn jährlich gleichbleibenden Annuitäten jeweils am 31.12. jeden Jahres zurückzuzahlen.

4. Sonstiges
Zum 01.01.2020 kann das Darlehen durch eine Sondertilgung gänzlich zurückgezahlt werden.

Die Laufzeit des Darlehens beginnt mit dem 01.01.2015.

1.4 Stellen Sie einen Tilgungsplan für die ersten zwei Jahre auf. (Zwischenergebnis: A = 17 494,95 €) *4 Punkte*

1.5 Zum 01.01.2020 wird ein Bausparvertrag über 80 000,00 € fällig. Überprüfen Sie rechnerisch, ob diese Summe ausreicht, um das ganze Darlehen anschließend vollständig zurückzahlen zu können. *2 Punkte*

20 Punkte

AUFGABE 2

Herr Sauer hat von seiner Mutter ein Einfamilienhaus geerbt und möchte dieses nun verkaufen.

Er erhält folgende Angebote:
A: Sofortige Barzahlung von 85 000 € und beginnend nach drei Jahren sieben weitere vorschüssige Zahlungen in Höhe von 55 000 €.
B: Fünf Jahre lang nachschüssige Zahlungen von je 88 000 €.
C: Drei gleiche Raten in Höhe von 155 000 € im Abstand von vier Jahren, wobei die 1. Rate sofort fällig ist.

2.1* Berechnen Sie, welches Angebot für Herrn Sauer aus finanzieller Sicht am besten ist, wenn man einen Zinssatz von jährlich 2,5 % zugrunde legt. *6 Punkte*

WS APR Mathe 2015, Aufgabe 1 | Quelle: ISB Bayern |
**: Inhalte nicht mehr Gegenstand der neuen Abschlussprüfung*

Aus dem Verkauf des Hauses legt Herr Sauer bei seiner Bank einen Betrag von 100 000 € unter der Gewährung von Zinseszinsen an. Der Anlagebetrag soll nach zehn Jahren auf den Auszahlungsbetrag von 120 000 € anwachsen.

3 Punkte

2.2 Berechnen Sie, welchen gleichbleibenden Zinssatz die Bank zugrunde legt.

Herr Sauer legt außerdem für das Studium seiner Tochter Katja 24 000 € zu einem Zinssatz von 0,7 % an. Katja bekommt davon jährlich vorschüssig 4900 € ausbezahlt.

5 Punkte

2.3 Berechnen Sie, nach wie vielen Jahren Katjas Guthaben aufgebraucht ist.

Katjas Bruder Tom möchte sich im nächsten Jahr eine Eigentumswohnung kaufen. Er benötigt dafür ein Darlehen in Höhe von 150 000 €. Mit seiner Bank schließt er folgenden Darlehensvertrag ab.

DARLEHENSVERTRAG

- **Darlehensnehmer**
  Herr Tom Sauer, Tannenweg 3, 91555 Feuchtwangen
- **Darlehensgeber**
  Sparkasse Feuchtwangen, Dorfgütingen 18, 91555 Feuchtwangen

Der Darlehensgeber gewährt dem Darlehensnehmer ab dem 01.01.2016 ein verzinsliches Darlehen in Höhe von 150 000,00 € (in Worten einhundertfünfzigtausend Euro). Der Darlehensnehmer bestätigt mit seiner Unterschrift unter diesem Vertrag den Erhalt des Darlehens.

1. Verzinsung
Das Darlehen ist mit einem Zinssatz in Höhe von 2,6 % p. a. zu verzinsen. Die Zinsen sind jeweils am 31.12. eines Jahres zu zahlen.

2. Annuität
Die jährlichen Annuitäten (Zins und Tilgung) betragen 5400,00 €.

Feuchtwangen, 22.12.2015

L. A. Schmidt	T. Sauer
(Darlehensgeber)	(Darlehensnehmer)

3 Punkte

2.4 Erstellen Sie einen Tilgungsplan für die ersten zwei Jahre. (Restschuld am Ende des 2. Jahres: 146 961 €)

Am Ende des 2. Jahres kann Tom zusätzlich zur Annuität eine Sondertilgung in Höhe von 10 000 € leisten.

3 Punkte

2.5 Berechnen Sie, wie hoch die Restschuld am Ende des 10. Jahres ist.

20 Punkte

AUFGABE 3

Herr Gigl hat ein Barvermögen in Höhe von 50 000 € geerbt und überlegt, dieses bis zu seinem Renteneintritt in 15 Jahren für die Altersvorsorge anzulegen. Sein Bankberater unterbreitet ihm ein Angebot für eine Kapitalanlage mit steigendem Zinssatz. In den ersten zehn Jahren verzinst sich die Anlage pro Jahr mit 1,5 %, danach erhöht sich der Zinssatz für den Rest der Laufzeit einmalig um 1,0 %.

3.1 Berechnen Sie die Höhe des Kapitals, das Herr Gigl bei Vertragsende ausbezahlt bekommen würde. *4 Punkte*

Herr Gigl fragt seinen Bankberater nach einer Kapitalanlage, bei der sich sein geerbtes Barvermögen innerhalb von 15 Jahren verdoppeln würde.

3.2 Berechnen Sie den durchschnittlichen Zinssatz, den der Bankberater Herrn Gigl für diese Kapitalanlage anbieten müsste. *3 Punkte*

Herr Gigl möchte das geerbte Kapital letztendlich in ein Appartement für seinen Altersruhesitz investieren. Er bekommt von der Wohnungsbaugesellschaft drei Finanzierungsangebote vorgelegt:

Angebot A: Sofortzahlung in Höhe von 85 000 €
Angebot B: Drei nachschüssige jährliche Zahlungen in Höhe von 31 000 €; beginnend in einem Jahr
Angebot C: Mit Vertragsabschluss vier vorschüssige jährliche Raten zu je 15 000 € und eine Abschlusszahlung nach fünf Jahren in Höhe von 32 000 €

3.3* Berechnen Sie, welches Angebot Herr Gigl annehmen sollte, wenn er mit einem Zinssatz von 2,6 % p. a. rechnet. *5 Punkte*

Herr Gigl entscheidet sich für Angebot A und hat deshalb einen Kreditbedarf in Höhe von 35 000,00 €. Im Internet findet er einen Finanzierungsrechner und fordert mit Hilfe der nebenstehenden Internetseite ein Angebot an.

3.4 Stellen Sie für die eingetragenen Finanzierungsbedingungen einen Tilgungsplan für die ersten zwei Jahre auf. (Zwischenergebnis: p = 2,0 %) *3 Punkte*

3.5 Herr Gigl hat sich das Ziel gesetzt, bis zum Renteneintritt in 15 Jahren schuldenfrei zu sein. Zeigen Sie mithilfe einer Rechnung, ob er dieses Ziel mit dem vorliegenden Angebot erreichen wird. *5 Punkte*

20 Punkte

*: Inhalte nicht mehr Gegenstand der neuen Abschlussprüfung

Überprüfe deine Fähigkeiten und Kenntnisse. Bearbeite dazu die folgenden Aufgaben und bewerte anschließend deine Lösungen mit einem Smiley.

☺	😐	☹
Das kann ich!	Das kann ich fast!	Das kann ich noch nicht!

Hinweise zum Nacharbeiten findest du auf der folgenden Seite. Die Lösungen stehen im Anhang.

Aufgaben zur Einzelarbeit

1 Berechne die fehlenden Werte. Runde geeignet.

	a)	b)	c)	d)
K	2500 €	1700 €	18 500 €	240 €
p	5		6	3
Zeit	7 Mon.	4 Mon.		50 d
Z		45,33 €	277,50 €	

2 Herr Herold hat im Lotto 20 000 € gewonnen. Er möchte es zunächst anlegen und erhält zwei Angebote. Welches sollte er nehmen? Begründe.

SUPER-SPAREN
ZINSSATZ 2,8 %
LAUFZEIT: 5 JAHRE

DYNA-SPAR
1. Jahr: 2 %
2. Jahr: 2,25 %
3. Jahr: 2,5 %
4. Jahr: 3 %
5. Jahr: 3,5 %

3 Berechne die fehlenden Werte. Runde geeignet.

	a)	b)	c)	d)
K_0	8500 €		2500 €	6000 €
K_n		1207,10 €	2828,52 €	7329,24 €
p	3,5	1,9	2,5	
n	8 Jahre	10 Jahre		7 Jahre

4 Das Kapital soll sich verdoppeln.

a) Berechne die Zeit für die Zinssätze.

① p = 2,5 ② p = 3,0
③ p = 4,0 ④ p = 10,0

b) Berechne den Zinssatz.

① n = 14 Jahre ② n = 13 Jahre
③ n = 10 Jahre ④ n = 6 Jahre

5 10 000 € werden in einer Bank vier Jahre lang zu 3 % angelegt.

a) Berechne für jedes einzelne Jahr ...
① das Kapital zusammen mit den angefallenen einfachen Zinsen (ohne Zinseszins).
② das mit dem Zinseszins angewachsene Kapital (Thesaurierung).

b) Beschreibe die Entwicklung des Kapitals aus a) anhand eines Diagramms.

6 Bei einem Darlehen über 15 000 € über 15 Monate beträgt der Zinssatz 2,15 %. Zusätzlich wird eine Bearbeitungsgebühr (1,7 % der Darlehenshöhe) erhoben. Berechne den Effektivzinssatz.

7 Katharina legt ihr Geld so an, dass es monatlich verzinst wird. Der Zinssatz beträgt 2,5 % p. a.. Ahmeds Erspartes wird immer nur am Jahresende mit 2,5 % verzinst. Wie hoch ist bei beiden der Guthabenstand nach sieben Jahren, wenn beide 2500 € anlegen?

8 Herr Özdemir legt für seinen Sohn seit dessen Geburt jedes Jahresende 1860 € an. Die Verzinsung beträgt 2,75 %. Berechne die Höhe des Vermögens, das sich angesammelt hat, wenn sein Sohn mit 25 Jahren heiratet.

9 Sinems Onkel hat auf das Dach seines Hauses eine Solaranlage gebaut.

Die Einnahmen von 10 000 € zahlt er immer zu Jahresende auf sein Sparkonto ein, auf dem bereits 42 000 € sind und für das er 3 % Zinsen bekommt.
Hat er nach 15 Jahren $\frac{1}{4}$ Mio. € zusammen?

10 Florian möchte sich einen Gebrauchtwagen für 5400 € kaufen. Dazu muss er einen Kredit zu 3,9 % Zinsen aufnehmen, den er innerhalb von drei Jahren zurückzahlen möchte.
Erstelle einen Tilgungsplan für Raten- und Annuitätentilgung.

11 Ein Darlehen in Höhe von 170 000 € soll innerhalb von zehn Jahren mit gleicher Annuität getilgt werden. Die Zinsen belaufen sich auf 3,45 %. Ermittle die Annuität.

12 Maries Eltern kaufen ein Haus für 2 Mio. €. Davon müssen sie 60 % durch einen Kredit finanzieren. Wie lange müssen die Eltern den Kredit tilgen, wenn die Zinsen 2 % betragen und eine Annuität von 70 000 € jährlich vereinbart wird?

13 Anne und Dominik haben sich eine Wohnung gekauft. Sie nehmen einen Kredit über 79 500 € auf. Die Laufzeit soll bei 2,5 % Zinsen nur fünf Jahre dauern. Beurteile, was günstiger ist: Raten- oder Annuitätentilgung?

14 Berechne die Höhe der Restschuld eines Kredits über 75 000 € nach fünf Jahren, wenn sich die Annuität auf 5000 € beläuft und 2,8 % Zinsen berechnet werden.

15 Wie lange dauert es, einen Kredit in Höhe von 95 000 € zurückzuzahlen, der mit 6,5 % verzinst wird, wobei die Annuität aus den Zinsen des ersten Jahres und 1 % Tilgung besteht?

16 Ein Darlehen von 175 000 € soll mit gleichbleibender Rückzahlungsrate innerhalb von 12 Jahren getilgt werden. Der Zinssatz beträgt 3,1 %.

a) Berechne die Annuität.

b) Wie groß sind Tilgungsrate und Zinsen im ersten Jahr?

c) Wie hoch sind die Zinsen nach fünf Jahren?

17 Michaela möchte sich mit einer Buchhandlung selbstständig machen. Sie überlegt, dass sie jedes Jahr 13 800 € an Zinsen und Tilgung von ihrem Gewinn zurückzahlen kann. Sie rechnet damit, dass die Bank 5,3 % Zinsen verlangt, und möchte das Darlehen innerhalb von 20 Jahren zurückzahlen. Wie viel Geld kann sie als Darlehen bekommen?

18 Ein Annuitätendarlehen in Höhe von 150 000 € soll innerhalb von 15 Jahren getilgt werden. Allerdings ändert sich der Zins nach acht Jahren von 2,5 % auf 4,5 %. Berechne die Annuität der ersten acht Jahre und die der letzten sieben.

Aufgaben für Lernpartner

Arbeitsschritte

1. Bearbeite die folgenden Aufgaben alleine.
2. Suche dir einen Partner und erkläre ihm deine Lösungen. Höre aufmerksam und gewissenhaft zu, wenn dein Partner dir seine Lösungen erklärt.
3. Korrigiere gegebenenfalls deine Antworten und benutze dazu eine andere Farbe.

Sind folgende Behauptungen **richtig** oder **falsch**? Begründe schriftlich.

19 Die Zinseszinsformel lautet:
$K_n = K_0 \cdot (1 - \frac{p}{100})^n$

20 Bei einer Tilgungsquote von 5 % ist ein Ratenkredit nach 20 Jahren getilgt.

21 Bei einer Sparanlage von 100 000 €, die mit 2 % verzinst wird, hat sich das Ersparte nach zehn Jahren um mindestens $\frac{1}{5}$ erhöht.

22 Bei der Schnelligkeit der Tilgung ist ein niedriger Jahreszins nicht so bedeutend, wie eine hohe Tilgungsrate.

Aufgabe	Ich kann ...	Hilfe
1, 2, 3, 4, 5, 6, 7, 19	Größen (Zinsen, Zinssätze, Kapital, Laufzeiten) bei der Zins- und Zinseszinsrechnung berechnen.	S. 18 S. 21 S. 22
5	Kapitalentwicklungen graphisch darstellen.	S. 25
8, 9, 21	Größen bei der Rentenrechnung berechnen.	S. 26
10, 11, 12, 13, 14, 15, 16, 17, 18, 20	Größen (Annuitäten, Restschuld, Laufzeiten, Zinsen, Tilgung) bei der Tilgungsrechnung berechnen und Tilgungspläne aufstellen.	S. 30 S. 32 S. 33
2, 7, 10, 13, 22	Finanzangebote mit verschiedenen Bedingungen vergleichen.	S. 22 S. 30

S. 18
S. 21
S. 22

Prozentrechung	Zinsrechnung
Grundwert GW	Kapital K
Prozentwert PW	Zinsen Z
Prozentsatz p	Zinssatz p

Die **Zinsrechnung** ist eine Anwendung der Prozentrechnung.
In den meisten Fällen wird ein **Jahreszins** vereinbart, d. h. nach einem Jahr wird das Kapital um die berechneten Zinsen erhöht.

$Z = K \cdot \frac{p}{100}$ (**„Zinsformel“**)

S. 18

Jahreszinsen 120 €, Zinsen für 7 Monate sind dann $Z = 120\,€ \cdot \frac{7}{12} = 70\,€$, Zinsen für 45 Tage sind dann $Z = 120\,€ \cdot \frac{45}{360} = 15\,€$

Wird Geld nur einen **Teil des Jahres** angelegt, dann wird auch nur der zugehörige **Anteil von den Jahreszinsen Z** berechnet.

S. 22

Zinssatz 3 %
Kapital K nach 2 Jahren: $K_2 = K \cdot 1{,}03^2$
Kapital K nach 3 Jahren: $K_3 = K \cdot 1{,}03^3$

Kapital K nach n Jahren: $K_n = K \cdot 1{,}03^n$

Werden am Ende eines Jahres die Zinsen nicht abgehoben, so werden sie zum Guthaben hinzugerechnet und im nächsten Jahr ebenfalls mitverzinst. Man spricht vom Zinseszins.

Kapital K nach n Jahren bei einem Zinssatz von p:
$K_n = K_0 \cdot \left(1 + \frac{p}{100}\right)^n$ („Zinseszinsformel“)

S. 26

Kapitalendwert bei vorschüssiger Rentenzahlung:

$K_n' = r \cdot q \cdot \frac{q^n - 1}{q - 1}$ bzw.
$K_n' = K_0 \cdot q^n + r \cdot q \cdot \frac{q^n - 1}{q - 1}$

Kapitalendwert bei nachschüssiger Rentenzahlung:
$K_n = r \cdot \frac{q^n - 1}{q - 1}$ bzw.
$K_n = K_0 \cdot q^n + r \cdot \frac{q^n - 1}{q - 1}$

Werden in regelmäßigen Zeitabständen gleich große Ein- oder Auszahlungen getätigt, dann nennt man eine solche Zahlung eine **Rente r**.

Wird eine regelmäßige Zahlung jeweils zu Beginn eines Jahres getätigt, so spricht man von einer **vorschüssigen Rentenzahlung**. Am Ende des Jahres werden dabei Zinsen gutgeschrieben. Bei einer Zahlung jeweils am Ende eines Jahres spricht man von einer **nachschüssigen Rentenzahlung**. Die letzte Rate wird dabei nicht mehr verzinst.

S. 30
S. 32
S. 33

Kredit 5000 €, Zinsen: 5 %
Ratentilgung:

Jahr	Zinsen	Tilgung	Annuität
1	250 €	2000 €	2250 €
2	150 €	2000 €	2150 €
3	50 €	1000 €	1050 €

Annuitätentilgung:

Jahr	Zinsen	Tilgung	Annuität
1	250 €	1750 €	2000 €
2	162,5 €	1837,5 €	2000 €
3	70,63 €	1412,5 €	1483,13 €

Bei einer Tilgung wird die jährliche Rückzahlungsrate **Annuität A** genannt. Sie ist die Summe aus den **Zinsen Z** der Restschuld und dem **Tilgungsanteil T**, mit dem der Kreditbetrag verringert wird:
$A = Z + T$.

Man unterscheidet:
Ratentilgung: Die jährliche Tilgung T ist konstant. Die Zinsen und die jährliche Annuität nehmen im Laufe der Jahre ab.

Annuitätentilgung: Die jährliche Annuität A ist konstant. Die jährlichen Zinsen sinken, während der Tilgungsbetrag steigt.

2 Berechnungen an Kugeln und zusammengesetzten Körpern

Einstieg

In deinem täglichen Leben begegnen dir viele verschiedene Gegenstände, die sich in Größe, Farbe, Form, Masse, Verpackung, Inhalt usw. unterscheiden. Betrachtet man die Körperform der Gegenstände, dann lassen sich oft Gemeinsamkeiten entdecken.

- Gib die mathematischen Körper an, aus denen die abgebildeten Gegenstände aufgebaut sind.
- Angenommen, du wolltest das Volumen dieser Körper berechnen: Welche Möglichkeiten gibt es und welche Größen müssten dafür bekannt sein? Diskutiere, ob bei allen Körpern eine Berechnung möglich ist.
- Finde weitere Gegenstände aus deiner Umgebung und ordne sie den Körpern zu. Stelle deine Ergebnisse der Klasse vor.

Ausblick

Am Ende dieses Kapitels hast du gelernt, ...

- Oberflächeninhalt und Volumen einer Kugel zu bestimmen.
- mathematische Grundformen zusammengesetzter Körper zu erkennen.
- Oberflächeninhalt und Volumen von zusammengesetzten Körpern zu berechnen.

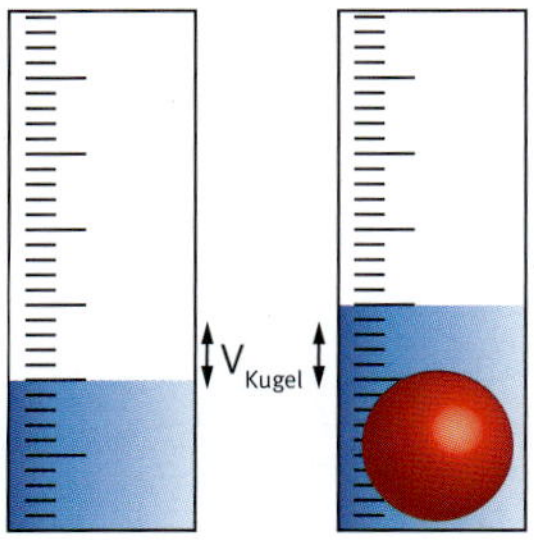

Schreibe $\frac{4}{3}$ als Dezimalbruch.

Besorge dir Kugeln unterschiedlicher Größe.

- Miss jeweils den Durchmesser und bestimme so den Radius dieser Kugeln.
- Bestimme experimentell das Volumen dieser Kugeln.
- Eva überlegt sich, dass in der Volumenformel einer Kugel r^3 und π enthalten sein müssen. Erkläre Evas Überlegung.
- Erweitere die abgebildete Tabelle um weitere Beispiele. Stelle das Volumen V in Abhängigkeit von $\pi \cdot r^3$ grafisch dar. Welcher proportionale Zusammenhang ergibt sich?

	A	B	C	D	E
1	d	r	V	$\pi \cdot r^3$	$V : (\pi \cdot r^3)$
2	3,00	1,50	14,00	10,60	1,32
3	4,00	2,00	34,00	25,13	1,35

Merkwissen

Für das **Volumen V einer Kugel** mit dem **Radius r** gilt:

$$V_{Kugel} = \frac{4}{3} \cdot \pi \cdot r^3$$

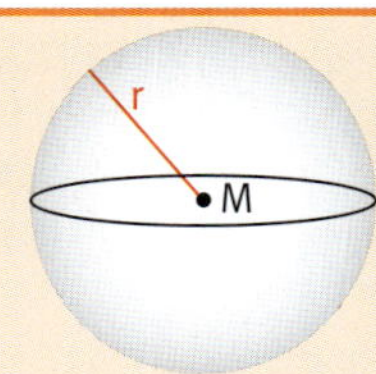

Beispiele

I Ein Fußball der Größe 5 hat einen Radius von 11 cm. Wie groß ist das Volumen eines solchen Fußballs?

Lösung:

$V_{Kugel} = \frac{4}{3} \cdot \pi \cdot r^3$

$V_{Kugel} = \frac{4}{3} \cdot \pi \cdot (11\text{ cm})^3 \approx 5575{,}28\text{ cm}^3 \approx 5{,}6\text{ l}$

Der Fußball hat ein Volumen von ungefähr 5,6 l.

II In Schleiz gibt es einen Brunnen, in dessen Mitte sich eine Granitkugel dreht. Auf dieser Granitkugel ist die Erde maßstäblich eingraviert. Der Kugelumfang beträgt 204,2 cm. Wie schwer ist diese Kugel, wenn 1 dm³ Granit 2,8 kg wiegt?

Den Umfang einer Kugel bestimmt man wie den Umfang eines Kreises, dessen Mittelpunkt der Kugelmittelpunkt ist.

Lösung:

1. r bestimmen: $u = 2 \cdot \pi \cdot r$ umformen: $r = \frac{u}{2 \cdot \pi}$ $r = \frac{204{,}2\text{ cm}}{2 \cdot \pi} \approx 32{,}5\text{ cm}$
2. V bestimmen: $V_{Kugel} = \frac{4}{3} \cdot \pi \cdot r^3$
   $V_{Kugel} = \frac{4}{3} \cdot \pi \cdot (32{,}5\text{ cm})^3 \approx 143\,793\text{ cm}^3 \approx 144\text{ dm}^3$
3. m bestimmen: $1\text{ dm}^3 \mathrel{\hat=} 2{,}8\text{ kg}$
   $144\text{ dm}^3 \mathrel{\hat=} 144 \cdot 2{,}8\text{ kg} = 403{,}2\text{ kg}$
   Die Kugel wiegt gut 400 kg.

Verständnis

- Franziska sagt: „Verdoppelt man den Radius einer Kugel, so verachtfacht sich das Volumen." Stimmt das?
- Du weißt schon, dass $r = \frac{d}{2}$. Gib die Formel zur Berechnung des Kugelvolumens mit dem Durchmesser an.
- Näherungsweise kann man das Volumen einer Kugel als $4r^3$ angeben. Was sagst du dazu?

AUFGABEN

1 Berechne jeweils das Volumen der Kugel.

a) $r = 25$ mm b) $d = 60$ cm c) $r = 1$ m d) $d = 1$ cm
e) $r = \frac{2}{5}$ cm f) $d = 12{,}7$ dm g) $r = \sqrt[3]{8}$ m h) $r = \sqrt[3]{100}$ mm
i) $r = \sqrt[3]{12}$ m j) $d = 2 \cdot \sqrt[3]{7}$ m k) $r = 2 \cdot \sqrt[3]{10}$ cm l) $d = 4 \cdot \sqrt[3]{12}$ dm

2 Berechne jeweils den Radius und den Durchmesser der Kugel.

a) $V = 14\,100\ cm^3$ b) $V = 3054\ mm^3$ c) $V = 82{,}5\ m^3$ d) $V = 50$ l
e) $V = 5000\ m^3$ f) $V = 12\,000\ dm^3$ g) $V = 135$ hl h) $V = 12\,450$ l

Lösungen zu 1:
65 450; 418,88; 113 097; 50,27; 4,19; 29,32; 0,52; 335,1; 0,27; 402,1; 1072,5; 33,51
Die Einheiten sind nicht angegeben.

Lösungen zu 2:
(nur Radius):
14,38; 9,00; 10,61; 14,20; 14,77; 14,99; 2,29; 2,70
Die Einheiten sind nicht angegeben.

3 Gasometer werden häufig kugelförmig gebaut. Die abgebildeten Gasometer haben einen Durchmesser von 40 m. Berechne das Gesamtvolumen von zehn solcher Gasometer.

4 Der kleinste Planet in unserem Sonnensystem ist der Merkur, der größte der Jupiter. Wie oft würde der Merkur – gemessen am Volumen – in den Jupiter passen? Suche die fehlenden Angaben in einem Buch oder im Internet.

5 In eine halbkugelförmige Schüssel passen 1,5 l Wasser, wenn man sie bis zum Rand füllt. Berechne den Innendurchmesser dieser Schüssel.

WISSEN

Zylinder – Kugel – Kegel

Archimedes von Syrakus (* um 287 v. Chr. auf Sizilien; † 212 v. Chr.) fand heraus, dass sich das Volumen von Kegel, Kugel und Zylinder bei gleicher Höhe und gleichem Radius verhält wie 1 : 2 : 3, also:

$V_{Kegel} : V_{Kugel} : V_{Zylinder} = 1 : 2 : 3$

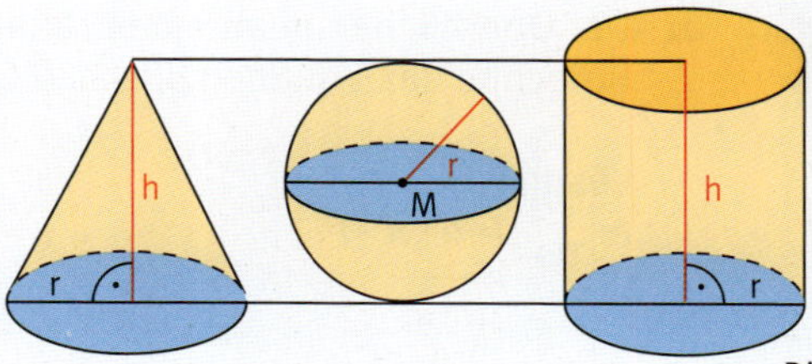

Diese Grafik ließ Archimedes auf seinen Grabstein meißeln, weil er so stolz auf seine Entdeckung war.

- Zeige den Zusammenhang rechnerisch.

Führe folgenden Eintauchversuch durch. Tauche eine Kugel in einen Zylinder mit gleichem Durchmesser und einer Höhe $h = 2 \cdot r$ ein.

- Welcher Anteil des Wassers läuft über?
- Welcher Anteil des Wassers verbleibt im Zylinder, wenn man die Kugel wieder herausnimmt?
- Führe den gleichen Versuch mit einem Kegel durch, der den gleichen Radius und die gleiche Höhe hat.

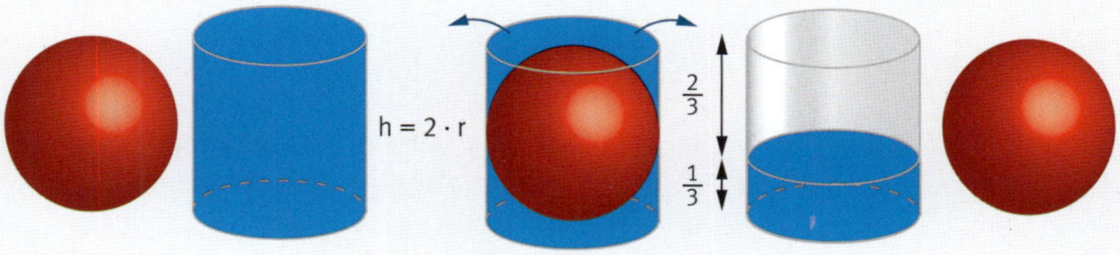

2.2 Oberflächeninhalt einer Kugel

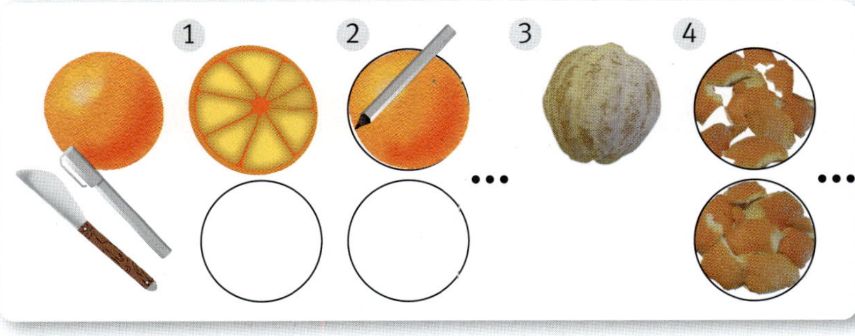

Paul soll die Größe der Oberfläche einer Kugel bestimmen: „Den Flächeninhalt eines Kreises kann ich berechnen. Wenn ich eine (annähernd runde) Apfelsine halbiere, kenne ich den Durchmesser dieser Apfelsine (1). Ich zeichne Kreise mit dem Radius der Kugel (2).
Dann schäle ich die Apfelsine (3) und überprüfe, wie viele solcher Kreise ich mit der Schale komplett belegen kann (4).“

- Probiere aus: Wie viele solcher Kreise kannst du mit dieser Schale belegen?
- Findest du eine Formel für die Oberfläche einer Kugel?

Merkwissen

In Formelsammlungen und der Abschlussprüfung wird der Oberflächeninhalt mit O abgekürzt. Beide Bezeichnungen sind aber gängig.

Für den **Oberflächeninhalt A_O einer Kugel** mit dem **Radius r** gilt:

$\mathbf{A_{O\,Kugel} = 4 \cdot \pi \cdot r^2}$

oder

$\mathbf{A_{O\,Kugel} = \pi \cdot d^2}$

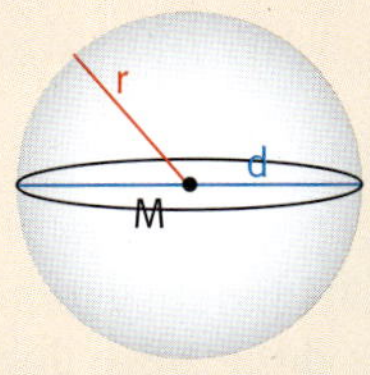

Beispiele

I Der Radius eines Heißluftballons beträgt 13 m. Wie groß ist der Oberflächeninhalt dieses Ballons, wenn man annimmt, dass er exakt kugelförmig ist?

Lösung:

$A_{O\,Kugel} = 4 \cdot \pi \cdot r^2$

$A_{O\,Kugel} = 4 \cdot \pi \cdot (13\text{ m})^2 \approx 2124\text{ m}^2$

Der Ballon hat einen Oberflächeninhalt von etwa 2124 m².

II Der Oberflächeninhalt eines kleinen Modellheißluftballons beträgt 707 dm². Berechne das Volumen dieses Modellheißluftballons in Litern.

Lösung:

$A_{O\,Kugel} = 4 \cdot \pi \cdot r^2$

$\Rightarrow r = \sqrt{\frac{A_O}{4 \cdot \pi}} \qquad r = \sqrt{\frac{707\text{ dm}^2}{4 \cdot \pi}} \approx 7{,}5\text{ dm}$

$V_{Kugel} = \frac{4}{3} \cdot \pi \cdot r^3 \approx \frac{4}{3} \cdot \pi \cdot (7{,}5\text{ dm})^3 \approx 1767\text{ dm}^3 \approx 1767\text{ l}$

Der Modellheißluftballon hat ein Volumen von etwa 1767 l, also rund 1770 l.

Verständnis

- Wie verändert sich der Oberflächeninhalt einer Kugel, wenn du den Radius halbierst (verdoppelst, verdreifachst)?
- Der Oberflächeninhalt einer Kugel ist genauso groß wie der Mantelflächeninhalt eines Zylinders, der die Kugel exakt umschließt. Stimmt das?
- Begründe die Gleichheit der Oberflächenformel der Kugel: $4 \cdot \pi \cdot r^2 = \pi \cdot d^2$.

Aufgaben

1 Berechne jeweils den Oberflächeninhalt der Kugel.

a) r = 7 mm **b)** d = 1 cm **c)** r = 2,7 dm **d)** d = 56 mm
e) $r = \sqrt{3}$ m **f)** $r = \frac{2}{3}$ dm **g)** $d = \sqrt{18}$ cm **h)** d = 17,5 mm

Lösungen zu 1:
616; 962; 37,7; 9852; 3,14; 56,5; 5,59; 91,61
Die Einheiten sind nicht angegeben.

2 Berechne jeweils die fehlenden Größen der Kugel.

	a)	b)	c)	d)	e)	f)	g)
r		9 mm			2,7 dm		0,7 m
$A_{O\,Kugel}$	79 dm²		4800 mm²			78,5 cm²	
V_{Kugel}				268,08 m³			

Lösungen zu 2:
65,45; 4,00; 2,50; 6,15; 31 250,9; 1017,88; 201,1; 91,61; 66,24; 3053,63; 82,45; 1,44; 2,51; 19,54

3 Eine riesige Kugel steht im „Epcot-Center" in Florida. Ihre silbrig glänzende Hülle besteht aus Alucobond-Kacheln.
Berechne den Oberflächeninhalt dieser Kugel, wenn der Durchmesser 180 ft groß ist. Gib dein Ergebnis in Quadratmetern an.

In den USA werden Längen in ft (foot, also Fuß) angegeben. Es gilt:
1 ft = 30,48 cm

4 Die Lunge eines erwachsenen Menschen besteht aus etwa 400 Millionen kleinen Lungenbläschen. Jedes Lungenbläschen hat einen Durchmesser von 0,2 mm.

a) Berechne den Oberflächeninhalt eines solchen Lungenbläschens.

b) Die Biologielehrerin behauptet, dass die Fläche aller Lungenbläschen ausreichen würde, um den Boden eines Klassenraums zu bedecken.

5 Tischtennis ist eine der schnellsten Ballsportarten der Welt. Um den Sport für die Zuschauer attraktiver zu gestalten, wurden im Jahr 2001 einige Regeln geändert. So vergrößerte sich der Durchmesser der Tischtennisbälle von 38 mm auf 40 mm. Um wie viel Prozent vergrößerte sich ...

a) der Oberflächeninhalt der Bälle? **b)** das Volumen der Bälle?

6 Mario kauft einen Würfel Knetmasse mit einer Kantenlänge von 5 cm. Aus diesem Würfel formt er eine Kugel. Vergleiche die ...

a) Volumina von Würfel und Kugel. **b)** Oberflächeninhalte von Würfel und Kugel.

Basteln

Kugeloberfläche

Den Oberflächeninhalt einer Kugel kannst du näherungsweise bestimmen, indem du sie mit der Fläche eines Kreises vergleichst. Du benötigst eine Kugel, einen Pappkreis (mit doppeltem Kugeldurchmesser) und eine dickere Schnur.

- Wickle die Schnur spiralförmig auf der Kreisfläche auf. Beginne damit in der Mitte. Wickle so lange, bis die Kreisfläche vollständig bedeckt ist. Die Länge der Schnur ist nun ein Maß für den Flächeninhalt des Kreises.
- Wickle diese Schnur auf die Kugel auf. Bedeckt die Schnur die gesamte Kugeloberfläche? Überprüfe experimentell. Tipp: Die Schnur hält gut an der Kugel, wenn du diese mit Klebstoff bestreichst.

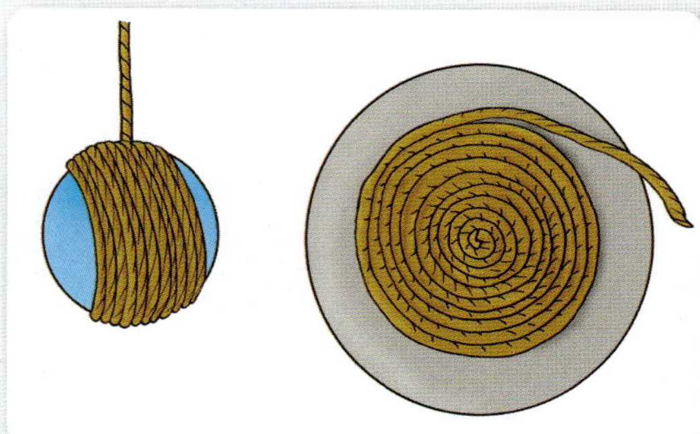

Der Würfel als Spezialfall des Quaders und die Kugel vervollständigen die geometrischen Grundkörper.

Erinnere dich:
Flächeninhalt:
$1\,cm^2 = 100\,mm^2$
$1\,dm^2 = 100\,cm^2$
$1\,m^2 = 100\,dm^2$
$1\,a = 100\,m^2$
1 ha = 100 a
$1\,km^2 = 100\,ha$
Volumen:
$1\,cm^3 = 1000\,mm^3$
$1\,dm^3 = 1000\,cm^3$
$1\,m^3 = 1000\,dm^3$
Hohlmaße:
$1\,l = 1\,dm^3$
1 l = 1000 ml
$1\,ml = 1\,cm^3$

1 Übertrage die Tabelle in dein Heft und vervollständige sie.

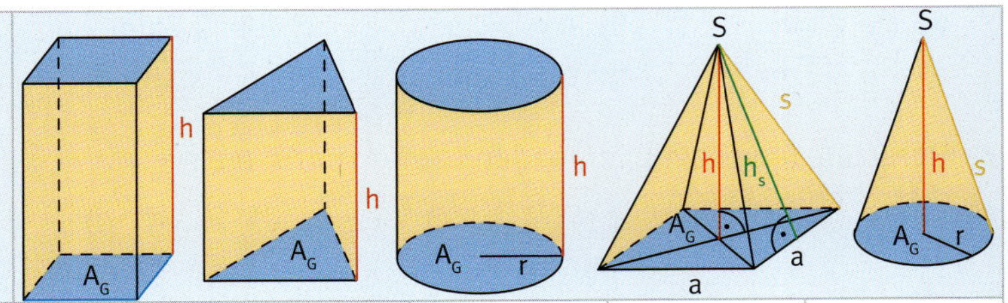

Körper					
Oberflächeninhalt A_O					
Volumen V					

2 Welche Körper werden hier gesucht? Finde verschiedene Möglichkeiten.

- Der Körper hat genau zwei Flächen.
- Grund- und Deckfläche sind kongruent.
- Der Körper hat eine Spitze.

3 Berechne jeweils das Volumen des Prismas (Maße in cm).

a)

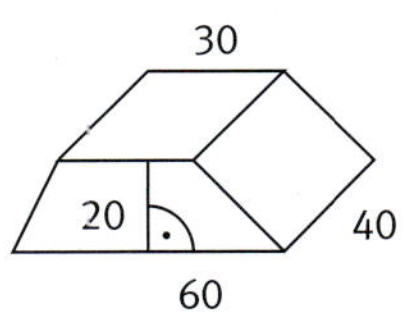

b)

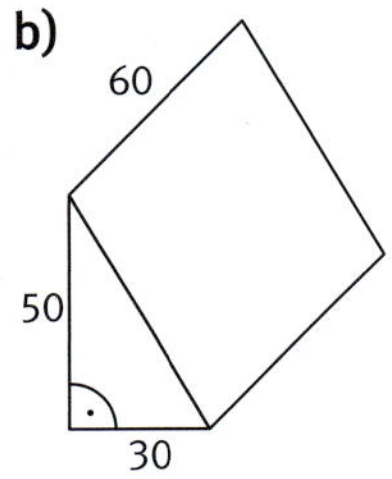

c)

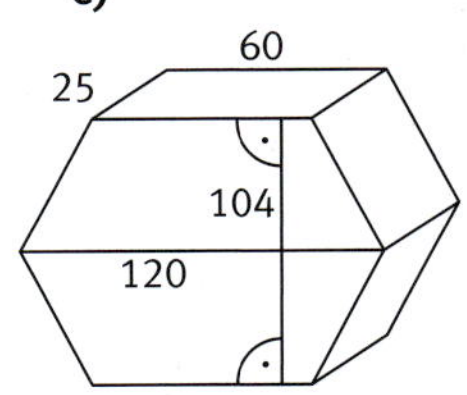

d)

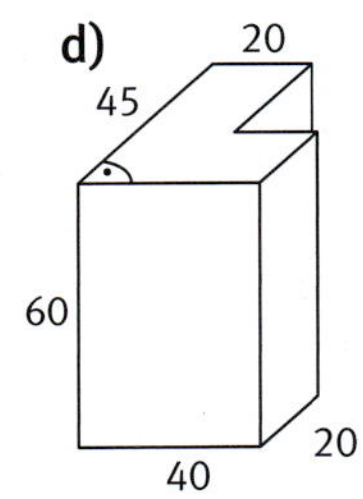

4 Berechne das Volumen und den Oberflächeninhalt eines geraden Prismas mit 5,6 cm Körperhöhe. Die Grundfläche des Prismas ist ein ...

a) rechtwinkliges Dreieck mit a = 3,6 cm, b = 2,4 cm und $\gamma = 90°$.
b) Parallelogramm mit a = 8,4 cm, b = 6,2 cm und $h_a = 5{,}0$ cm.
c) gleichschenkliges Trapez mit a = 7,0 cm, c = 4,0 cm und $h_a = 2{,}8$ cm.

5 Berechne jeweils die fehlenden Größen eines Zylinders.

	a)	b)	c)	d)	e)
Radius r	6 cm			0,70 m	12, 4 cm
Umfang u			18,84 cm		
Grundflächeninhalt A_G		$113{,}0\,cm^2$			
Mantelflächeninhalt A_M					$90\,cm^2$
Oberflächeninhalt A_O					
Zylinderhöhe h	8 cm		5,6 cm		
Volumen $V_{Zylinder}$		$1356\,cm^3$		$77\,m^3$	

6 Berechne jeweils das Volumen der Pyramide, wenn folgende Stücke gegeben sind.

a) quadratische Pyramide mit a = 6 cm; $h_s = 10$ cm
b) rechteckige Pyramide mit a = 8 cm; b = 6 cm; s = 12 cm
c) dreieckige Pyramide mit g = 8 cm; $h_g = 5$ cm; h = 9 cm

7 Berechne jeweils die fehlenden Größen des Kegels.

	a)	b)	c)	d)	e)	f)
r	3,5 cm					
d		12 cm				
A_G			79 cm²		4 m²	1,5 dm²
h	8 cm		11 cm	4 cm		
s		15 cm		5 cm		
V_{Kegel}					4 m³	
$A_{O\ Kegel}$						5 dm²

8 Um eine Küchentheke zu gestalten, kauft Susan in einem Internet-Auktionshaus Barhocker. Ihr liegen die nebenstehenden Angaben vor:

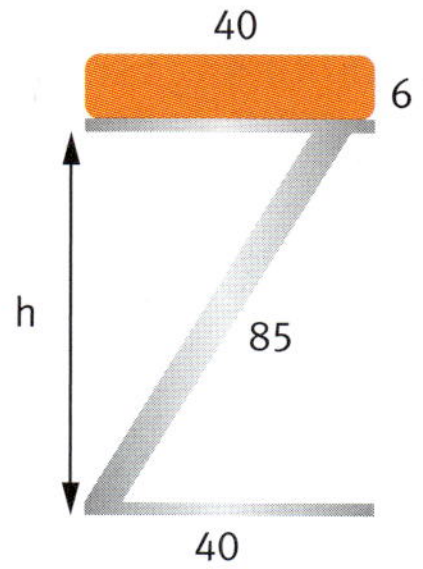

a) Berechne die Höhe h.

b) Berechne den Oberflächeninhalt des zylinderförmigen Sitzkissens.

c) Für den Stoffbezug eines Sitzkissens rechnet man mit 30 % Zugabe zum Oberflächeninhalt. Wie viele Quadratmeter Stoff muss Susan für drei solcher Kissen kaufen?

9 Ein Lipgloss-Stift hat die Innenmaße d = 1,3 cm und h = 4 cm. Wie viel Gramm Lipgloss passen in etwa in diesen Stift? Gehe hierbei von einer Dichte von $0{,}9\,\frac{g}{cm^3}$ aus. Runde dein Endergebnis auf eine Stelle nach dem Komma.

10 Das „Schleizer Dreieck“ ist die älteste Naturrennstrecke der Welt. Die Stadtväter von Schleiz stellten für Werbezwecke eine 5,10 m hohe Pyramide auf, die diese Rennstrecke symbolisieren soll.

a) Welchen Raum nimmt diese Pyramide mit quadratischer Grundfläche ein? Die Kanten der Grundfläche sind 6,40 m lang.

b) Die Mantelfläche der Pyramide besteht aus 4 mm dicken Stahlplatten. Berechne die Masse der Mantelfläche. 1 cm³ Stahl hat eine Masse von 7,85 g.

11 Der Sand einer Eieruhr rinnt in exakt fünf Minuten von oben nach unten.

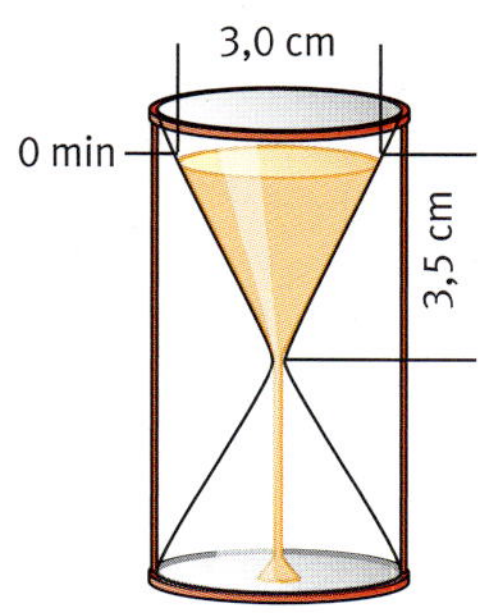

a) Wie viele Kubikmillimeter Sand befinden sich in der Eieruhr?

b) Wie viel Sand rinnt in einer Minute in den unteren Kegel?

c) In welcher Höhe von der Engstelle entfernt muss der Strich für 4 min (3 min, 2 min, 1 min) angebracht werden?

Der Würzburger Dom ist die viertgrößte romanische Kirche in Deutschland. Bei der Gestaltung der Doppeltürme wurden verschiedene geometrische Körper eingesetzt.

- Welche geometrischen Körper kannst du erkennen?
- Wir können das Volumen der Türme nicht direkt berechnen. Überlege, welche andere Möglichkeit es gibt.
- Versuche, das Volumen näherungsweise zu berechnen.

Merkwissen

Besteht ein Körper aus **mindestens zwei Teilkörpern**, so spricht man von einem **zusammengesetzten Körper**.

Das **Volumen** eines **zusammengesetzten** (**ausgehöhlten**) **Körpers** berechnet man als **Summe** (**Differenz**) der entsprechenden **Teilkörper**.

Beispiel:

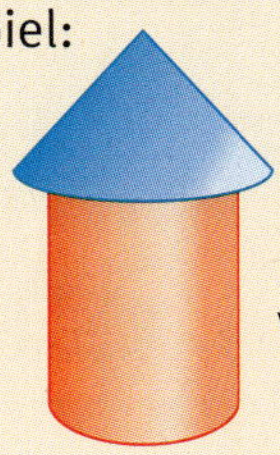

$V_{Gesamt} = V_{Zylinder} + V_{Kegel}$

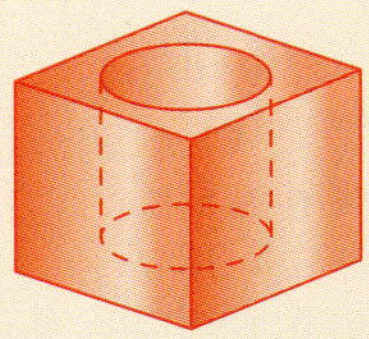

$V_{Gesamt} = V_{Würfel} - V_{Zylinder}$

Der **Oberflächeninhalt zusammengesetzter** oder **ausgehöhlter Körper** setzt sich aus der **Summe aller sichtbaren Einzelflächen** zusammen.

Beispiel:

$A_{O\ Gesamt} = A_{O\ Kegel} + A_{O\ Zylinder} - 2 \cdot A_{Kreis}$ $A_O = A_{O\ Würfel} - 2 \cdot A_{Kreis} + A_{M\ Zylinder}$

Beispiele

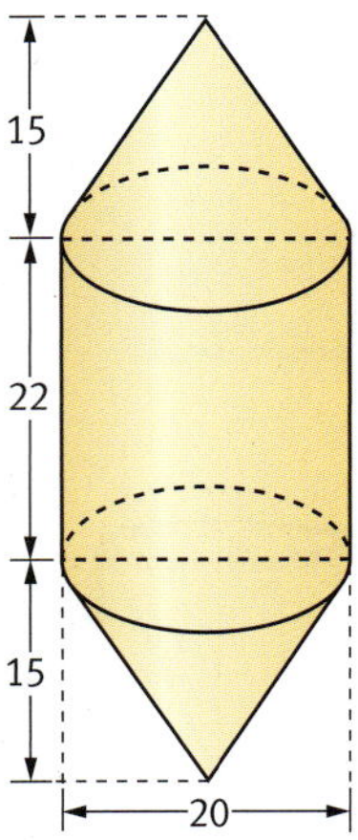

Angaben in cm

I **a)** Aus welchen Körpern besteht dieses Werkstück?

b) Berechne das Volumen und den Oberflächeninhalt dieses Werkstücks.

Lösung:

a) Das Werkstück besteht aus zwei Kegeln und einem Zylinder.

b) $V_{Werkstück} = 2 \cdot V_{Kegel} + V_{Zylinder}$

$V_{Kegel} = \frac{1}{3} \cdot A_G \cdot h$ $V_{Kegel} = \frac{1}{3} \cdot (10\text{ cm})^2 \cdot \pi \cdot 15\text{ cm} \approx 1570{,}8\text{ cm}^3$

$V_{Zylinder} = \pi \cdot r^2 \cdot h$ $V_{Zylinder} = \pi \cdot (10\text{ cm})^2 \cdot 22\text{ cm} \approx 6911{,}5\text{ cm}^3$

$V_{Werkstück} \approx 2 \cdot 1570{,}8\text{ cm}^3 + 6911{,}5\text{ cm}^3 = 10053{,}1\text{ cm}^3$

$A_{O\ Werkstück} = 2 \cdot A_{M\ Kegel} + A_{M\ Zylinder}$

$A_{M\ Kegel} = \pi \cdot r \cdot s$ $A_{M\ Kegel} = \pi \cdot 10\text{ cm} \cdot \sqrt{(10\text{ cm})^2 + (15\text{ cm})^2} \approx 566{,}4\text{ cm}^2$

$A_{M\ Zylinder} = 2 \cdot \pi \cdot r \cdot h$ $A_{M\ Zylinder} = 2 \cdot \pi \cdot 10\text{ cm} \cdot 22\text{ cm} \approx 1382{,}3\text{ cm}^2$

$A_{O\ Werkstück} \approx 2 \cdot 566{,}4\text{ cm}^2 + 1382{,}3\text{ cm}^2 = 2515{,}1\text{ cm}^2$

Verständnis

- Silvia behauptet: „Bei einem Hohlkörper muss ich das Volumen der einzelnen Körper subtrahieren, aber die Oberflächeninhalte addieren." Hat sie Recht?

1

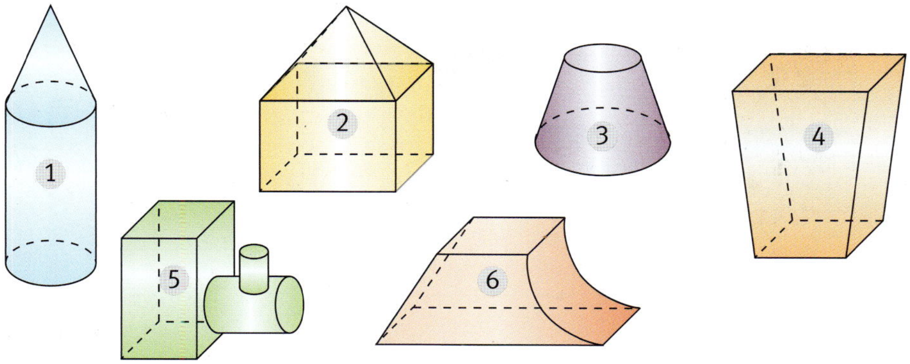

a) Gib an, aus welchen Grundformen die Körper zusammengesetzt sind.
b) Beschreibe, aus welchen Flächen die Körper bestehen.
c) Nenne Beispiele, wo du solche Körper in deiner Umwelt findest.

2 Berechne Volumen und Oberflächeninhalt der Werkstücke (Maße in mm).

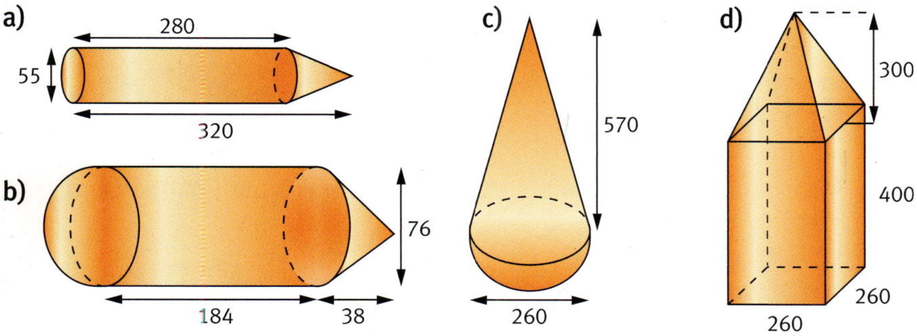

3 Für einen Springbrunnen wurde eine Betonschale (Maßangaben in m) gegossen.
a) Wie viele Liter Wasser passen in die Schale?
b) Die Betonschale wird komplett mit einem Schutzanstrich versehen. Wie viele Quadratmeter müssen bestrichen werden?
c) Berechne die Masse der Betonschale.

1 m³ Beton wiegt ungefähr 2,4 t.

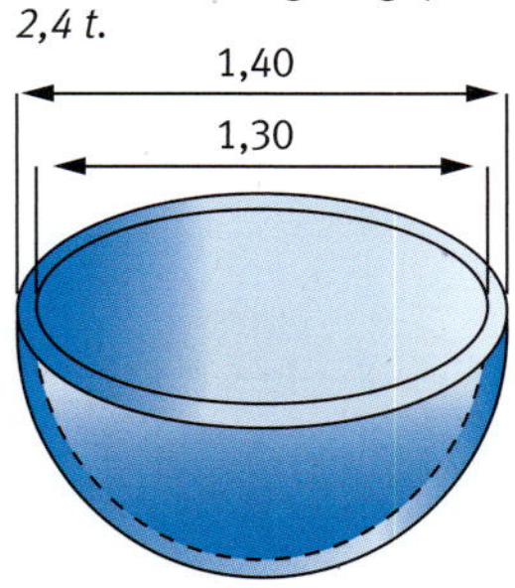

4 Berechne Volumen und Oberflächeninhalt der Körper (Maße in cm).

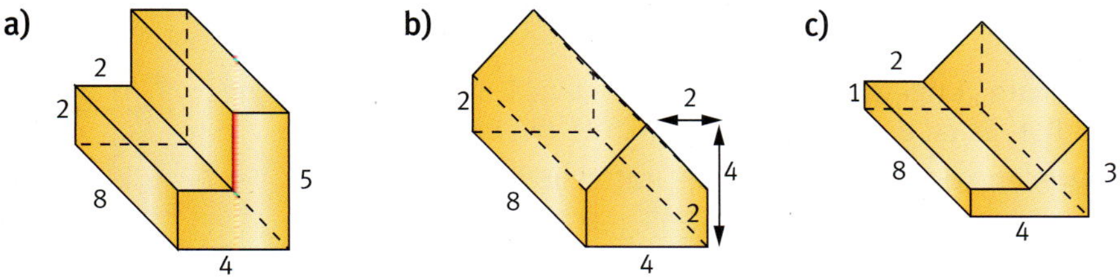

5 Berechne das Volumen und den Oberflächeninhalt der Werkstücke (Maße in cm).

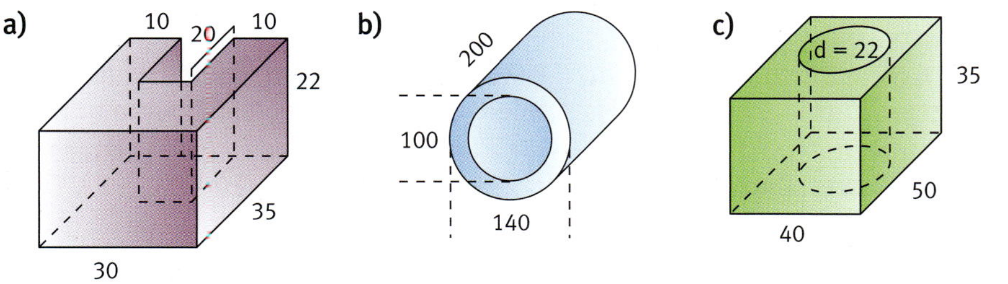

6 Berechne Volumen und Oberflächeninhalt der dargestellten Körper.

a)

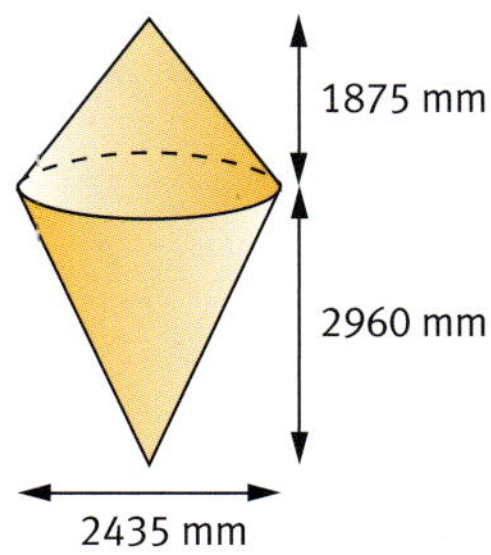

b)

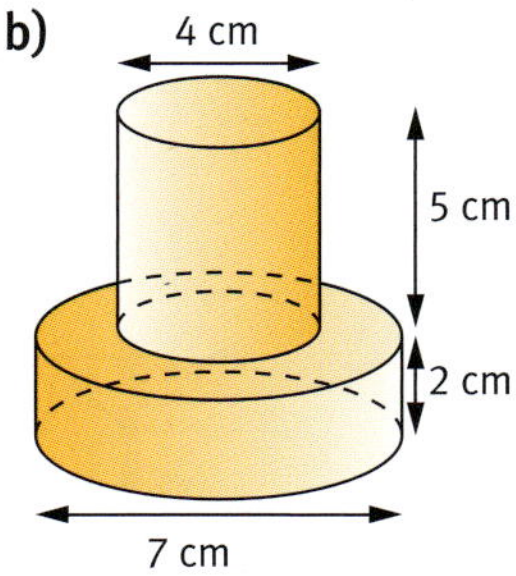

c)

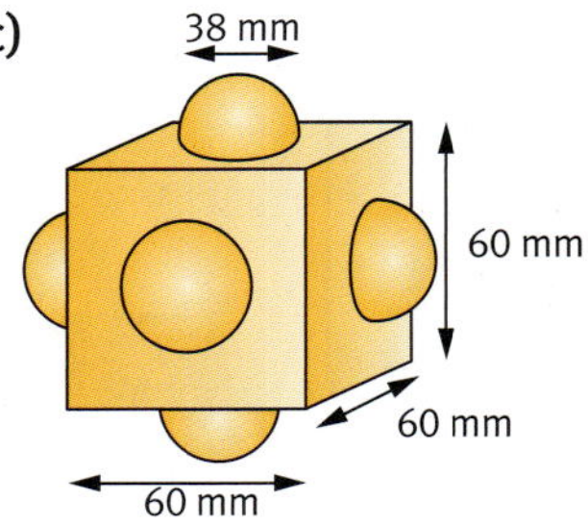

7 Die Gesamthöhe und der Durchmesser der abgebildeten (Doppel-)Kegel betragen jeweils 2 m. Xenia behauptet, dass alle (Doppel-)Kegel das gleiche Volumen und den gleichen Oberflächeninhalt haben. Überprüfe Xenias Behauptung.

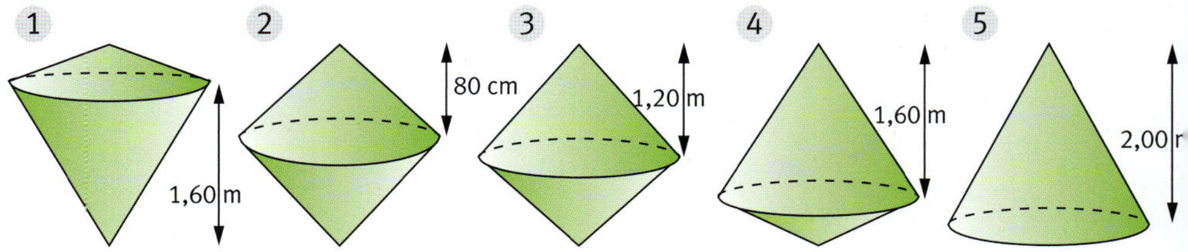

8 Berechne Masse und Oberflächeninhalt der Aluminiumkörper (Maße in cm).

1 dm³ Aluminium hat eine Masse von 2,7 kg.

a)

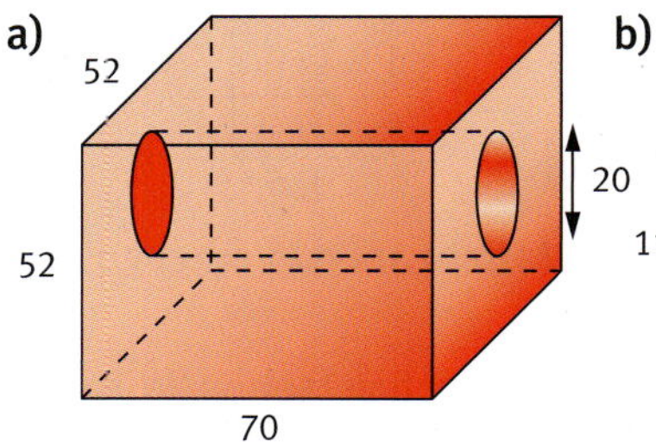

b)

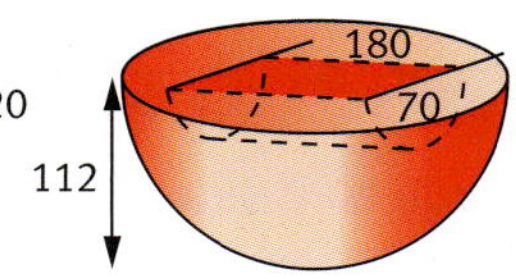

c)

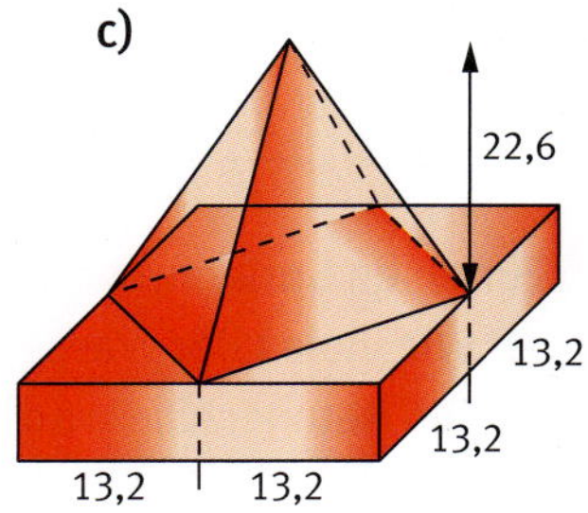

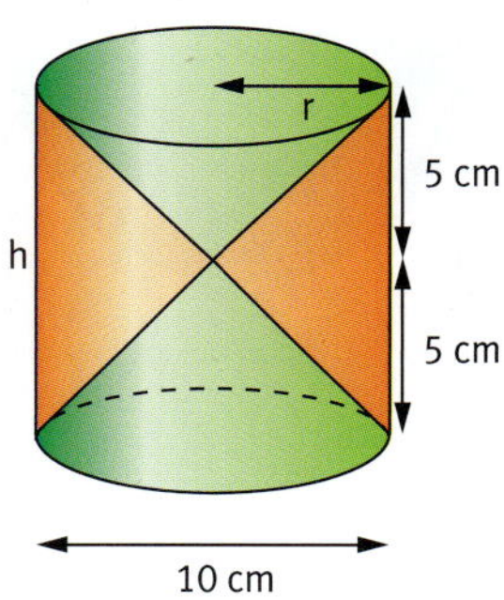

9 Aus den Zylinder links werden zwei Kegel ausgefräst. Berechne das Volumen und den Oberflächeninhalt dieser „umgekehrten Sanduhr" und vergleiche mit einer Kugel, die denselben Radius wie der Zylinder hat.

10 Das Eiscafe „Kugeltraum" hat einen neuen, 1,50 m hohen Werbeaufsteller. Es ist das Modell einer Eistüte mit einer Kugel Eis.

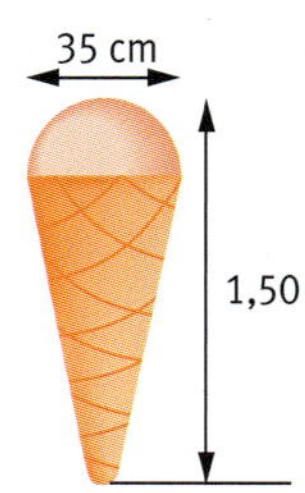

a) Berechne das Volumen dieses Aufstellers.

b) Berechne den gesamten Oberflächeninhalt des Aufstellers.

c) Die Eissorten werden an der Eisbar in zwölf quaderförmige Behälter (a = 25 cm, b = 15 cm, c = 12 cm) gefüllt. Wie viele Liter Eis passen insgesamt in die Behälter?

d) Zum Abmessen der Portionen werden halbkugelförmige Kellen mit 4,8 cm Durchmesser benutzt. Eisverkäufer Jan macht damit perfekte Kugeln. Wie viele Portionen Eis können im Idealfall insgesamt verkauft werden?

e) Mit einer anderen halbkugelförmigen Kelle können 1500 Kugeln verkauft werden. Welchen Durchmesser hat diese Kelle? Schätze zuerst.

11 Im Kunstunterricht sollen Trichter aus Blech mit einem Radius von 8 cm angefertigt werden. Die Trichter sollen jeweils 1 l fassen. Zwei Formen für einen Trichter stehen zur Auswahl. Wie viel Blech wird für den Bau eines Trichters benötigt, wenn Volumen und Material für den zylinderförmigen Auslaufstutzen vernachlässigt werden?

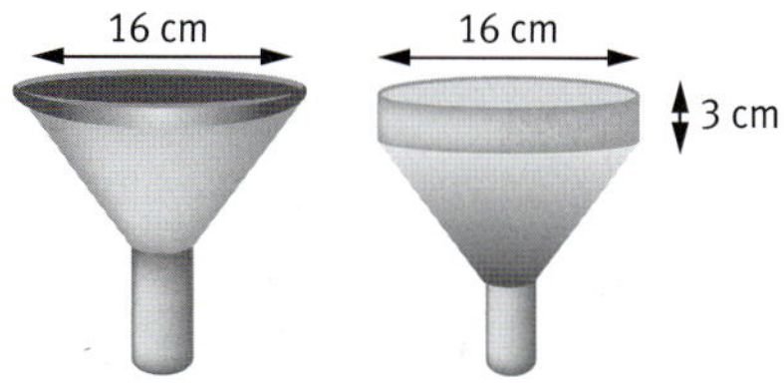

12 Ein Doppel-Getreidesilo hat die abgebildete Form mit Dach. Die beiden zylinderförmigen Silos haben einen Radius von 4,2 m und eine Höhe von 18 m. Die Gesamthöhe des Gebäudes beträgt 22 m.

a) Berechne das Fassungsvermögen der beiden zylinderförmigen Silos.

b) Berechne die Fläche des Daches.

c) Berechne das Volumen des Dachraums.

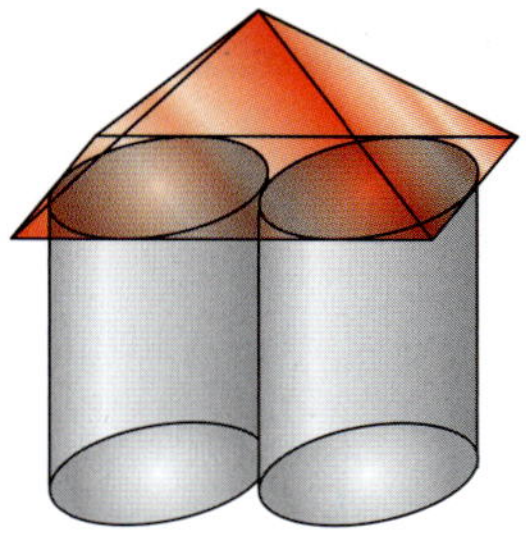

13 Ein Zelt, dessen Mittelteil einen rechteckigen Grundriss hat, ist an den Breitseiten pyramidenförmig vergrößert. Es hat die Maße a = 185 cm, b = 146 cm und h = 160 cm.

a) Berechne den Rauminhalt des Zeltes.

b) Berechne, wie viel Zeltstoff für die beiden mittleren Zeltwände benötigt wird.

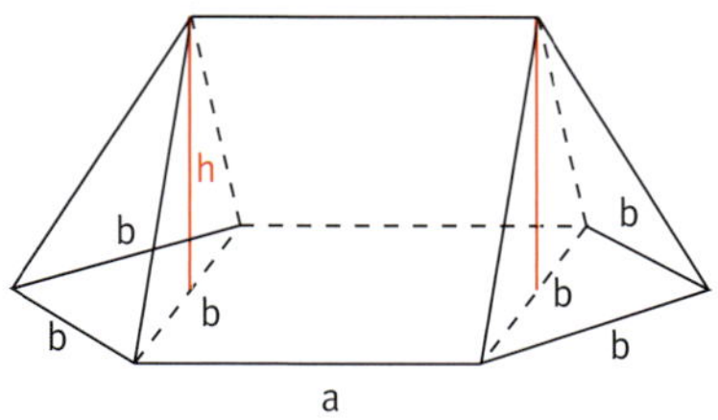

14 Eine zylindrische Messingscheibe ist konisch (kegelförmig) ausgebohrt. Dabei liegt die Spitze der Bohrung im Mittelpunkt der Messingscheibe. Berechne die Masse der Scheibe, wenn $\rho_{Messing} = 8{,}3\,\frac{g}{cm^3}$ (Maße in mm) ist.

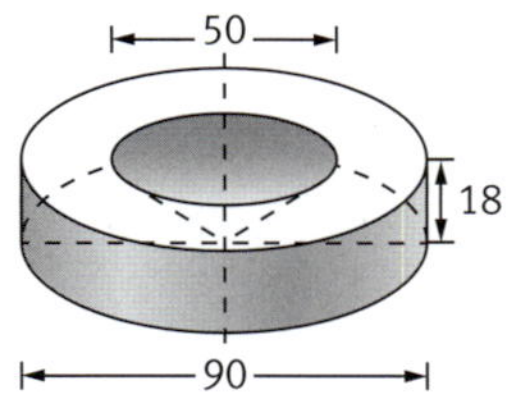

15 Das Jagdschloss Granitz auf der Insel Rügen wird jedes Jahr von vielen Touristen besucht. Der Einfachheit halber wird das Schloss wie in der Skizze zusammengesetzt betrachtet.
Berechne den ungefähren Rauminhalt des Jagdschlosses.

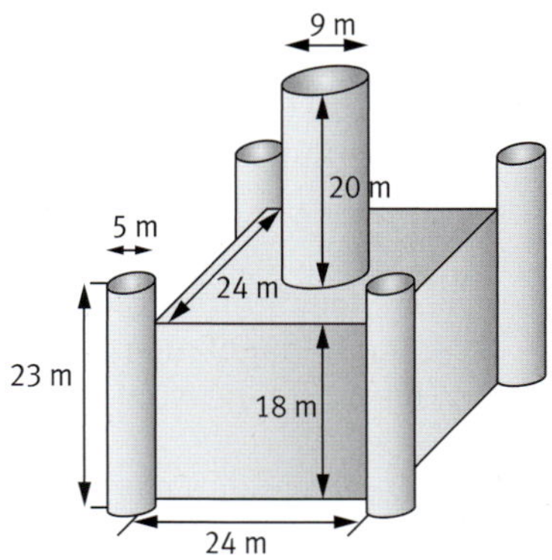

16 Der Schraubverschluss einer Flasche Badezusatz hat die Form eines Hohlzylinders mit aufgesetzter hohler Halbkugel (Maße in mm). Er soll zum Dosieren benutzt werden.
Die Flasche enthält 1 l Badezusatz. Wie viele Bäder kann man damit nehmen, wenn man pro Bad jeweils die Füllung einer Verschlusskappe verwenden soll? Schätze zuerst und überprüfe dann rechnerisch.

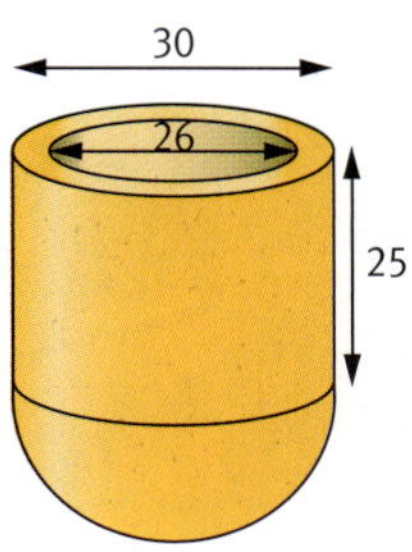

1 Du weißt bereits aus Klasse 8 und 9, dass Kreiszylinder und Kreiskegel als Rotationskörper betrachtet werden können.

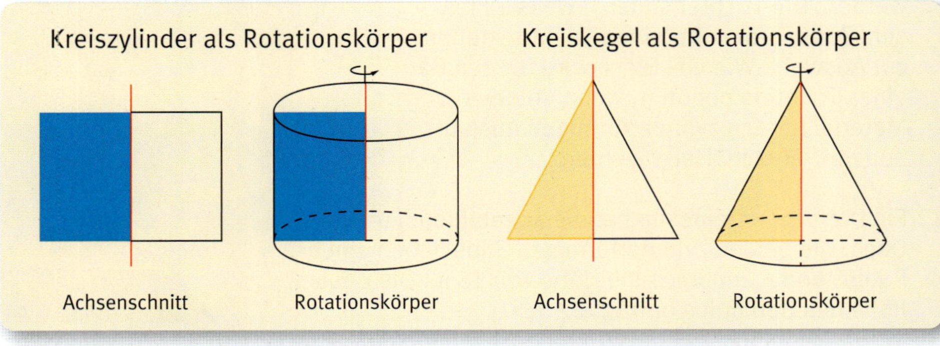

a) Erkläre mithilfe der Grafiken aus dem gelben Kasten die Entstehung des Kreiszylinders und des Kreiskegels.

b) Die linken, farbigen Teile der Abbildungen bezeichnet man als Achsenschnitt des jeweiligen Körpers. Erläutere.

c) Übertrage für den Kreiszylinder und den Kreiskegel den Achsenschnitt und den Rotationskörper in dein Heft und trage die folgenden Begriffe ein: Rotationsachse, Radius, Mittelpunkt, Höhe.

d) Auch die Kugel kann als Rotationskörper beschrieben werden. Übertrage deine Kenntnisse zum Kreiszylinder und Kreiskegel auf die Kugel und beschreibe, wie eine Kugel durch Rotation einer bekannten geometrischen Grundfigur erzeugt werden kann. Skizziere deine Überlegungen im Heft. Zeichne ebenfalls den Achsenschnitt und den Rotationskörper und beschrifte mit den passenden Begriffen aus Aufgabe c).

2 27 Tischtennisbälle (Radius jeweils 20 mm) sollen eng anliegend in einem Würfel verpackt werden. Zwischen jeweils 9 Bällen liegt eine Trennschicht aus dünnem Papier.

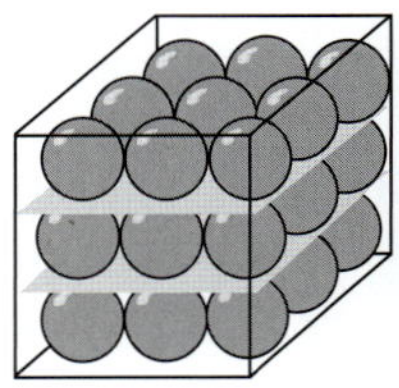

a) Bestimme den Oberflächeninhalt des Würfels.

b) Wie viel Prozent des Würfels sind durch die Tischtennisbälle ausgefüllt?

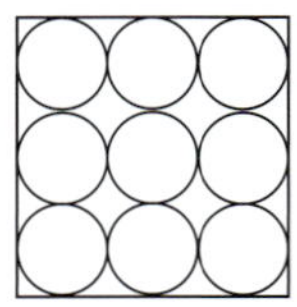

c) Konrad behauptet, dass er die Aufgabe b) so lösen kann: Er betrachtet 9 Kreise in einem Quadrat und berechnet den Flächenanteil, der nicht ausgefüllt ist. Diesen Prozentsatz kann er dann auch als Lösung für Aufgabe b) nehmen. Überprüfe, ob Konrads Lösungsweg zum richtigen Ergebnis führt.

d) Für ein Kunstprojekt sollen die 27 Tischtennisbälle angemalt werden. Berechne die zu bemalende Oberfläche.

3 Auf dem Dach einer Schule wurde eine Astrokuppel errichtet. Die Halbkugel hat einen Durchmesser von 6 m.

a) Berechne den Oberflächeninhalt dieser Halbkugel.

b) Berechne den Rauminhalt der Kuppel.

c) Eine bekannte Astrokuppel befindet sich auf dem Mauna Kea auf Hawaii. Diese hat einen Durchmesser von 18 m. Vergleiche Oberflächeninhalt und Rauminhalt beider Kuppeln.

4 Am Ortseingang der Porzellanstadt Selb befindet sich das Modell einer kugelförmigen Teekanne mit einem Umfang von 8,40 m.

a) Wie viel Liter Tee würden in diese Kanne passen? Schätze zunächst.

b) Die Kannenwand hat eine Dicke von 15 cm. Wie schwer ist die Kanne, wenn 1 dm^3 Porzellan 2,3 kg wiegt?

c) Auf der Oberfläche der Kanne ist die Erde abgebildet. Etwa 70 % der Erdoberfläche sind mit Wasser bedeckt. Wie viele Quadratmeter der Teekanne sind demnach blau gefärbt?

d) Gib den Maßstab zur Erde an, in dem diese Teekanne hergestellt wurde.

5 Ein zylindrisches Gefäß mit einem Innendurchmesser von 6 cm ist 8 cm hoch mit Wasser gefüllt. In das Gefäß werden vier Eisenkugeln mit einem Durchmesser von je 2 cm geworfen. Die Kugeln tauchen vollständig unter. Um wie viele Zentimeter steigt der Wasserspiegel?

6 Ein als kugelförmig angenommener Heißluftballon hat ein Volumen von 8000 m^3.

a) Wie viele m^2 Stoff benötigt man zur Herstellung der Hülle, wenn man mit einem Verschnitt von 4 % rechnet?

b) 1 m^2 Ballonseide wiegt 60 g. Wie schwer ist der Ballon? Schätze zuerst und berechne dann.

c) Welche Masse kann man an den Ballon hängen, wenn man mit 1 m^3 heißer Luft 100 g Tragfähigkeit erreicht?

7 Ein halbkugelförmiger Grill hat einen Durchmesser von 35 cm.

a) Berechne das Volumen des Grills.

b) Eine Packung Grillkohle enthält 0,08 m^3 Grillkohle. Für einmal Grillen muss der Grill zu einem Drittel gefüllt sein. Reicht dazu eine Packung Grillkohle aus?

c) Ein Stück Fleisch hat ungefähr einen Flächeninhalt von 40 cm^2. Wie viele Stücke Fleisch passen gleichzeitig auf den Grill?

8 Der Umfang einer Badeschaumkugel beträgt 14 cm.

a) Berechne die Masse einer Badekugel, wenn ihre Dichte $0{,}86\,\frac{g}{cm^3}$ beträgt.

b) Eine 280 g Packung Badekugeln kostet 3,90 €. Berechne den Preis einer Kugel.

9 An Weihnachten werden Christbaumkugeln an den Baum gehängt. Eine Glaskugel hat ein Volumen von 380 cm^3.

a) Berechne den Durchmesser der Kugel.

b) Die Kugel wird außen mit einer roten Glanzfolie beklebt. Wie viele Kugeln lassen sich mit einem Quadratmeter Folie bekleben, wenn wir mit 3 % Verschnitt rechnen müssen?

10 Viele handelsübliche Cremes werden in solchen zylinderförmigen Dosen angeboten.
Die Grafik zeigt den Querschnitt einer solchen Dose, im blaugefärbten Teil befindet sich die Creme.

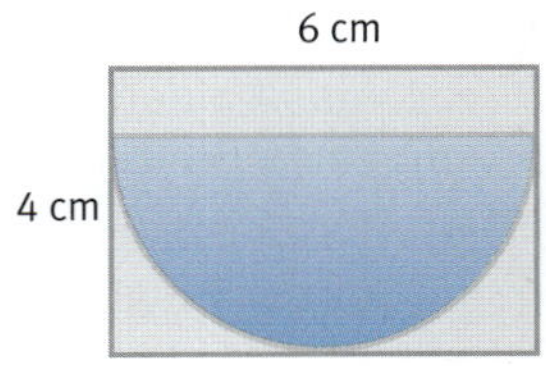

a) Berechne, wie viele Milliliter Creme in der Dose sind, wenn diese bis 1 cm unter den Rand gefüllt ist.

b) Wie viel Prozent des Volumens der Dose wird von der Creme eingenommen?

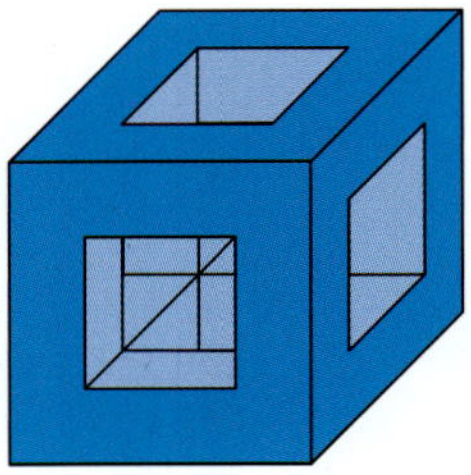

11 Aus einem Quader, der 16 cm lang, 12 cm breit und 24 cm hoch ist, soll eine möglichst große Pyramide angefertigt werden. Wie viel cm^3 Abfall fallen an?

12 In einen Holzwürfel der Kantenlänge 8 cm werden von jeder Seite quadratische Aussparungen mit einer Seitenlänge von 4 cm gefräst.

a) Wie viel Prozent des ursprünglichen Volumens hat der neue Körper?

b) Vergleiche den Oberflächeninhalt des ursprünglichen Würfels mit dem des gefrästen Körpers.

Schlage im Grundwissen auf S. 16 nach, wenn du dir unsicher bist.

13 Du kennst aus Klasse 9 bereits die Strahlensätze. Diese können dir bei Berechnungen an Pyramiden oder Kegeln hilfreich sein.

a) Skizziere das Schrägbild eines Kegels mit $r_1 = 4$ cm und $h_1 = 6$ cm und das einer quadratischen Pyramide mit $a_1 = 4$ cm und $h_1 = 6$ cm. Verlängere anschließend jeweils die Höhe um 2 cm nach unten und zeichne die neue Grundfläche ein.

b) Berechne mithilfe der Strahlensätze den Radius r_2 des vergrößerten Kegels (die Seitenlänge a_2 der vergrößerten Pyramide).

14 Eine Eistüte bei der Eisdiele Rimini hat eine Höhe von 9 cm und einen Radius von 2,5 cm. Der Eigentümer plant, die Höhe der Eistüte um 2 cm zu verlängern. Berechne den neuen Radius.

15 In einer Vase in Form einer quadratischen Pyramide ($h = 9{,}4$ cm, $h_s = 12{,}2$ cm) steht das Wasser 5 cm hoch. Berechne die Füllmenge in Litern.

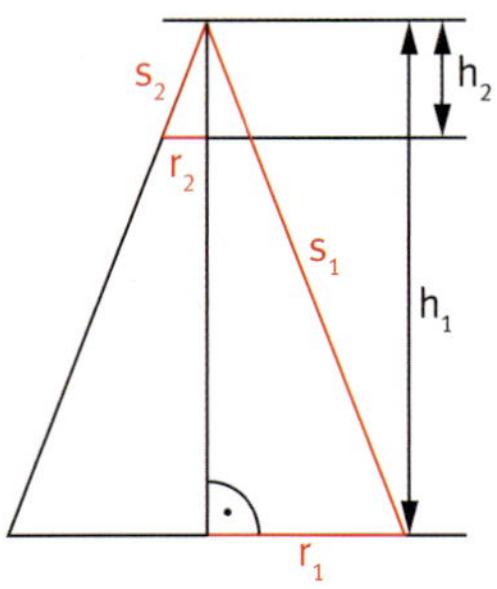

16 Bei einer Messingskulptur in Kegelform mit Radius r_1 und Höhe h_1 kann durch eine Parallele zur Grundebene der obere Kegelteil mit Radius r_2 und Höhe h_2 wie in nebenstehender Skizze entfernt werden.
$r_1 = 10$ cm; $r_2 = 5$ cm; $h_1 = 30$ cm

a) Berechne h_2 und die Länge der Mantellinie s_2 des oberen Kegelteils.

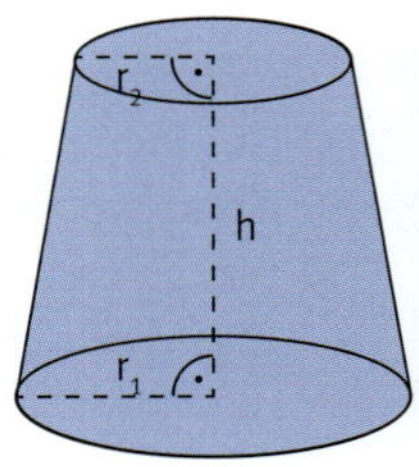

b) Den unteren Restteil der Messingskulptur bezeichnet man als **Kegelstumpf**. Berechne den Oberflächeninhalt des Kegelstumpfs.

c) Berechne die Masse des Kegelstumpfs aus Messing, wenn $\rho_{Messing} = 8{,}3\,\frac{g}{cm^3}$.

17 Ein Messbecher hat im Inneren die Form eines Kegels mit einer lichten Weite von 12 cm und einer Mantellinie von 16 cm Länge.

a) Wie viel Liter Wasser kann man maximal einfüllen?

b) In welcher Entfernung von der Kegelspitze muss der Eichstrich für 50 cm^3 (für 250 cm^3) angebracht werden?

Der Abschlussball

Situationsbeschreibung

Zur Finanzierung eures Abschlussballs organisieren eure Klassen einen Eisverkauf in der Schule. Um Gewinn machen zu können, müsst ihr im Voraus den Preis für eine Kugel richtig kalkulieren.

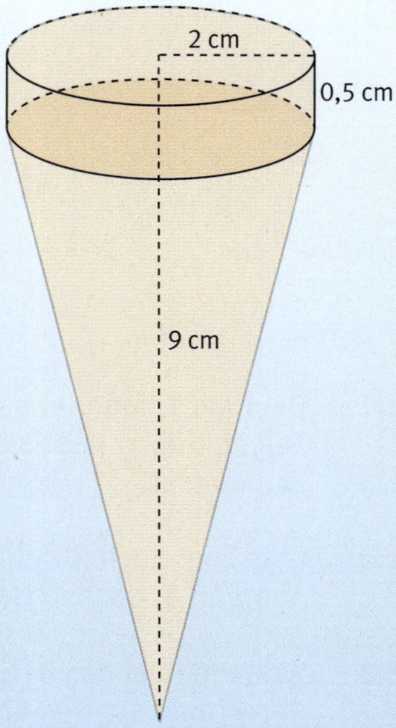

Handlungsaufträge

1. Eiskugeln, die mit einem handelsüblichen Eisportionierer gemacht werden, haben ungefähr einen Durchmesser von 53 mm.
   Besorgt euch eine handelsübliche Eispackung und berechnet, wie viele Kugeln ihr aus einer Box erhaltet. Kalkuliert etwas Ausschuss mit ein.
2. Informiert euch über den Preis für Becher, Waffeln, Servietten und Löffel und berechnet mithilfe dieser Informationen den Preis für eine Kugel Eis.
3. Ein Mitschüler macht den Vorschlag, das Eis in einer Schokowaffel anzubieten. Dabei sollen 25 % der Waffel mit Schokolade gefüllt werden.
   Berechnet, wie viele Waffeln sich mit einer handelsüblichen Schokoladentafel füllen lassen.
4. Bezieht den Schokoladenpreis in eure Preiskalkulation mit ein.

Hinweis:
Bei den Abschlussprüfungen bis einschließlich 2017 beträgt die Gesamtpunktzahl pro Aufgabe 20 Punkte.
Die Lösungen zu den Abschlussprüfungsaufgaben sind erhältlich unter www.ccbuchner.de/medien (6254-02).

AUFGABE 1

In einem Gastronomiebetrieb kommen drei verschiedene Gläser für Wasser und Säfte zum Einsatz. Glas 1 ist zylinderförmig, Glas 2 besteht aus einer Halbkugel mit aufgesetztem Zylinder und Glas 3 ist kegelförmig. Die Maße in cm sind aus der untenstehenden Skizze zu entnehmen. Die Skizze ist nicht maßstabsgetreu. Die Glasstärke ist bei allen Aufgaben zu vernachlässigen.

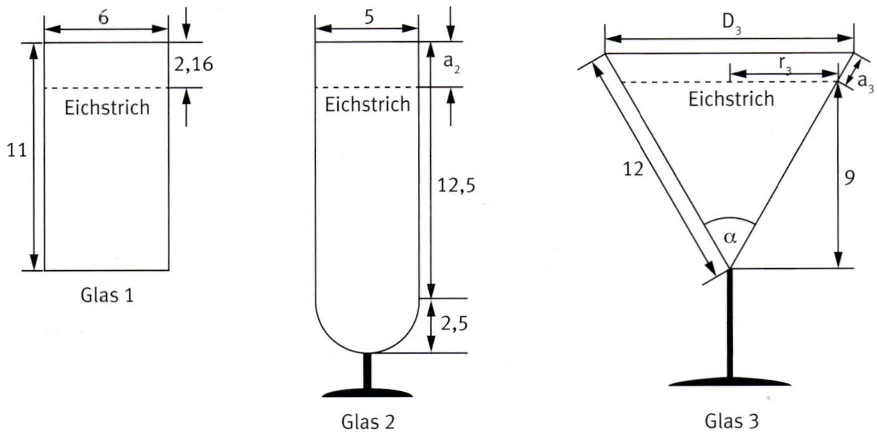

2 Punkte **1.1** Bei Glas 1 befindet sich der Eichstrich 2,16 cm unterhalb der Glasoberkante. Zeigen Sie rechnerisch, dass dieses Glas für eine Füllmenge von $\frac{1}{4}$ Liter gedacht ist.

4 Punkte **1.2** Glas 2 ist auch für eine Füllmenge von 250 cm^3 gedacht. Berechnen Sie den Abstand a_2 des Eichstriches von der Glasoberkante (siehe Skizze).

5 Punkte **1.3** Wenn man in das 3. Glas 200 cm^3 einfüllt, ergibt sich eine Füllhöhe von 9 cm. Berechnen Sie den Abstand a_3 des Eichstriches von der Glasoberkante (siehe Skizze).
(Zwischenergebnis: r_3 = 4,61 cm; Ergebnis: a_3 = 1,89 cm)

3 Punkte **1.4** Berechnen Sie den Gesamtdurchmesser D_3 von Glas 3.
(Ergebnis: D_3 = 10,94 cm)

3 Punkte **1.5** Der kegelförmige Teil von Glas 3 soll außen mit einer farbigen Glasur überzogen werden. Ein Liter Glasur reicht für 6 m^2. Berechnen Sie, wie viele Gläser damit glasiert werden können.

3 Punkte **1.6** Berechnen Sie den Öffnungswinkel α des kegelförmigen Glases 3.

20 Punkte

AUFGABE 2

Nebenstehender Holzbaustein stammt aus der Spielkiste des 3-jährigen Marc. Aus dem ursprünglich quaderförmigen Stein wurde mittig ein halber Zylinder herausgebohrt, so dass rechts und links eine Auflage der Breite b' = 2 cm stehen geblieben ist.

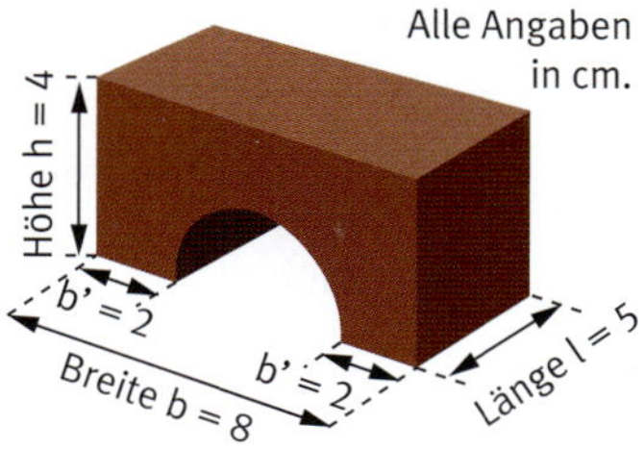

2.1 Berechnen Sie das Volumen dieses Bausteins aus Marcs Spielkiste. *3 Punkte*

Um mit den Bausteinen einen realistischen Tunnel bauen zu können, sollen sie nur in der flächigen Wölbung schwarz lackiert werden. Ein Liter Farbe reicht hierbei für 8 m^2 Fläche.

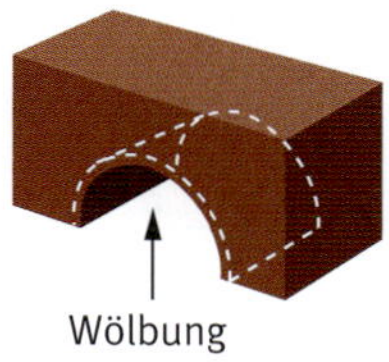

2.2 Berechnen Sie, wie viele Steine in der Wölbung mit einem Liter Farbe lackiert werden können. *4 Punkte*

Marc hat aus acht solcher Bausteine einen quaderförmigen Turm gebaut, sodass in der Mitte ein Hohlzylinder entstanden ist. (Skizze ist nicht maßstabsgetreu.)

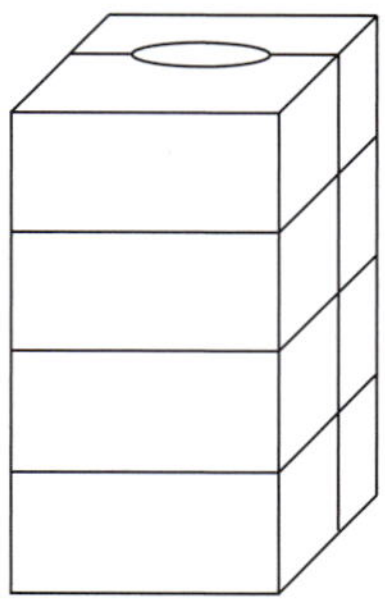

2.3 Marc besitzt in seiner Spielzeugkiste Kugeln, deren Durchmesser jeweils ebenfalls d = 4 cm ist. Berechnen Sie, wie viele solcher Kugeln in den Hohlzylinder passen. *2 Punkte*

2.4 Marc befüllt den Hohlzylinder mit drei solcher Kugeln. Berechnen Sie, wie viel Prozent des Zylindervolumens ausgefüllt werden. *3 Punkte*

In Marcs Spielkiste befindet sich auch eine gerade Holzpyramide, deren quadratische Grundfläche exakt auf den von Marc gebauten Turm (siehe Teilaufgabe 2.3) passt. Die Pyramide hat ein Volumen von 128 cm^3.

2.5 Berechnen Sie die Höhe der Pyramide. (Ergebnis: Pyramidenhöhe h = 6 cm) *2 Punkte*

2.6 Die obere Spitze des Pyramidenbausteins (siehe Skizze) ist außen mit Farbe lackiert. Berechnen Sie die lackierte Fläche des Bausteins. *6 Punkte*

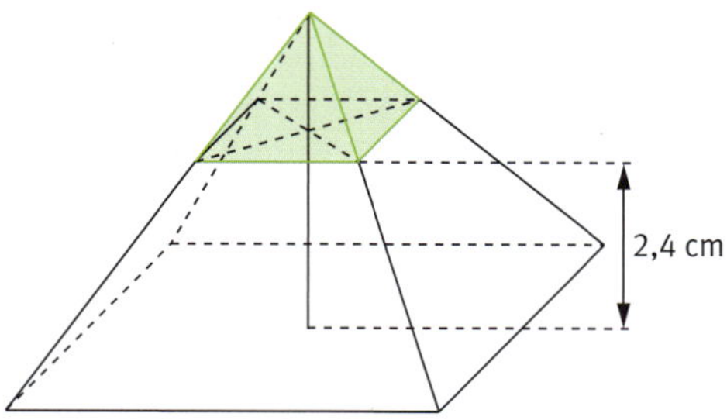

(Skizze ist nicht maßstabsgetreu.)

20 Punkte

Überprüfe deine Fähigkeiten und Kenntnisse. Bearbeite dazu die folgenden Aufgaben und bewerte anschließend deine Lösungen mit einem Smiley.

☺	😐	☹
Das kann ich!	Das kann ich fast!	Das kann ich noch nicht!

Hinweise zum Nacharbeiten findest du auf der folgenden Seite. Die Lösungen stehen im Anhang.

Aufgaben zur Einzelarbeit

1 Berechne die fehlenden Größen einer Kugel.

	a)	b)	c)	d)	e)
r	6 cm	2,88 m	☐	☐	☐
A_O	☐	☐	$1{,}5\ m^2$	$19{,}63\ mm^2$	☐
V	☐	☐	☐	☐	$33{,}51\ m^3$

2 Von den drei Größen Radius r, Volumen V und Oberflächeninhalt A_O einer Kugel ist jeweils eine Größe gegeben. Berechne die anderen.

a) $V = 580\ cm^3$ **b)** $V = 9\ m^3$

c) $A_O = 77\ cm^2$ **d)** $A_O = 390\ dm^2$

e) $r = \sqrt[3]{125}\ mm$ **f)** $r = 2 \cdot \sqrt[3]{6}\ m$

3 Ein Handball hat einen Umfang von 58 cm. Wie viele Quadratzentimeter Leder werden für einen Handball verarbeitet, wenn 15 % Verschnitt eingeplant werden?

4 Eine Glaskugel hat einen Durchmesser von 12 cm. $1\ dm^3$ Glas wiegt 2,4 kg. Wie schwer ist die Kugel?

5 Der Äquator ist etwa 40 075 Kilometer lang.

a) Berechne den Erdradius.

b) Berechne den Oberflächeninhalt und das Volumen der Erde.

c) Die Erde ist zu etwa 71 % mit Wasser bedeckt. Berechne die Größe der Land- und Wasserfläche.

6 Aus 30,8 ml Kunststoff wird eine Hohlkugel mit dem Außendurchmesser 10 cm gegossen. Berechne die Dicke der Kugelwand.

7 Mario formt aus einem Knet-Würfel mit 5 cm Kantenlänge drei gleich große Kugeln. Berechne den Durchmesser einer Kugel.

8 Ein halbkugelförmiger Kessel hat am oberen Rand einen äußeren Umfang von 3,86 m. Die Wandstärke beträgt 4,2 cm.

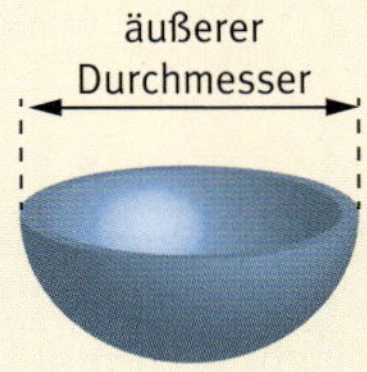

a) Wie viele Liter Wasser passen in den Kessel?

b) Der Kessel soll komplett mit Goldfolie beklebt werden. Berechne den Flächeninhalt der benötigten Folie.

9 Ein nahezu kugelförmiger Luftballon, der einen Radius von 12 cm hat, ist mit Helium gefüllt.

a) Berechne das Volumen und den Oberflächeninhalt des Luftballons.

b) $1\ m^3$ Helium hat eine Masse von 179 g. $1\ m^2$ gespannte Luftballonhaut hat eine Masse von 150 g. Berechne die Masse des gefüllten Luftballons.

10 Ein zylindrischer Gasbehälter hat einen Durchmesser von 20 m. Er fasst $7200\ m^3$ Gas. Berechne die Höhe dieses Behälters.

11 Berechne die Größe der Dachfläche und das Volumen des Dachraums.

a) Satteldach

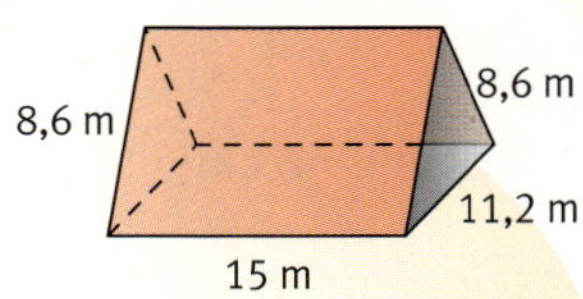

b) Pyramidendach

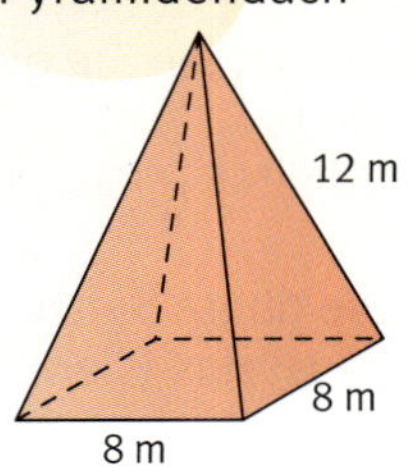

c) Kegeldach

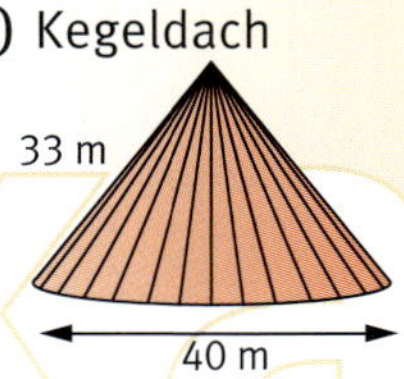

d) Kugeldach

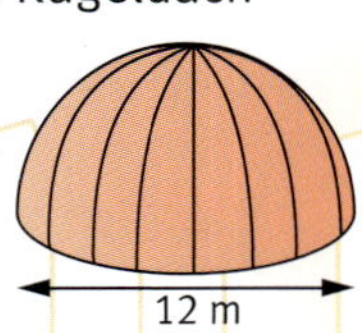

12 Ein 8 m tiefer zylinderförmiger Brunnen hat einen äußeren Durchmesser von 1,80 m. Die Wandstärke beträgt 20 cm. Berechne das Fassungsvermögen des Brunnens.

13 Der Nord-Ostsee-Kanal ist 98 km lang und durchschnittlich 9 m tief. Seine Querschnittsfläche ist ein symmetrisches Trapez. An der Wasseroberfläche ist der Kanal 72 m und auf der Kanalsohle 25 m breit.

a) Fertige eine beschriftete Skizze an.

b) Tom behauptet, dass in diesem Kanal mehr als 1 km^3 Wasser ist. Hat er Recht?

14 a) Das Zementsilo auf einer großen Baustelle hat die Form eines Zylinders mit einem kegelförmigen Abschluss nach unten. Entnimm die Maße dem Bild und berechne das Fassungsvermögen.

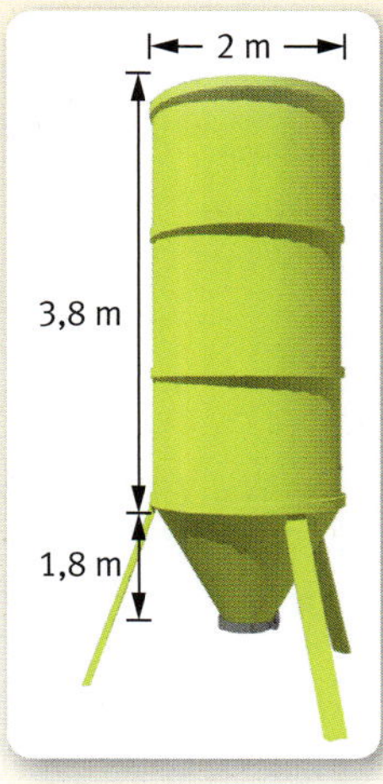

b) Bei einem anderen Silo sind die Maße des Zylinders die gleichen. Sein Fassungsvermögen ist jedoch um 0,62 m^3 geringer. Wie hoch ist der kegelförmige Abschluss?

c) Über das Silo soll als Regenschutz eine kreisförmige Plane gespannt werden. Zur Befestigung soll der Radius 1 dm über den Zylinderrand herausreichen. Berechne die Fläche der Plane.

15 Die Werkstücke aus Aluminium bestehen aus den jeweils gleichen Teilen 1, 2 und 3. Berechne für jedes Werkstück geschickt Masse und Oberflächeninhalt.
Die Dichte von Aluminium beträgt $\rho = 2{,}7\ \frac{g}{cm^3}$.

a)

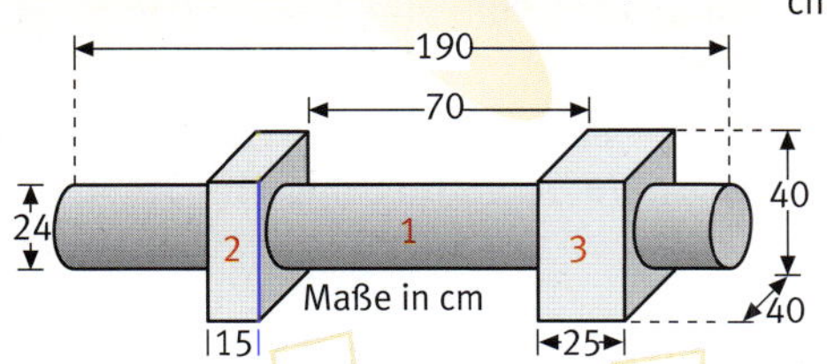

b)

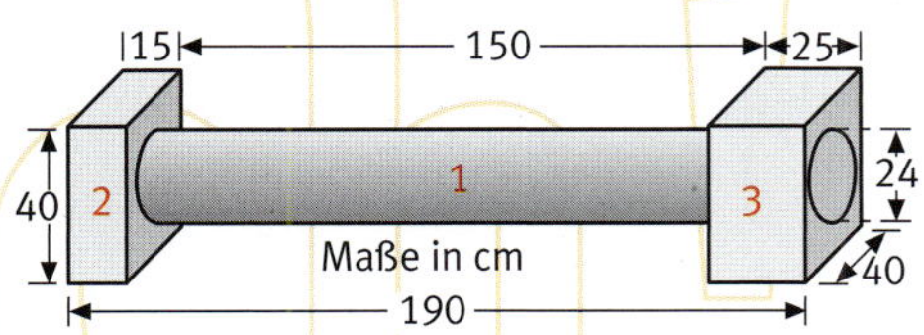

Aufgaben für Lernpartner

Arbeitsschritte

1 Bearbeite die folgenden Aufgaben alleine.
2 Suche dir einen Partner und erkläre ihm deine Lösungen. Höre aufmerksam und gewissenhaft zu, wenn dein Partner dir seine Lösungen erklärt.
3 Korrigiere gegebenenfalls deine Antworten und benutze dazu eine andere Farbe.

Sind folgende Behauptungen **richtig** oder **falsch**? Begründe schriftlich.

16 Verdoppelt man den Radius einer Kugel, dann verdoppelt sich ihr Volumen.

17 Verdoppelt man den Durchmesser einer Kugel, dann vervierfacht sich ihr Oberflächeninhalt.

18 Um die Wanddicke einer Hohlkugel zu berechnen, müssen wir den Durchmesser der inneren Kugel von dem der äußeren Kugel abziehen.

19 Vergrößert man eine Kugel so, dass ihr Oberflächeninhalt auf das Vierfache steigt, dann steigt gleichzeitig ihr Volumen auf das Achtfache.

20 Das Volumen zusammengesetzter Körper berechnet man aus der Summe der Volumen der Einzelkörper.

21 Das Volumen hat bei gleichen Grundeinheiten stets eine größere Maßzahl als der Oberflächeninhalt.

Aufgabe	Ich kann ...	Hilfe
1, 2, 4, 5, 6, 7, 8, 9, 11, 16, 18, 21	das Volumen von Kugeln berechnen.	S. 46
1, 2, 3, 5, 8, 9, 11, 17, 19, 21	den Oberflächeninhalt von Kugeln berechnen.	S. 48
10, 11, 12, 13	geometrische Grundkörper berechnen.	S. 50
14, 15, 20	Berechnungen an zusammengesetzten Körpern durchführen.	S. 52

2.8 Auf einen Blick

S. 46
S. 48

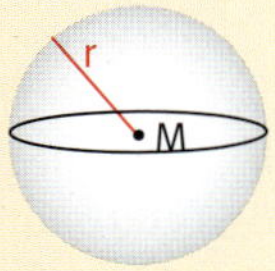

Für das **Volumen V** einer **Kugel** gilt:

$$\mathbf{V_{Kugel} = \frac{4}{3} \cdot \pi \cdot r^3}$$

Für den **Oberflächeninhalt** A_O einer **Kugel** gilt:

$$\mathbf{A_{O\ Kugel} = 4 \cdot \pi \cdot r^2 = \pi \cdot d^2}$$

S. 50

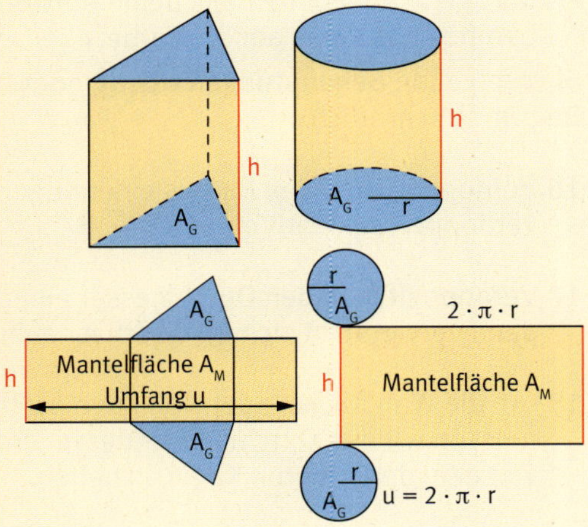

Für das **Volumen V** eines **Prismas** oder **Zylinders** gilt:

$$\mathbf{V = A_G \cdot h}$$

Für den **Oberflächeninhalt A_O** eines **Prismas** oder **Zylinders** mit der Grundfläche A_G und der Mantelfläche A_M gilt:

$$\mathbf{A_O = 2 \cdot A_G + A_M}$$

$$\mathbf{A_{O\ Prisma} = 2 \cdot A_G + u \cdot h}$$

$$\mathbf{A_{O\ Zylinder} = 2 \cdot \pi \cdot r^2 + 2 \cdot \pi \cdot r \cdot h}$$

S. 50

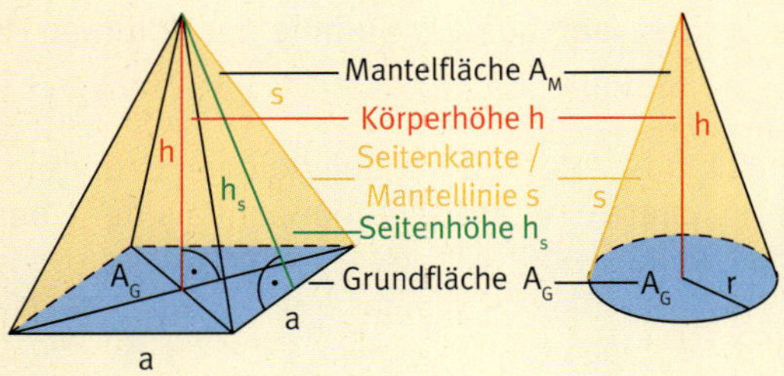

Für das **Volumen V** einer **Pyramide** oder eines **Kreiskegels** gilt:

$$\mathbf{V = \frac{1}{3} \cdot A_G \cdot h}$$

$$\mathbf{V_{Pyramide} = \frac{1}{3} \cdot A_{n\text{-}Eck} \cdot h}$$

$$\mathbf{V_{Kegel} = \frac{1}{3} \cdot \pi \cdot r^2 \cdot h}$$

Für den **Oberflächeninhalt A_O** einer **Pyramide** und eines **Kreiskegels** mit der Grundfläche A_G und der Mantelfläche A_M gilt:

$$\mathbf{A_O = A_G + A_M}$$

$$\mathbf{A_{O\ Pyramide} = A_{n\text{-}Eck} + n \cdot A_{Dreieck}}$$

$$\mathbf{A_{O\ Kegel} = \pi \cdot r^2 + \pi \cdot r \cdot s}$$

S. 52

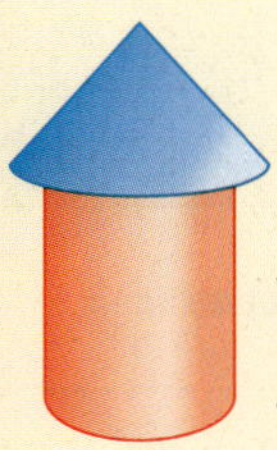

$V_{Gesamt} = V_{Zylinder} + V_{Kegel}$

$A_{O\ Gesamt} = A_{O\ Kegel} + A_{O\ Zylinder} - 2 \cdot A_{Kreis}$

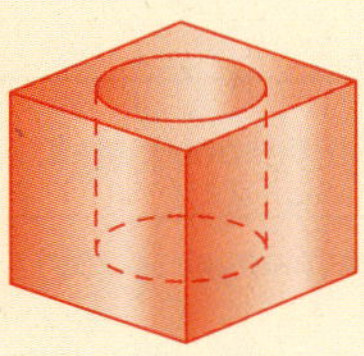

$V_{Gesamt} = V_{Würfel} - V_{Zylinder}$

$A_{O\ Gesamt} =$

$A_{O\ Würfel} - 2 \cdot A_{Kreis} + A_{M\ Zylinder}$

Besteht ein Körper aus **mindestens zwei Teilkörpern**, so spricht man von einem **zusammengesetzten Körper**.

Das **Volumen** eines **zusammengesetzten** (**ausgehöhlten**) **Körpers** berechnet man als **Summe** (**Differenz**) der Volumen der entsprechenden **Teilkörper**.

Der **Oberflächeninhalt zusammengesetzter** oder **ausgehöhlter Körper** setzt sich aus der **Summe aller sichtbaren Einzelflächen** zusammen.

3 Trigonometrie an beliebigen Dreiecken

Einstieg

Julian und Elisabeth stehen im Hofgarten an der Südseite der Würzburger Residenz. Jeder von ihnen steht mittig an einer anderen Stelle vor dem Schloss. Die Südfront der Residenz ist 97 m breit.

- Julian blickt auf die Residenz unter einem Winkel von 106°. Übertrage das Dreieck für Julians Standort in dein Heft. Wähle einen geeigneten Maßstab. Um welche Dreiecksart handelt es sich?
- Ermittle, wie weit Julian Luftlinie vom Mittelpunkt M der Südfront entfernt steht. Als Luftlinie bezeichnet man die kürzeste Entfernung zweier Punkte in der Landschaft über den direkten Luftweg durch eine Strecke.
- Elisabeth steht hinter Julian und ist 130 m von der Residenz entfernt. Ergänze die Zeichnung und bestimme graphisch, unter welchem Winkel sie die Residenz sieht.
- Miriam ist im Ostgarten unterwegs und blickt aus einer Entfernung von 50 m mittig unter einem Winkel von 118° auf die Ostfront der Residenz. Ermittle graphisch die Länge der Ostfront.

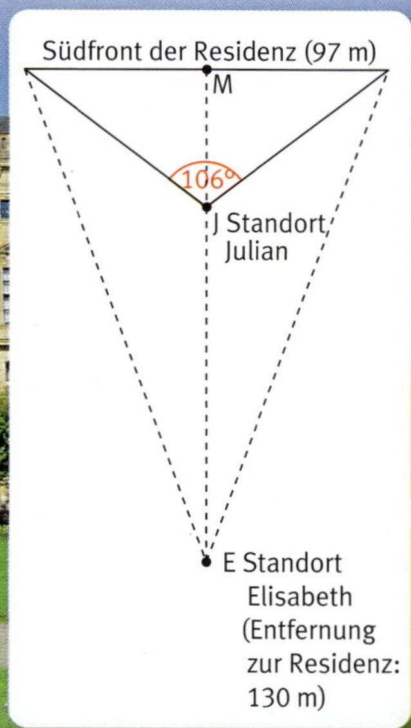

Ausblick

Am Ende dieses Kapitels hast du gelernt, ...

- Winkelmaße und Seitenlängen in rechtwinkligen und besonderen Dreiecken mithilfe von Sinus, Kosinus und Tangens zu berechnen.
- Zusammenhänge zwischen Sinus, Kosinus und Tangens zu beschreiben.
- Winkel und Seiten in beliebigen Dreiecken mithilfe des Sinussatzes bzw. des Kosinussatzes zu berechnen.
- den Flächeninhalt von Dreiecken mithilfe von Winkelmaßen zu berechnen.

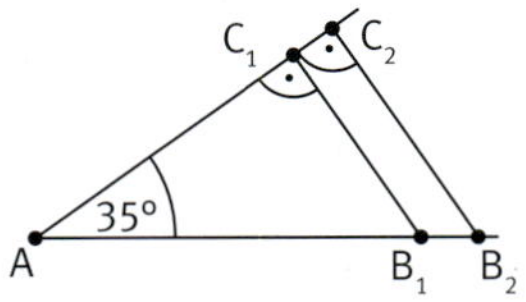

Nutze die Messfunktion des Geometrieprogramms.

- Konstruiere mit einem Geometrieprogramm mehrere rechtwinklige Dreiecke AB_nC_n über der Hypotenuse $|\overline{AB_n}|$. Der Winkel α soll dabei das Maß 35° besitzen.
- Übertrage die Tabelle in dein Heft und vervollständige die fehlenden Werte. Beschreibe Zusammenhänge, die du entdeckst.

Δ	$\lvert\overline{AB_n}\rvert$	$\lvert\overline{AC_n}\rvert$	$\lvert\overline{B_nC_n}\rvert$	$\lvert\overline{B_nC_n}\rvert : \lvert\overline{AB_n}\rvert$	$\lvert\overline{AC_n}\rvert : \lvert\overline{AB_n}\rvert$	$\lvert\overline{B_nC_n}\rvert : \lvert\overline{AC_n}\rvert$
1						
2						
...						

- Überprüfe die Zusammenhänge für mindestens einen weiteren Winkel α ≠ 35°.

Merkwissen

Bezeichnungen im rechtwinkligen Dreieck:

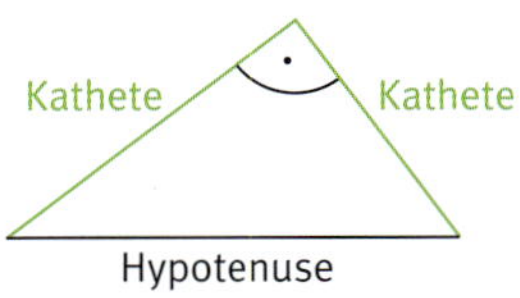

Bezogen auf die spitzen Winkel des rechtwinkligen Dreiecks bezeichnet man diejenige **Kathete**, die dem **betrachteten Winkel gegenüber** liegt, als **Gegenkathete** und diejenige, die an dem Winkel **anliegt**, als **Ankathete**.

Beispiel für γ = 90°:

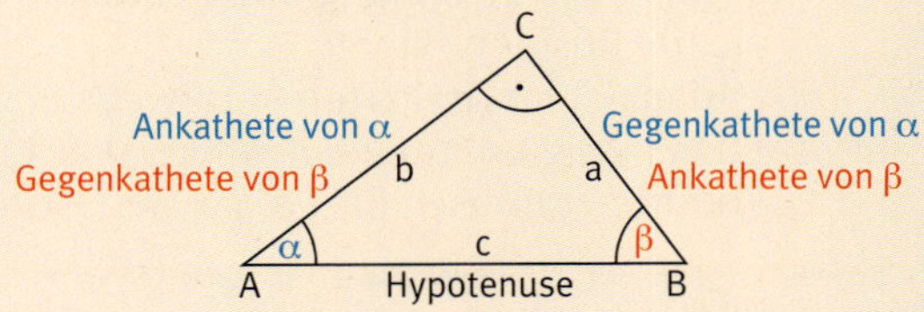

In einem rechtwinkligen Dreieck sind die Seitenverhältnisse eindeutig durch die Maße der beiden spitzen Winkel des Dreiecks festgelegt.

Dabei sind folgende Verhältnisse jeweils konstant:

sin α sprich: „Sinus von α" oder „Sinus α"

1 Das **Verhältnis** der Längen von **Gegenkathete zu Hypotenuse** eines spitzen Winkels α nennt man **Sinus** des Winkelmaßes α (kurz: **sin α**):

$$\text{Sinus} = \frac{\text{Länge der Gegenkathete des Winkels}}{\text{Länge der Hypotenuse}}$$

Beispiel: $\sin\alpha = \frac{a}{c}$; $\sin\beta = \frac{b}{c}$

cos α sprich: „Kosinus von α" oder „Kosinus α"

2 Das **Verhältnis** der Längen von **Ankathete zu Hypotenuse** eines spitzen Winkels α nennt man **Kosinus** des Winkelmaßes α (kurz: **cos α**):

$$\text{Kosinus} = \frac{\text{Länge der Ankathete des Winkels}}{\text{Länge der Hypotenuse}}$$

Beispiel: $\cos\alpha = \frac{b}{c}$; $\cos\beta = \frac{a}{c}$

tan α sprich: „Tangens von α" oder „Tangens α"

3 Das **Verhältnis** der Längen von **Gegenkathete zu Ankathete** eines spitzen Winkels α nennt man **Tangens** des Winkelmaßes α (kurz: **tan α**):

$$\text{Tangens} = \frac{\text{Länge der Gegenkathete des Winkels}}{\text{Länge der Ankathete des Winkels}}$$

Beispiel: $\tan\alpha = \frac{a}{b}$; $\tan\beta = \frac{b}{a}$

Beispiele

I Gib das Verhältnis der Seitenlängen an.

a) sin α, sin β b) cos α, cos β c) tan α, tan β

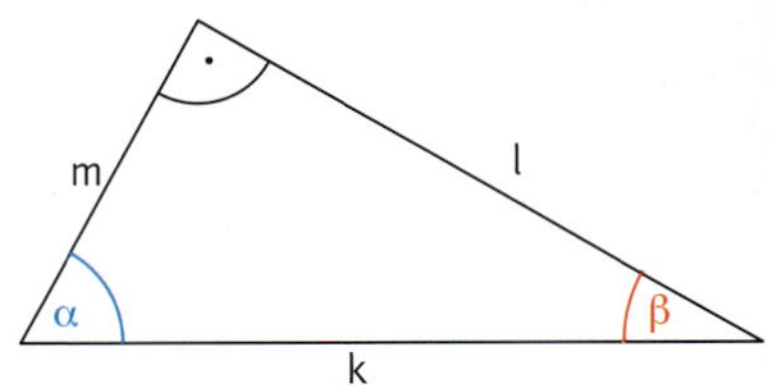

Lösung:

a) $\sin\alpha = \frac{l}{k}$, $\sin\beta = \frac{m}{k}$ b) $\cos\alpha = \frac{m}{k}$, $\cos\beta = \frac{l}{k}$ c) $\tan\alpha = \frac{l}{m}$, $\tan\beta = \frac{m}{l}$

II Berechne für das bei C rechtwinklige Dreieck ABC mit $a = 5$ cm und $\beta = 43°$ die fehlenden Seitenlängen. Runde auf zwei Nachkommastellen.

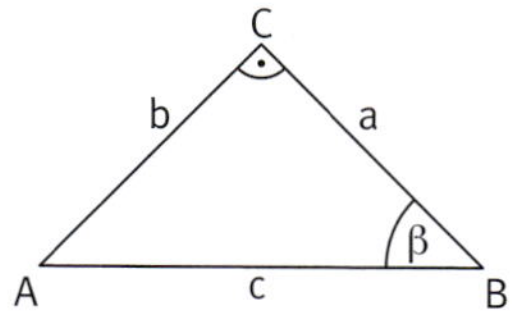

Lösungsmöglichkeit:

b ist Gegenkathete zu β, also gilt: $\tan\beta = \frac{b}{a} \Leftrightarrow b = a \cdot \tan\beta$

$b = 5\text{ cm} \cdot \tan 43° \approx 4{,}66\text{ cm}$

$c = \sqrt{(5\text{ cm})^2 + (4{,}66\text{ cm})^2} \approx 6{,}83\text{ cm}$ (Pythagoras)

Taschenrechner:
Sinus: sin
Kosinus: cos
Tangens: tan

Verständnis

- Begründe die Aussage: „Die Quotientenwerte der Längen aus Gegenkathete und Hypotenuse (Ankathete und Hypotenuse) sind stets kleiner 1."
- Beschreibe, wie sich der Wert des Sinus (Kosinus) eines Winkels ändert, wenn man bei einem Dreieck die Länge aller Seiten verdoppelt, verdreifacht, ...

Aufgaben

1 **a)** Gib für jedes Dreieck die Gegenkathete, Ankathete und Hypotenuse bezogen auf den Winkel α (β) an.

b) Gib als Verhältnis der Seitenlängen an: sin α, sin β, cos α, cos β, tan α und tan β.

1
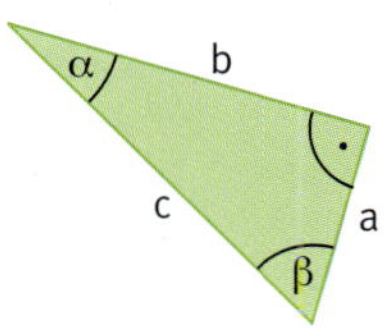

2
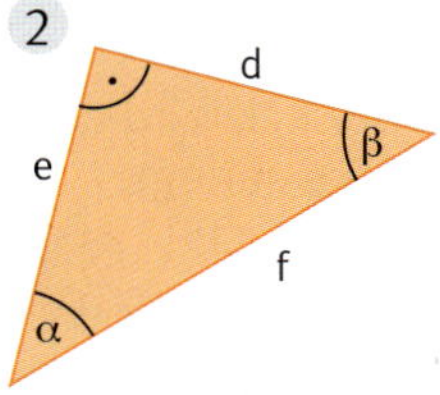

3
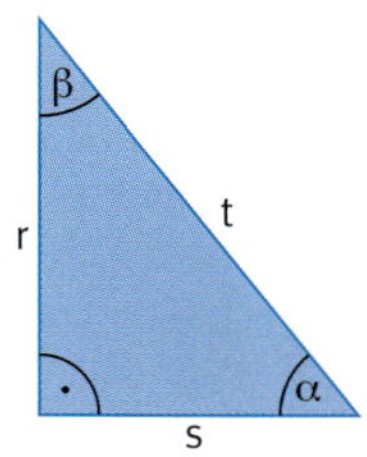

4
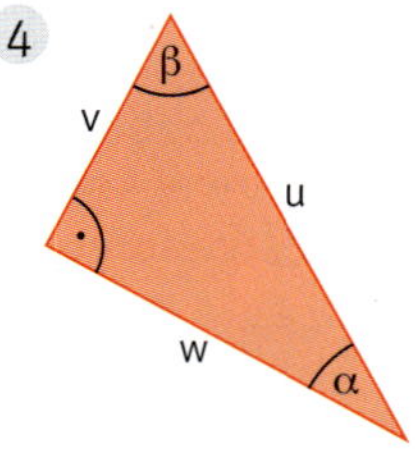

2 Betrachte das nebenstehende Rechteck ABCD.

a) Gib alle rechtwinkligen Dreiecke an.

b) Gib die Gegenkathete, die Ankathete und die Hypotenuse in Bezug auf α und β an. Findest du mehrere Möglichkeiten?

c) Finde möglichst viele Gleichungen für sin α, sin β, cos α, cos β, tan α und tan β.

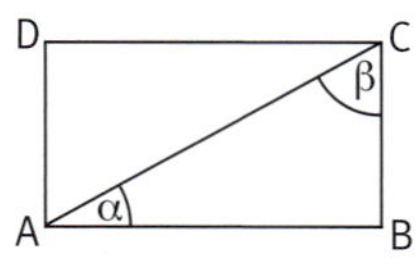

3 **a)** Konstruiere die Dreiecke ABC nach dem Kongruenzsatz SSS.

1 $a = 5{,}5$ cm; $b = 4{,}8$ cm; $c = 7{,}3$ cm 2 $a = 3{,}3$ cm; $b = 5{,}6$ cm; $c = 6{,}5$ cm

b) Berechne jeweils sin α, sin β, cos α, cos β, tan α und tan β.

4 Berechne mithilfe des Taschenrechners die fehlenden Seitenlängen und Winkelmaße im rechtwinkligen Dreieck ABC. Runde auf eine Nachkommastelle.

a)
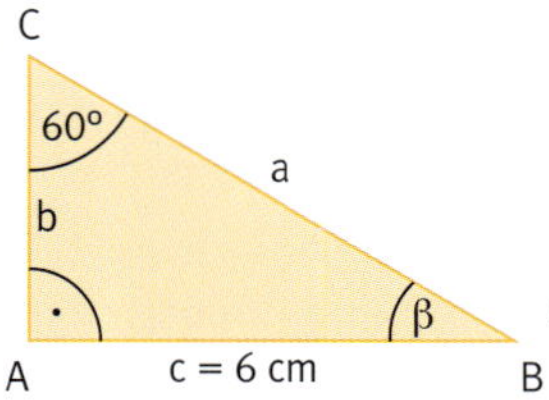

b)
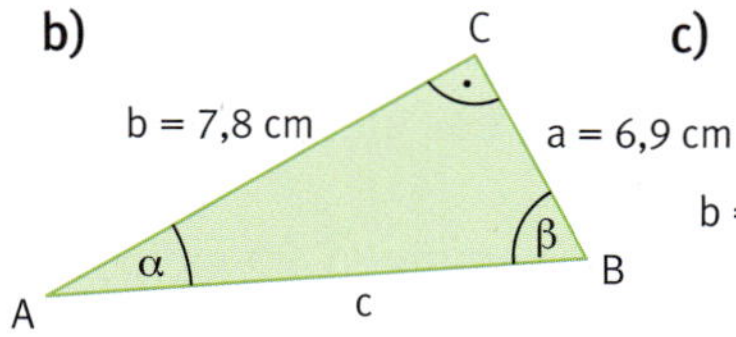

c)
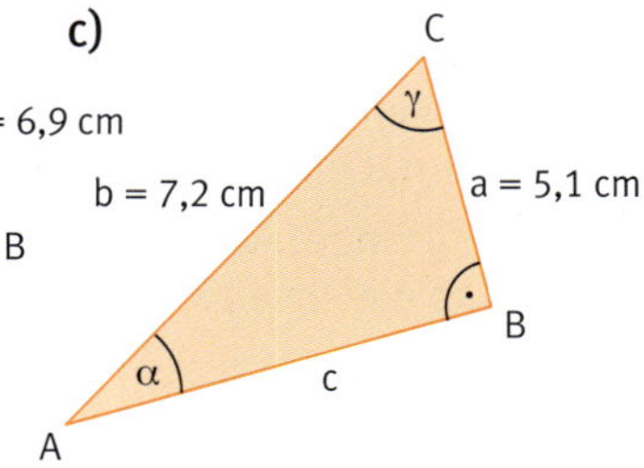

Ist der Sinuswert bei gesuchtem Winkel α gegeben, so gibt es am Taschenrechner die Taste $\sin^{-1}$ *zur Berechnung von α. Entsprechendes gilt für die anderen Größen.*

Lösungen zu 5:
6,1; 6,6; 7,8; 8,1; 8,5; 9,9; 19,2; 12,2; 12,4; 19,5
28,0°; 30,2°; 32,0°; 39,0°; 51,0°; 52,0°; 59,8°; 66,0°

5 Übertrage die Tabelle in dein Heft und bestimme die fehlenden Werte für das rechtwinklige Dreieck ABC. Runde auf eine Nachkommastelle.

	a)	b)	c)	d)	e)	f)
a in cm	▢	14,0	5,1	6,7	21,0	7,8
b in cm	23,0	▢	6,3	3,9	▢	▢
c in cm	▢	▢	▢	▢	▢	▢
α	▢	90,0°	▢	▢	90,0°	▢
β	90,0°	▢	▢	▢	24,0°	38,0°
γ	58,0°	62,0°	90,0°	90,0°	▢	90,0°

6 Auch in gleichschenkligen Dreiecken lassen sich die bekannten Zusammenhänge anwenden. Eine Zerlegung in rechtwinklige Dreiecke kann hierbei hilfreich sein.

Die Berechnung von **Streckenlängen** und **Winkelgrößen** in **gleichschenkligen Dreiecken** kann man auf die Berechnung in rechtwinkligen Dreiecken zurückführen.
Dazu zerlegt man das gleichschenklige Dreieck durch eine geeignete Symmetrieachse in zwei rechtwinklige Dreiecke.

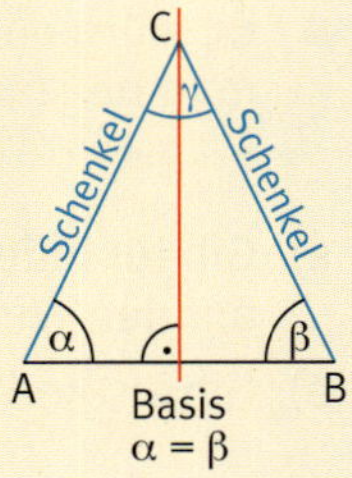

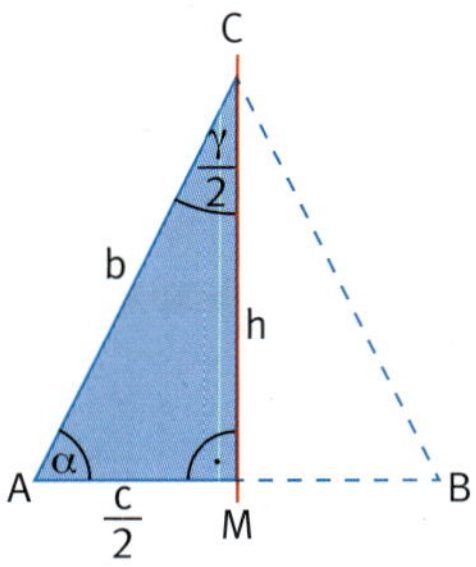

a) Das nebenstehende gleichschenklige Dreieck wird durch die Symmetrieachse in zwei kongruente rechtwinklige Dreiecke zerlegt.
Zeige folgende Zusammenhänge.

1 $\sin\alpha = \frac{h}{b} = \cos\left(\frac{\gamma}{2}\right)$

2 $\cos\alpha = \frac{c}{2b} = \sin\left(\frac{\gamma}{2}\right)$

b) In einem gleichschenkligen Dreieck ABC sind die beiden Schenkel 6 cm lang und es ist $\gamma = 120°$. Annika berechnet die fehlenden Seitenlängen und Winkelgrößen. Erkläre ihr Vorgehen.

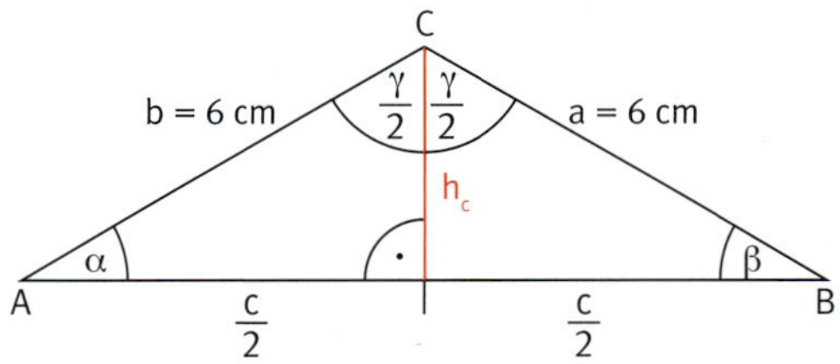

Zerlegung entlang von h_c in zwei rechtwinklige Teildreiecke.

1 *Basislänge c:*

$\sin\left(\frac{\gamma}{2}\right) = \frac{c}{2b}$

$c = 2b \cdot \sin\left(\frac{\gamma}{2}\right)$

$c = 2 \cdot 6{,}0\ \text{cm} \cdot \sin 60°$

$c \approx 10{,}4\ \text{cm}$

2 *Basiswinkel α und β:*

$\alpha = \beta$ *(Basiswinkel sind gleich groß.)*

$\alpha + 90° + \frac{\gamma}{2} = 180°$ *(Winkelsumme im Dreieck)*

$\alpha + 90° + 60° = 180°$

$\alpha = \beta = 30°$

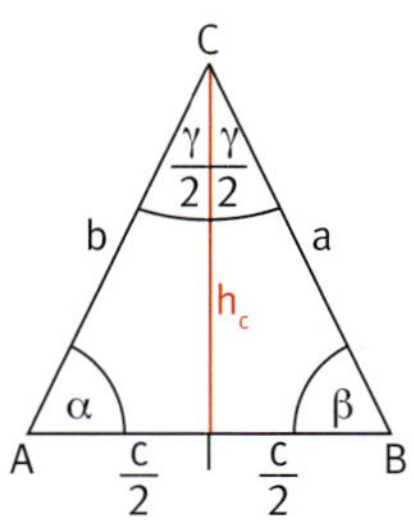

c) Berechne den Flächeninhalt des gleichschenkligen Dreiecks ABC mit Basis c = 4,0 cm und $\beta = 64°$.

d) Begründe, warum die Überlegungen am gleichschenkligen Dreieck auch für das gleichseitige Dreieck gelten. Erkläre den Zusammenhang am gleichseitigen Dreieck: $\sin\alpha = \frac{h}{a}$.

7 Gegeben ist ein gleichschenkliges Dreieck ABC mit Basis c. Berechne jeweils die fehlenden Seitenlängen sowie die Maße aller Winkel.

a) $b = 5{,}2$ cm; $\alpha = 62{,}3°$ **b)** $c = 4{,}5$ cm; $\gamma = 42°$ **c)** $a = 1{,}8$ dm; $c = 2{,}9$ dm

8

1 $a = 8{,}5$ cm; $b = 8{,}5$ cm; $\gamma = 50°$	2 $a = 6$ cm; $\alpha = 60°$; $\beta = 60°$
3 $a = 7{,}8$ cm; $b = 7{,}8$ cm; $c = 7{,}8$ cm	4 $a = 9$ cm; $\alpha = 90°$; $\beta = 45°$
5 $\alpha = 50°$; $\beta = 50°$; $\gamma = 80°$	6 $c = 6{,}8$ cm; $\beta = 66°$; $a = b$

Vorsicht: Nicht immer ist die Basis die Seite c.

a) Konstruiere das gleichschenklige Dreieck, wenn es möglich ist.

b) Bestimme rechnerisch fehlende Längen und Winkel sowie die zur Basis gehörende Höhe. Überprüfe an der Zeichnung aus a).

Erinnere dich: SSS, WSW, SWS

9 Gegeben ist das gleichschenklige Dreieck ABC mit den angegebenen Koordinaten. Berechne die Winkel α, β und γ. Runde auf eine Dezimale.

a) A (1 | 1); B (5 | 1); C (3 | 8) **b)** A (−3 | −1); B (3 | −1); C (0 | 5)
c) A (−12 | −3,5); B (−2,5 | 0,5); C (−12 | 4,5) **d)** A (6 | 7); B (7 | 7); C (6,5 | 8)
e) A (3,5 | −5); B (8 | 2); C (−1 | 2) **f)** A (−1 | 4,5); B (4 | 2,5); C (2 | 7,5)

10 Die Abbildung zeigt ein rechteckiges Muster aus orangen und blauen Fliesen, das auf einer Terrasse verlegt werden soll. Berechne die Fläche, die von einer orangen bzw. blauen Fliese jeweils bedeckt wird.

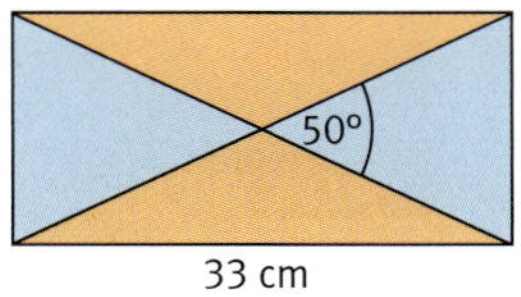

11 Gegeben ist das Dreieck ABC mit A (1 | 2) B (6 | −1) und C (5 | 4). Gesucht sind die Seitenlängen a, b, c. Luisa macht folgenden Ansatz:

a) Beschreibe den Ansatz von Luisa. Berechne die gesuchten Seitenlängen.

b) Bestimme die Innenwinkel des Dreiecks ABC. Nutze die roten Hilfsdreiecke. Beschreibe dein Vorgehen.

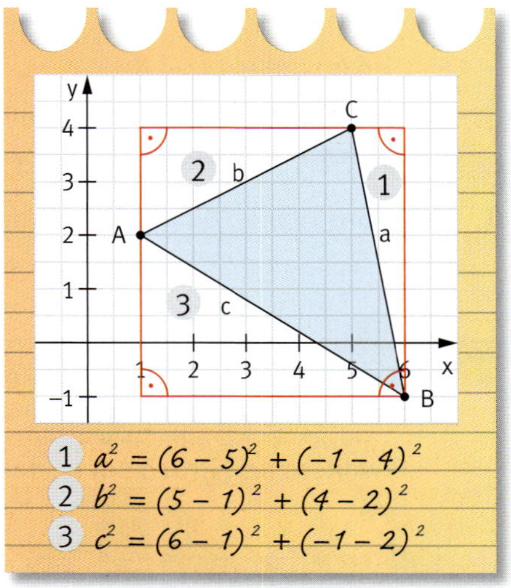

12 Ein Würfel wird in drei Teilkörper zerlegt (siehe Skizze in der Randspalte). Berechne das Volumen des blau gefärbten Teilkörpers.

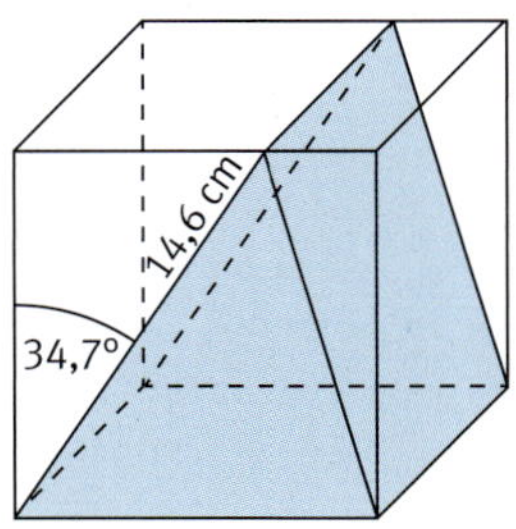

13 Von einer Raute sind die folgenden Teilstücke bekannt. Berechne jeweils den Flächeninhalt und den Umfang.

a) $a = 7{,}5$ cm; $\alpha = 120°$ **b)** $e = 8$ cm; $\beta = 100°$
c) $a = 5{,}3$ m; $\beta = 45°$ **d)** $f = 37$ mm; $\alpha = 23°$
e) $f = 1{,}2$ dm; $\beta = 86°$ **f)** $a = 2{,}8$ dm; $\alpha = 95°$
g) $a = 12{,}4$ cm; $\beta = 160°$ **h)** $e = 120$ m; $\alpha = 10°$

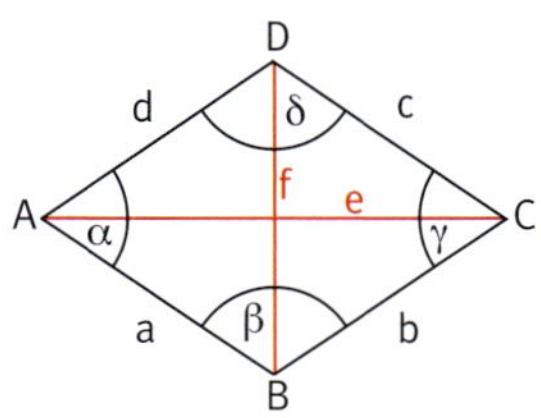

Die Maßeinheit wählst du am besten größer als üblich, also beispielsweise 1 LE ≙ 6 cm.

Man bezeichnet einen Kreis mit Radius 1 LE, der im Koordinatensystem um den Ursprung gezeichnet wird, als **Einheitskreis**.

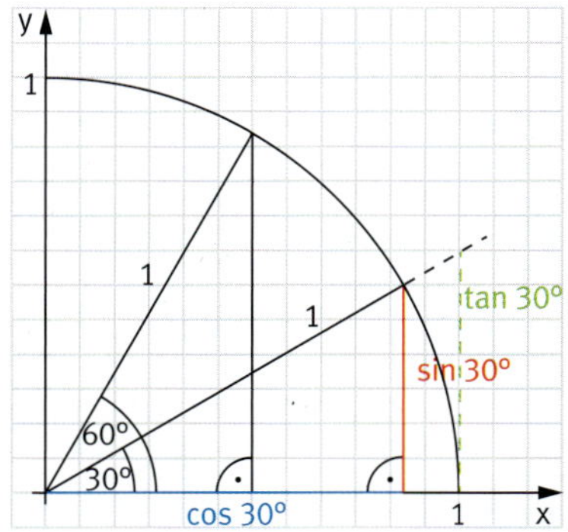

- Zeichne in dein Heft einen Einheitskreis wie in der Abbildung und trage dort die angegebenen Dreiecke ein.
- Erkläre anhand der Abbildung, wie an einem Einheitskreis Sinus und Kosinus der Winkel am Kreismittelpunkt („Mittelpunktswinkel") ablesbar sind.
- Beschreibe und begründe Zusammenhänge zwischen Sinus und Kosinus an den eingezeichneten Dreiecken.
- Zeichne ein Dreieck mit dem Mittelpunktswinkel 45° in den Einheitskreis und beschreibe Zusammenhänge zwischen Sinus und Kosinus.
- Die Begriffe Tangens und Tangente sind sich sehr ähnlich. Erkläre die Ähnlichkeit anhand der Abbildung.

Merkwissen

In einem rechtwinkligen Dreieck ABC mit $\gamma = 90°$ bestehen folgende **Zusammenhänge zwischen Sinus, Kosinus und Tangens:**

- $\cos\alpha = \sin(90° - \alpha)$ und $\sin\alpha = \cos(90° - \alpha)$ (Begründung: $\beta = 90° - \alpha$)
- $\tan\alpha = \frac{\sin\alpha}{\cos\alpha}$ (Begründung: $\sin\alpha = \frac{a}{c}$, $\cos\alpha = \frac{b}{c}$ und $\tan\alpha = \frac{a}{b}$)

Wenn die Dreiecke anders bezeichnet sind, gilt Entsprechendes.

Es wird festgelegt:

1 $\sin 0° = \cos 90° = 0$ 2 $\sin 90° = \cos 0° = 1$ 3 $\tan 0° = 0$

Beispiele

I Zeige die Richtigkeit des Zusammenhangs $\tan\alpha = \frac{\sin\alpha}{\cos\alpha}$ auf zwei verschiedene Arten.

Lösung:

1 Im rechtwinkligen Dreieck ABC mit $\gamma = 90°$ gilt $\tan\alpha = \frac{a}{b}$.
Erweitere den Bruch mit $\frac{1}{c}$, dann folgt:
$\tan\alpha = \frac{a}{b} = \frac{a \cdot \frac{1}{c}}{b \cdot \frac{1}{c}} = \frac{\frac{a}{c}}{\frac{b}{c}} = \frac{\sin\alpha}{\cos\alpha}$

2 In den Dreiecken am Einheitskreis sei der Mittelpunktswinkel α.
Mit der Hypotenusenlänge $c = 1$ folgt:
$\sin\alpha = \frac{a}{c} = \frac{a}{1} = a$
$\cos\alpha = \frac{b}{c} = \frac{b}{1} = b$
Somit: $\tan\alpha = \frac{a}{b} = \frac{\sin\alpha}{\cos\alpha}$

Verständnis

- Begründe anhand der Zeichnung am Einheitskreis, dass tan 90° nicht definiert ist. Erkläre auch anhand der Gleichung $\tan\alpha = \frac{\sin\alpha}{\cos\alpha}$.
- Beschreibe, wie sich der Wert von 1 $\sin\alpha$, 2 $\cos\alpha$ und 3 $\tan\alpha$ verändert, wenn α vergrößert (verkleinert) wird.

1 Ersetze in deinem Heft den Platzhalter so, dass eine wahre Aussage entsteht.

a) $\sin 45° = \cos$ □ **b)** $\cos 20° = \sin$ □ **c)** $\sin 75° = \cos$ □
d) $\cos 80° = \sin$ □ **e)** $\sin 20°$ □ $\sin 70°$ **f)** $\cos 40°$ □ $\cos 60°$
g) $\tan 70°$ □ $\tan 60°$ **h)** $\cos 65°$ □ $\sin 35°$ **i)** $\tan 60°$ □ 1
j) $\tan 45° =$ □ **k)** $\cos 85° - \sin 5° =$ □ **l)** $\cos 0° + \cos 90° =$ □

2 a) Berechne die folgenden Produkte. Was stellst du fest? Formuliere eine allgemeine Vermutung.

1 $\tan 35° \cdot \tan 55°$ 2 $\tan 40° \cdot \tan 50°$ 3 $\tan 20° \cdot \tan 70°$

b) Begründe die Vermutung für ein rechtwinkliges Dreieck ABC mit $\gamma = 90°$.

3 Betrachte den Zusammenhang zwischen Sinus, Kosinus und dem Satz des Pythagoras.

Beachte die Bezeichnung der Seitenlängen.

Betrachte ein rechtwinkliges Dreieck ABC mit $\beta = 90°$.

1 am Einheitskreis:

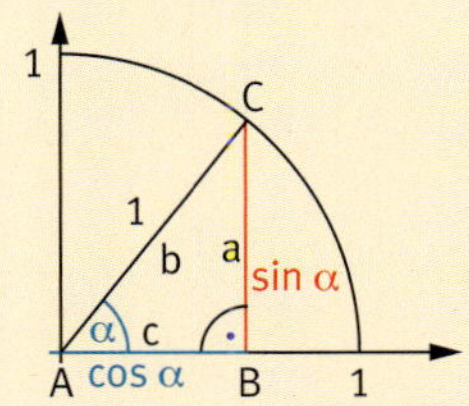

2 Satz des Pythagoras:

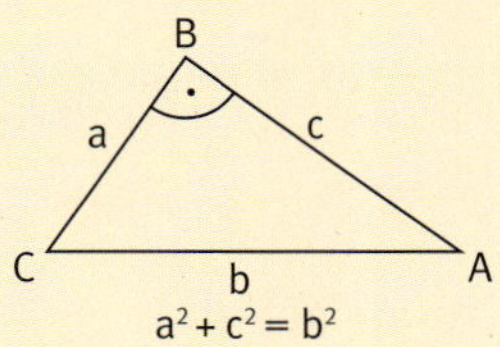

$$(\sin \alpha)^2 + (\cos \alpha)^2 = 1$$

Zeige die Gültigkeit des obigen Zusammenhangs.

4 a) Von einem spitzen Winkel α ist bekannt, dass $\sin \alpha = 0{,}6$ ist. Gesa berechnet $\cos \alpha$ und $\tan \alpha$, ohne vorher α zu ermitteln. Beschreibe ihr Vorgehen.

Statt $(\sin \alpha)^2$ schreibt man auch kurz $\sin^2 \alpha$. Für cos und tan gilt Entsprechendes.

1
$$(\sin \alpha)^2 + (\cos \alpha)^2 = 1$$
$$0{,}36 + (\cos \alpha)^2 = 1$$
$$(\cos \alpha)^2 = 0{,}64$$
$$\cos \alpha = 0{,}8$$

2
$$\tan \alpha = \frac{\sin \alpha}{\cos \alpha} = \frac{0{,}6}{0{,}8} = \frac{6}{8} = \frac{3}{4}$$
$$\tan \alpha = 0{,}75$$

b) Übertrage die Tabelle in dein Heft und ergänze dort die fehlenden Werte, ohne die Größe des Winkels α zu ermitteln. Runde auf zwei Dezimalen.

	1	2	3	4	5	6	7
$\sin \alpha$	0,25	□	□	0,11	□	0,50	□
$\cos \alpha$	□	0,50	□	□	0,72	□	0,81
$\tan \alpha$	□	□	1,00	□	□	□	□

5 a) Stelle eine Tabelle für die Werte von Sinus, Kosinus und Tangens für die Winkel zwischen 0° und 90° in 5°-Schritten auf.

b) Gib für folgende Winkel α an, zwischen welchen beiden Werten ihr Sinus (Kosinus, Tangens) liegt. **Beispiel**: $0{,}71 < \sin 48° < 0{,}77$

Überprüfe deine Angaben mit dem Taschenrechner.

1 $\alpha = 12°$ 2 $\alpha = 29°$ 3 $\alpha = 33°$ 4 $\alpha = 58°$ 5 $\alpha = 61°$
6 $\alpha = 62°$ 7 $\alpha = 78°$ 8 $\alpha = 84°$ 9 $\alpha = 87°$ 10 $\alpha = 89°$

3.3 Der Sinussatz für beliebige Dreiecke

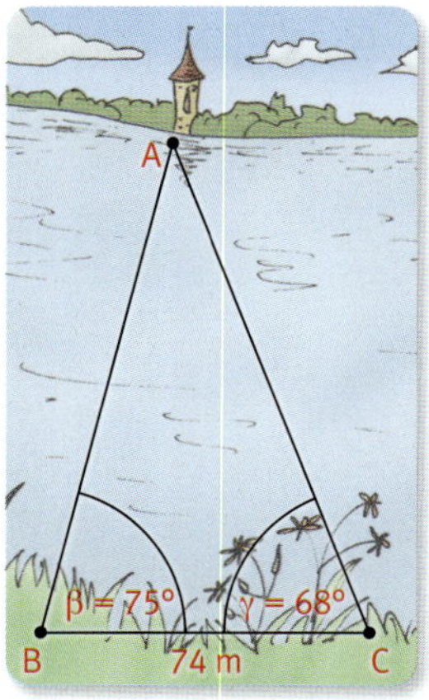

Das Bild zeigt ein altes Problem in der Landvermessung von unzugänglichen Stellen (hier Flussbreite $|\overline{AB}|$): In einem zugänglichen Bereich wird eine Strecke abgesteckt und deren Länge vermessen. Anschließend peilt man von den Endpunkten der Strecke den nicht zugänglichen Punkt an und bestimmt die entstandenen Winkelmaße (in der Zeichnung β und γ).

- Begründe, weshalb man die gesuchten Längen nicht direkt mittels Sinus, Kosinus oder Tangens bestimmen kann.
- Übertrage das Dreieck im Maßstab 1 : 100 in dein Heft und konstruiere die Höhe h_a und den Höhenfußpunkt H.
- Beschreibe ein Vorgehen, wie du mithilfe der Teildreiecke BHA und HCA die Streckenlängen $|\overline{AB}|$ und $|\overline{AC}|$ bestimmen kannst.

Merkwissen

Zerlegt man ein beliebiges Dreieck entlang einer Höhe in zwei Teildreiecke, so kann man die bekannten Zusammenhänge erkennen:

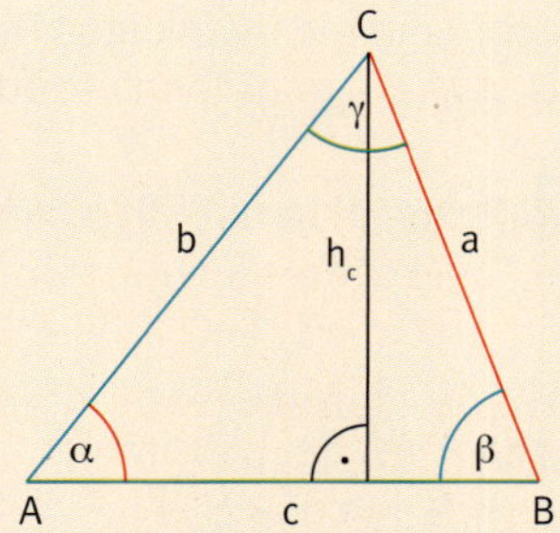

1 $\sin\alpha = \frac{h_c}{b} \Rightarrow h_c = b \cdot \sin\alpha$

2 $\sin\beta = \frac{h_c}{a} \Rightarrow h_c = a \cdot \sin\beta$

Gleichsetzen der Terme liefert:
$a \cdot \sin\beta = b \cdot \sin\alpha$ bzw. $\frac{a}{\sin\alpha} = \frac{b}{\sin\beta}$

Diesen Zusammenhang nennt man **Sinussatz** für beliebige Dreiecke ABC:

$$\frac{a}{\sin\alpha} = \frac{b}{\sin\beta} = \frac{c}{\sin\gamma}$$

bzw. $\frac{\sin\alpha}{\sin\beta} = \frac{a}{b}$ $\frac{\sin\alpha}{\sin\gamma} = \frac{a}{c}$ $\frac{\sin\beta}{\sin\gamma} = \frac{b}{c}$

Dabei gilt für stumpfe Winkel α (90° < α < 180°): $\sin\alpha = \sin(180° - \alpha)$.

Zeichne mit einem Geometrieprogramm ein Dreieck ABC. Verändere die Winkel und Seiten des Dreiecks und überprüfe das Verhältnis einer Seite und des Sinuswertes des gegenüberliegenden Winkels. Was stellst du fest?

Beispiele

Beachte: Der Sinussatz ist nur dann anwendbar, wenn das Dreieck aus den gegebenen Stücken eindeutig anhand der Kongruenzsätze konstruierbar ist.

I Berechne die fehlenden Seitenlängen und Winkelmaße im Dreieck ABC.

a)

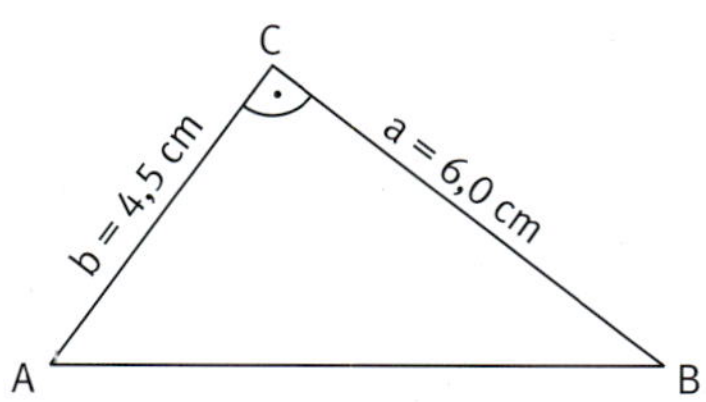

b)

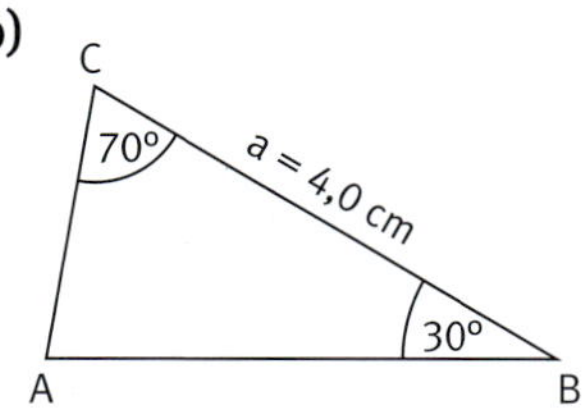

Lösungsmöglichkeit:

a) 1 Satz des Pythagoras:
$c^2 = a^2 + b^2 \Rightarrow c = \sqrt{a^2 + b^2}$
$\Rightarrow c = 7,5\text{ cm}$

2 $\frac{\sin\gamma}{c} = \frac{\sin\beta}{b} \Rightarrow \sin\beta = \frac{\sin\gamma}{c} \cdot b$

$\sin\beta = \frac{\sin 90°}{7,5\text{ cm}} \cdot 4,5\text{ cm} \Rightarrow \beta \approx 36,9°$

3 Innenwinkelsumme im Dreieck.
$\alpha = 180° - 90° - 36,9° = 53,1°$

b) ΔABC konstruierbar nach WSW

1 $\alpha = 180° - 70° - 30° = 80°$

2 $\frac{b}{\sin\beta} = \frac{a}{\sin\alpha} \Rightarrow b = \sin\beta \cdot \frac{a}{\sin\alpha}$

$b = \sin 30° \cdot \frac{4,0\text{ cm}}{\sin 80°} \approx 2,0\text{ cm}$

3 $\frac{c}{\sin\gamma} = \frac{a}{\sin\alpha} \Rightarrow c = \sin\gamma \cdot \frac{a}{\sin\alpha}$

$c = \sin 70° \cdot \frac{4,0\text{ cm}}{\sin 80°} \approx 3,8\text{ cm}$

Verständnis

- Formuliere den Sinussatz in eigenen Worten
- Stelle den Sinussatz für rechtwinklige Dreiecke auf. Erkläre auffallendes.
- Überprüfe: „Wenn man von einem Dreieck alle Seitenlängen kennt, kann man mithilfe des Sinussatzes die Maße der Innenwinkel bestimmen."

Aufgaben

Schreibe nach Möglichkeit beim Aufstellen der Formel die gesuchte Variable in den Zähler.

1 Berechne die fehlenden Seitenlängen des Dreiecks. Beschreibe dein Vorgehen.

a)

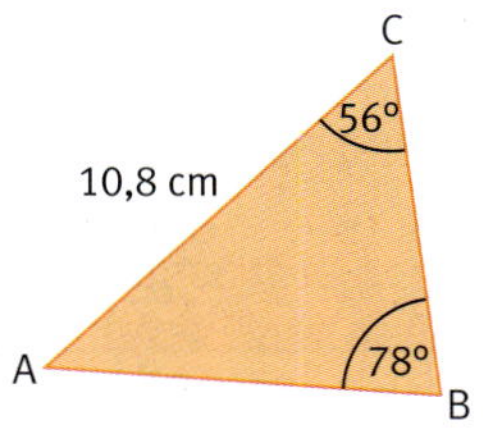

b)

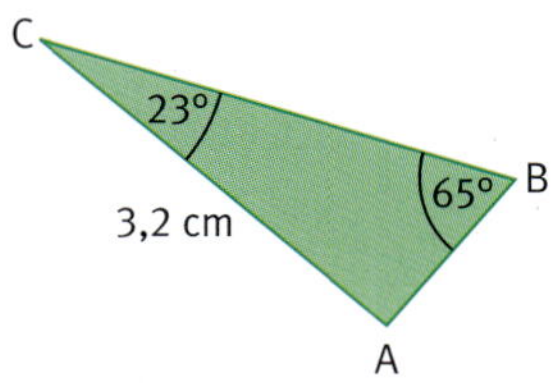

c)

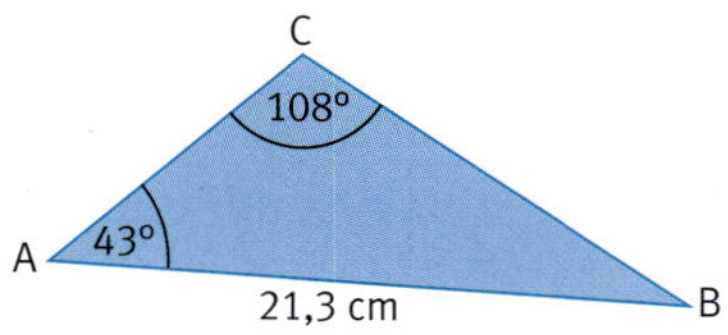

2 Berechne die fehlenden Winkel des Dreiecks.

Lösungen zu 2: 15,8°; 29,2°; 59,9°; 75,1°; 112,8°; 151,2°

a)

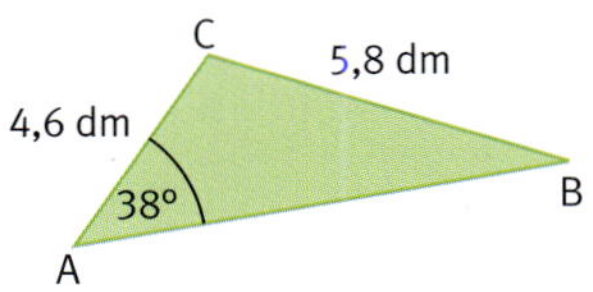

b)

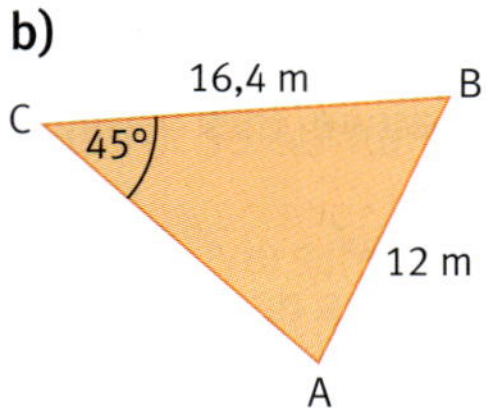

c)

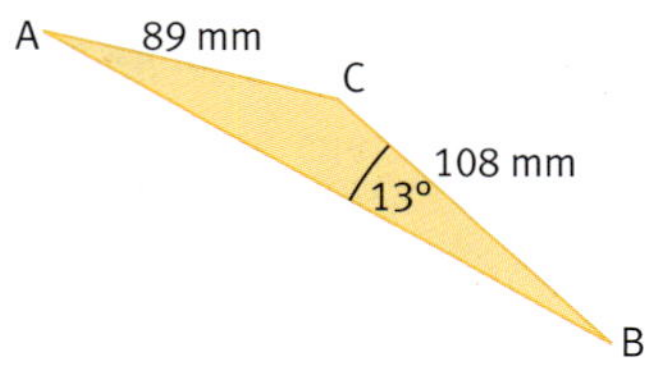

3 Zeige anhand der Höhe h_b, dass in einem beliebigen Dreieck ABC gilt: $\frac{a}{\sin\alpha} = \frac{c}{\sin\gamma}$.

Im Merkwissen findest du Hilfe.

4 Löse den Sinussatz nach jeder Seitenlänge und jedem Sinuswert auf.

5 Berechne für ein Dreieck ABC die fehlenden Tabellenwerte.

Lösungen zu 5: 6,6; 33; 96,5; 3,0; 1,6; 36,3; 46,7; 9,7; 92; 11,3; 82,1; 69,3; 4,6; 4,5; 64,8; 857; 96,8; 56,7

	a)	b)	c)	d)	e)	f)
a	12 cm		45,3 mm	5,1 m		385 mm
b		3,6 dm		3,6 m	4,2 cm	
c	5,8 cm					721 mm
α			76°	50,5°		26,5°
β		47°			125°	
γ	28,6°	68,2°	12°		18,7°	

6 Marc hat die Angaben in einem Dreieck falsch berechnet:
$a = 5{,}8$ cm; $b = 6{,}9$ cm; $c = 6{,}2$ cm; $\alpha = 50{,}5°$; $\beta = 66{,}5°$; $\gamma = 63{,}0°$
Korrigiere einen Wert so, dass die Angaben ein konstruierbares Dreieck ergeben.

7 Von einem Dreieck ABC sind folgende Stücke gegeben:
$|\overline{AC}| = b = 77$ cm; $\alpha = 35°$; $\gamma = 95°$

a) Berechne die Länge der Seite c.

b) Konstruiere das Dreieck in einem geeigneten Maßstab und gib diesen an.

8 Gegeben ist das Dreieck ABC mit den Stücken:
$b = 5{,}0$ cm; $c = 6{,}5$ cm; $\gamma = 35°$
Berechne die Höhe h_c.

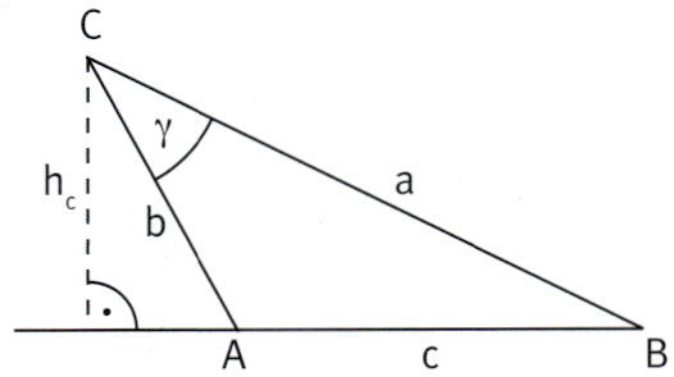

9 Gegeben sind von einem Dreieck ABC die Punkte A (0|0), B (6|0) sowie $\alpha = 30°$. Ferner gilt: $\beta = 90° + \alpha$.
Berechne die Koordinaten von C.

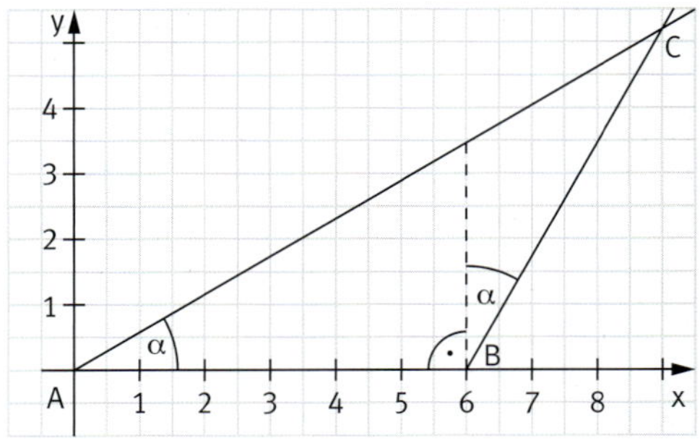

10 Die Skizze gibt die bekannten Maße an einem gleichschenkligen Trapez an. Berechne die Länge der fehlenden Seiten. Beachte: Es gibt zwei Lösungen.

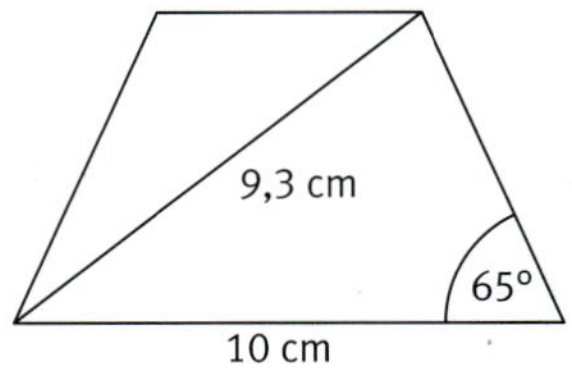

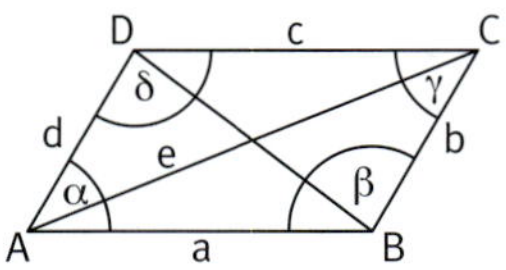

11 Bestimme im Parallelogramm ABCD die Länge der Seite b, wenn $a = 6{,}8$ cm, $e = 9{,}6$ cm und $\beta = 120°$.

12 Gegeben sind von der nebenstehenden Abbildung die Punkte A (0|0), B (4|0) sowie $\alpha = 20°$.

a) Berechne $|\overline{AD}|$.

b) Berechne die Koordinaten der Punkte C und D. Runde auf eine Dezimale.

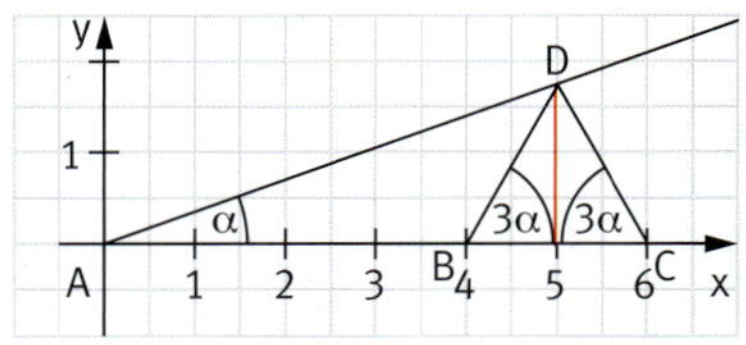

13 Um die Entfernung eines unzugänglichen Punktes U vom Standort S zu bestimmen, werden die angegebenen Größen bestimmt. Berechne die gesuchte Entfernung.

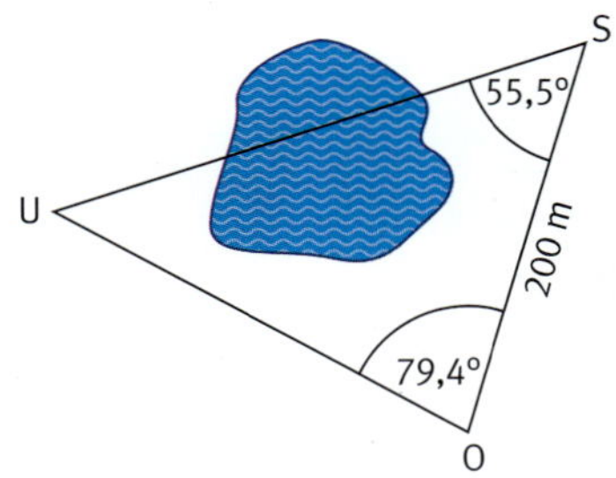

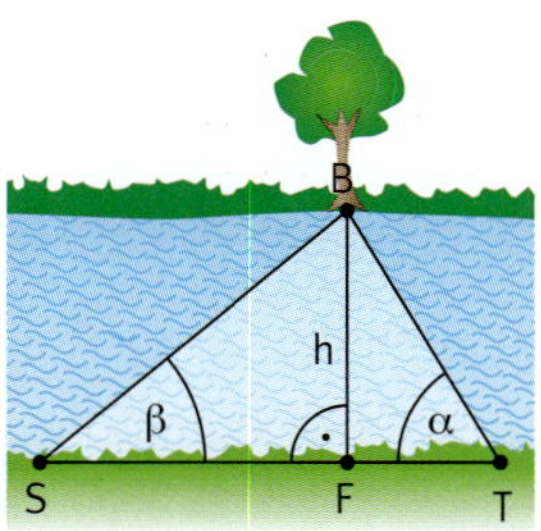

14 Um die Breite eines Bachs zu bestimmen, messen Lucas und Sophie am Ufer eine Standlinie $\overline{ST}$ der Länge 29 m aus. Von jedem der beiden Endpunkte der Standlinie aus peilen sie einen Baum B am anderen Bachufer an und messen die Winkel $\alpha \approx 52°$ und $\beta \approx 41°$. Berechne die Bachbreite h.

15 Zwei Schiffe versuchen einen Hafen anzupeilen.
Die Schiffe liegen 5 Seemeilen voneinander entfernt.

a) Berechne die Entfernungen beider Schiffe vom Hafen in Kilometer. Einer Seemeile (1 sm) entsprechen 1,852 km.

b) Überprüfe deine Berechnungen mit einer maßstäblichen Zeichnung.

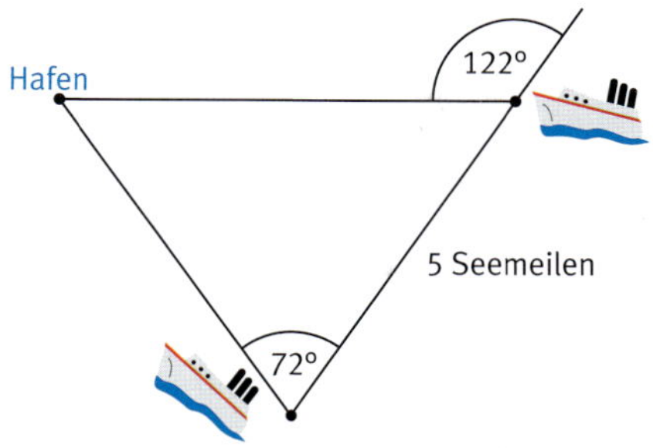

16 Bestimme den Höhenunterschied zwischen dem höchsten Punkt des Turmes und der Augenhöhe der Betrachter.

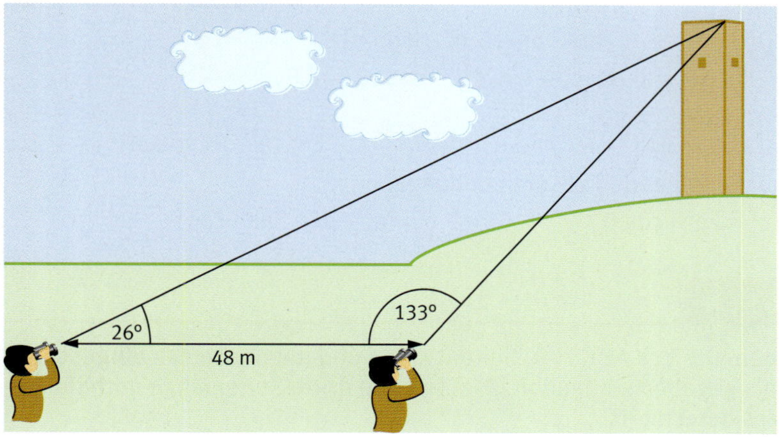

17 Luisa und Peter stehen 250 m voneinander entfernt am Ufer der Donau. Luisa sieht ein Schlauchboot unter einem Winkel $\alpha = 40°$. Gleichzeitig sieht Peter das Schlauchboot unter einem Winkel $\beta = 62°$.

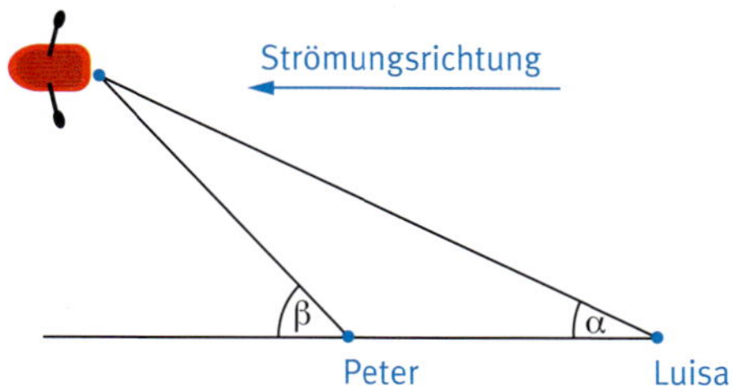

a) Wie viel Meter ist das Schlauchboot vom Ufer entfernt?

b) Die Strömung treibt das Schlauchboot mit $3\,\frac{km}{h}$ geradlinig an. Berechne, wie viel Meter Luisa am Ufer entlang laufen muss, um das Schlauchboot einzuholen, wenn das Boot 10 Minuten getrieben ist.

Tipp: $1\,\frac{km}{h} = \frac{1000\ m}{60\ min}$

18 Bei der Vermessung eines viereckigen Grundstückes ABCD in einem teilweise unzugänglichen Waldstück im bayerischen Wald ergaben sich folgende Strecken und Winkel:
$|\overline{AB}| = a = 78{,}74$ m; $|\overline{BC}| = b = 127{,}38$ m; $\alpha = 141{,}0°$; $\beta = 75{,}2°$
$\sphericalangle DCB = \gamma = 109{,}5°$

a) Fertige eine saubere Skizze an und trage alle gegebenen Angaben ein.

b) Das Waldstück soll durch einen Zaun $|\overline{AC}| = e = 131{,}54$ m geteilt werden. Berechne die Winkel $\sphericalangle BAC = \alpha_1$ und $\sphericalangle ACB = \gamma_1$.

c) Vom Zaun aus soll ein kleiner Waldweg zur Seite $|\overline{AD}| = d$ gebaut werden. Der Weg halbiert die Strecke $|\overline{AD}| = d$ rechtwinklig. Berechne die Länge des Weges. Die Breite des Waldwegs ist zu vernachlässigen. Begründe, warum ein solcher Weg in der Realität nicht gebaut werden kann.

Mit der Idee der Herleitung des Sinussatzes lassen sich auch Zusammenhänge zwischen den Kosinuswerten der Winkelmaße und den Seitenlängen in einem beliebigen Dreieck ABC finden.

- Begründe, dass der Sinussatz nicht anwendbar ist, wenn ein Dreieck nach den Kongruenzsätzen SSS und SWS festgelegt ist.
- Erläutere die folgende Herleitung.

$\cos\alpha = \frac{s}{b} \Longrightarrow s = b \cdot \cos\alpha \Longrightarrow t = c - b \cdot \cos\alpha$

$\sin\alpha = \frac{h_c}{b} \Longrightarrow h_c = b \cdot \sin\alpha$

Nach Pythagoras gilt im ΔCDB: $a^2 = h_c^2 + t^2$

$$\begin{aligned} a^2 &= (b \cdot \sin\alpha)^2 + (c - b \cdot \cos\alpha)^2 \\ &= b^2 \cdot (\sin\alpha)^2 + c^2 - 2bc \cdot \cos\alpha + b^2 \cdot (\cos\alpha)^2 \\ &= b^2 \cdot ((\sin\alpha)^2 + (\cos\alpha)^2) + c^2 - 2bc \cdot \cos\alpha \end{aligned}$$

$\mathbf{a^2 = b^2 + c^2 - 2bc \cdot \cos\alpha}$

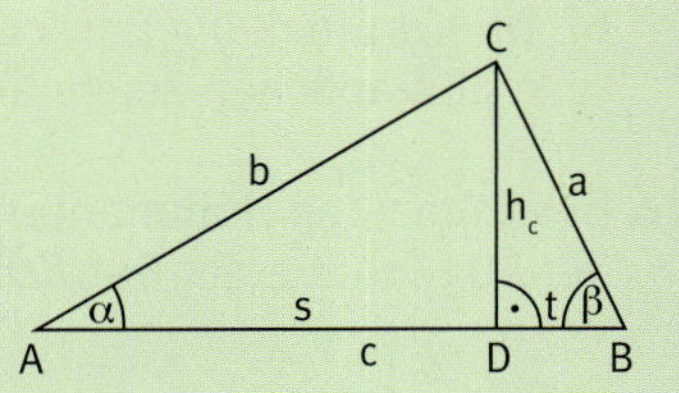

Beachte den Zusammenhang von Seite 71: $(\sin\alpha)^2 + (\cos\alpha)^2 = 1$

- Zeige ebenso die folgenden Zusammenhänge:

1 $b^2 = a^2 + c^2 - 2ac \cdot \cos\beta$ 2 $c^2 = a^2 + b^2 - 2ab \cdot \cos\gamma$

Merkwissen

Wenn ein einem Dreieck ABC zwei Seitenlängen und die Größe des **eingeschlossenen** Winkels gegeben sind, dann lässt sich die dritte Seitenlänge mithilfe des **Kosinussatzes** berechnen.

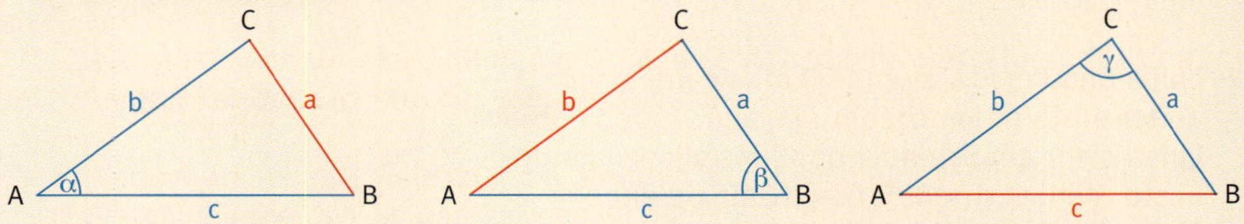

$a^2 = b^2 + c^2 - 2bc \cdot \cos\alpha$ $b^2 = a^2 + c^2 - 2ac \cdot \cos\beta$ $c^2 = a^2 + b^2 - 2ab \cdot \cos\gamma$

Beispiele

I Bestimme im Dreieck ABC mithilfe des Kosinussatzes die Seitenlänge b ($\mathbb{G} = \mathbb{R}^+$).

Lösung:

$b^2 = a^2 + c^2 - 2ac \cdot \cos\beta$

$b^2 = (12\text{ cm})^2 + (8\text{ cm})^2 - 2 \cdot (12\text{ cm} \cdot 8\text{ cm}) \cdot \cos 58°$

$b^2 = 208\text{ cm}^2 - 192\text{ cm}^2 \cdot \cos 58°$

$b = \sqrt{208 - 192 \cdot \cos 58°}\text{ cm} \approx 10{,}3\text{ cm}$

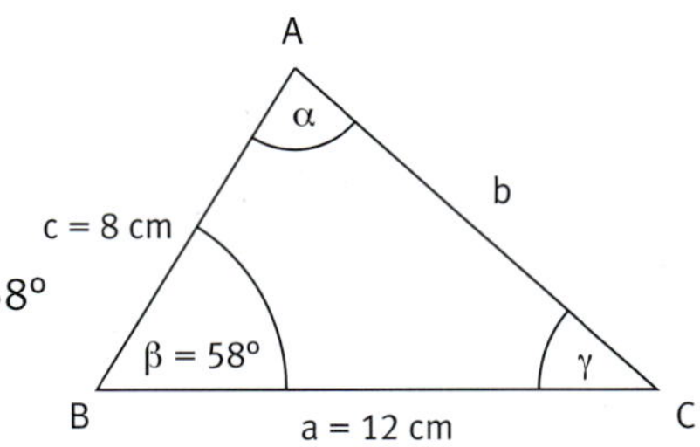

Verständnis

- Felix behauptet, dass der Kosinussatz für einen gesuchten Winkel im Dreieck stets eindeutige Lösungen liefert. Hat er Recht? Begründe.
- „Der Satz des Pythagoras ist ein Spezialfall des Kosinussatzes." Was meinst du dazu?

Aufgaben

1 Berechne die fehlende Seitenlänge des Dreiecks ABC. Beschreibe dein Vorgehen.

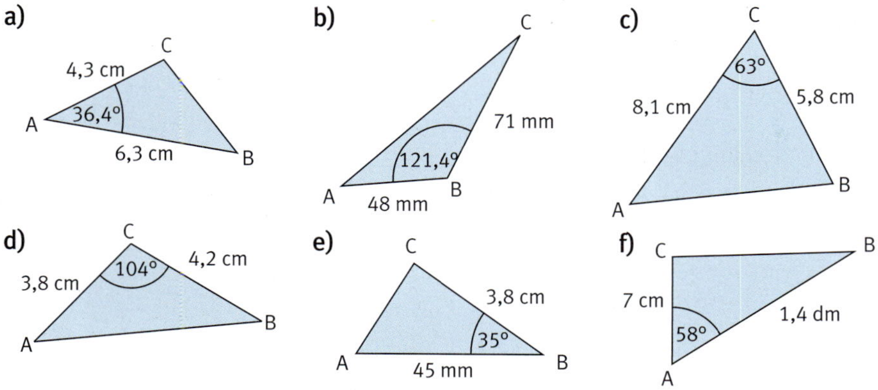

2 Wenn in einem Dreieck ABC alle drei Seitenlängen gegeben sind, dann lässt sich **jeder Winkel** berechnen.

Bespreche mit deinem Nachbarn, in welchen Fällen der Kosinussatz anwendbar ist.

$$\cos\alpha = \frac{b^2 + c^2 - a^2}{2bc} \qquad \cos\beta = \frac{a^2 + c^2 - b^2}{2ac} \qquad \cos\gamma = \frac{a^2 + b^2 - c^2}{2ab}$$

a) Übertrage die Formeln in dein Heft.

b) Beschreibe den allgemeinen Aufbau der Formeln. Erstelle eine Merkhilfe.

3 a) Im Dreieck ABC mit a = 6 cm, b = 4 cm und c = 8 cm sollen alle Winkelmaße bestimmt werden. Beschreibe das Vorgehen von Saskia.

ΔABC ist konstruierbar nach SSS.

1 *Kosinussatz:* $c^2 = a^2 + b^2 - 2ab \cdot \cos\gamma \quad \Rightarrow \quad \cos\gamma = -\frac{c^2 - a^2 - b^2}{2ab}$

$\cos\gamma = -\frac{(8\ cm)^2 - (6\ cm)^2 - (4\ cm)^2}{2 \cdot 6\ cm \cdot 4\ cm} \quad \Rightarrow \quad \gamma \approx 104{,}5°$

2 *Sinussatz:* $\frac{\sin\alpha}{a} = \frac{\sin\gamma}{c} \quad \Rightarrow \quad \sin\alpha = a \cdot \frac{\sin\gamma}{c}$

$\sin\alpha = 6\ cm \cdot \frac{\sin 104{,}5°}{8\ cm} \quad \Rightarrow \quad \alpha \approx 46{,}6°$

3 *Winkelsumme:* $\beta = 180° - 104{,}5° - 46{,}6° = 28{,}9°$

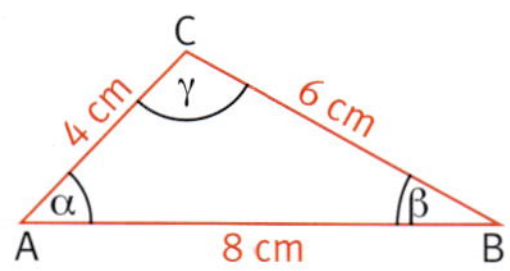

Wenn du einen Winkel mit dem Sinussatz berechnest, muss der gegebene Winkel der größten Seite gegenüberliegen. Wenn das nicht der Fall ist, verwende den Kosinussatz.

Um γ zu berechnen, drücke im Taschenrechner die Taste $\cos^{-1}$.

b) Bestimme die Maße aller Innenwinkel im Dreieck ABC.

1 a = 7,4 cm; b = 10,5 cm; c = 15,1 cm
2 a = 12,7 cm; b = 8,3 cm; c = 6,5 cm
3 a = 3,8 cm; b = 7,2 cm; c = 5,5 cm
4 a = 5,0 cm; b = 4,0 cm; c = 3,0 cm

Lösungen zu 3 b): 26,6°; 26,9°; 31,3°; 35,4°; 36,9°; 39,5°; 48,8°; 53,1°; 90,0°; 99,9°; 113,9°; 117,7°

4 Berechne die fehlenden Werte für ein Dreieck ABC. Runde auf eine Dezimale.

	a)	b)	c)	d)	e)	f)
a		18,1 cm	87,3 km	812 m		3,3 cm
b	7,4 cm		123,5 km	706 m	2,3 dm	
c	5,6 cm	34,5 cm		582 m		
α	30,1°					36,9°
β		31,2°			19,1°	53,1°
γ			17,1°		151,0°	

Lösungen zu 4: 9,9; 4,4; 32,7; 77,5; 3,8; 102,2; 47,7; 21,1; 5,5; 90,0; 47,6; 58,1; 44,4; 26,2; 122,6; 1,2; 3,4; 130,2

5 Berechne die Längen der Diagonalen eines Parallelogramms ABCD mit den abgebildeten Maßen.

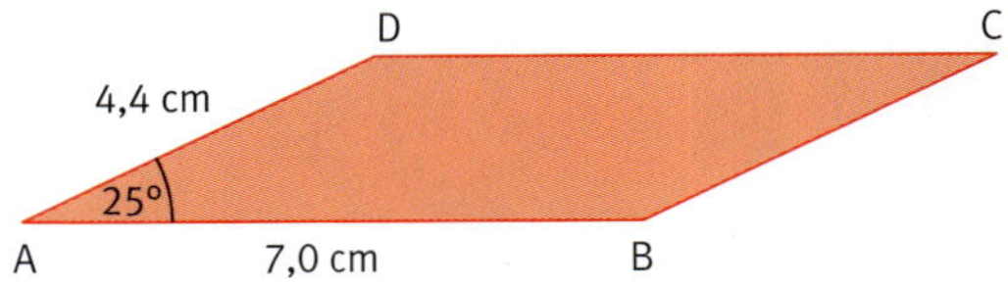

Die Diagonalen müssen nicht zwingend im Inneren des Vierecks liegen.

6 Berechne die Längen der Diagonalen im Viereck ABCD.

a) $a = 5{,}5$ cm; $b = 5{,}1$ cm; $d = 3{,}9$ cm; $\alpha = 78{,}5°$; $\beta = 55{,}8°$

b) $a = 15{,}5$ cm; $b = 20{,}4$ cm; $c = 14{,}0$ cm; $\beta = 74{,}8°$; $\gamma = 30{,}1°$

c) $a = 8{,}6$ cm; $a = b = c = d$; $\alpha = 54°$

7 Die direkte Verbindungsstraße von einer Autobahnabfahrt (A) zu einem Gewerbegebiet (G) soll das Stadtzentrum (S) vom Lkw-Verkehr entlasten.

a) Berechne die Länge $|\overline{AG}|$ der Verbindungsstraße.

b) Konstruiere das Dreieck SAG in einem geeigneten Maßstab und gib diesen an.

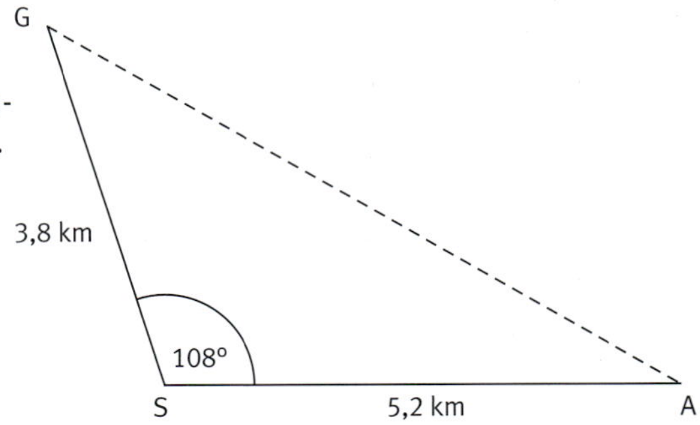

8 Paul hat folgende Aufgabe mithilfe des Kosinussatzes bearbeitet. Sein Ergebnis stimmt nicht. Finde den Fehler und korrigiere ihn.

Gegeben: Dreieck ABC mit $a = 8$ cm; $b = 5{,}5$ cm; $c = 6{,}2$ cm
Gesucht: β
Lösung: $b^2 = a^2 + c^2 - 2ac \cdot \cos\beta$
$5{,}5^2 = 8^2 + 6{,}2^2 - 2 \cdot 8 \cdot 6{,}2 \cdot \cos\beta$
$30{,}25 = 64 + 38{,}44 - 4920{,}32 \cdot \cos\beta$
$\cos\beta \approx 0{,}015$
$\beta \approx 89{,}1°$

9 In einem Dreieck ist eine Seite 4,6 cm und eine andere 4,1 cm lang. Der von ihnen eingeschlossene Winkel beträgt 75°.
Berechne die Länge der dritten Seite und die Größe der beiden anderen Innenwinkel.

10 Ein dreieckiges Blumenbeet wird von Rändern der Längen 4,80 m, 3,80 m und 2,80 m begrenzt. Berechne die Größe der Winkel, die das Beet einschließt.

11 Berechne die nicht angegebenen Seitenlängen, Winkelmaße sowie die Längen der Diagonalen im konvexen Viereck ABCD.

In einem konvexen Viereck verlaufen die Diagonalen im Innern des Vierecks.

a) $a = 5{,}0$ cm; $b = 4{,}5$ cm; $c = 1{,}8$ cm; $d = 3{,}8$ cm; $\alpha = 80°$

b) $a = 15$ cm; $b = 20$ cm; $c = 13$ cm; $d = 10$ cm; $\beta = 72°$

c) $a = 8{,}6$ cm; $b = 7{,}4$ cm; $c = 9{,}8$ cm; $d = 8{,}8$ cm; $e = 7{,}7$ cm

12 Berechne in der abgebildeten Figur die Länge der Strecke x.

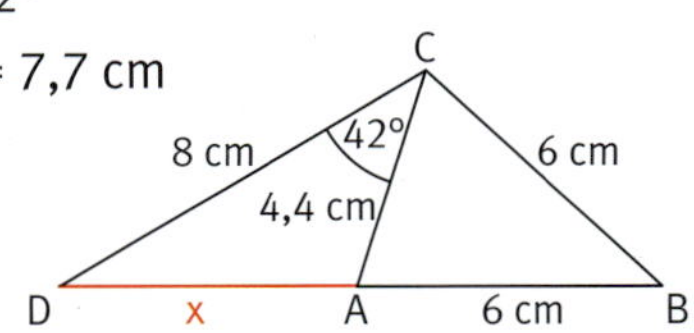

13 Die Seitenhalbierende in einem Dreieck verbindet einen Eckpunkt des Dreiecks mit dem Mittelpunkt der gegenüberliegenden Seite. Von einem Dreieck ABC sind die Seite b = 8,8 cm, die Seitenhalbierende von b s_b = 5,2 cm und die Seite c = 6,2 cm gegeben. Bestimme die Maße aller Winkel und Seiten des Dreiecks.

*Lösungen zu 13:
6,2; 7,4; 44,0; 55,7; 80,3*

14 Gegeben ist das gleichschenklige Dreieck ABC.
Erstelle eine Formel zur Berechnung der Länge der Basis, wenn ...

a) c die Basis ist und a, b und γ bekannt sind.

b) a die Basis ist und b, c und α bekannt sind.

c) b die Basis ist und a, c und β bekannt sind.

15 Ein Schiff wird mit der Geschwindigkeit 6 $\frac{m}{s}$ nach Norden gesteuert. Eine Strömung mit der Geschwindigkeit 1 $\frac{m}{s}$ in Richtung NO drängt das Schiff vom Steuerkurs ab. Bestimme die Geschwindigkeit des Schiffes über Grund.

*Hilfe zu Aufgabe 15:
In der Physik werden Geschwindigkeiten mit Pfeilen dargestellt. Die Länge des Pfeiles ist ein Maß für die die Größe der Geschwindigkeit.*

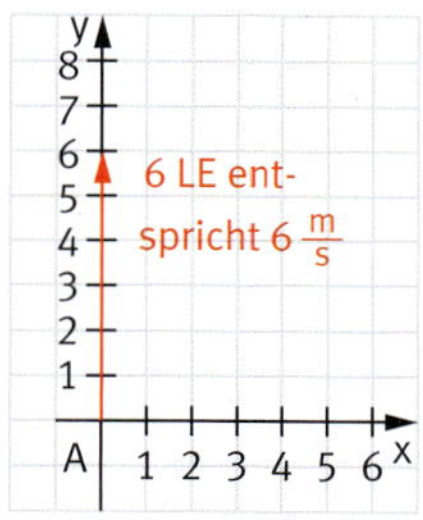

16 Durch einen Berg wird ein geradliniger Tunnel gebaut. Von einem Ort O aus sieht man den Eingang und den Ausgang des Tunnels. Von O bis zum Eingang des Tunnels sind es 2,7 km, bis zum Ausgang 3,5 km. Der Winkel zwischen den beiden gemessenen Strecken hat das Maß 28°. Wie lang ist der Tunnel?

17 Begründe, warum es wenig sinnvoll ist, den Kosinussatz für gleichseitige Dreiecke aufzustellen.

18 An Bord eines Schiffes wird der Leuchtturm L gleichzeitig von verschiedenen Punkten A und B, die 25 m auseinander liegen, angepeilt. Dabei ergibt sich der Peilungswinkel α = 38,5°. Weiterhin ist bekannt: $|\overline{AL}|$ = 119 m. Berechne die Entfernung $|\overline{BL}|$ sowie den Abstand $|\overline{CL}|$ des Leuchtturms von der Fahrtstrecke.

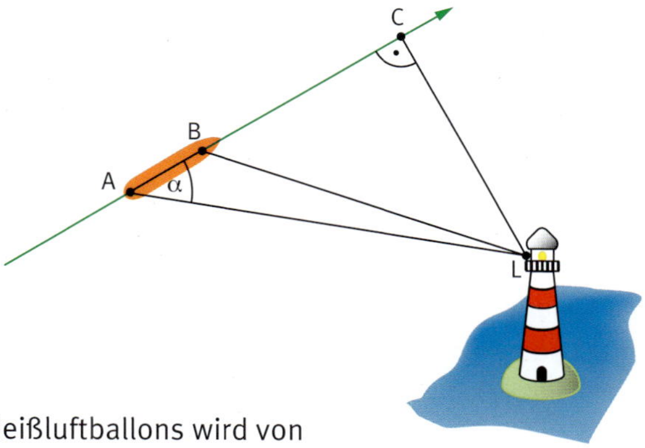

19 Die Unterseite des Korbes eines Heißluftballons wird von zwei Standpunkten A und B aus, die 310 m auseinander liegen, unter den Höhenwinkeln α und β angepeilt. In welcher Höhe h schwebt der Korb des Heißluftballons über dem Erdboden?

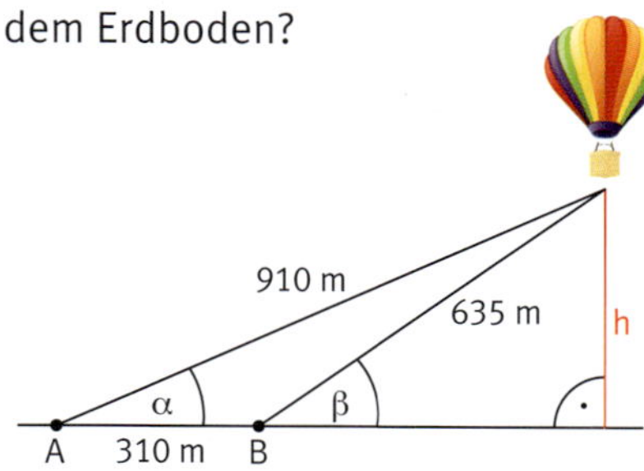

20 Die Höhe h einer Arbeitsbühne kann durch zwei Gelenke A und B variiert werden. Dabei gilt $|\overline{AB}| = |\overline{BC}|$ = 4,00 m, $\alpha \leqq 87{,}5°$ sowie $\beta \leqq 135°$. A ist dabei 2,60 m über dem Boden. Bestimme für α = 85° und β = 115° die Höhe h des Punktes C.

Im Internet kann man Sonnensegel bestellen, die man im Garten als Schattenspender aufspannen kann. Ein Händler bietet dabei ein Segel in Form eines gleichseitigen Dreiecks mit einer Seitenlänge von 4,5 m an.

- Skizziere das Dreieck und zerlege es in zwei rechtwinklige Dreiecke.
- Berechne den Flächeninhalt des Dreiecks auf zwei verschiedene Arten, indem du ...

  1 den Sinussatz verwendest.

  2 den Satz von Pythagoras nutzt.

Der Flächeninhalt eines Dreiecks kann aus zwei Seitenlängen und dem Maß des eingeschlossenen Winkels berechnet werden.

Merkwissen

Jedes Dreieck kann man entlang einer Höhe in **zwei rechtwinklige Teildreiecke** zerlegen.

Im nebenstehenden Dreieck gilt insbesondere:

$A_{Dreieck} = \frac{1}{2}c \cdot h_c$

Im Dreieck ADC gilt: $\sin\alpha = \frac{h_c}{b} \Longrightarrow h_c = b \cdot \sin\alpha$

Eingesetzt ergibt sich: $A_{Dreieck} = \frac{1}{2}c \cdot b \cdot \sin\alpha$

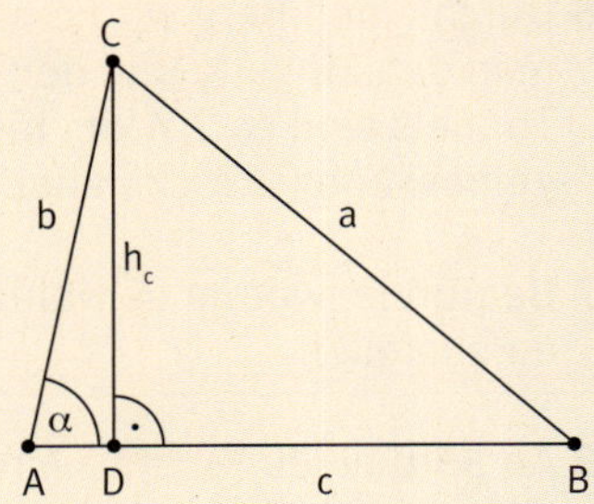

Allgemein gilt für den **Flächeninhalt eines Dreiecks ABC**:

$A = \frac{1}{2}b \cdot c \cdot \sin\alpha = \frac{1}{2}a \cdot c \cdot \sin\beta = \frac{1}{2}a \cdot b \cdot \sin\gamma$

Beispiele

I Berechne den Flächeninhalt eines Dreiecks mit den Seitenlängen a = 42 mm, b = 26 mm und den Winkeln α = 77° und β = 37°.

Lösung:

Bestimmen des Winkels γ (hier mit Innenwinkelsatz):

$\gamma = 180° - 77° - 37° = 66°$

$A_{Dreieck} = \frac{1}{2}a \cdot b \cdot \sin\gamma$

$A_{Dreieck} = \frac{1}{2} \cdot 42\text{ mm} \cdot 26\text{ mm} \cdot \sin 66° \approx 499\text{ mm}^2$

II Berechne den Flächeninhalt eines Dreiecks mit den Seitenlängen a = 12,3 cm, b = 8,4 cm und c = 6,5 cm.

Lösung:

Bestimmen eines Winkels (hier mithilfe des Kosinussatzes):

$b^2 = a^2 + c^2 - 2a \cdot c \cdot \cos\beta \qquad \Longrightarrow \cos\beta = -\frac{b^2 - a^2 - c^2}{2ac}$

$\cos\beta = \frac{(8{,}4\text{ cm})^2 - (12{,}3\text{ cm})^2 - (6{,}5\text{ cm})^2}{-2 \cdot 12{,}3\text{ cm} \cdot 6{,}5\text{ cm}} \approx 0{,}77 \qquad \Longrightarrow \beta \approx 39{,}6°$

$A_{Dreieck} = \frac{1}{2}a \cdot c \cdot \sin\beta$

$A_{Dreieck} = \frac{1}{2} \cdot 12{,}3\text{ cm} \cdot 6{,}5\text{ cm} \cdot \sin 39{,}6° \approx 25{,}5\text{ cm}^2$

Verständnis

- Beschreibe die Flächeninhaltsformeln für Dreiecke mit eigenen Worten.
- Erkläre, wie man aus der Flächeninhaltsformel im Merkwissen den Spezialfall für rechtwinklige Dreiecke erhält.

Aufgaben

1 Berechne den Flächeninhalt des Dreiecks ABC. Bestimme fehlende Größen.

a) $a = 2{,}5$ cm; $b = 6{,}9$ cm; $\gamma = 32°$ **b)** $a = 55$ mm; $c = 29$ mm; $\beta = 123{,}8°$

c) $a = 6{,}3$ cm; $c = 4{,}5$ cm; $\alpha = 40°$ **d)** $a = 5$ cm; $b = 6{,}9$ cm; $\beta = 40°$

2 Übertrage die Tabelle und bestimme die fehlenden Maße des Dreiecks ABC.

	a)	b)	c)	d)	e)
a	7,5 cm	3,5 cm	□	4,2 cm	7,5 cm
b	5,1 cm	□	□	□	□
c	□	4,5 cm	6,0 cm	$2 \cdot a$	8,0 cm
α	□	□	□	□	□
β	□	44,6°	48,6°	57,5°	□
γ	31°	□	□	□	□
A	□	□	12 cm²	□	15 cm²

3 Berechne den Flächeninhalt des gleichschenkligen Dreiecks ABC.

a) $b = c$; $a = 5{,}2$ cm; $\alpha = 62°$ **b)** $a = b = 3{,}4$ cm; $\alpha = 44°$

4 **a)** Zeige, wie im Merkwissen, die Gültigkeit der Flächeninhaltsformeln.

(1) $A = \frac{1}{2} a \cdot c \cdot \sin\beta$ (2) $A = \frac{1}{2} a \cdot b \cdot \sin\gamma$

b) Zeige, dass die Flächeninhaltsformel auch für stumpfwinklige Dreiecke gilt.

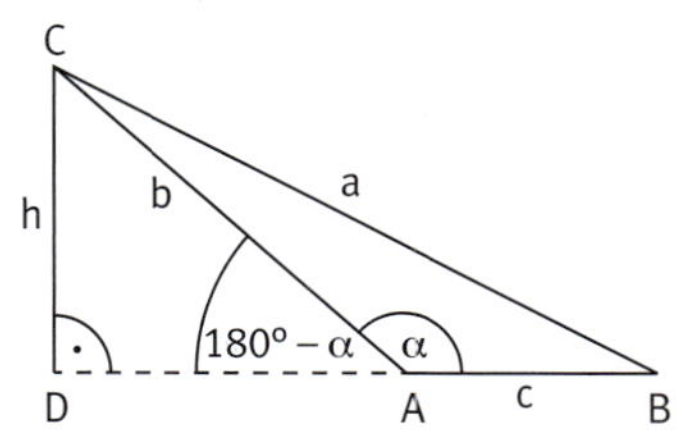

5

Den Flächeninhalt eines gleichschenkligen Dreiecks mit gegebener Basis- und Schenkellänge kann ich auch mithilfe von Pythagoras berechnen.

Was meinst du zu Linas Behauptung? Begründe.

6 In einem allgemeinen Dreieck sind zwei Seiten 5,6 m und 2,9 m lang. Der von den beiden Seiten eingeschlossene Winkel hat eine Größe von 100°.

a) Berechne den Flächeninhalt und den Umfang des Dreiecks.

b) Konstruiere dieses Dreieck in einem geeigneten Maßstab.

7 Von der abgebildeten Waldfläche ABCD soll die Teilfläche ABC neu aufgeforstet werden. Wieviel Hektar Waldfläche werden neu aufgeforstet?

$|\overline{AB}| = 350$ m $|\overline{AC}| = 980$ m $|\overline{AD}| = 710$ m $|\overline{CD}| = 520$ m $\alpha = 73°$ $\beta = 120°$

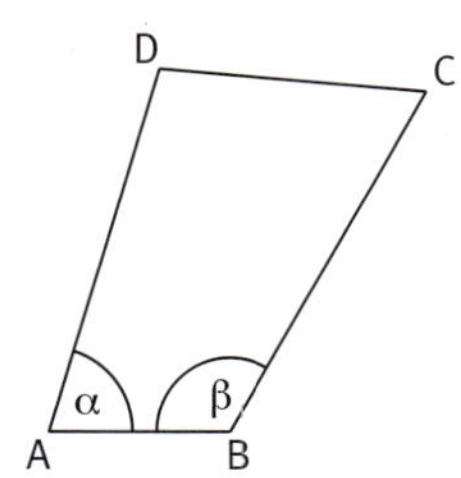

Lösungen zu 1:
0,6; 1,0; 1,9; 24,1; 25,4; 35,5; 37,5; 44,5; 45,5; 64,6; 65,9; 20,8
Die Einheiten sind nicht angegeben.

1 Berechne fehlende Werte des Dreiecks ABC. Runde auf eine Nachkommastelle.

	a	b	c	α	β	γ
a)	92 cm		84 cm	90°		
b)		0,9 m	2,1 m			90°
c)	0,8 km			54,5°	90°	
d)	29,7 cm		21,2 cm	90°		

2 Ermittle jede der grün markierten Größen (Zeichnungen nicht maßstäblich).

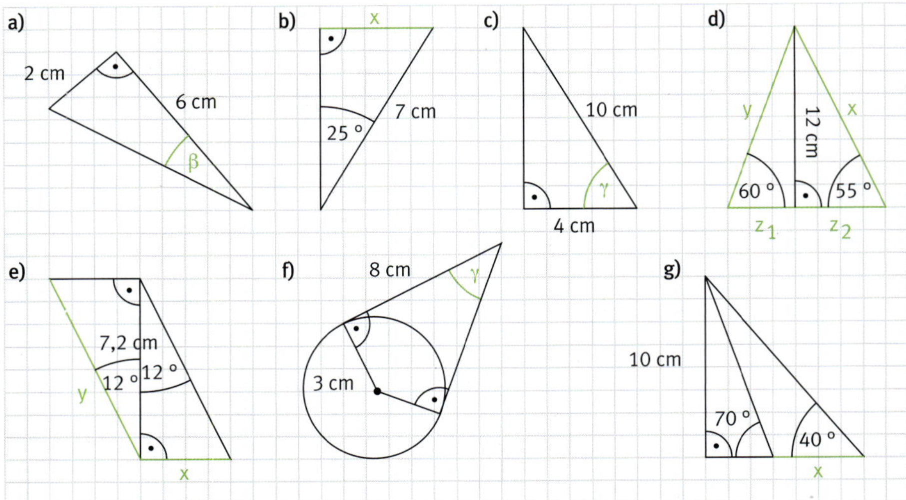

3 Ein gleichseitiges Dreieck hat eine Höhe von 8 cm.
Bestimme die Seitenlänge und überprüfe dein Ergebnis durch eine Konstruktion.

4 Ein gleichschenkliges Dreieck hat eine Basis von 5,5 cm Länge und einen Flächeninhalt von 24,75 cm². Bestimme die Länge der Schenkel und die Größe der Innenwinkel.

5 Gegeben ist jeweils das gleichschenklige Dreieck ABC mit den angegebenen Koordinaten. Berechne die Winkel α, β und γ.

a) A (4 | 1); B (7,5 | 3); C (6 | 4,5) **b)** A (1 | –3); B (9 | 1); C (3 | 3)

6 Von einer Raute sind die angegebenen Teilstücke bekannt. Berechne jeweils den Flächeninhalt und den Umfang der Raute.

a) e = 5,5 cm; β = 80°
b) a = 12,3 m; β = 56°
c) f = 2,5 dm; β = 72°
d) a = 8,1 dm; α = 112°

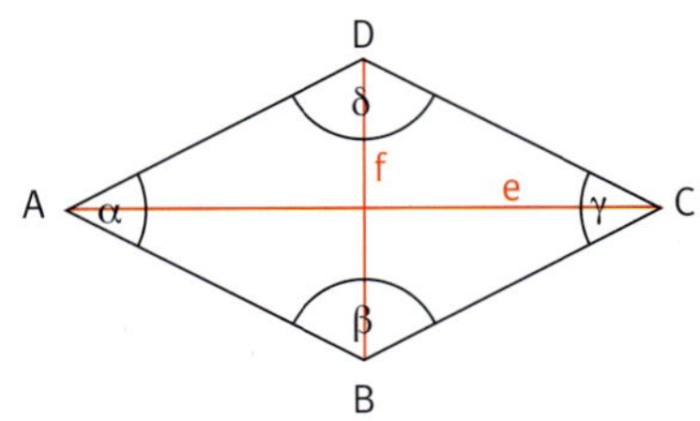

7 Im gleichschenkligen Dreieck ABC gilt: $|\overline{BC}| = |\overline{CA}|$; $|\overline{AB}|$ = 6,4 cm und α = 64°

a) Konstruiere das Dreieck ABC (Planfigur, Zeichnung, Beschreibung).

b) Berechne die Schenkellängen des Dreiecks.

c) Bestimme auf zwei verschiedene Arten den Flächeninhalt des Dreiecks ABC.

8 Berechne die fehlenden Seitenlängen und Winkelgrößen des Dreiecks.

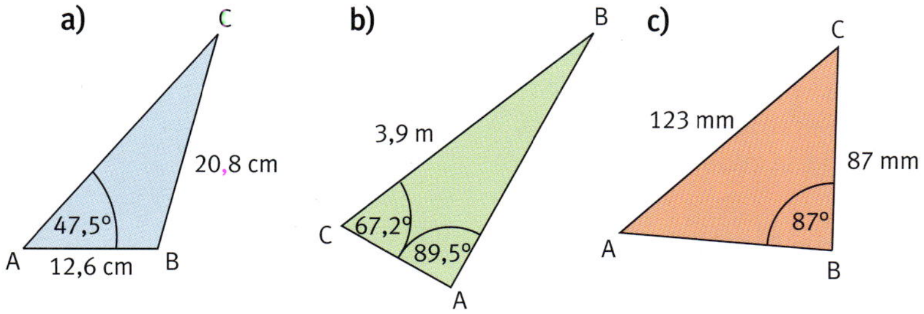

9 Im Dreieck ABC mit den üblichen Bezeichnungen (a, b, c, α, β, γ, h_c, A) sind jeweils drei Maße gegeben. Konstruiere die Dreiecke und berechne die fehlenden Größen.

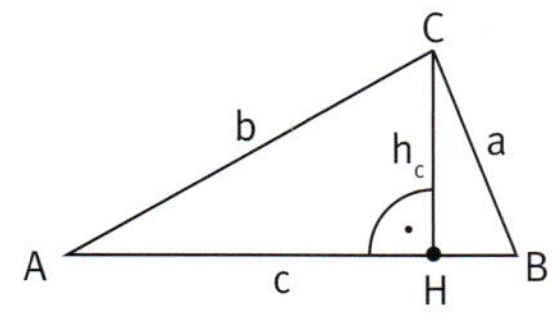

a) a = 3,7 cm; c = 9,0 cm; β = 45° **b)** h_c = 2,3 cm; c = 8 cm; α = 25°

c) b = 6 cm; α = 35°; c = 8,9 cm **d)** c = 9,4 cm; a = 7 cm; γ = 90°

10 Berechne für ein Dreieck mit der Seite b = 8,9 cm und den Winkeln β = 112° und γ = 37° die fehlenden Größen.

Lösungen zu 10:
4,9; 5,8; 31

11 Berechne die Höhen des Dreiecks ABC mit a = 8,3 cm, b = 6,6 cm und α = 43°.

Lösungen zu 11:
4,5; 6,4; 8,1

12 Von einem Dreieck sind die Seiten b = 10,3 cm und c = 14,2 cm sowie der Winkel α = 67° bekannt. Berechne die Länge der Seite a mithilfe des Kosinussatzes.

13 Bestimme mithilfe des Kosinussatzes die fehlenden Werte des Dreiecks ABC.

	a)	b)	c)	d)	e)	f)
a	1022 mm		123,8 dm		28,1 cm	6,4 km
b	1457 mm	18,7 cm		0,47 m		5,2 km
c	998 mm			1,02 m	147,2 cm	
α			65,7°	73,1°		
β		48,3°	42,1°		21,3°	
γ		86,2°				58,2°

14 Gegeben ist ein Viereck ABCD mit den folgenden Stücken:
$|\overline{CD}|$ = 8,0 cm; $|\overline{AB}| = |\overline{BC}|$ = 5,3 cm; α = 122°
Berechne den Flächeninhalt des Vierecks.

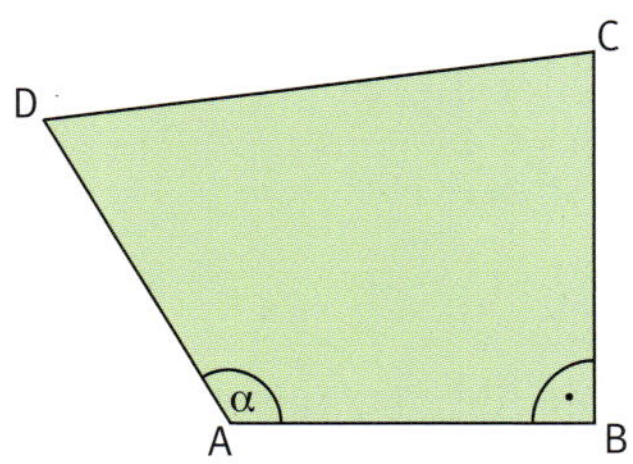

15 In einem Park wird ein dreieckiges Rasenstück neu eingesät. Zwei Seiten sind 5 m bzw. 12 m lang, der von ihnen eingeschlossene Winkel hat die Größe 50°. Bestimme die Menge Grassamen, die man benötigt, wenn pro Quadratmeter 40 g gesät werden sollen.

16 Eine Treppe wird so gebaut, dass die Stufen 22 cm hoch und 31 cm tief sind. Wie groß ist der Neigungswinkel α des Treppengeländers? Skizziere zunächst.

17 Um den Flächeninhalt eines Fischweihers zu bestimmen, wurde seine Uferlinie mithilfe eines Vierecks angenähert.

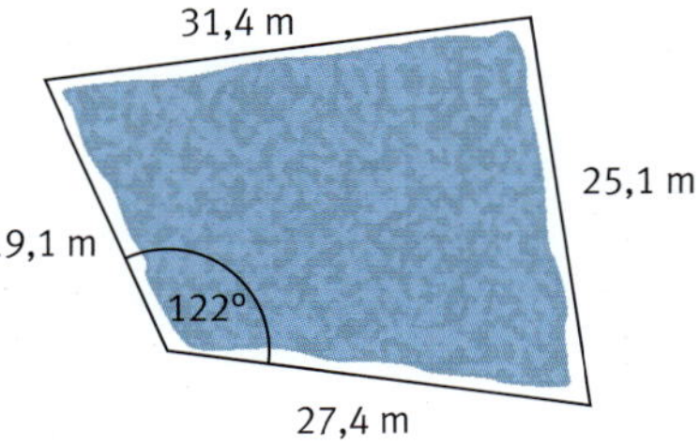

a) Konstruiere den Fischweiher in einem geeigneten Maßstab. Zerlege dazu das Viereck geschickt in zwei konstruierbare Dreiecke.

b) Bestimme den Flächeninhalt des Fischweihers möglichst genau.

18 Ein 26 m hoher Aussichtsturm ist 8,5 m von einem Kanal entfernt. Von der Plattform aus erscheinen die Kanalufer unter einem Winkel von $\alpha = 30{,}5°$. Wie breit ist der Kanal?

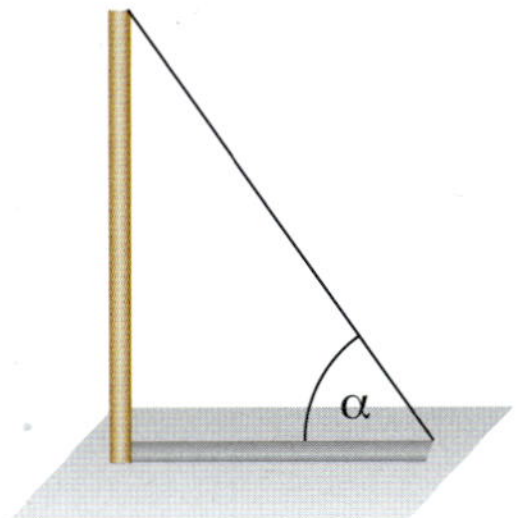

19 Sophie möchte am 5. Mai um 12 Uhr die Sonnenhöhe an ihrem Wohnort messen.
Dazu stellt sie einen Stab der Länge 3,0 m senkrecht auf den (waagrechten) Boden und misst als Länge des Stabschattens 2,1 m.

a) Berechne die Sonnenhöhe α auf Grad gerundet.

b) Berechne die Schattenlängen von Gregor, Laura, Lucas, Sophie und Simon zur gleichen Zeit an Sophies Wohnort.

Gregor	183 cm
Laura	164 cm
Lucas	167 cm
Sophie	168 cm
Simon	144 cm

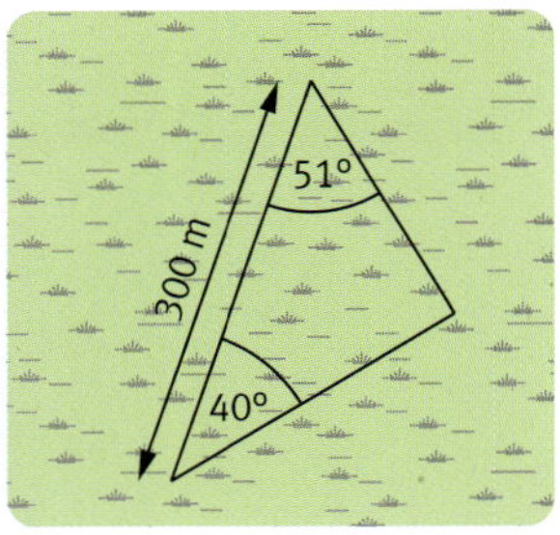

20 Bei einem Wiederaufforstungsprogramm soll am Rennsteig ein dreieckiges Waldstück umzäunt werden, um es vor Wildbiss zu schützen. Bestimme anhand der Skizze die Länge des Zauns.

21 In einem Kletterwald kann man an einem Seil einen Fluss überqueren. Das Seil ist an zwei Bäumen befestigt, die 2,0 m bzw. 1,5 m vom Fluss entfernt stehen.

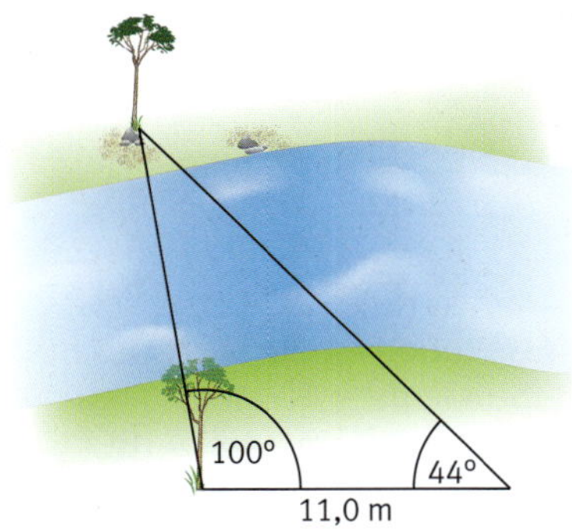

a) Berechne die Breite des Flusses an dieser Stelle.

b) Zeichne das Dreieck in einem geeigneten Maßstab und gib diesen an.

22 Die Skizze zeigt die Maße eines symmetrischen Flugdrachens.
Es gilt: $t = 1{,}12$ m, $s = 10{,}50$ m und $\alpha = 120°$.

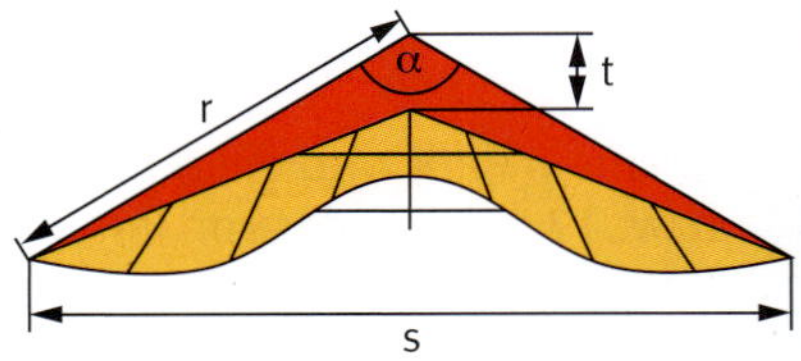

a) Berechne die Länge r der vorderen Kante der Tragfläche.

b) Der vordere Teil des Flugdrachens wird mit rotem Stoff bespannt. Bestimme, wie viel Quadratmeter Stoff dafür notwendig sind.

c) Die Restfläche des Flugdrachens soll mit gelbem Stoff bespannt werden. Ihr Inhalt ergibt sich aus der roten Fläche mit einem 16 %-igen Materialzuschlag. Berechne die Gesamtfläche des Gleiters.

Praktikum im Vermessungsbüro

SITUATIONSBESCHREIBUNG

Du machst ein Praktikum im Vermessungsbüro Wolf, da du dich für die Ausbildung als Vermessungstechniker interessierst. Am Morgen deines zweiten Arbeitstages liegt folgender Zettel von deinem Chef auf deinem Tisch mit einer Nachricht.

Hallo,

Luis, unser Azubi, hat gestern ein Grundstück ABC mit einem Tachymeter vermessen. Anbei finden Sie seine Aufzeichnungen. Bitte geben Sie mir bis morgen Bescheid, wie groß die Fläche des Grundstücks ist.

Viel Spaß beim ersten Auftrag.

Beste Grüße, K. Wolf

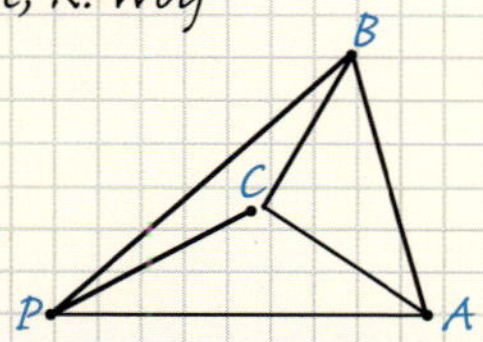

$|\overline{BP}| = 69{,}9$ m; $|\overline{CP}| = 44{,}0$ m; $|\overline{AP}| = 98{,}5$ m;
$\sphericalangle CPB = 20{,}7°$, $\sphericalangle APC = 18{,}27°$

HANDLUNGSAUFTRÄGE

1. Informiert euch über die Funktionsweise eines Tachymeters.
2. Erstellt aus den Angaben von Luis eine saubere Skizze. Tragt auch den Standort des Tachymeters ein und erklärt anhand der Skizze die Funktionsweise des Tachymeters
3. Berechnet den Flächeninhalt des Grundstücks. Haltet euren Rechenweg fest.
4. Skizziert eure Lösungsstrategie für eine Präsentation.
5. Präsentiert euren Klassenkameraden und der Lehrkraft eure Lösungsstrategie und eure Ergebnisse.
6. Bewertet die Strategien der anderen Gruppen.

Lernsituation

Hinweis:
Bei den Abschlussprüfungen bis einschließlich 2017 beträgt die Gesamtpunktzahl pro Aufgabe 20 Punkte.
Die Lösungen zu den Abschlussprüfungsaufgaben sind erhältlich unter www.ccbuchner.de/medien (6254-03).

AUFGABE 1

Das Bauunternehmen Mörtel besitzt einen Kran. Einige Größen des Krans sind der untenstehenden Betriebsanleitung zu entnehmen.

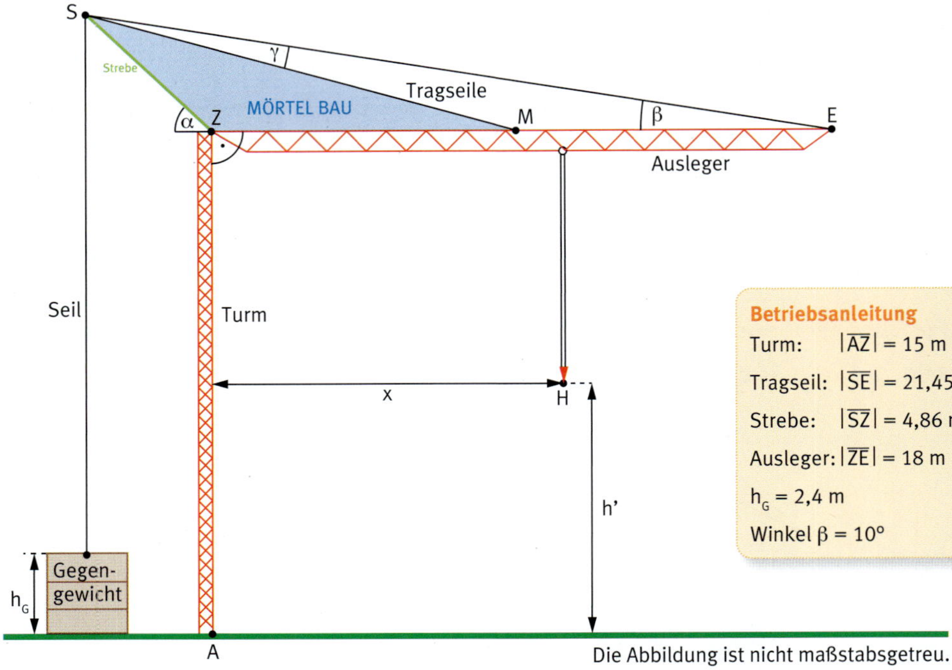

Betriebsanleitung
Turm: $|\overline{AZ}| = 15$ m
Tragseil: $|\overline{SE}| = 21{,}45$ m
Strebe: $|\overline{SZ}| = 4{,}86$ m
Ausleger: $|\overline{ZE}| = 18$ m
$h_G = 2{,}4$ m
Winkel $\beta = 10°$

Die Abbildung ist nicht maßstabsgetreu.

3 Punkte **1.1** Berechnen Sie die Länge $|\overline{SG}|$ des Seils. (Ergebnis: $|\overline{SG}| = 16{,}32$ m)

2 Punkte **1.2** Berechnen Sie die Größe des Winkels α. (Ergebnis: $\alpha = 49{,}95°$)

Nachdem der Kran bereits mehrere Jahre in Betrieb ist, müssen die beiden Tragseile $\overline{SM}$ und $\overline{SE}$ erneuert werden. Das Tragseil $\overline{SM}$ ist genau in der Mitte (Punkt M) des Auslegers $\overline{ZE}$ befestigt.

6 Punkte **1.3** Berechnen Sie die entstehenden Kosten, wenn 1 m Seil (inklusive Einbau) 80 € kostet. (Teilergebnis: $|\overline{SM}| = 12{,}68$ m)

4 Punkte **1.4** Berechnen Sie die Größe des Winkels γ zwischen den Tragseilen.

Der Geschäftsführer der Firma Mörtel möchte im Dreieck ZMS des Krans auf einer Seite einen Werbeschriftzug anbringen.

2 Punkte **1.5** Berechnen Sie, wie viele m^2 er zu Werbezwecken nutzen kann. Der Kranhaken H befindet sich in einer Höhe $h' = 7$ m über dem Boden. Vom Punkt A aus erscheint der Haken H unter einem Erhebungswinkel von $\varepsilon = 35°$.

3 Punkte **1.6** Berechnen Sie die Entfernung x des Hakens H vom Turm.

20 Punkte

AUFGABE 2

Ein Zirkus hat sein Zelt aufgebaut.

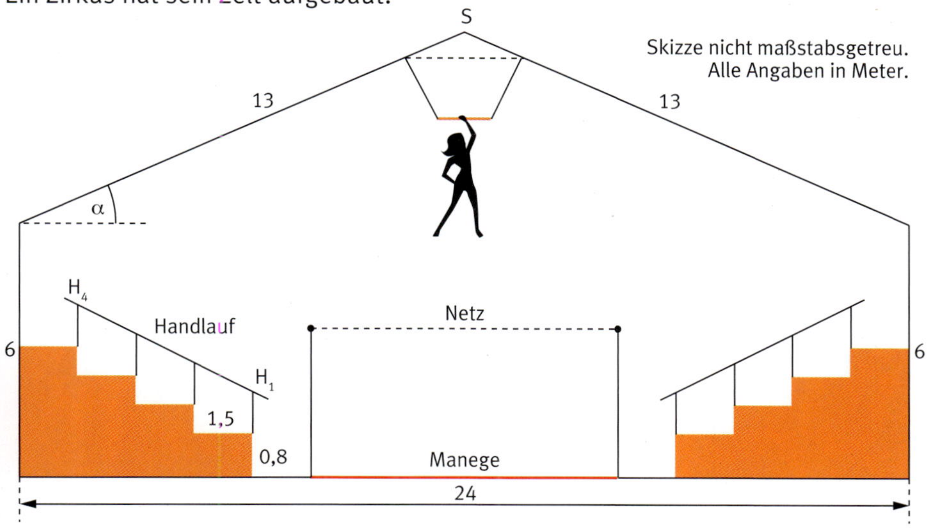

2.1 Berechnen Sie die Höhe der Zeltspitze S über der Manege. (Ergebnis: $h = 11$ m) *3 Punkte*

2.2 Berechnen Sie den Neigungswinkel α des Zeltdaches. *2 Punkte*

Die Zuschauerränge bestehen aus 4 identischen Stufen, die jeweils 0,8 m hoch und 1,50 m tief sind. Zur Sicherheit soll an der linken Seite ein Handlauf parallel zur Treppensteigung angebracht werden, der nach einer geltenden Sicherheitsvorschrift nicht mehr als 50 % Steigung aufweisen darf.

2.3 Zeigen Sie rechnerisch, ob der angebrachte Handlauf der Sicherheitsvorschrift entspricht. *3 Punkte*

2.4 Ermitteln Sie die Länge des Handlaufs, wenn er über die Punkte H_1 und H_4 hinaus jeweils um 20 cm verlängert wird. *3 Punkte*

Das Netz der Trapez-Artisten ist beschädigt (siehe Skizze). Es soll entlang der Linie $\overline{BD}$ das Teilstück BCD abgeschnitten und ersetzt werden. Weiterhin muss der Rand $\overline{AD}$ verstärkt werden.

Es gilt: $|\overline{BC}| = 7$ m, $|\overline{CD}| = 13$ m,
$|\overline{AB}| = 19$ m
$\delta = 126°$, $\varepsilon_1 = 76°$, $\varepsilon_2 = 37°$

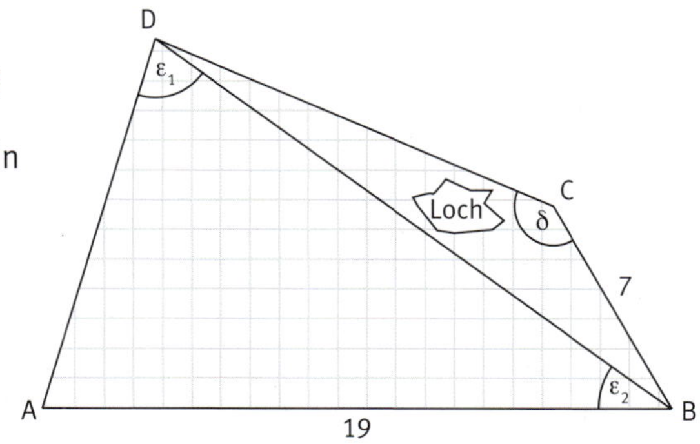

2.5 Berechnen Sie die Schnittlänge $|\overline{BD}|$ der abzuschneidenden Ecke. *3 Punkte*

2.6 Berechnen Sie den Flächeninhalt des zu ersetzenden Teilstücks BCD. *2 Punkte*

2.7 Ermitteln Sie die Kosten für die Verstärkung $|\overline{AD}|$, wenn 1 m 15 € kostet. *4 Punkte*

20 Punkte

Überprüfe deine Fähigkeiten und Kenntnisse. Bearbeite dazu die folgenden Aufgaben und bewerte anschließend deine Lösungen mit einem Smiley.

☺	😐	☹
Das kann ich!	Das kann ich fast!	Das kann ich noch nicht!

Hinweise zum Nacharbeiten findest du auf der folgenden Seite. Die Lösungen stehen im Anhang.

Aufgaben zur Einzelarbeit

1 Gib in den rechtwinkligen Dreiecken jeweils das Längenverhältnis für tan α und tan β an.

a)

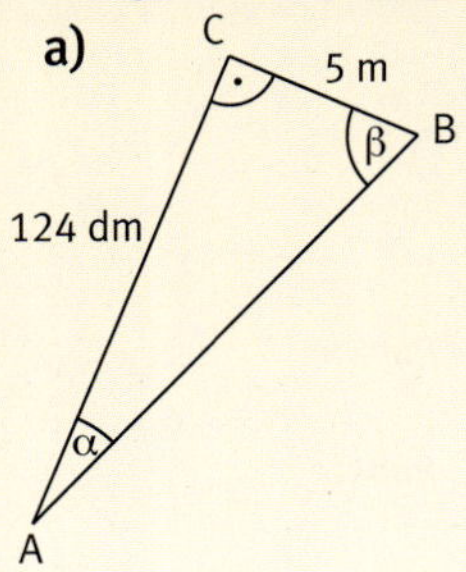

b)

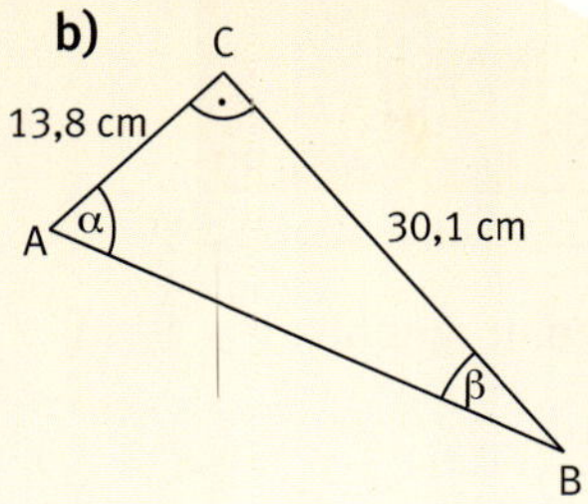

2 Bestimme die Steigung in Prozent, wenn ein Berghang einen Steigungswinkel der folgenden Größen hat.

a) $\alpha = 4°$ **b)** $\beta = 17°$ **c)** $\alpha = 42°$

3 Berechne den Steigungswinkel eines Bergstraßenabschnitts mit der angegebenen Steigung.

a) 17 % **b)** 25 % **c)** 11 %

4 Berechne die fehlenden Seitenlängen für folgende rechtwinklige Dreiecke ABC. Runde auf eine Stelle nach dem Komma.

a) c = 6,0 cm; $\alpha = 48{,}2°$; $\gamma = 90°$

b) a = 50 mm; $\alpha = 44°$; $\gamma = 90°$

c) a = 5,6 cm; b = 3,4 cm; $\gamma = 90°$

d) a = 80 cm; b = 45 cm; $\gamma = 90°$

e) b = 11,0 cm; $\beta = 90°$; $\gamma = 43{,}3°$

5 Überprüfe mithilfe der trigonometrischen Beziehungen, ob die Dreiecke rechtwinklig sind.

a) b = 2,5 cm; c = 6,0 cm; $\alpha = 65{,}4°$

b) a = 18 cm; b = 2,1 dm; $\beta = 58{,}3°$

c) a = 4 m; b = 5 m; $\beta = 51{,}3°$

d) b = 7,6 cm; c = 10 cm; $\alpha = 38{,}2°$

6 Berechne im Dreieck die Innenwinkelmaße sowie die Länge der rot markierten Strecke.

a)

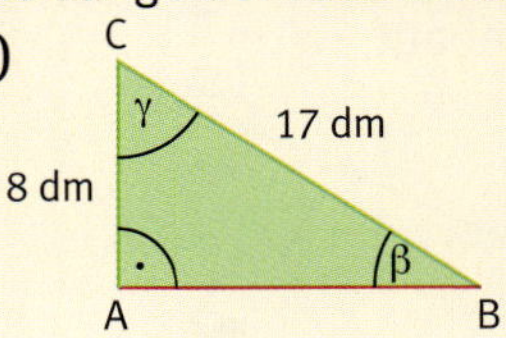

b)

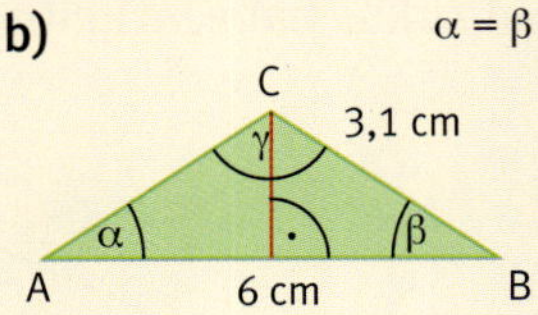

c)

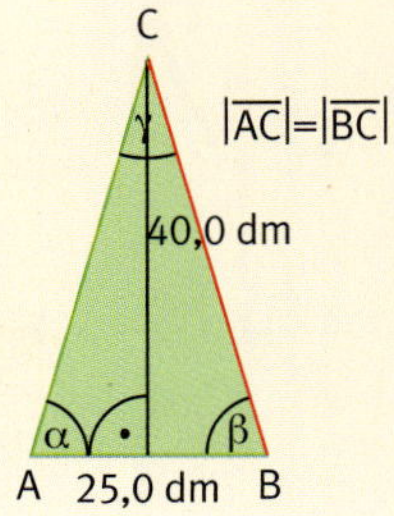

d)

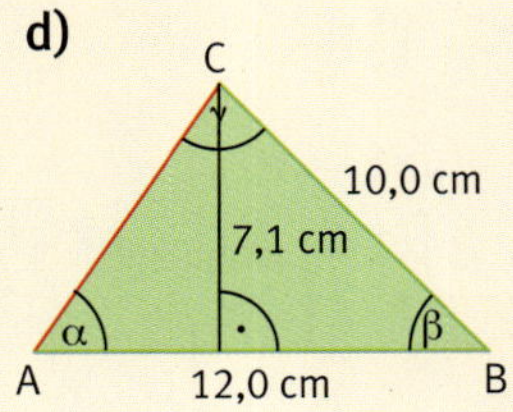

e)

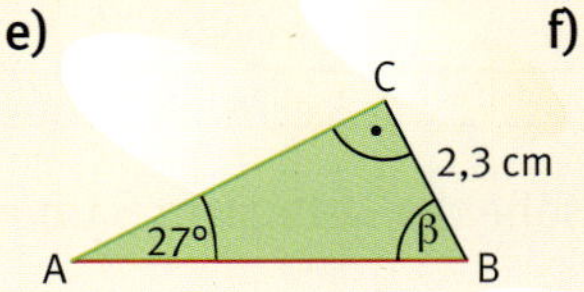

f)

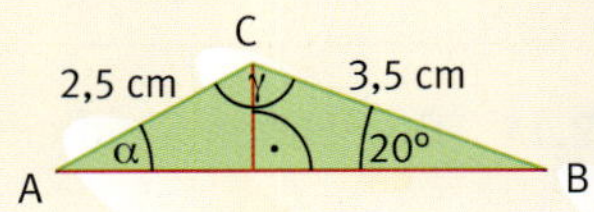

7 Ein gleichseitiges Dreieck hat eine Höhe von 8,9 cm. Bestimme die Seitenlängen.

8 Ein gleichschenkliges Dreieck ABC hat folgende Maße: a = c = 6,5 cm und b = 7,8 cm.

a) Bestimme alle drei Winkelgrößen und die Höhe des Dreiecks auf die Basis.

b) Berechne den Flächeninhalt des Dreiecks auf zwei verschiedene Arten.

9 Berechne die fehlenden Seitenlängen und Winkelmaße für das Dreieck ABC.

a) c = 8,5 dm; $\beta = 32°$; $\gamma = 87°$

b) c = 67 cm; $\alpha = 103°$; $\gamma = 46°$

c) a = 5,2 cm; $\beta = 63{,}1°$; $\gamma = 95{,}6°$

d) a = 7,3 cm; b = 4,7 cm; $\alpha = 65°$

e) b = 7,8 cm; c = 5,5 cm; $\gamma = 33{,}2°$

10 a) Konstruiere das Dreieck ABC mit b = 6,2 cm, $\alpha = 35°$ und c = 8,4 cm.

b) Berechne die Länge der Seite a und überprüfe zeichnerisch.

11 Vom Dreieck ABC sind die Seiten b = 6,3 cm und c = 9,4 cm sowie die Größe des Winkels $\alpha = 71°$ bekannt. Berechne die Länge von a mithilfe des Kosinussatzes.

Das kann

12 Berechne die fehlenden Werte der Größen a, b, c, α, β und γ des Dreiecks ABC.

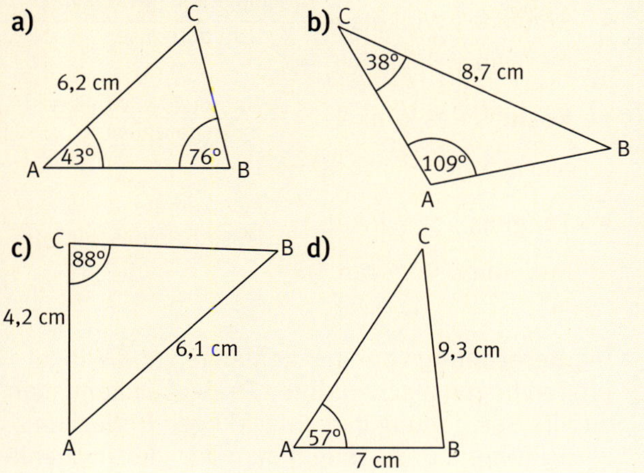

13 Ergänze die fehlenden Werte in der Tabelle für ein Dreieck ABC. Runde auf eine Dezimale.

	a)	b)	c)
a		6,4 m	4,6 cm
b	6,7 cm	5,8 m	7,0 cm
c	5,9 cm	10,5 m	
α	63,5°		
β			
γ			123,0°

14 Ein Motorboot fährt vom Punkt W bis zum Punkt L mit gleichbleibender Geschwindigkeit von 26 $\frac{km}{h}$. Wie lange dauert die Fahrt?

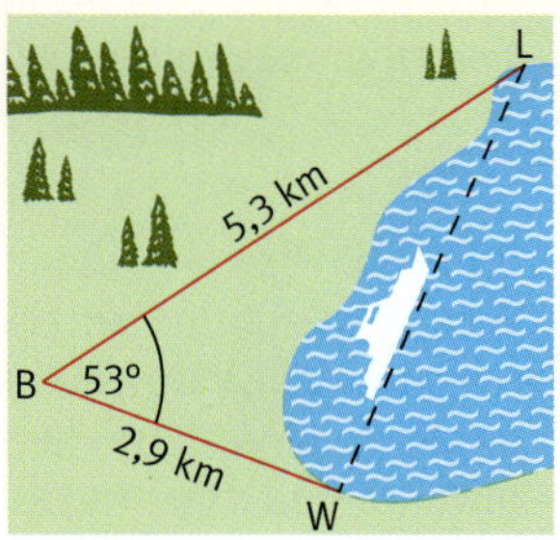

15 Schätze die Entfernung $|\overline{BR}|$ vom Badestrand (B) zur Roseninsel (R). Berechne anschließend.

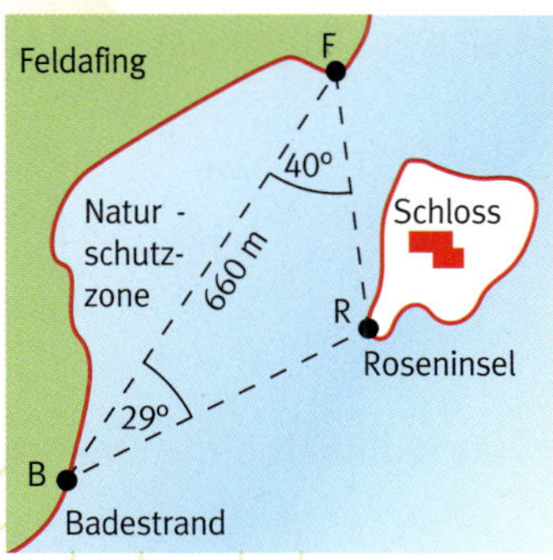

16 Bestimme den Flächeninhalt eines gleichseitigen Dreiecks mit der Seitenlänge 8,8 cm.

17 Berechne den Flächeninhalt des Dreiecks ABC.

a) a = 2,5 cm b = 6,9 cm γ = 32°
b) a = 55 mm c = 29 mm β = 123,8 °
c) a = 5 cm b = 7 cm β = 40°

Aufgaben für Lernpartner

Arbeitsschritte

1. Bearbeite die folgenden Aufgaben alleine.
2. Suche dir einen Partner und erkläre ihm deine Lösungen. Höre aufmerksam und gewissenhaft zu, wenn dein Partner dir seine Lösungen erklärt.
3. Korrigiere gegebenenfalls deine Antworten und benutze dazu eine andere Farbe.

Sind folgende Behauptungen **richtig** oder **falsch**? Begründe schriftlich.

18 Bei einem Steigungswinkel von 90° erhält man eine Steigung von 100 %.

19 Für das allgemeine Dreieck ABC liefert der Sinussatz (bei drei gegebenen Maßen) stets eine exakte Lösung für einen Innenwinkel.

20 Zur Berechnung des Flächeninhalts eines Dreiecks ABC benötigt man nur drei der Werte für a, b, c, α, β oder γ.

21 Der Kosinussatz gilt nicht für gleichseitige Dreiecke.

22 Der Kosinussatz ist ein Sonderfall des Satzes von Pythagoras.

23 Den Flächeninhalt eines Dreiecks kann man mithilfe zweier Seitenlängen und dem Sinus des eingeschlossenen Winkels berechnen.

Aufgabe	Ich kann …	Hilfe
1, 2, 3, 4, 5, 6, 18	Winkelmaße und Seitenlängen im rechtwinkligen Dreieck bestimmen und Problemstellungen dazu lösen.	S. 66
6, 7, 8	Berechnungen an besonderen Dreiecken durchführen.	S. 68
9, 12, 15, 19	den Sinussatz für beliebige Dreiecke anwenden.	S. 72
10, 11, 13, 14, 21, 22	den Kosinussatz für beliebige Dreiecke anwenden.	S. 76
8, 16, 17, 20, 23	Flächeninhalte von Dreiecken bestimmen.	S. 80

S. 66

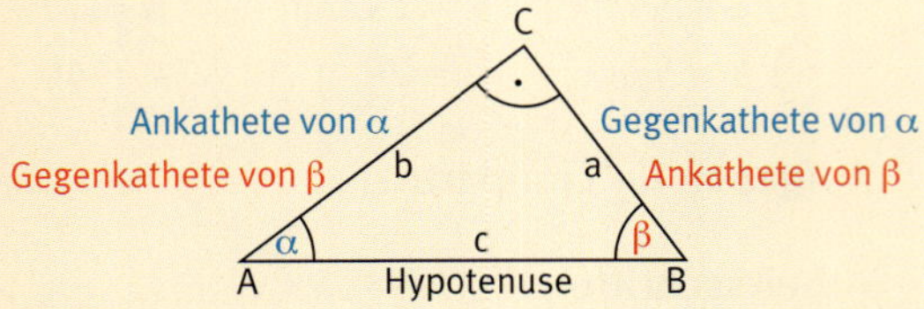

In einem rechtwinkligen Dreieck gilt:

- **Sinus** des Winkels = $\frac{\text{Gegenkathete des Winkels}}{\text{Hypotenuse}}$
  hier: $\sin\alpha = \frac{a}{c}$; $\sin\beta = \frac{b}{c}$
- **Kosinus** des Winkels = $\frac{\text{Ankathete des Winkels}}{\text{Hypotenuse}}$
  hier: $\cos\alpha = \frac{b}{c}$; $\cos\beta = \frac{a}{c}$
- **Tangens** des Winkels = $\frac{\text{Gegenkathete des Winkels}}{\text{Ankathete des Winkels}}$
  hier: $\tan\alpha = \frac{a}{b}$; $\tan\beta = \frac{b}{a}$

S. 68

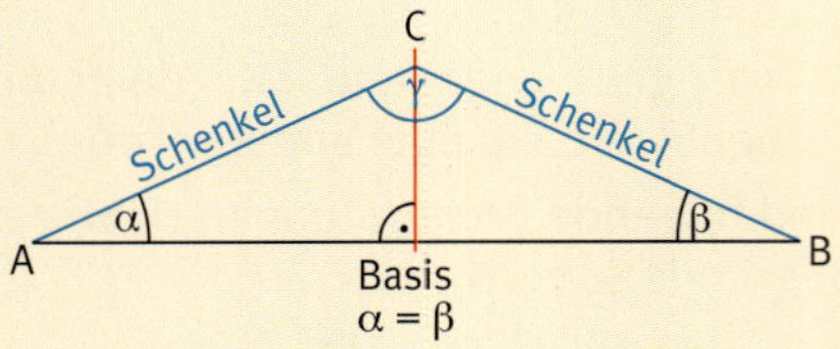

Die **Berechnung** von Streckenlängen und Winkelgrößen in **gleichschenkligen Dreiecken** kann man auf die Berechnung in rechtwinkligen Dreiecken zurückführen. Dazu zerlegt man das gleichschenklige Dreieck durch eine geeignete Symmetrieachse in zwei rechtwinklige Dreiecke.

S. 70

Festlegung:

- $\sin 0° = \cos 90° = 0$
- $\sin 90° = \cos 0° = 1$
- $\tan 0° = 0$

Im rechtwinkligen Dreieck ABC mit $\gamma = 90°$ gilt:

- $\sin\alpha = \cos(90° - \alpha)$
- $\cos\alpha = \sin(90° - \alpha)$
- $\tan\alpha = \frac{\sin\alpha}{\cos\alpha}$

S. 72

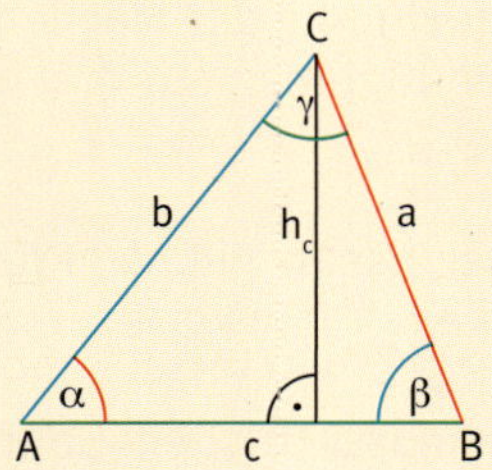

Sinussatz

In einem Dreieck ABC gilt:

$$\frac{a}{\sin\alpha} = \frac{b}{\sin\beta} = \frac{c}{\sin\gamma}$$

Beachte: Eine Seite und der zugehörige Sinus des Gegenwinkels bilden ein Paar.

S. 76

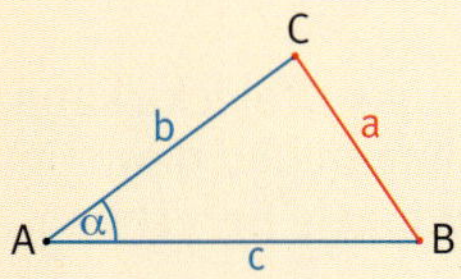

$a^2 = b^2 + c^2 - 2bc \cdot \cos\alpha$

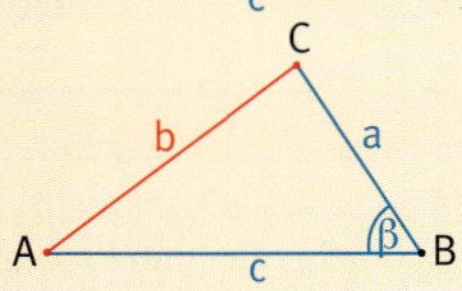

$b^2 = a^2 + c^2 - 2ac \cdot \cos\beta$

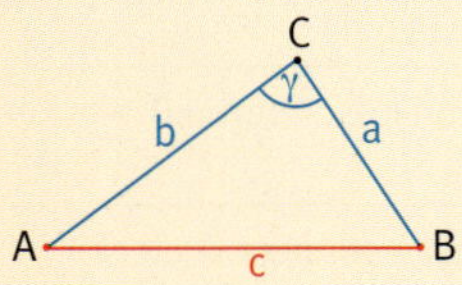

$c^2 = a^2 + b^2 - 2ab \cdot \cos\gamma$

Kosinussatz

Wenn ein einem Dreieck ABC zwei Seitenlängen und die Größe des eingeschlossenen Winkels gegeben sind, dann lässt sich die dritte Seitenlänge mithilfe des Kosinussatzes berechnen.

Wenn in einem Dreieck ABC alle drei Seiten gegeben sind, dann lässt sich jeder Winkel berechnen.

$$\cos\alpha = \frac{b^2 + c^2 - a^2}{2bc} \qquad \cos\beta = \frac{a^2 + c^2 - b^2}{2ac}$$

$$\cos\gamma = \frac{a^2 + b^2 - c^2}{2ab}$$

S. 80

ΔABC mit $a = 42$ mm, $b = 26$ mm und $\gamma = 66°$

$A_{Dreieck} = \frac{1}{2} a \cdot b \cdot \sin\gamma$

$A_{Dreieck} = \frac{1}{2} \cdot 42\text{ mm} \cdot 26\text{ mm} \cdot \sin 66° \approx 499\text{ mm}^2$

Flächeninhalt eines Dreiecks ABC

$A = \frac{1}{2} b \cdot c \cdot \sin\alpha = \frac{1}{2} a \cdot c \cdot \sin\beta = \frac{1}{2} a \cdot b \cdot \sin\gamma$

4 Lineare und quadratische Funktionen

Einstieg

Das Wurfscheibenschießen ist eine Präzisionssportart bei Olympischen Spielen. Dabei wird eine Wurfscheibe von einem Punkt abgeworfen und muss dann mit einer Gewehrkugel abgeschossen werden. Der Sportschütze schießt das Geschoss im Punkt A (7,5 | 1) ab.

- Mit welcher Art von Funktion kann die Flugbahn der Wurfscheibe und die des Geschosses näherungsweise beschrieben werden?
- Bestimme die Funktionsgleichungen der beiden Flugbahnen aus der Skizze und zeichne die Graphen mit Hilfe einer Wertetabelle für $\Delta x = 5$ und $x \in [0; 50]$ in ein geeignetes Koordinatensystem.
- Bestimme den Schnittpunkt der beiden Flugbahnen so genau wie möglich durch Ablesen.
- Versuche nun, den Schnittpunkt rechnerisch zu ermitteln. Überlege dir zunächst, wie du dein Wissen über lineare Gleichungssysteme auf diese neue Situation übertragen kannst.

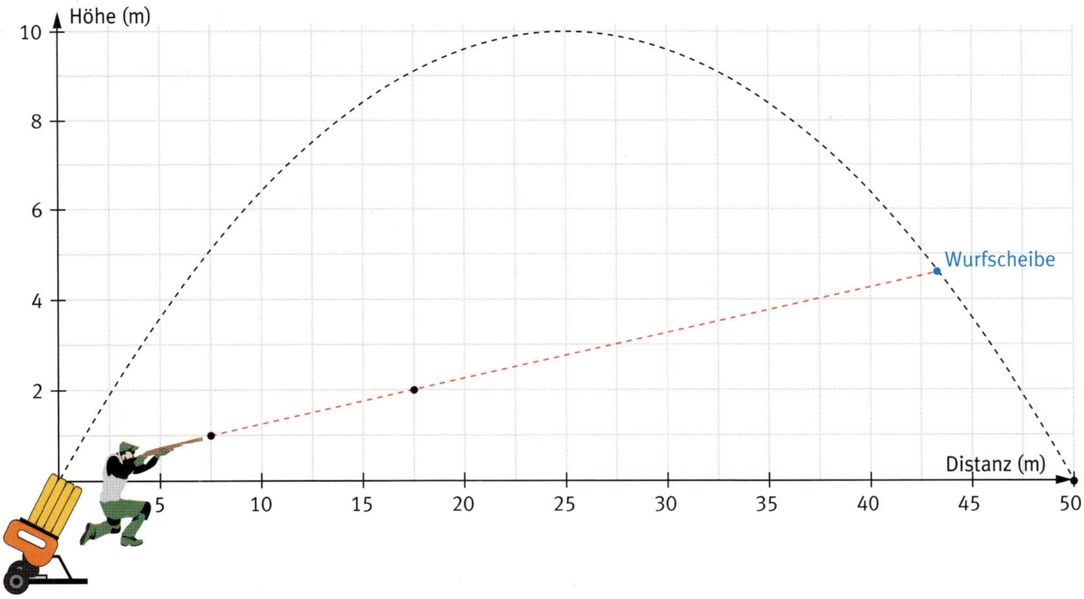

Ausblick

Am Ende dieses Kapitels hast du gelernt, ...

- Lagebeziehungen von Parabeln und Geraden zu ermitteln.
- gemeinsame Punkte von Parabeln und Geraden graphisch oder rechnerisch zu bestimmen.
- Aufgaben aus dem Alltag mithilfe von quadratischen und linearen Funktionen zu lösen.

In der Zeichnung gilt:
1 Einheit ≙ 50 m

Eine Zahnradbahn soll aus einem Tunnel kommend eine annähernd parabelförmige Schlucht mit einer Brücke überqueren und auf der anderen Seite die Fahrt in einem weiteren Tunnel fortsetzen. Die Steigung der Bahn ist konstant.

- In welcher Höhe über der Talstation verlässt die Bahn den Tunnel (fährt sie wieder in den Tunnel ein)? Beschreibe dein Vorgehen.

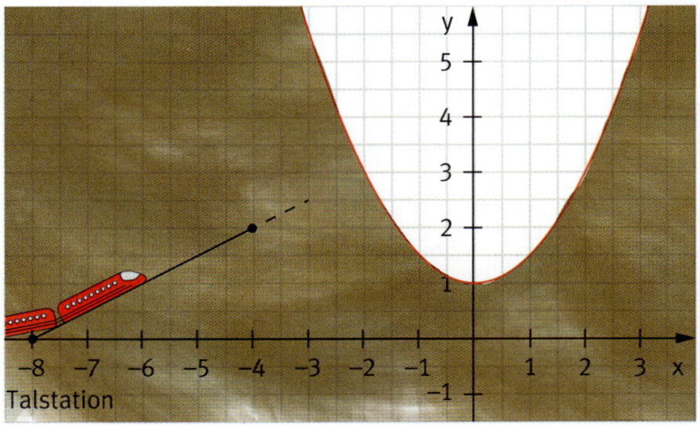

Merkwissen

Eine Funktion der Form **g: y = m · x + t**, heißt lineare Funktion. Ihr Graph ist eine **Gerade**, welche die y-Achse im Punkt **P (0 | t)** schneidet (**y-Achsenabschnitt t**).
N (x_0 | 0) ist der Schnittpunkt des Graphen mit der x-Achse. **x_0** ist die **Nullstelle**.
An dieser Stelle gilt: **y = 0**
Die **Steigung m** beschreibt den Verlauf des Graphen. Für:

m > 0	m < 0	m = 0
steigt die Gerade.	fällt die Gerade.	verläuft die Gerade parallel zur x-Achse.

Die Steigung einer Geraden kann mithilfe von zwei Punkten **P (x_1 | y_1)** und **Q (x_2 | y_2)** und dem **Differenzenquotienten** berechnet werden:

$$m = \frac{\Delta y}{\Delta x} = \frac{y_2 - y_1}{x_2 - x_1}$$

Eine Funktion der Form **p: y = ax^2 + bx + c** heißt **quadratische Funktion**. Ihr Graph ist eine **Parabel** mit dem **Formfaktor a** $\in \mathbb{R}\setminus\{0\}$ und dem **y-Achsenabschnitt c**.
Schnittpunkt mit der y-Achse: **P (0 | c)**

Der **Formfaktor a** gibt an, ob die Parabel **gestreckt** (a > 1 oder a < −1) oder **gestaucht** (−1 < a < +1) ist.
Für a < 0 ist die Parabel nach unten geöffnet.
Die Nullstellen **x_1** und **x_2** von p sind die **Lösungen der quadratischen Gleichung** der Form **$ax^2 + bx + c = 0$**. Sie können mithilfe der **abc-Formel** $x_{1/2} = \frac{-b \pm \sqrt{b^2 - 4ac}}{2a}$ berechnet werden.
Die **Diskriminante D = $b^2 - 4ac$** gibt Auskunft über die Anzahl der Nullstellen.
Man unterscheidet drei Fälle:

D > 0	D < 0	D = 0
zwei Nullstellen	keine Nullstelle	eine Nullstelle

Allgemeine Koordinaten des **Scheitelpunkts S**: $S\left(-\frac{b}{2a} \,\middle|\, c - \frac{b^2}{4a}\right)$
Man unterscheidet folgende Darstellungsformen quadratischer Funktionen:

Allgemeine Form:	p: $y = ax^2 + bx + c$	$a \in \mathbb{R}\setminus\{0\}$ und $b, c \in \mathbb{R}$
Scheitelpunktform:	p: $y = a \cdot (x - x_s)^2 + y_s$	$a \in \mathbb{R}\setminus\{0\}$ und $x_s, y_s \in \mathbb{R}$
Produktform:	p: $y = a \cdot (x - x_1) \cdot (x - x_2)$	$a \in \mathbb{R}\setminus\{0\}$ und $x_1, x_2 \in \mathbb{R}$
Normalform:	p: $y = x^2 + px + q$	$p, q \in \mathbb{R}$

Erinnere dich:
Wenn c = 0 gilt, kannst du die quadratische Gleichung durch Ausklammern lösen.
$ax^2 + bx = 0$
$\Leftrightarrow x \cdot (ax + b) = 0$
$\Leftrightarrow x_1 = 0;\ x_2 = -\frac{b}{a}$

Wenn b = 0 gilt, kannst du die reinquadratische Gleichung durch Radizieren lösen.
$ax^2 + c = 0$
$\Leftrightarrow x^2 = d$ mit $d = -\frac{c}{a}$
$\Leftrightarrow x = \pm\sqrt{d}$

x_S (y_S) beschreibt eine Verschiebung der Normalparabel entlang der x-Achse (y-Achse).
Scheitelpunkt S (x_s | y_s)

I Gegeben sind die linearen Funktionen g: $y = -0{,}5x + 2$ und h: $y = 1{,}5x - 2$.

a) Überprüfe, ob der Punkt R (3 | 3) auf der Geraden h liegt.

b) Berechne die Nullstellen der beiden Funktionen.

c) Bestimme den Schnittpunkt S der beiden Geraden.

d) Eine dritte Gerade verläuft durch den Punkt Q (4 | 2) und den Schnittpunkt S. Ermittle die zugehörige Funktionsgleichung i.

e) Zeichne die Graphen der Funktionen in ein Koordinatensystem und überprüfe die Lage der Nullstellen, des Schnittpunkts S und des Punktes R.

Lösung:

a) Einsetzen von R (3 | 3) in h:
$3 = 1{,}5 \cdot 3 - 2 \Leftrightarrow 3 \neq 2{,}5 \Rightarrow R \notin h$

b) y = 0 in g bzw. h einsetzen:
g: $0 = -0{,}5\,x + 2 \Rightarrow x = 4 \Rightarrow x_1 = 4$
h: $0 = 1{,}5\,x - 2 \Rightarrow x = 1\frac{1}{3} \Rightarrow x_2 = 1\frac{1}{3}$

c) g und h gleichsetzen:
$-0{,}5\,x + 2 = 1{,}5\,x - 2 \Rightarrow x = 2$
Einsetzen von x = 2 in g oder h liefert:
$y = 1 \Rightarrow S\,(2 | 1)$

d) Einsetzen von Q (4 | 2) und S (2 | 1):
$m = \frac{y_2 - y_1}{x_2 - x_1} = \frac{2-1}{4-2} = \frac{1}{2} \Rightarrow y = \frac{1}{2}x + t$
Einsetzen von Q (4 | 2) liefert: $t = 0 \Rightarrow$ i: $y = 0{,}5x$

e)

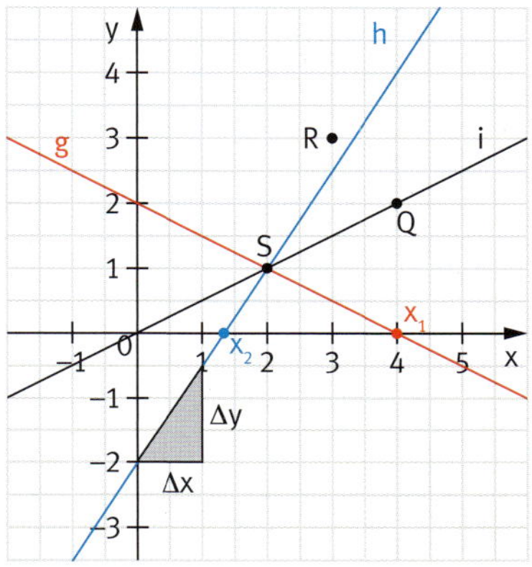

II Gegeben ist die Parabel p: $y = -2x^2 + 2x + 4$.

a) Überprüfe, ob der Punkt Q (1,5 | 2,5) auf der Parabel liegt.

b) Überführe die Funktionsgleichung in die Scheitelpunktform.

c) Bestimme die Schnittpunkte des Graphen mit den Koordinatenachsen.

d) Zeichne den Graphen der Funktion in ein passendes Koordinatensystem.

Lösung:

a) Einsetzen von Q (1,5 | 2,5):
$2{,}5 = -2 \cdot 1{,}5^2 + 2 \cdot 1{,}5 + 4$
$\Leftrightarrow \quad 2{,}5 = 2{,}5 \Rightarrow Q \in p$

b) a = −2; b = 2; c = 4
$S\left(\frac{-2}{2 \cdot (-2)} \middle| 4 - \frac{2^2}{4 \cdot (-2)}\right)$, S (0,5 | 4,5)
$\Rightarrow$ p: $y = -2 \cdot (x - 0{,}5)^2 + 4{,}5$

c) 1 Schnittpunkt mit y-Achse:
x = 0 einsetzen liefert: y = 4; P (0 | 4)
2 Nullstellen:
$x_{1/2} = \frac{-2 \pm \sqrt{2^2 - 4 \cdot (-2) \cdot 4}}{2 \cdot (-2)} \Rightarrow x_1 = -1;\ x_2 = 2$

d)

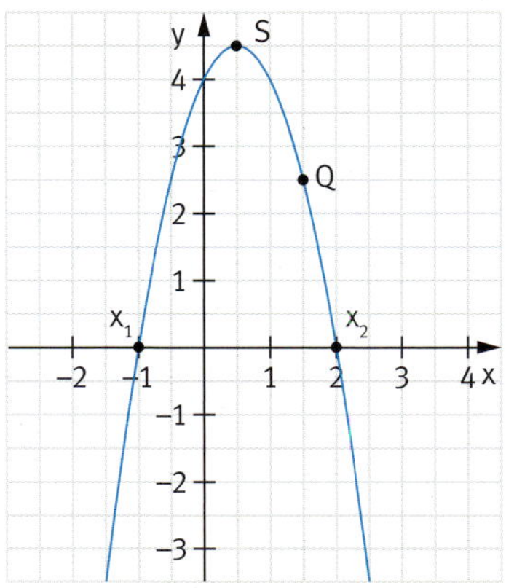

Verständnis

- Leon sagt zu Lina: „Der Graph der Funktion f: $y = -x + 2{,}5$ hat den Schnittpunkt mit der y-Achse P (2,5 | 0)." Stimmt das? Begründe.
- Beschreibe die Eigenschaften der Parabel p: $y = -1{,}5 \cdot (x - 2)^2 - 1$.

Aufgaben

1 Gegeben sind die Funktionen f_1 bis f_6.

f_1: $y = -0{,}5x - 1{,}5$ | f_2: $y = -0{,}5x$ | f_3: $y = -0{,}5x + 3$

f_4: $y = 2$ | f_5: $y = -x + 2$ | f_6: $y = 1{,}5x + 2$

a) Beschreibe den Verlauf der Graphen anhand der Funktionsgleichung.

b) Bestimme für jede Funktion die Schnittpunkte mit den Koordinatenachsen.

c) Zeichne die Graphen der Funktionen f_1, f_2, f_3 und f_4, f_5, f_6 jeweils in ein Koordinatensystem. Beschreibe Zusammenhänge zwischen einzelnen Funktionsgraphen.

Lösungen zu 2:
$y = -0{,}25x + 1$
$y = -x + 9$
$y = \frac{8}{5}x - \frac{46}{5}$
$y = -\frac{3}{5}x + 3$
$y = \frac{1}{6}x + 2$
$y = -0{,}75x + 1$
$y = -0{,}5x$
$y = 2x$
$y = 3$
$y = 0{,}4x - 1$
$y = 1{,}5x - 3{,}5$

2 Die Lage zweier Geraden zueinander wird durch ihre Steigungen m_1 und m_2 beeinflusst.

- Zwei Geraden mit gleicher Steigung $\mathbf{m_1 = m_2}$, aber unterschiedlichem y-Achsenabschnitt verlaufen **parallel** zueinander.
- Bei zwei zueinander **senkrechten** Geraden gilt der Zusammenhang: $\mathbf{m_1 \cdot m_2 = -1}$.

Bestimme die Funktionsgleichung der zugehörigen linearen Funktion.

1

x	0	1	2
y	1	0,25	−0,5

2 Der Graph der Funktion von f verläuft parallel zur Geraden mit der Gleichung $3x - 2y + 4 = 0$ und enthält den Punkt P (1 | −2).

3 Der Graph der Funktion von g verläuft parallel zur Winkelhalbierenden des 2. und 4. Quadranten und durch den Punkt Q (4 | 5).

4

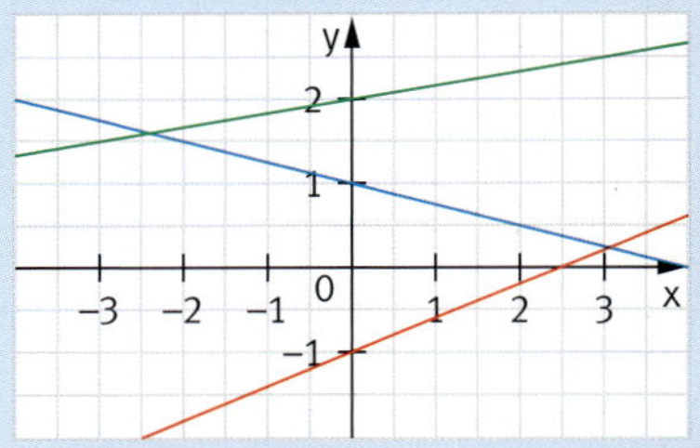

5 Der Graph der Funktion von h verläuft durch R (−2 | 3) und schneidet bei y = 3 die y-Achse.

6 Die Gerade schneidet die x-Achse bei x = 5 und die y-Achse bei y = 3.

7 Der Graph der Funktion von k verläuft durch den Ursprung und durch den Punkt U (1 | −0,5).

8 Der Graph der Funktion von i verläuft durch die Punkte S (2 | −6) und T (−3 | −14).

9 Die Gerade läuft durch den Ursprung und steht senkrecht zum Graphen der Funktion k.

3 Zur Finanzierung einer Abschlussfahrt verkauft die Klasse 10 c auf einer Firmenmesse Kaffee zum Preis von 1,50 € pro Tasse. Sie muss eine Standgebühr von 50 € bezahlen. Pro verkaufter Tasse rechnet sie mit Unkosten von 0,20 €.

a) Stelle je eine Funktion für den Umsatz u und für die Kosten k auf.

b) Zeichne die Graphen der Funktionen u und k in ein Koordinatensystem. Beurteile anhand des Graphen, ab wann der Verkauf Gewinn abwirft.

c) Bestimme, wie viele Tassen Kaffee die Klasse verkaufen muss, um 200 € Gewinn zu haben.

4 Dargestellt sind die Graphen der quadratischen Funktionen p_1 bis p_4.

a) Bestimme die Eigenschaften der Funktionen. Nimm Stellung zu Form, Scheitelpunkt, Definitions- und Wertebereich, Monotonie, Achsenschnittpunkte und Symmetrie.

b) Gib die Funktionsgleichung wie im Beispiel in verschiedenen Darstellungsformen an.

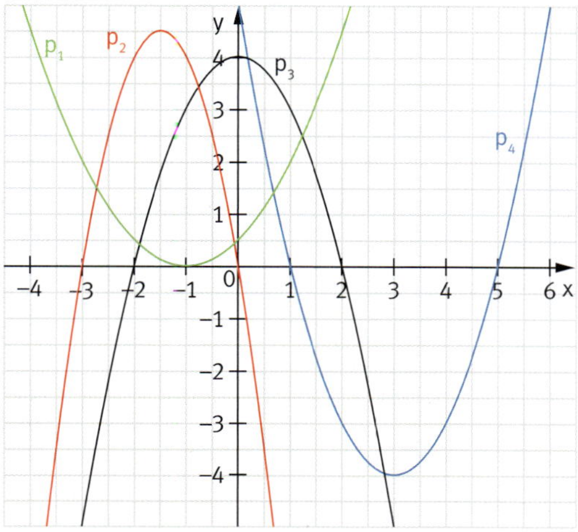

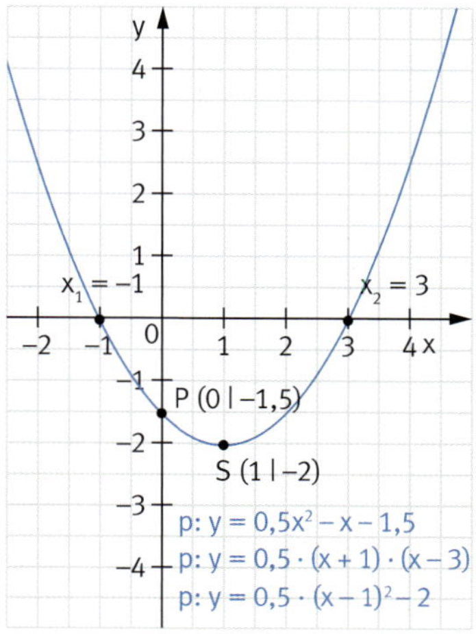

5 Bestimme zunächst mithilfe der Diskriminante die Anzahl der Nullstellen und dann die möglichen Nullstellen selber.

1 $2x^2 - 10x + 21 = 0$	**2** $-x^2 - 10x - 10{,}5 = 0$	**3** $3x^2 + 6x - 105 = 0$
4 $3{,}5x^2 = 1{,}75x + 5{,}25$	**5** $100x \cdot (x + 3) = 559$	**6** $4x^2 - 9 = -x^2 + 16$
7 $1{,}5x^2 + 0{,}5\sqrt{2} \cdot x = 1$	**8** $x^2 - 4 \cdot (\sqrt{12} - \sqrt{6})\,x - 12\sqrt{4} = 0$	

Lösungen zu 5:
−68; 6,5; 58; 76,5625; 112,47; 500; 1296; 313 600
Angegeben sind nur die Werte der Diskriminanten.

6 In jedem Freizeitpark ist die Fütterung der Delfine eine Attraktion. Die Delfine schwimmen in Richtung Pfleger, springen dann 3 m hoch und 8 m weit aus dem Wasser heraus und schnappen sich einen Fisch.

a) Skizziere die parabelförmige Flugbahn (1 cm entspricht 1 m).

b) Bestimme die zugehörige Funktionsgleichung.

7 Bernhard spielt gern Golf. Die Flugbahn des Golfballs kann annähernd durch eine Parabel beschrieben werden. Überprüfe, ob es ihm mit diesem Schlag gelingt, den 15 m hohen Baum zu überspielen.

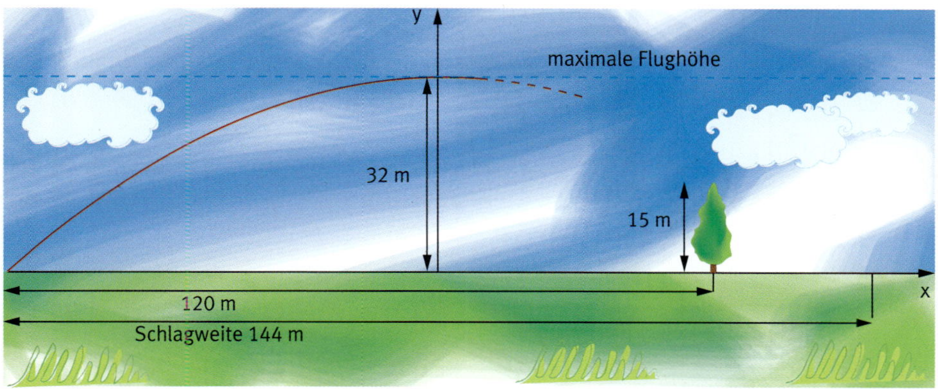

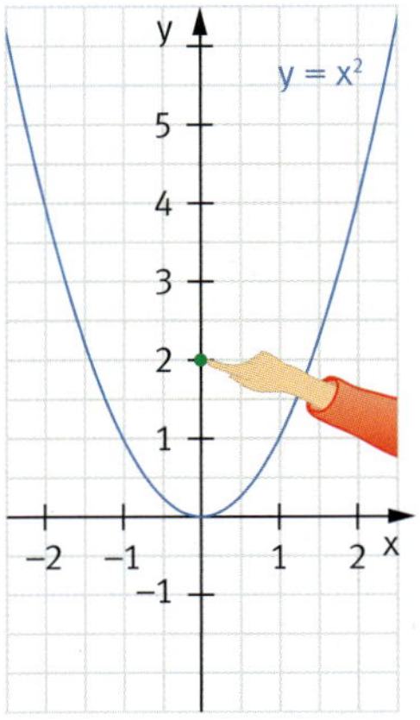

Gegeben sind die Parabel p mit $y = x^2$ und die Geraden g_n mit
g_1: $y = x + 2$, g_2: $y = -2x - 1$ und g_3: $y = x - 1$.

- Zeichne die zugehörigen Funktionsgraphen in verschiedenen Farben in ein Koordinatensystem.
- Bestimme aus den Graphen jeweils die Schnittpunkte der Parabel mit den Geraden. Überprüfe deine Ergebnisse rechnerisch.
- Formuliere einen Zusammenhang zwischen der Anzahl der gemeinsamen Punkte und der Lösungsformel.

Merkwissen

Untersucht man die **Anzahl** der **gemeinsamen Punkte** einer **Parabel** und einer **Gerade**, so können folgende Fälle auftreten:

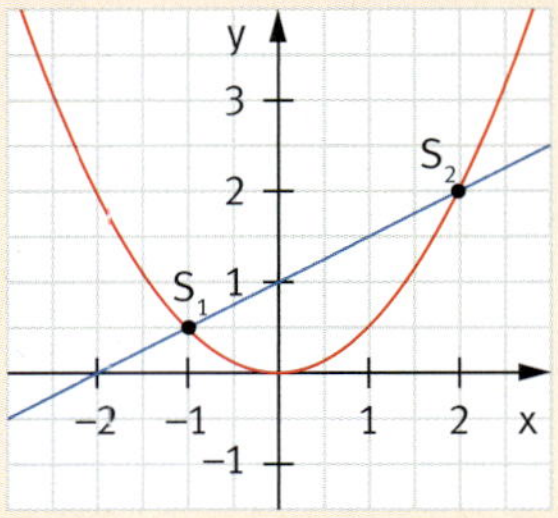

2 Schnittpunkte ($D > 0$)
$\mathbb{L} = \{(x_1 | y_1); (x_2 | y_2)\}$

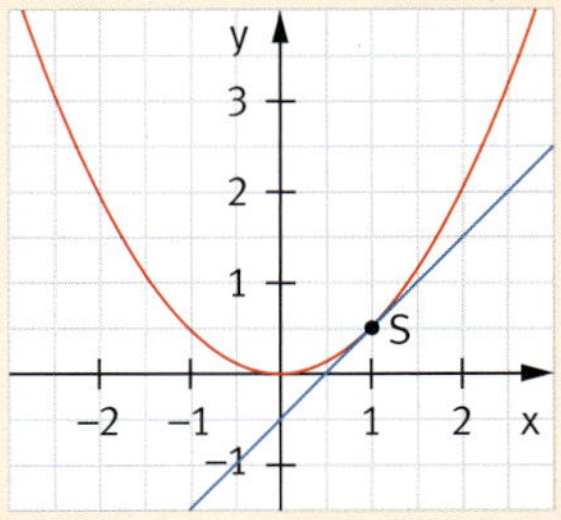

1 Schnittpunkt ($D = 0$)
$\mathbb{L} = \{(x | y)\}$

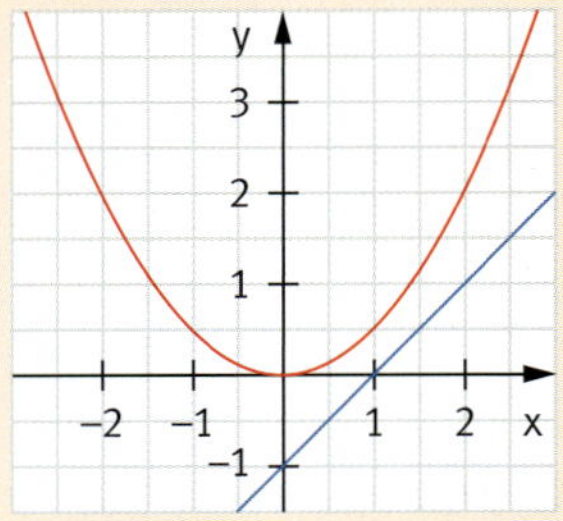

kein Schnittpunkt ($D < 0$)
$\mathbb{L} = \varnothing$

Diskriminante D:
$D = b^2 - 4ac$

Die Bestimmung gemeinsamer Punkte einer Parabel und einer Gerade führt auf ein Gleichungssystem, bei dem mindestens eine Gleichung quadratisch ist. Man spricht von einem **quadratischen Gleichungssystem.**

Beispiele

Quadratische Gleichungssysteme können wie lineare Gleichungssysteme graphisch und rechnerisch gelöst werden.

I Bestimme die gemeinsamen Punkte der Parabel p: $y = (x - 1)^2 - 2$ und der Gerade g: $y = -x + 5$ graphisch und rechnerisch. Beschreibe dein Vorgehen.

Lösung:
graphisch

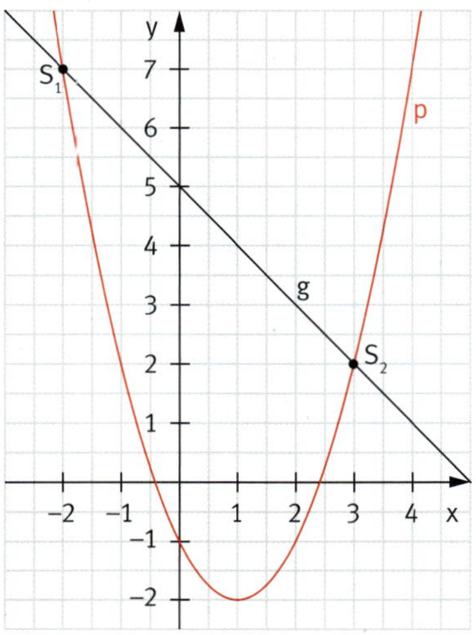

1. Zeichne die Graphen zu p und g in ein Koordinatensystem.
2. Entnimm der Zeichnung die Schnittpunkte: S_1 (−2 | 7) und S_2 (3 | 2)
3. Lösungsmenge: $\mathbb{L} = \{(-2 | 7); (3 | 2)\}$

Beim graphischen Lösungsverfahren sollte man eine Probe anschließen.

rechnerisch

1 Quadratisches Gleichungssystem:
I $y = (x-1)^2 - 2$
II $y = -x + 5$

2 Gleichsetzen der Gleichungen liefert:
$(x-1)^2 - 2 = -x + 5$
$\Leftrightarrow x^2 - 2x + 1 - 2 = -x + 5$
$\Leftrightarrow x^2 - x - 6 = 0$

3 Diskriminante bestimmen:
$D = (-1)^2 - 4 \cdot 1 \cdot (-6) = 25$
Es gibt zwei Schnittpunkte bzw. zwei Lösungen.

4 Löse die entstandene Gleichung:
$x_{1/2} = \frac{1 \pm \sqrt{25}}{2} \Rightarrow x_1 = -2;\ x_2 = 3$

5 Berechne den Wert für y durch Einsetzen in I oder II:
$y_1 = -(-2) + 5 = 7;\ y_2 = -3 + 5 = 2$

6 Lösungsmenge:
$\mathbb{L} = \{(-2|7);\ (3|2)\}$

Verständnis

- Wie können eine Gerade und Parabel zueinander liegen? Beschreibe jeweils die Lösungsmenge des zugehörigen Gleichungssystems.
- Es ist hilfreich, zunächst die Diskriminante zu bestimmen, bevor man eine quadratische Gleichung löst. Begründe.

Aufgaben

1 Prüfe rechnerisch, ob die Graphen von g und p sich schneiden. Gib in dem Fall die Koordinaten der Schnittpunkte an.

a) g: $y = x + 4$
p: $y = x^2 - x + 1$

b) g: $y = x + 3$
p: $y = \frac{1}{3}x^2 + x$

c) g: $y = -x + 6{,}5$
p: $y = -x^2 + 2x$

d) g: $y = -2x + 4$
p: $y = -x^2 + 4$

e) g: $y = 2x + 3$
p: $y = x^2 + x - 3$

f) $y = -x + 5$
p: $y = (x-2)^2 + 1$

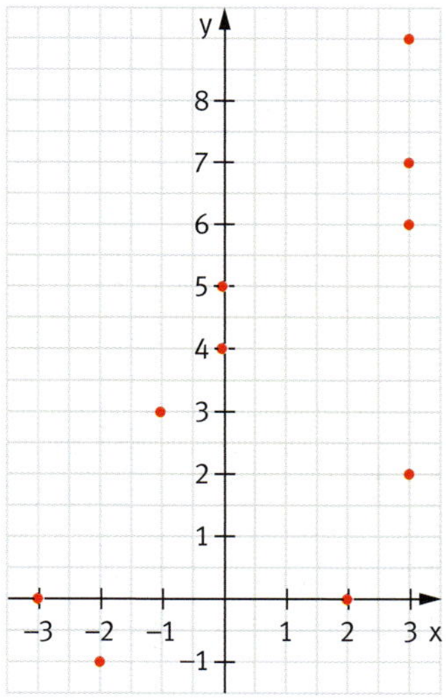

Lösungen zu 1: Die gemeinsamen Punkte sind im Graphen markiert.

2 Gegeben ist die Gleichung $x^2 - x - 3 = 0{,}5\,x + 1{,}5$.

a) Interpretiere die Gleichung graphisch.

b) Bestimme die Lösungsmenge der Gleichung rechnerisch und überprüfe das Ergebnis anhand der Grafik.

3 Die Parabel p besitzt den Scheitel S (4|7) und die Formvariable $a = -0{,}25$. Die Gerade g hat die Gleichung $y = 0{,}5x - 1$.

a) Zeige durch Rechnung, dass p die Gleichung $y = -0{,}25x^2 + 2x + 3$ hat. Zeichne p und g für $x \in [-3; 10]$ in ein Koordinatensystem.

b) Die Parabel p und die Gerade g schneiden sich in zwei Punkten A und B. Ermittle rechnerisch die Koordinaten der beiden Schnittpunkte.

4 Gib die Gleichung einer Parabel p und einer Geraden g an, die ...

Findest du verschiedene Möglichkeiten?

a) keinen Punkt gemeinsam haben.

b) die beiden Punkte P (−2|4) und Q (2|4) gemeinsam haben.

c) nur den Punkt R (−1|2) gemeinsam haben.

d) mit der Gerade g mit der Gleichung $x = 3$ denselben Punkt gemeinsam haben.

1 Die Produktionskosten (in 1000 Euro) von Kopfhörern sind von der Produktionsmenge x (in 1000 Stück) abhängig und können mit der Funktion $K(x) = 0{,}25x + 5$ beschrieben werden. Die Erlöse können mit der Funktion $E(x) = -0{,}75x^2 + 7x$ berechnet werden.
Betrachte die folgende Bearbeitung der Aufgabe:

1 Ermittlung der Produktionsmenge, bei der der **Erlös maximal** ist:

$$S\left(\frac{-7}{2 \cdot (-0{,}75)} \,\middle|\, 0 - \frac{7^2}{4 \cdot (-0{,}75)}\right) \Leftrightarrow S(\approx 4{,}667 \mid \approx 16{,}333)$$

Bei einer Produktionsmenge von 4667 Stück ist der Erlös (16 333 €) maximal.

2 Bestimmung der **Erlöszone**:

$$E(x) = 0 \Longrightarrow x_{1/2} = \frac{-7 \pm \sqrt{(7)^2 - 4 \cdot (-0{,}75) \cdot 0}}{2 \cdot (-0{,}75)} \Leftrightarrow x_1 = 0 \text{ und } x_2 \approx 9{,}333$$

3 Bestimmung der **Gewinnzone**:

$$E(x) = K(x) \Leftrightarrow -0{,}75x^2 + 7x = 0{,}25x + 5$$

$$0 = -0{,}75x^2 + 6{,}75x - 5$$

$$x_{1/2} = \frac{-6{,}75 \pm \sqrt{6{,}75^2 - 4 \cdot (-0{,}75) \cdot (-5)}}{2 \cdot (-0{,}75)} \Leftrightarrow x_1 \approx 0{,}814 \text{ und } x_2 \approx 8{,}186$$

4 Bestimmung der **Gewinnfunktion** und des **maximalen Gewinns**:

$$G(x) = E(x) - K(x) \Leftrightarrow G(x) = -0{,}75x^2 + 7x - (0{,}25x + 5)$$

$$G(x) = -0{,}75x^2 + 6{,}75x - 5$$

$$S\left(\frac{-6{,}75}{2 \cdot (-0{,}75)} \,\middle|\, -5 - \frac{6{,}75^2}{4 \cdot (-0{,}75)}\right) \Leftrightarrow S(4{,}5 \mid 10{,}1875)$$

*Zu 2 : Die **Erlöszone** wird durch die Erlösschwelle und die Erlösgrenze festgelegt. Erlösschwelle und -grenze eines Betriebes sind die Stellen, an denen der Erlös Null ist. Dazwischen ist der Erlös positiv.*

*Zu 3 : Die **Gewinnzone** ist der Bereich zwischen Gewinnschwelle und Gewinngrenze. An der Gewinnschwelle und der Gewinngrenze ist der Gewinn Null, dazwischen im positiven Bereich.*

a) Übertrage den Lösungsweg in dein Heft und interpretiere die einzelnen Ergebnisse in Bezug auf den Sachverhalt. Gib dazu folgende Informationen an. Für 1 ist oben ein Beispiel angegeben.

1 Die Produktionsmenge, bei der der Erlös maximal ist, und der dazugehörige Erlös

2 Die Erlösschwelle und Erlösgrenze

3 Die Gewinnschwelle und Gewinngrenze

4 Die Produktionsmenge, bei der der Gewinn maximal wird, und der dazugehörige Gewinn

b) Erstelle für alle drei Funktionen eine Wertetabelle bis zu einer Produktionsmenge von 10 000 Kopfhörern.

Produktionsmenge x (in 1000 Stück)	0	1
Kosten K (x) (in 1000 €)		
Erlöse E (x) (in 1000 €)		
Gewinn G (x) (in 1000 €)		

c) Zeichne die Graphen der Kostenfunktion, der Erlösfunktion und der Gewinnfunktion in ein Koordinatensystem. Markiere jeweils die Erlös- und Gewinnschwelle, die Erlös- und Gewinngrenze sowie den maximalen Erlös und den maximalen Gewinn. Markiere den Bereich der Erlös- und Gewinnzone.

d) Erkläre anhand der graphischen Darstellung das rechnerische Vorgehen aus dem Kasten.

2 Die Fischer GmbH rechnet bei der Produktion von Gebrauchsgütern mit Fixkosten von 2500 € und pro Stück mit variablen Kosten von 0,50 €. Die Erlöse (in 1000 €) lassen sich mit der Funktion $E(x) = (-0{,}5x + 3{,}5) \cdot x$ beschreiben (x in 1000 Stück).

a) Ermittle die Kosten- und Gewinnfunktion.

b) Stelle die Graphen in einem Koordinatensystem dar.

c) Bestimme graphisch und rechnerisch die Erlöszone, die Gewinnzone sowie den maximalen Erlös und maximalen Gewinn.

3 Zwei Pkws unterschiedlicher Hersteller werden auf ihren Kraftstoffverbrauch hin untersucht.

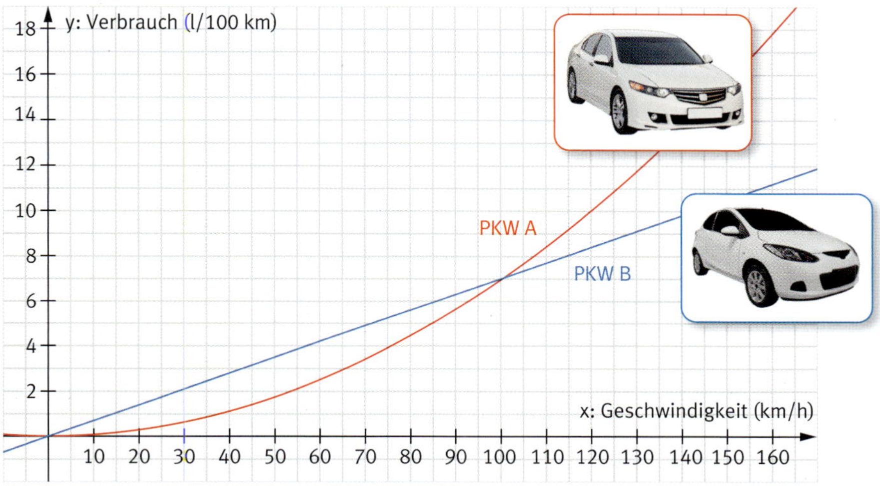

a) Ermittle den Verbrauch der Pkws so genau wie möglich bei einer Geschwindigkeit von 30 km/h (50 km/h, 80 km/h und 130 km/h).

b) Bei welcher Geschwindigkeit ist der Kraftstoffverbrauch gleich? Welcher Pkw eignet sich besser für die Stadt, welcher für Überlandfahrten? Begründe.

c) Um wie viel nimmt der Verbrauch prozentual bei beiden Pkws ab, wenn man auf der Autobahn anstatt der Richtgeschwindigkeit von 130 km/h nur 110 km/h fährt?

4 Im Kleinbetrieb Designlux werden Künstler-Designerleuchten hergestellt und für 250 € pro Stück verkauft. Bei einer Wochenproduktion von n Leuchten entstehen fixe Kosten in Höhe von durchschnittlich 2 775 € und variable Kosten, deren Höhe in € sich durch $50n + n^2$ beschreiben lässt.

a) Gib Beispiele für fixe Kosten und Beispiele für variable Kosten an.

b) Gib einen Funktionsterm für den Gewinn an. Zeichne den Graphen der Gewinnfunktion.

c) Berechne den Gewinn, wenn wöchentlich 150 Leuchten hergestellt und verkauft werden.

d) Finde heraus, bei welchen Stückzahlen die Firma einen Gewinn erzielt und bei welcher Stückzahl dieser Gewinn am größten ist.

e) Vergleiche den in Teilaufgabe b) von dir erstellten Graphen der Gewinnfunktion mit der nebenstehenden Abbildung.

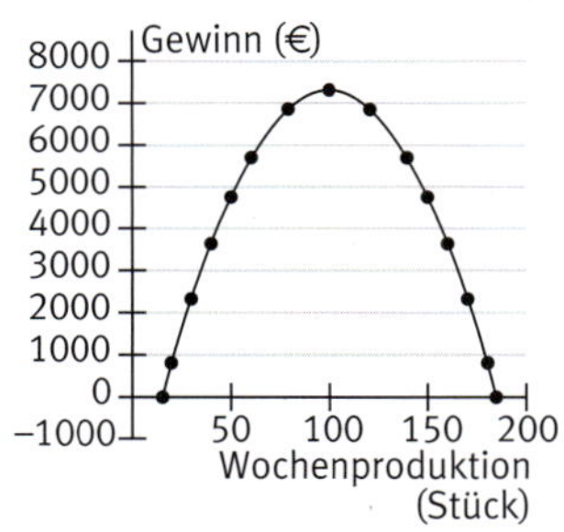

5 In dem parabelförmigen Torbogen p sind die Punkte S (–4 | 5) und T (6 | 0) durch eine Stange miteinander verbunden. Gib eine Gleichung des Torbogens P und eine Gleichung der Geraden ST an. Der Torbogen und die Stange sind durch parallel zur Symmetrieachse des Torbogens verlaufende Stäbe miteinander verbunden. Bestimme rechnerisch den längsten Stab und ermittle seine Länge.

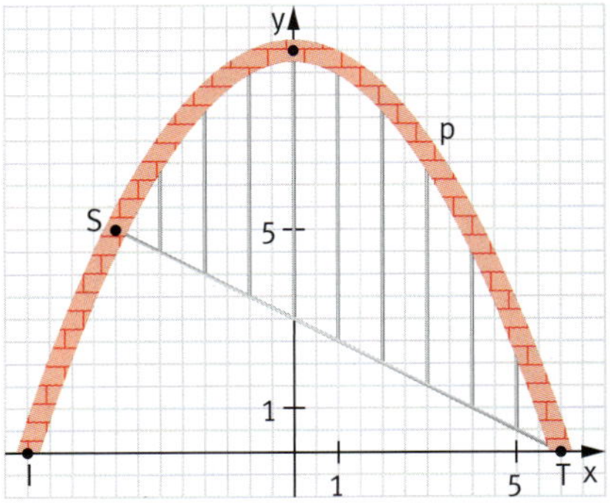

6 Eine Hochspannungsleitung hängt zwischen den Punkten A und B näherungsweise parabelförmig durch. Der Punkt B ist von A (0 | 0) in horizontaler Richtung 100 m entfernt und liegt 20 m höher als A. Der tiefste Punkt C der Parabel p ist von A in horizontaler Richtung 20 m entfernt.

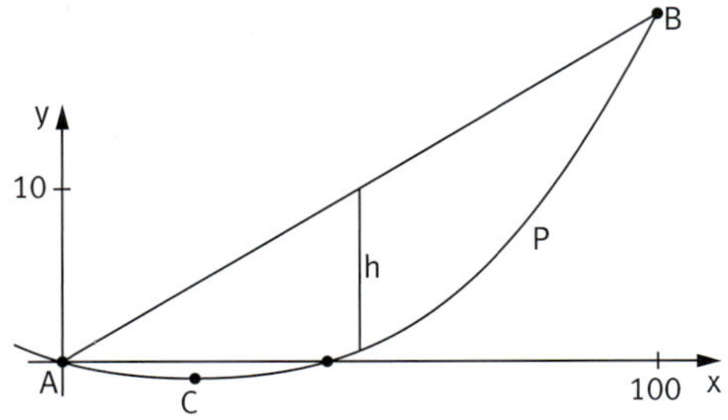

a) Gib die Gleichung der Parabel p in der Scheitelpunktform, der allgemeinen Form und der Produktform an.
(Ergebnis: p: $y = \frac{1}{300}(x - 20)^2 - \frac{4}{3}$)

b) Stelle einen Term h (x) für den Durchhang h auf, finde heraus, an welcher Stelle der Durchhang am größten ist, und ermittle h_{max}.

7 Bei Autorennstrecken gibt es Kurven, deren Verlauf Parabeln gleicht. In der Zeichnung sind abschnittsweise gezeichnete Parabeln p_1 und p_2 durch eine Strecke $\overline{AB}$ verbunden.
Es gilt:
p_1: $y = -0{,}5x^2 - 2x + 5$
p_2: $y = 0{,}5 \cdot (x - 4)^2 - 1$

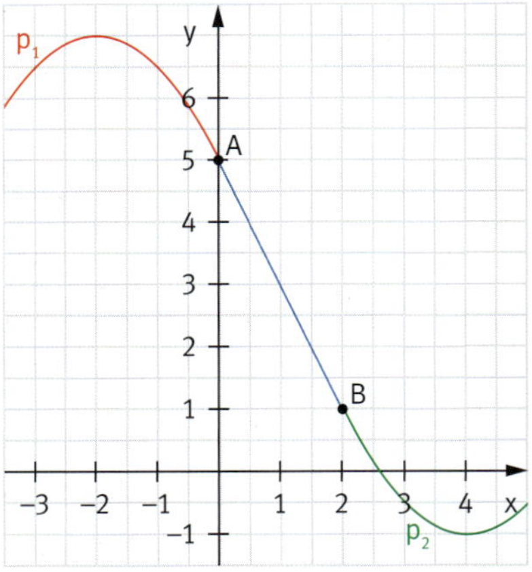

a) Ermittle die Funktionsgleichung von AB.

b) Zeige, dass AB Tangente an beide Parabeln ist. Das bedeutet, dass die Gerade AB mit jeder Parabel genau einen gemeinsamen Schnittpunkt hat.
Warum ist diese Eigenschaft essentiell für eine Rennstrecke?

c) Berechne die Länge des Streckenabschnitts zwischen A und B ($|\overline{AB}|$), wenn gilt: 1 LE (Längeneinheit) ≙ 100 m.
Wie lange würde ein Sportwagen für diesen Streckenabschnitt brauchen, der mit durchschnittlich 180 km/h fährt?

8 Eine Brücke verbindet die beiden Seiten eines Tales. Die rot markierte Fahrbahn verläuft durch die Punkte (–30 | 11) und (20 | 21). Der parabelförmige Brückenbogen verläuft durch die Punkte (–40 | 0), (0 | 16) und (30 | 7). Brückenbogen und Straße berühren sich im Punkt A; sie sind durch vier senkrechte Stützpfeiler verbunden.

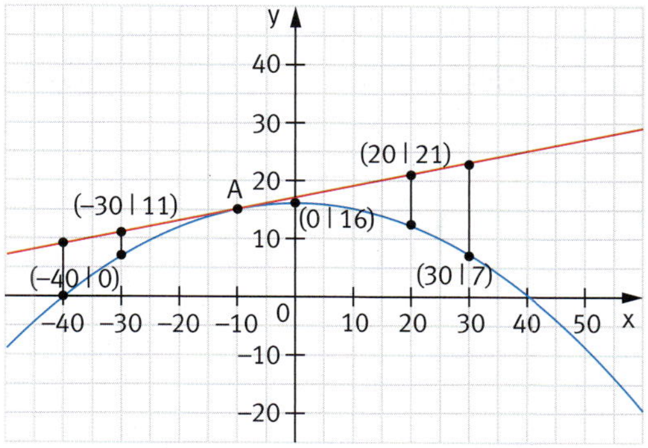

a) Der Verlauf der Straße ist annähernd linear. Bestimme die Funktionsgleichung. Welche praktische Bedeutung hat der Faktor m? Ist dieser Wert realistisch?

b) Bestimme die Funktionsgleichung des Brückenbogens.

Ergebnis:
p: $y = -0{,}01x^2 + 16$

c) Überprüfe rechnerisch die Lage der angegebenen Punkte.

d) Berechne die Koordinaten des Berührpunktes A.

e) Berechne die Länge der Stützpfeiler.

9 Ein Pkw fährt mit konstanter Geschwindigkeit auf der linken Spur der Autobahn. Ein Sportwagen rast heran, erkennt zu spät, dass er zu schnell fährt und macht eine Vollbremsung.

Die Tabelle 1 beschreibt den funktionalen Zusammenhang zwischen der Zeit und dem zurückgelegten Weg des Pkws.

Zeit (s)	1	1,5	2	2,5	3	3,5
Zurückgelegter Weg (m)	80	95	110	125	140	155

Die Tabelle 2 beschreibt den Bremsvorgang des Sportwagens.

Zeit (s)	0	1	2	3	4	5
Zurückgelegter Weg (m)	0	56	104	144	176	200

a) Begründe, warum der Zusammenhang zwischen der Zeit und dem Weg des Pkws mithilfe einer linearen Funktion beschrieben werden kann.

b) Berechne den Steigungsfaktor m und den y-Achsenabschnitt t und bestimme die Funktionsgleichung. Welche praktische Bedeutung haben t und m?

c) Zeichne den Graphen der Funktion in ein passendes Koordinatensystem. Bezeichne die Achsen.

d) Übertrage die Wertepaare aus Tabelle 2 in dasselbe Koordinatensystem. Was fällt dir auf?

e) Zeige, dass der Bremsvorgang mithilfe der quadratischen Funktion p: $y = -4x^2 + 60x$ beschrieben werden kann.

f) Kommt es trotz der Vollbremsung zu einem Auffahrunfall? Wenn ja, zu welchem Zeitpunkt? Begründe rechnerisch.

g) Wie lange würde es theoretisch dauern, bis der Sportwagen zum Stillstand kommt?

h) Wie groß ist der Abstand der beiden Fahrzeuge zum Zeitpunkt der Vollbremsung?

1 Glühbirnen wurden in der Europäischen Union nach und nach verboten und durch sogenannte Energiesparlampen ersetzt.

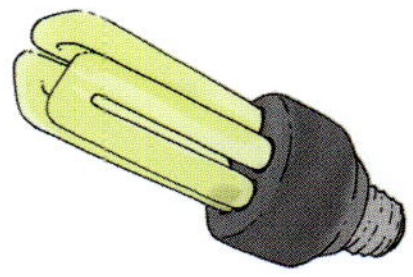

Anschaffung: 14,90 €
Lebensdauer: ca. 10 000 h
Leistung: 12 Watt

Anschaffung: 0,99 €
Lebensdauer: ca. 1000 h
Leistung: 60 Watt

a) Vergleiche die Kosten miteinander, wenn 1 kWh 19,5 ct kostet.

b) Kritiker stellen solchen Rechnungen gegenüber, dass die Herstellung und der Materialverbrauch von Energiesparlampen nicht besonders umweltfreundlich sind. Informiere dich im Internet und stelle die Argumente deiner Klasse vor.

2 Die Graphen stellen die Kosten für verschiedene Handytarife (nur Gesprächszeit) dar.

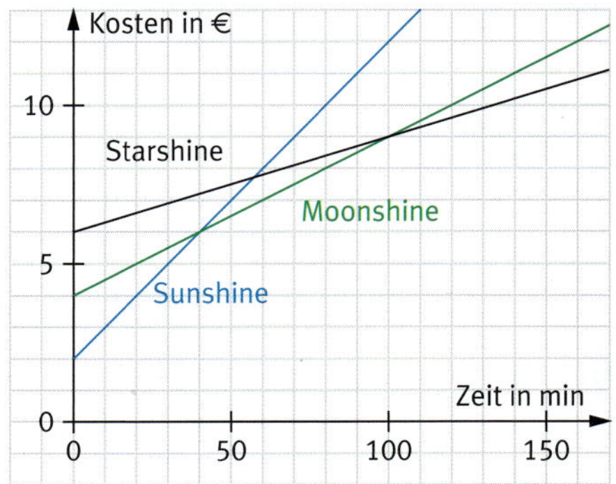

a) Gib für jeden Tarif die Grundgebühr und den Minutenpreis an.

b) Bestimme grafisch und rechnerisch die Kosten bei den einzelnen Tarifen, wenn man im Monat 50 min (80 min, 100 min, 160 min) telefoniert.

c) Wann lohnt sich welcher Tarif? Beschreibe.

3 Für die Bauplanung eines Hauses werden zwei Heizungsanlagen verglichen.

Heizungsanlage mit ...	Baukosten	Betriebskosten pro Jahr
Wärmepumpe	16 000 €	500 €
Öl	12 000 €	1500 €

a) Berechne die Gesamtkosten der Heizungsanlage mit Wärmepumpe nach fünf Jahren.

b) Stelle die Gesamtkosten der beiden Heizungsanlagen für mindestens fünf Jahre grafisch dar. Wann sind die Gesamtkosten beider Anlagen gleich?

c) Welche Aussage ist wahr? Begründe deine Antwort.

1 Die Heizungsanlage mit Öl hat höhere Baukosten als die mit Wärmepumpe.

2 Nach drei Jahren Nutzung sind die Gesamtkosten der Heizung mit Wärmepumpe günstiger.

3 Nach sechs Jahren Nutzung spart man durch die Heizung mit Wärmepumpe 2000 € ein.

Die Verbrauchspreise werden auch oft Arbeitspreise genannt.

4 Die Stadtwerke bieten ihren Kunden verschiedene Stromtarife an.

Tarif	Classic	Best Natur	Aqua 100
Grundpreis pro Jahr	69,90 €	78,00 €	85,00 €
Arbeitspreis pro kWh	23,2 ct	22,8 ct	22,4 ct

a) Ermittle für jeden Tarif die Funktionsgleichung für die Gesamtkosten.

b) Bestimme für jeden Tarif mit einer Wertetabelle die Gesamtkosten pro Jahr für einen Verbrauch von 0 kWh, 200 kWh, 400 kWh, ..., 2000 kWh.

Du kannst auch ein Tabellenprogramm nutzen.

c) Zeichne die Graphen der drei Tarife in ein einziges Koordinatensystem.

d) Ab wann lohnt sich welcher Tarif? Erkläre mit den Ergebnissen aus b) und c).

5 Bei vielen Brücken überspannt ein Parabelbogen ein Tal. Die Fahrbahn wird dabei von Haltepfeilern getragen, die in regelmäßigen Abständen angeordnet sind. Die Grafik stellt eine vereinfachte Vorderansicht des Parabelbogens der Grümpentalbrücke bei Schalkau in Thüringen dar.

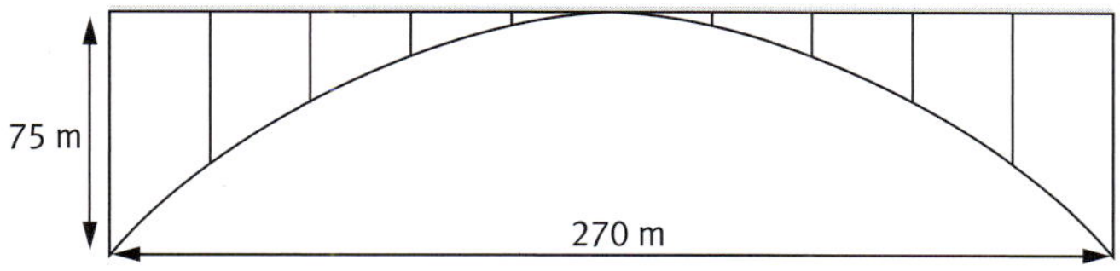

a) Skizziere die Brückenansicht in ein Koordinatensystem in dein Heft. Wähle geschickt die Lage des Koordinatenursprungs.

b) Ermittle eine Funktionsgleichung für die Parabel. Beschreibe dein Vorgehen.

c) Bestimme die Länge aller Pfeiler.

6 Die Fontäne einer Bewässerungsanlage hat als Achsenschnitt näherungsweise einen Parabelbogen, der durch $y = 2\text{ m} - \frac{8x^2}{25\text{ m}} \geq 0$ beschrieben wird. Finde heraus, wie viel Quadratmeter Gartenfläche mit dieser Fontäne bewässert werden können.

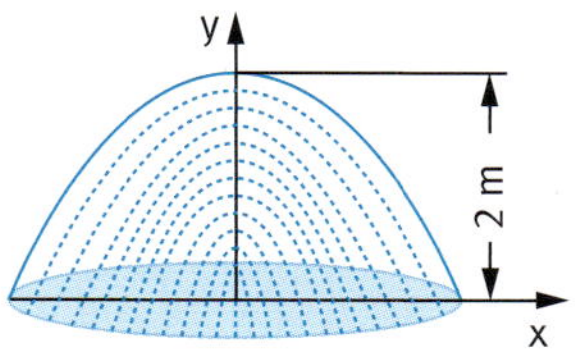

7 Bei der Tischtennis-Weltmeisterschaft 2012 in Dortmund verteidigte der Chinese Ma Long mit einer sogenannten „Ballonabwehr". Der Tischtennisball wird dabei in einem 3,8 m hohen Bogen 10,6 m weit zurück auf die Platte gespielt. Wie lautet eine Funktionsgleichung dieser Flugparabel?

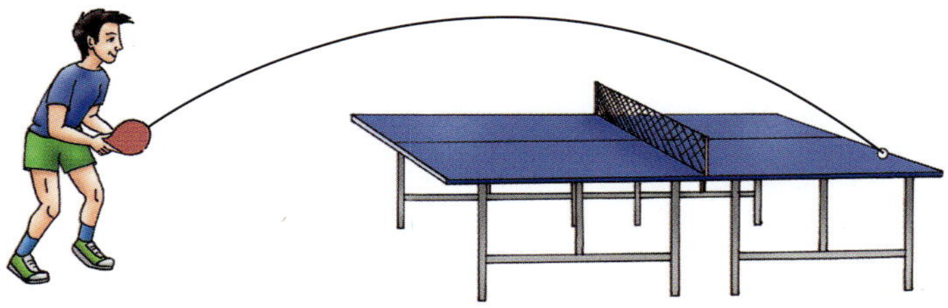

8 Die Zeichnung veranschaulicht, dass die Gerade g: $y = x + 5$ die Parabel p: $y = (x - 2)^2 + 1$ in zwei Punkten schneidet. Erstelle eine entsprechende Zeichnung in deinem Heft und erkläre anhand dieser Zeichnung, warum für die x-Koordinaten der gemeinsamen Punkte von g und p die Gleichung $x + 5 = (x - 2)^2 + 1$ gilt.

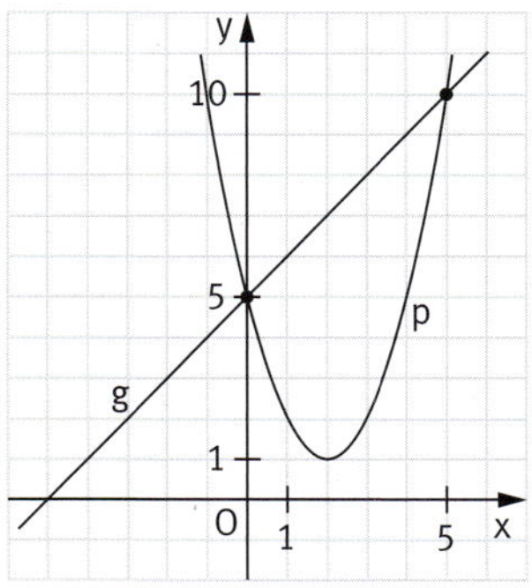

9 Ermittle jeweils die Koordinaten der Punkte R und T, die die Gerade g mit der Parabel p gemeinsam hat.

a) p: $y = x^2$
g: $y = -x + 2$

b) p: $y = 2x^2 - 2$
g: $y = 6$

c) p: $y = -x^2 - 9$
g: $y = -2x - 7$

d) p: $y = 4x^2 + x$
g: $y = 1{,}5x$

e) p: $y = \frac{1}{3}x^2 + \frac{2}{3}$
g: $y = 2 - x$

f) p: $y = \frac{1}{2} \cdot (x - 1)^2 - 1$
g: $y = -0{,}5x + 2{,}5$

10 Gegeben sind die Punkte P (–1 | 0) und Q (–2 | y_Q) sowie die Parabel p mit der Gleichung $y = 2x^2 + 12x + 18$.

a) Bestimme y_Q so, dass $Q \in p$ gilt.

b) Die Gerade PQ hat mit p noch einen weiteren Punkt R gemeinsam. Berechne seine Koordinaten.

c) Zeige, dass die Geraden t_1: y = 0 und t_2: y = 16x + 16 die Parabel berühren und durch den Punkt P gehen.

d) Berechne die Koordinaten der Berührpunkte.

e) Welchen Wert kann die Steigung einer Gerade durch P haben, damit eine Passante bezüglich p vorliegt?

11 a) Zeichne ein Koordinatensystem (Einheit: 5 mm) in dein Heft und trage dann dort die Parabel p: $y = x^2$ sowie die Geraden g_1: y = 5x – 4, g_2: y = 4x – 4 und g_3: y = 3x – 4 ein. Beschreibe, was du feststellst.
Untersuche jetzt rechnerisch, ob die Parabel p und die Gerade g_1 bzw. g_2 bzw. g_3 gemeinsame Punkte besitzen.

b) Finde heraus, für welchen Wert/welche Werte des Parameters m die Parabel p: $y = x^2$ mit der Geraden g: y = mx – 4 zwei Punkte, genau einen Punkt bzw. keinen Punkt gemeinsam hat. Vergleiche deine Ergebnisse mit den Ergebnissen der Teilaufgabe a).

Passante: die Gerade hat keinen Punkt mit der Parabel gemeinsam.

Tangente: die Gerade hat mit der Parabel einen Punkt (Berührpunkt) gemeinsam.

Sekante: die Gerade hat mit der Parabel zwei Punkte (Schnittpunkte) gemeinsam.

12 Gegeben ist die Parabel p mit $y = -x^2 - 4x + 1$ und die Geradenschar g (t) mit y = –x + t.

a) Zeichne die zu $t \in \{-3; 1; 6\}$ gehörenden Geraden g_1, g_2 und g_3 sowie die Parabel p in ein gemeinsames Koordinatensystem.

b) Ermittle aus der Zeichnung die Koordinaten der Schnittpunkte S_1 und T_1 von p mit g_1. Überprüfe durch Einsetzen in die entsprechende Gleichung.

c) Berechne die Koordinaten der Schnittpunkte S_2 und T_2 von p und g_2.

d) Zeige, dass für t = 3,25 die zugehörige Gerade g_4 eine Tangente an die Parabel p ist. Berechne die Koordinaten des Berührpunktes und zeichne g_4 ein.

e) Gib mögliche Werte für t an, sodass die Gerade Passante an p ist.

13 Gegeben ist die Parabel p mit der Gleichung $y = -0{,}25\,(x + 3)^2 + 2$.

a) Zeichne die Parabel und spiegle sie an der x-Achse.

b) Ermittle die Gleichung der gespiegelten Parabel p' und bestätige rechnerisch, dass die Parabeln gemeinsame Nullstellen besitzen.

c) Die Gerade g_1: y = –0,5x + 0,75 ist Tangente an die Parabel p. Bestätige dies durch Rechnung.

d) Gib Gleichungen der Geraden g_2, g_3 und g_4 an, die die Raute ABCD bilden.

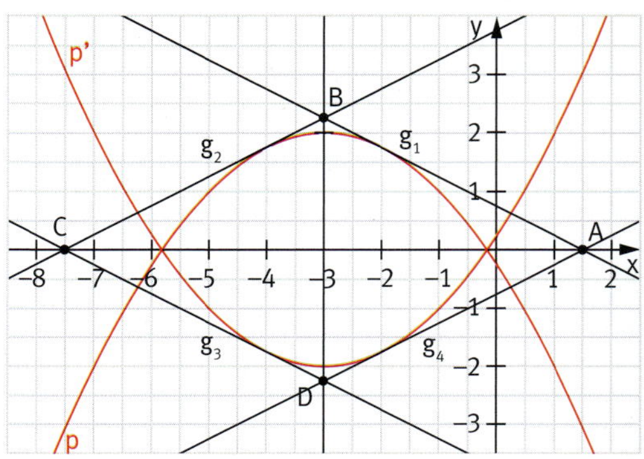

Faszination Skifliegen

Situationsbeschreibung

Der Mensch ist ein komischer Vogel. Er fährt mit einem Affenzahn auf zwei Brettern Richtung Abgrund und als wäre dies des Irrsinns nicht genug, fliegt er hernach den Berg hinab. Das Ganze bei einer Geschwindigkeit jenseits der hundert Stundenkilometer.
"Es ist wider den eigenen Instinkt.", sagt Hubert Neuper, ein erfolgreicher Skispringer, der den Skiflugweltcup am Kulm organisiert. Neuper kennt die Gedanken vor dem Sprung: "Die Natur will nicht, dass Du es tust. Aber das Adrenalin und die Euphorie treiben Dich hinunter. Es ist ein Gefühl zwischen Vorfreude und Angst."
2015 wurde die bestehende Skiflugschanze im steirischen Tauplitz für 4,2 Millionen Euro umgebaut.

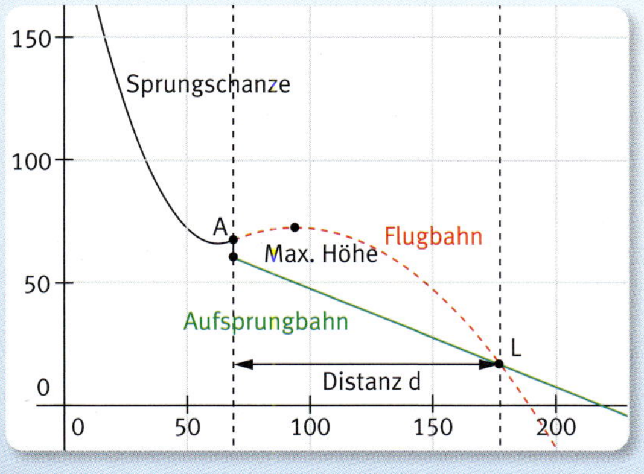

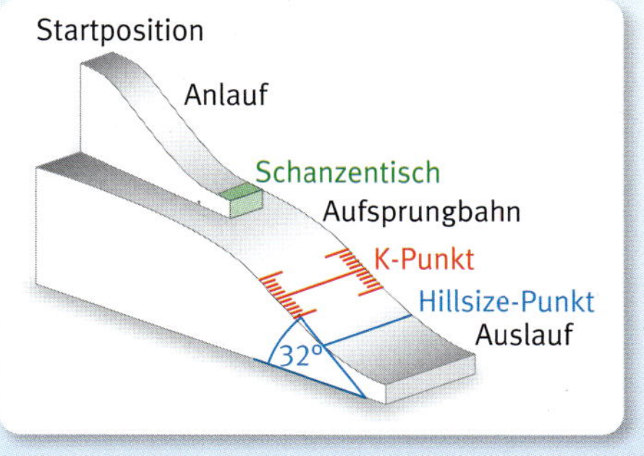

Handlungsaufträge

1. Recherchiere im Internet zum Sport Skifliegen und zur Skiflugschanze Kulm in Österreich. Warum wurde die alte Schanze umgebaut?
2. Die Größe einer Schanze wird als Hillsize (HS) bezeichnet. Wie groß ist die HS der Flugschanze in Kulm? Welche Strecke markiert der Hillsize-Punkt und welche Bedeutung hat der K-Punkt bei Wettbewerben?
3. Am Ende des Schanzentisches springen die Athleten am Absprungpunkt A (68,7 | 63,3) wagemutig ins Tal. Die Flugbahn der Springer wird durch die Parabel p: $y = -0{,}008x^2 + 1{,}5x + 2$ annähernd beschrieben. Die Aufsprungbahn, auf der die Springer nach wenigen Sekunden landen, kann mit der Geraden g: $y = -0{,}4x + 90$ modelliert werden. Berechne die Koordinaten des Landepunktes L. Runde auf eine Dezimalstelle.
   Warum ist nur eine Lösung sinnvoll?
4. Berechne die maximale Höhe, die der Springer über dem Landepunkt L erreicht.
5. Ermittle rechnerisch die horizontale Distanz d, die der Athlet zurücklegt.
6. Diskutiere mit deinen Mitschülern, warum die Skiflugschanze in Kulm nicht mit einer HS von 250 m gebaut wurde.

Hinweis:
Bei den Abschlussprüfungen bis einschließlich 2017 beträgt die Gesamtpunktzahl pro Aufgabe 20 Punkte.
Die Lösungen zu den Abschlussprüfungsaufgaben sind erhältlich unter www.ccbuchner.de/medien (6254-04).

AUFGABE 1

Ein Ingenieurbüro erhält den Auftrag für die Konstruktion eines Betonteils, das als Brückenbogen verwendet werden soll.
(siehe Skizze im Querschnitt; alle Maßangaben in Meter)

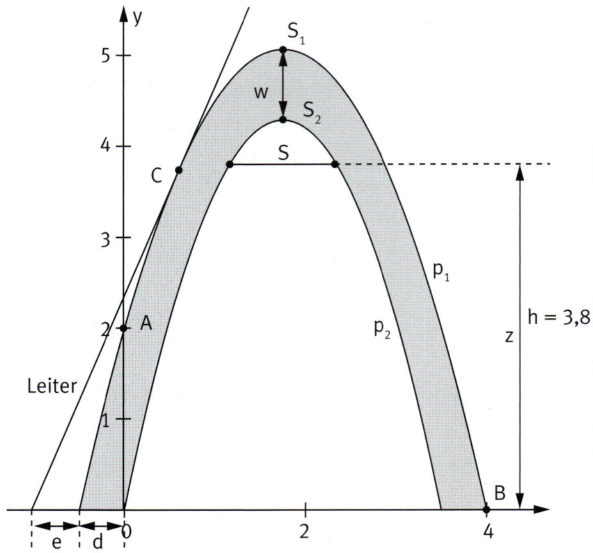

4 Punkte

1.1 Der äußere Rand des Brückenbogens verläuft in Form einer nach unten geöffneten Normalparabel. Berechnen Sie die Funktionsgleichung der Parabel p_1, wenn diese durch die Punkte A (0 | 2) und B (4 | 0) verläuft.
(Ergebnis: p_1: $y = -x^2 + 3{,}5x + 2$)

2 Punkte

1.2 Der innere Rand des Brückenbogens wird durch die Funktionsgleichung p_2: $y = -1{,}4x^2 + 4{,}9x$ beschrieben. Berechnen Sie die Koordinaten des Scheitelpunktes S_2.
(Ergebnis: S_2 (1,75 | 4,2875))

1 Punkt

1.3 Der Punkt S_1 (1,75 | 5,0625) ist der Scheitelpunkt des äußeren Brückenbogens. Berechnen Sie die Wandstärke w des Bogens zwischen den beiden Scheitelpunkten.

4 Punkte

1.4 Berechnen Sie die Breite d des Betonteils am Boden.
(Ergebnis: d = 0,5 m)

In der Höhe von 3,80 m wird parallel zum Boden ein Stahlseil am inneren Rand des Brückenbogens montiert, an dem eine Beleuchtung befestigt werden soll.

5 Punkte

1.5 Berechnen Sie die Länge s des Stahlseils.

Für den Anstrich des Brückenbogens wird eine Leiter angelehnt. Sie kann durch eine Gerade mit der Steigung m = 2,3 beschrieben werden und liegt im Punkt C (0,6 | 3,74) auf dem Bogen auf.

4 Punkte

1.6 Berechnen Sie die Entfernung e zwischen dem Fußpunkt der Leiter und dem äußeren Brückenbogen (siehe Skizze).

20 Punkte

AUFGABE 2

Im Tierpark ist ein neues Elefantengehege gebaut worden. Von einer parabelförmig verlaufenden Hängebrücke p können die Besucher die Elefanten beobachten. An den beiden linear verlaufenden Handläufen g: $y = -0{,}2x + 6$ und h: $y = 0{,}2x + 2$ können sich die Besucher festhalten.

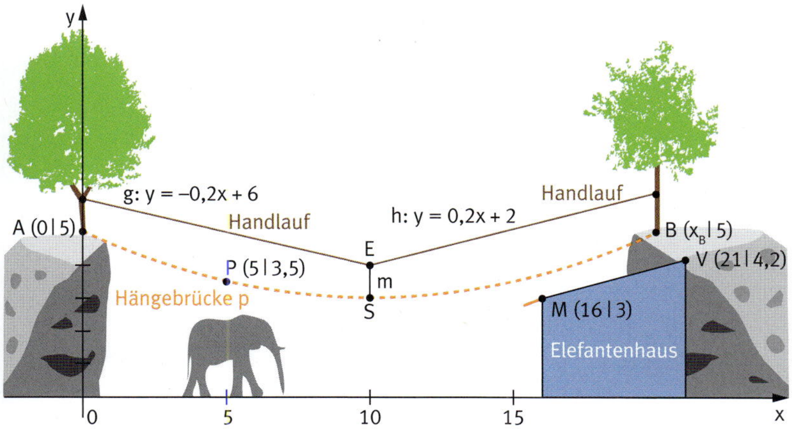

Skizze ist nicht maßstabsgetreu.

2.1 Ermitteln Sie die Funktionsgleichung p der Hängebrücke, wenn sie durch die Punkte A (0 | 5) und P (5 | 3,5) verläuft und der Krümmungsfaktor $a = 0{,}02$ bekannt ist. *4 Punkte*
(Ergebnis: p: $y = 0{,}02x^2 - 0{,}4x + 5$)

Der abgebildete Elefant ist 2,20 m groß und auf dem Weg ins Elefantenhaus.

2.2 Zeigen Sie rechnerisch, dass er zum Elefantenhaus gelangen kann, ohne die Hängebrücke zu berühren. *2 Punkte*
(Ergebnis: $y_s = 3$)

2.3 Berechnen Sie die Spannweite $|\overline{AB}|$ der Brücke, wenn die Punkte A und B auf gleicher Höhe liegen. *2 Punkte*
(Ergebnis: $|\overline{AB}| = 20$ m)

2.4 Die Mittelstrebe m muss erneuert werden. Berechnen Sie dazu die Koordinaten des Schnittpunkts E sowie die Länge der Strebe m. *4 Punkte*

Das Dach des Elefantenhauses verläuft durch die Punkte M (16 | 3) und V (21 | 4,2).

2.5 Ermitteln Sie die Funktionsgleichung der linearen Funktion, die das Dach beschreibt. (Ergebnis: d: $y = 0{,}24x - 0{,}84$) *4 Punkte*

2.6 Zeigen Sie rechnerisch, dass sich die Hängebrücke p und das Dach des Elefantenhauses nicht berühren. *4 Punkte*

20 Punkte

Überprüfe deine Fähigkeiten und Kenntnisse. Bearbeite dazu die folgenden Aufgaben und bewerte anschließend deine Lösungen mit einem Smiley.

☺	😐	☹
Das kann ich!	Das kann ich fast!	Das kann ich noch nicht!

Hinweise zum Nacharbeiten findest du auf der folgenden Seite. Die Lösungen stehen im Anhang.

Aufgaben zur Einzelarbeit

1 Ordne den Graphen die richtige Funktionsgleichung zu.

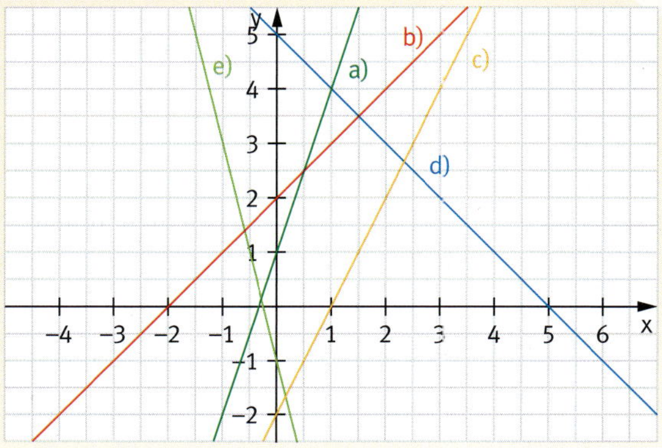

1 f: $y = 3x + 1$	2 g: $y = -2x - 2$
3 i: $y = -x + 5$	4 h: $y = x + 2$
5 j: $y = 2x + 1$	6 k: $y = x + 5$
7 l: $y = 2x - 2$	8 m: $y = -4x - 1$

2 Der Graph einer linearen Funktion verläuft durch die Punkte P (–3 | –5) und Q (6 | –2).

a) Bestimme die Funktionsgleichung.

b) Überprüfe, ob der Punkt S (0 | –4) auf dem Graphen liegt.

c) Berechne die Nullstelle der Funktion.

d) Zeichne den Graphen in ein passendes Koordinatensystem.

3 Stelle den Sachverhalt jeweils graphisch dar.

a) Bei einem Autoverleih zahlt man pro Tag 25 € sowie 0,30 € pro Kilometer.

b) Ein Schlüsseldienst berechnet 40 € für die Anfahrt sowie 35 € pro Stunde.

c) Ein Internetdienst verlangt im Monat 9,99 € sowie 0,02 € pro MB Datentransfer.

d) Ein Telefonanbieter verlangt 29,95 € pro Monat als Flatrate. Darin sind alle Gebühren enthalten.

4 Gib Funktionsgleichungen zu den Parabeln an.

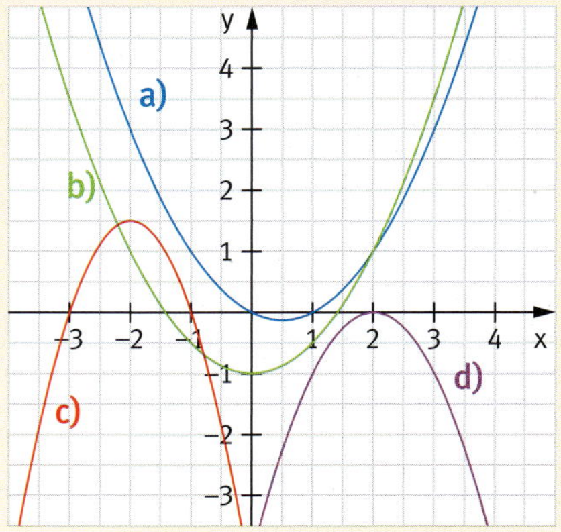

5 Bestimme die Eigenschaften der quadratischen Funktionen. Nimm dabei Stellung zu Form, Schnittpunkte mit den Koordinatenachsen, Scheitelpunkt, Symmetrie und Monotonie.

a) p: $y = -\frac{4}{5}x^2 + 0{,}5$

b) p: $y = x^2 - 4x + 3$

c) p: $y = (x + 1) \cdot (x - 1)$

d) p: $y = x \cdot (x - 2{,}5)$

e) p: $y = 0{,}5 \cdot (x + 3) \cdot (x + 6)$

f) p: $y = 2 \cdot (x + 1{,}5)^2 - 2$

6 Überprüfe rechnerisch, ob gilt: $A \in p$. Kontrolliere mithilfe einer Zeichnung.

a) p: $y = 2x^2 - 8x + 2$ A (0 | –2)

b) p: $y = \frac{1}{3}x^2 + 2x + 5$ A (–3 | 2)

c) p: $y = -0{,}5x^2 - 4x - 4$ A (2 | –13)

7 Die Abbildung zeigt eine Skateboardrampe. Die befahrbare Fläche nennt man Skatingboden, sie hat etwa die Form einer Parabel (Maße in cm).

a) Gib eine Funktionsgleichung für den Verlauf des Skatingbodens an.

b) Berechne die Höhen der Träger.

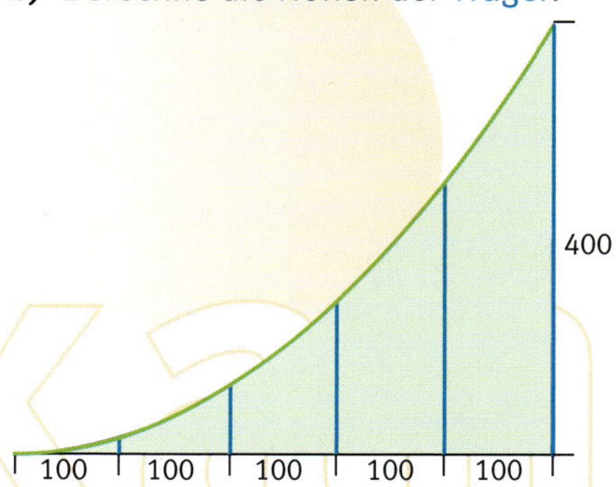

8 Bestimme erst die Anzahl der Schnittpunkte der beiden Funktionsgraphen und dann gegebenenfalls deren Koordinaten.

a) $y_1 = 2x^2 - 2x$ $\quad y_2 = 0{,}5x + 2$

b) $y_1 = -0{,}25x^2 - 0{,}5x + 4{,}25$ $\quad y_2 = -\frac{1}{8}x + 4{,}5$

c) $y_1 = -x^2 - 4x + 1$ $\quad y_2 = -x + 3{,}25$

d) $y_1 = \frac{1}{4}x^2 + 0{,}5x$ $\quad y = x^2 - 4x + 6$

e) $y_1 = 0{,}125x^2 + 1{,}25x + 12{,}5$ $\quad y_2 = 0{,}5x^2 + 3x + 15$

f) $y_1 = x^2 - x - 1$ $\quad y_2 = -x^2 + x + 1$

9 Gegeben ist die Parabel p: $y = x^2 - 6x + 8$ und die Gerade g, die durch die Punkte P (2 | –4) und Q (8 | 8) verläuft.
Ermittle die Gleichung der Gerade g und zeige, dass die Gerade die Parabel p im Punkt T (4 | 0) berührt.

10 Für den Bremsweg eines Pkw gilt die Faustformel:
$s_B = 0{,}3 \cdot v + 0{,}01 \cdot v^2$.
Dabei ist s_B der zu erwartende Bremsweg in Meter (m) und v die Geschwindigkeit des Pkw in Kilometer pro Stunde (km/h).

a) Ermittle den zu erwartenden Bremsweg bei 30 km/h (bei 50 km/h).

b) Stelle den Sachverhalt grafisch dar. Gib den Definitionsbereich an.

c) Aufgrund eingeschränkter Sicht kann ein Autofahrer nur 10 m weit sehen. Bestimme die maximale Geschwindigkeit so, dass er bei einem plötzlichen Hindernis noch rechtzeitig bremsen kann.

d) Ein Auto fährt 40 km/h, der Fahrer sieht plötzlich ein Hindernis. Er kann rechtzeitig abbremsen und kommt zum Stehen. Um wie viel vergrößert sich der Bremsweg, wenn er 60 km/h gefahren wäre?

Aufgaben für Lernpartner

Arbeitsschritte

1 Bearbeite die folgenden Aufgaben alleine.

2 Suche dir einen Partner und erkläre ihm deine Lösungen. Höre aufmerksam und gewissenhaft zu, wenn dein Partner dir seine Lösungen erklärt.

3 Korrigiere gegebenenfalls deine Antworten und benutze dazu eine andere Farbe.

Sind folgende Behauptungen **richtig** oder **falsch**? Begründe schriftlich.

11 Die Punkte A(1 | –2), B (–3 | 10) und C (4 | –10) liegen auf einer Geraden.

12 Die Gerade g: $y_1 = 0{,}5x + 1$ steht auf der Geraden h: $y_2 = -2x - 2$ senkrecht.

13 Die Geraden g: $y_1 = 2{,}5x + 1$ und h: $y_2 = -0{,}5x - 2$ schneiden sich im Punkt S (1 | –1,5).

14 Kennt man die Koordinaten des Scheitelpunktes oder die Nullstellen, so kann man die Gleichung der Parabel rechnerisch ermitteln.

15 Die abc-Formel darf zur Lösung aller quadratischer Gleichungen angewendet werden.

16 Manche Parabeln haben keine Nullstellen.

17 Die Parabel p: $y = -x^2 - 3x - 1$ hat den Scheitelpunkt S (1,25 | 1,25).

18 Die Parabel p: $y = x^2 + 12x - 13$ hat die Nullstellen $x_1 = -13$ und $x_2 = 1$.

19 Für die gegenseitige Lage von Parabel und Gerade gibt es verschiedene Möglichkeiten.

20 Die Graphen von p: $y = -0{,}5x^2 + 3x - 2$ und g : $y = -x + 5$ berühren sich in einem Punkt.

Aufgabe	Ich kann …	Hilfe
1, 2, 3, 4, 7, 9, 10, 11	Funktionsgleichungen linearer und quadratischer Funktionen aufstellen.	S. 92
2, 3, 5, 6, 7, 10, 12, 13, 14, 15, 16, 17, 18	lineare und quadratische Funktionen untersuchen.	S. 92
8, 9, 19, 20	die Lagebeziehungen von Geraden und Parabeln untersuchen.	S. 96
7, 10	mathematische Lösungen interpretieren.	S. 98

S. 92

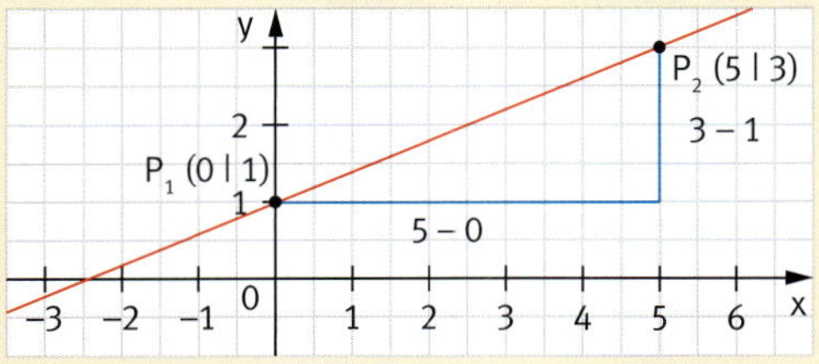

$t = 1$

$m = \frac{y_2 - y_1}{x_2 - x_1} = \frac{3-1}{5-0} = \frac{2}{5} = 0{,}4$

Funktionsgleichung: $y = 0{,}4x + 1$

Die Nullstelle dieser Funktion ist $x_0 = -2{,}5$.

Eine Funktion mit der Gleichung **g: y = mx + t** heißt **lineare Funktion**. Ihr Graph ist eine **Gerade**. Die **Steigung m** beschreibt den Verlauf der Funktion; der **y-Achsenabschnitt t** ist die Schnittstelle des Graphen mit der y-Achse.
Die Steigung kann mithilfe des **Differenzenquotienten (2-Punkt-Formel)** berechnet werden.

$$m = \frac{\Delta y}{\Delta x} = \frac{y_2 - y_1}{x_2 - x_1}$$

Die **Nullstelle x_0** ist die Schnittstelle des Graphen mit der x-Achse. Die Nullstelle wird berechnet indem man **y = 0** setzt und die Gleichung nach x auflöst.

S. 92

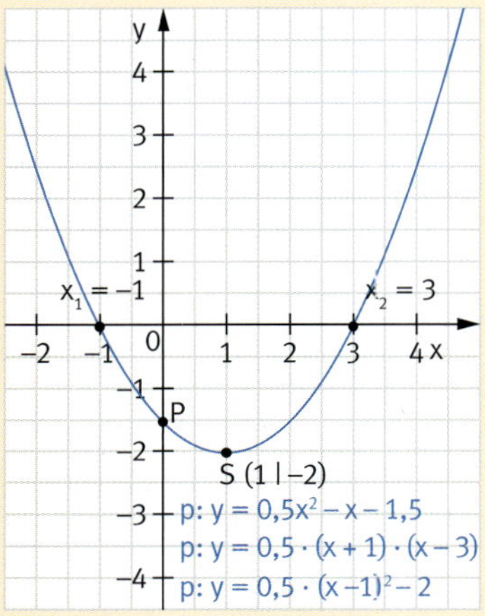

$a = 0{,}5;\ b = -1;\ c = -1{,}5$

y-Achsenabschnitt: $c = -1{,}5$

Nullstellen:

$$x_{1/2} = \frac{-(-1) \pm \sqrt{(-1)^2 - 4 \cdot 0{,}5 \cdot (-1{,}5)}}{2 \cdot 0{,}5}$$

$x_1 = -1$ und $x_2 = 3$

Scheitelpunkt:

$$S\left(-\frac{-1}{2 \cdot 0{,}5} \,\middle|\, -1{,}5 - \frac{(-1)^2}{4 \cdot 0{,}5}\right) \Leftrightarrow S\,(1 \mid -2)$$

Eine Funktion mit der Gleichung **p: y = ax² + bx + c** heißt **quadratische Funktion**. Ihr Graph ist eine **Parabel** mit der der **Formvariablen a** und dem **y-Achsenabschnitt c**.

Die Nullstellen können mithilfe der **abc-Formel**
$x_{1/2} = \frac{-b \pm \sqrt{b^2 - 4ac}}{2a}$ berechnet werden.

Die **Diskriminante $D = b^2 - 4ac$** gibt Auskunft über die Anzahl der Nullstellen.

Der Scheitelpunkt S der Parabel kann mithilfe der Scheitelformel
$S\left(-\frac{b}{2a} \,\middle|\, c - \frac{b^2}{4a}\right)$ berechnet werden.

Darstellung quadratischer Funktionen:

Allgemeine Form:	$p: y = ax^2 + bx + c$
Scheitelpunktform:	$p: y = a \cdot (x - x_s)^2 + y_s$
Produktform:	$p: y = a \cdot (x - x_1) \cdot (x - x_2)$
Normalform:	$p: y = x^2 + px + q$

S. 96

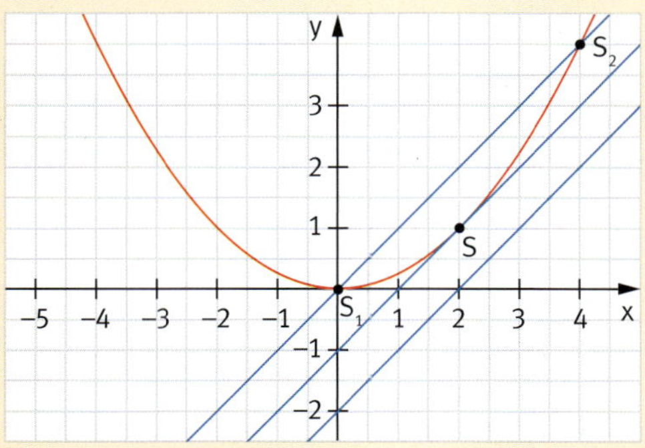

Untersucht man die **Anzahl der gemeinsamen Punkte** einer **Parabel** und einer **Gerade** können – abhängig vom Wert der **Diskriminante** D in der Lösungsformel – folgende drei Fälle auftreten:

1. $D > 0$: zwei Schnittpunkte S_1 und S_2
2. $D = 0$: ein gemeinsamer Punkt
3. $D < 0$: kein Schnittpunkt

Die Schnittpunkte von Parabel und Gerade können graphisch oder rechnerisch ermittelt werden. Bei der rechnerischen Lösung werden die beiden Funktionsgleichungen gleichgesetzt und nach x aufgelöst.

5 Zusammengesetzte Zufallsexperimente

Einstieg

- Abgebildet sind zwei Spielwürfel, wie sie in Casinos Verwendung finden. Welche Besonderheiten fallen dir an ihnen auf? Beschreibe.
- Die Spielwürfel werden geworfen. Gib alle möglichen Ergebnisse an. Wie viele sind es insgesamt?
- Wie groß ist die Wahrscheinlichkeit, einen Einserpasch (Zweierpasch, Dreierpasch, ..., Sechserpasch) zu würfeln?
- Was ist das wahrscheinlichste Ereignis? Mindestens eine sechs wird geworfen, höchstens zwei Einsen werden geworfen oder genau eine Drei wird geworfen? Erläutere.

Ausblick

Am Ende dieses Kapitels hast du gelernt, ...

- wie man reale Problemsituationen als zusammengesetzte Zufallsexperimente betrachtet und diese mithilfe eines Baumdiagrammes darstellt.
- wie man mithilfe der Pfadregeln die Wahrscheinlichkeiten einzelner Ereignisse in einem mehrstufigen Zufallsexperiment berechnet und diese dann auch interpretiert.

Als „geworfen“ gilt jeweils die oben liegende Beschriftung.

Wenn Quirin Quak im Sommer eine Vorhersage machen soll, ob es Niederschlag geben wird, wirft er einen „Halbzylinder“. Diesen hat er aus einem der Länge nach halbierten Flaschenkorken gebaut. Die rechteckige Begrenzungsfläche ist mit *Kein Niederschlag* beschriftet, die gewölbte mit *Regen*. Auf den restlichen beiden steht jeweils *Hagel*.

- Welche Ergebnisse sind bei dem „Halbzylinder“ möglich?
- In der Wetterkunde werden Naturerscheinungen auch als natürliche Ereignisse bezeichnet. Gib an, welche Elemente der von dir notierten Menge zum Ereignis *Niederschlag* gehören. Schreibe sie als neue Menge.
- Baue den „Halbzylinder“ nach und ermittle einen Schätzwert für die Wahrscheinlichkeit des Ergebnisses *Kein Niederschlag*, indem du ihn 50-mal wirfst. Wie groß ist folglich die Wahrscheinlichkeit für das Ereignis *Niederschlag*? Erkläre.

Ein Ereignis kann man auch mit einem anderen Großbuchstaben abkürzen.

Merkwissen

Alle sich voneinander unterscheidenden möglichen Ergebnisse eines **Zufallsexperiments** bilden zusammen die **Ergebnismenge** Ω. Jede Teilmenge der Ergebnismenge stellt ein **Ereignis E** dar. Alle Ergebnisse, die nicht zu einem bestimmten Ereignis E gehören, bilden zusammen das **Gegenereignis** von E. Man kürzt es mit $\overline{E}$ („E quer“) ab.

Beispiel:
In einem Plastikbecher befinden sich zwei gelbe und ein rotes Gummibärchen. Ohne hinzusehen wird eines entnommen und seine Farbe notiert.

$\Omega = \{\text{Gelb; Rot}\}$

Ausgehend von den Teilmengen der Ergebnismenge lassen sich vier verschiedene Ereignisse angeben:

$A = \{\text{Gelb}\}$	„Das Gummibärchen ist gelb.“
$B = \{\text{Rot}\}$	„Das Gummibärchen ist rot.“
$C = \{\text{Gelb; Rot}\}$	„Das Gummibärchen ist gelb oder rot.“
$D = \varnothing$	„Das Gummibärchen ist weder gelb noch rot.“

Ein Ereignis kann **sicher**, **möglich** oder **unmöglich** sein. Das Ereignis C ist sicher, das Ereignis D unmöglich.

Beachte:
Die leere Menge und die Menge selbst sind Teilmengen jeder Menge.

Beispiele

I Ein gewöhnlicher Spielwürfel wird geworfen.

a) Welche Ergebnismenge könnte betrachtet werden? Gib zwei Möglichkeiten an.

b) Betrachtet wird: $\Omega = \{1; 2; 3; 4; 5; 6\}$. Schreibe jeweils als Menge:
E: „Die gewürfelte Zahl ist gerade.“ $\overline{E}$: „Die gewürfelte Zahl ist ungerade.“

Lösung:

a) Lösungsmöglichkeit: $\Omega = \{1; 2; 3; 4; 5; 6\}$; $\Omega = \{\text{Sechs; keine Sechs}\}$

b) $E = \{2; 4; 6\}$ $\overline{E} = \{1; 3; 5\}$

Verständnis

- Wahr oder falsch? Ein Gegenereignis zu einem sicheren Ereignis ist ein unmögliches Ereignis.

1 Gib eine passende Ergebnismenge an.

a) Eine deutsche 2-€-Münze wird geworfen.

b) Aus einer Tüte, in der sich zwei Bonbons mit Orangen-, drei mit Zitronen- und vier mit Kirschgeschmack befinden, wird ohne hinzusehen ein Bonbon entnommen.

c) Beim Samstagslotto 6 aus 49 wird die Zusatzzahl gezogen. Die Gewinnzahlen lauten: 1, 2, 3, 47, 48 und 49.

2 Notiere alle Teilmengen der Ergebnismenge. Wie viele sind es insgesamt?

a) Ω = {Zahl; Brandenburger Tor} **b)** Ω = {Tor 1; Tor 2; Tor 3}

c) Ω = {Norden; Osten; Süden; Westen} **d)** Ω = {Mo.; Di.; Mi.; Do.; Fr.}

3 Michaela hat beim Preisausschreiben einer großen Tageszeitung mitgemacht.

Was meinst du zu Michaelas Aussage? Begründe deine Meinung.

4 Ordne der Ergebnismenge Ω = {Blau; Grün; Weiß} mögliche Zufallsgeräte zu. Beschreibe die betreffenden Zufallsexperimente.

5 Auf dem Tisch liegen, verdeckt und gut gemischt, die fünf abgebildeten Karten des „1 × 1 Bingo". Eine Karte wird umgedreht.

a) Tilo notiert: Ω = {Eis; 30; 14; Raupe; 10}. Was hat er falsch gemacht? Erkläre.

b) Schreibe folgende Ereignisse als Menge. Gib jeweils die zugehörige Ergebnismenge an.
A: „Auf der gezogenen Karte ist ein Tier abgebildet."
B: „Auf der gezogenen Karte steht eine durch acht teilbare Zahl."

c) Notiere die Gegenereignisse der Ereignisse A und B als Mengen.

6 Ein Einkaufswagen-Chip mit einem Stern auf der Vorder- und einer Sonne auf der Rückseite wird zweimal nacheinander geworfen. Es wird jeweils festgehalten, ob der Stern oder die Sonne oben liegt.

a) Schreibe die zugehörige Ergebnismenge als Menge auf. Aus wie vielen Elementen besteht sie?

b) Bei welchen Ergebnissen lässt sich sagen, dass das Ereignis E: „Bei genau einem der beiden Würfe liegt die Sonne oben." eingetreten ist? Erläutere.

7 Pat wirft eine Poker-Spielkarte so oft in die Luft, bis sie zum ersten Mal mit der Vorderseite nach oben landet. Gib eine passende Ergebnismenge an.

Eine 5-ct- und eine 20-ct-Münze werden gleichzeitig geworfen.

- Handelt es sich um ein Laplace-Experiment? Erläutere, wie du überprüfen könntest, ob deine Vermutung zutreffend ist.
- Wie viele verschiedene Möglichkeiten gibt es bei diesem Zufallsexperiment, insgesamt 2-mal (0-mal, 1-mal) Zahl zu erhalten?
- Welche Wahrscheinlichkeiten lassen sich folglich für das Eintreten der Ereignisse E_2: „Insgesamt 2-mal Zahl", E_0: „Insgesamt 0-mal Zahl" und E_1: „Insgesamt 1-mal Zahl" annehmen? Erkläre.

Beachte: $0 \leqq P(E) \leqq 1$
*Der Buchstabe **P** für die Wahrscheinlichkeit kommt von **probabilitas** (lat.).*

Man sagt auch:
$„\frac{\text{Anzahl Günstige}}{\text{Anzahl Mögliche}}“$

Merkwissen

Ein **Laplace-Experiment** ist ein Zufallsexperiment, bei dem **alle möglichen Ergebnisse gleich wahrscheinlich** sind. Jedes der n Ergebnisse (n = 2, 3, 4, ...) tritt mit der (**Laplace-**)**Wahrscheinlichkeit** $\frac{1}{n}$ auf.

Werden mehrere Ergebnisse zu einem Ereignis E zusammengefasst, dann berechnet sich die Wahrscheinlichkeit für das Ereignis E:

$$\mathbf{P(E) = \frac{|E|}{|\Omega|}}$$

|E| bezeichnet die Anzahl der Elemente des Ereignisses E, |Ω| die Anzahl der Elemente der Ergebnismenge.

Beispiel:
E: „Mit einem Laplace-Würfel wird keine Vier gewürfelt."
$\Omega = \{1; 2; 3; 4; 5; 6\}$ $E = \{1; 2; 3; 5; 6\}$ $P(E) = P(\{1; 2; 3; 5; 6\}) = \frac{5}{6}$

Die **Wahrscheinlichkeiten eines Ereignisses und seines Gegenereignisses müssen zusammen 1 ergeben**, weil alle möglichen Ergebnisse eines Zufallsversuchs in genau einer der beiden Mengen enthalten sind: $\mathbf{P(E) + P(\overline{E}) = 1}$

Beispiele

I In einem Beutel sind 64 Kugeln. Manche sind grün, der Rest rot. Wie viele es von jeder Farbe sind, ist leider nicht bekannt. Die Wahrscheinlichkeit, eine rote Kugel zu ziehen, beträgt P („rote Kugel") = $\frac{11}{16}$.
Wie viele Kugeln von jeder Farbe sind im Beutel?

Lösung:
Insgesamt sind 64 Kugeln im Beutel, also sind 64 Ergebnisse möglich. Erweitert man den Bruch mit 4, so folgt:
P („rote Kugel") = $\frac{11}{16} = \frac{44}{64}$
Somit sind 44 der 64 Kugeln rot, die restlichen 20 Kugeln sind grün.

II Formuliere jeweils das Gegenereignis.

a) A: „Alle Kängurus leben in Australien."
b) B: „Kängurus springen höchstens 8 Meter weit."
c) C: „Kängurubabys verlassen den Beutel ihrer Mutter nie."

Lösung:

a) $\overline{A}$: „Es gibt Kängurus, die nicht in Australien leben."
b) $\overline{B}$: „Manche Kängurus springen weiter als 8 Meter."
c) $\overline{C}$: „Kängurubabys verlassen den Beutel ihrer Mutter manchmal."

Verständnis

- Du kennst für die Wahrscheinlichkeit von Elementarereignissen bei Laplace-Experimenten bereits den Term $\frac{1}{n}$. Wie ist der Bezug zur Formel $P(E) = \frac{|E|}{|\Omega|}$?
- Wahr oder falsch? Bei einem Laplace-Experiment mit der Ergebnismenge Ω gilt für die Ereignisse $E_1 = \Omega$ und $E_2 = \varnothing$: $P(E_1) = 1$; $P(E_2) = 0$.

Aufgaben

1 Formuliere jeweils das Gegenereignis.

a) Heute scheint die Sonne.

b) Jennas Geburtstag ist dieses Jahr an einem Sonntag.

c) Jede Ziffer, um Luisas Zahlenschloss zu öffnen, ist ungerade.

2 In einem Gefäß sind 12 blaue, 10 grüne und 3 rote Kugeln, die sich alle nur durch die Farbe unterscheiden. Bestimme jeweils die Wahrscheinlichkeit als Bruch und in Prozent für das Ziehen einer ...

a) grünen Kugel. b) roten Kugel. c) Kugel, die nicht blau ist.

3 In einem Becher sind insgesamt 24 blaue und gelbe Kugeln. Die Wahrscheinlichkeit, eine gelbe Kugel zu ziehen, ist ...

a) $\frac{1}{2}$. b) $\frac{2}{3}$. c) $\frac{3}{8}$. d) $\frac{5}{6}$.

Wie viele Kugeln von jeder Farbe befinden sich jeweils im Becher?

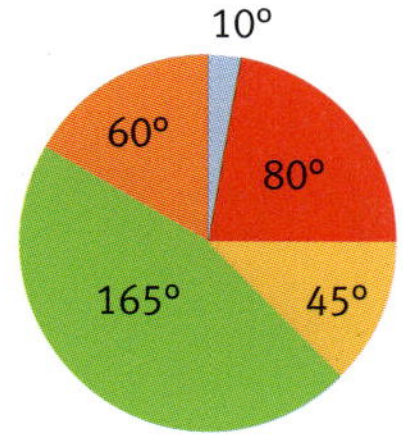

4 Gib die Wahrscheinlichkeiten zu den Ereignissen beim abgebildeten Glücksrad an.

a) „grün" b) „rot oder blau"

c) „nicht orange" d) „weder grün noch gelb"

5 Beim „Mensch-ärgere-dich-nicht" ist die Spielsituation wie dargestellt.

Informiere dich über die gängigen Spielregeln.

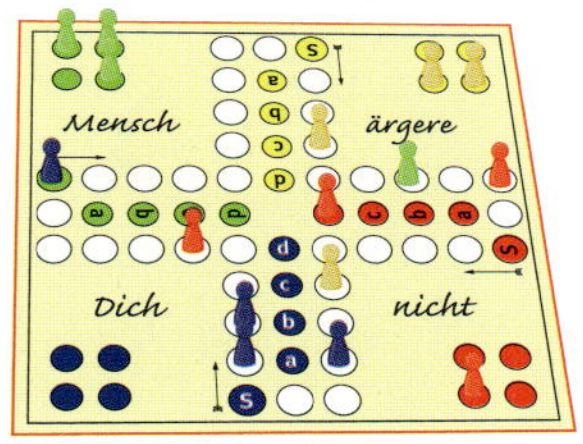

a) Max, der die gelben Figuren hat, darf würfeln. Wie groß ist die Wahrscheinlichkeit, dass er mit diesem Wurf ...

1 eine neue Figur ins Spiel bringen kann?

2 mit einer Figur ins Haus einziehen kann?

3 eine andere Figur schlagen kann?

b) Max hat eine ⚁ gewürfelt. Nun ist Uli dran. Finde mithilfe von Pias Aussage heraus, welche Farbe Ulis Figuren haben. Begründe.

6 Betrachtet wird das Zufallsexperiment „Werfen einer kleinen Muschelschale" mit der Ergebnismenge $\Omega = \{\text{Position 1; Position 2}\}$.

a) Erläutere, warum die Formel $P(E) = \frac{|E|}{|\Omega|}$ nicht anwendbar ist, um die Wahrscheinlichkeit des Ereignisses E: „Position 1" zu bestimmen.

b) Welche alternative Methode schlägst du vor? Beschreibe sie.

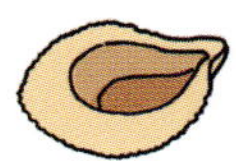

Position 1

Position 2

7 Eine Laplace-Münze wird viermal hintereinander geworfen. Gib die Ergebnismenge an. Bestimme die Wahrscheinlichkeit, dass ...

a) gleich oft Wappen und Zahl erscheint. b) Wappen seltener erscheint als Zahl.

c) höchstens dreimal Zahl erscheint. d) nie Zahl erscheint.

Gehe beim Aufschreiben der Ergebnismenge möglichst systematisch vor.

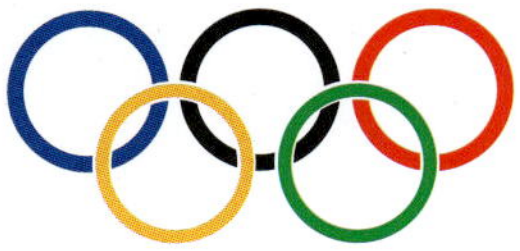

Bei den olympischen Spielen in London 2012 gab es im Hockey zwei Gruppen. Es wird angenommen, dass alle Mannschaften gleich gut spielen.

Gruppe A	Gruppe B
Australien	Niederlande
Großbritannien	Deutschland
Spanien	Belgien
Pakistan	Südkorea
Argentinien	Neuseeland
Südafrika	Indien

- Zunächst spielt innerhalb einer Gruppe jeder gegen jeden. Wie viele Spielpaarungen gibt es pro Gruppe? Überlege zunächst, wie du möglichst geschickt vorgehen kannst.
- Im Halbfinale spielen dann die beiden besten Mannschaften aus Gruppe A gegen die beiden besten aus Gruppe B. Wie groß ist die Wahrscheinlichkeit, dass Deutschland ins Finale kommt?

Merkwissen

Will man unterschiedliche Dinge miteinander kombinieren, so kann man die verschiedenen Möglichkeiten in einem **Baumdiagramm** darstellen. Es besteht aus verschiedenen Stufen, an denen sich das Diagramm verzweigt. Für jede Stufe muss man sich stets überlegen, welche Bedeutung sie haben soll. Zu jedem Ergebnis gehört ein **Pfad**. Die Anzahl der Pfade entspricht der **Anzahl der Ergebnisse**.

Beispiel: Clara hat zwei Mützen, drei Schals und zwei Paar Handschuhe. Wie viele Möglichkeiten hat sie, die drei Kleidungsstücke miteinander zu kombinieren?
Die Ergebnismenge
$\Omega = \{M_1S_1H_1; M_1S_1H_2; \dots; M_2S_3H_2\}$
enthält $2 \cdot 3 \cdot 2 = 12$ Ergebnisse.

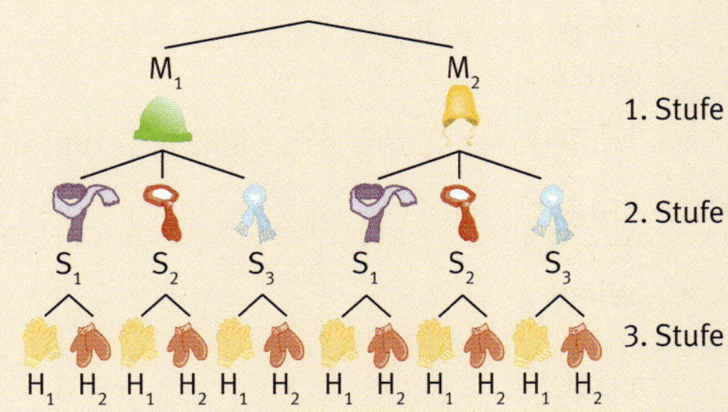

Beispiele

I Bei einem Pferderennen sind vier Pferde (P_1 bis P_4) am Start.

a) Wie viele verschiedene Möglichkeiten gibt es für die ersten beiden Plätze? Zeichne ein passendes Baumdiagramm und beschreibe seinen Aufbau.

b) Wie viele Möglichkeiten für die ersten drei Plätze gibt es?

Lösung:

a)

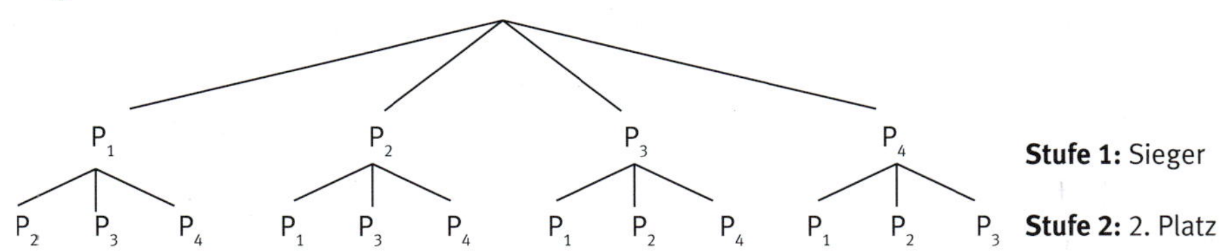

Ein Baumdiagramm kann nach unten sehr breit werden. Zeichne deshalb die Äste in der ersten Stufe so weit wie möglich auseinander.

Auf Stufe 1 gibt es 4 Möglichkeiten für das Siegpferd. Dieses ist dann im Ziel, sodass für den 2. Platz in Stufe 2 noch jeweils 3 Pferde in Frage kommen. Insgesamt erhält man damit $4 \cdot 3 = 12$ Möglichkeiten.

b) Für den 3. Platz (Stufe 3) verbleiben nach jeder der obigen Kombinationen noch 2 Pferde. Insgesamt: $4 \cdot 3 \cdot 2 = 24$ Möglichkeiten für die ersten drei Plätze.

Verständnis

- Nenne Beispiele, bei denen die Anzahl der Möglichkeiten auf jeder Stufe eines Baumdiagramms gleich groß ist.
- Ein Baumdiagramm kann man in verschiedene Richtungen zeichnen (z. B. auch von links nach rechts). Nenne Vor- und Nachteile der einzelnen Anordnungen.

Aufgaben

1 Nico möchte sich eine Eistüte mit drei verschiedenen Sorten Eis kaufen. Die Eisdiele hat sechs verschiedene Sorten zur Auswahl. Wie viele Möglichkeiten gibt es, eine Eistüte mit lauter verschiedenen Sorten für Nico zusammenzustellen?

2 a) Ali, Samira, Hassan und Merve sollen beim Schultheater nebeneinander auf einer Bank sitzen. Wie viele verschiedene Sitzordnungen gibt es? Probiere aus, zeichne ein Baumdiagramm und beschreibe seinen Aufbau.

b) Wie kannst du ausrechnen, wie viele Mögichkeiten es gibt, wenn sich 5, 6, 7, ..., 10, 20, ..., n Kinder nebeneinander setzen möchten? Fomuliere eine Regel.

3 Zainab steht vor ihrem Kleiderschrank und kann sich nicht entscheiden, was sie anziehen möchte. Zur Auswahl stehen vier verschiedene Hosen, sechs T-Shirts, drei Pullover, zwei Paar Socken und ein Paar Schuhe.
Auf wie viele Arten kann Zainab sich kleiden, wenn sie eine Hose, ein T-Shirt, einen Pullover, ein Paar Socken und Schuhe anziehen möchte?

4 Ein Fragebogen besteht aus zwölf Fragen zum Ankreuzen, die alle entweder mit „trifft zu" oder „trifft nicht zu" beantwortet werden müssen.
Auf wie viele verschiedene Arten kann man den Fragebogen ausfüllen?

Manchmal reicht auch nur der Anfang eines Baumdiagramms aus, um seinen Aufbau zu verstehen und dann die Möglichkeiten zu berechnen.

5 Zum Geburtstag hat Murat ein tolles neues Fahrrad bekommen. Natürlich braucht er auch ein Schloss.

a) Warum gibt es keine Zahlenschlösser mit nur einer verstellbaren Ziffer?

b) Murat hat zwei Schlösser zur Auswahl: eines mit vier Ziffernräder jeweils von 0 bis 5 und eines mit drei Ziffernräder von 0 bis 9. Hilf Murat bei seiner Wahl.

6 Josef und Tina wollen Pizza bestellen. In der Karte können sie auswählen zwischen folgenden Belagsorten:
Grundbelag: **S**alami, **Sch**inken   Beilage: **P**eperoni, **O**liven, **C**hampignons

a) Wie viele unterschiedliche Pizzen könnten sie bestellen, wenn sie einen Grundbelag und eine Beilage auswählen müssten? Zeichne dazu ein Baumdiagramm. Verwende die markierten Buchstaben als Kürzel.

b) Als Felix hinzukommt, wollen sie noch eine Käsesorte auswählen. Dazu bietet der Lieferservice **M**ozzarella und **G**ouda an. Wie viele Kombinationsmöglichkeiten gibt es nun für eine Pizza aus Grundbelag, Beilage und Käse?

7 Die PIN für ein Smartphone besteht aus vier Ziffern und beginnt nicht mit der Null.

a) Wie viele unterschiedliche Möglichkeiten ergeben sich dabei?

b) Wie viele Möglichkeiten ergeben sich, wenn die zweite Ziffer eine vier ist und keine Ziffer doppelt vorkommen darf?

c) Paul hat die genaue Ziffernfolge seiner PIN vergessen, weiß aber noch, dass die Ziffern der Größe nach angeordnet waren, wobei die zweite Ziffer eine vier war. Außerdem kam keine Ziffer doppelt vor. Wie viele Möglichkeiten ergeben sich?

*1 4 * **
*2 4 * **
*3 4 * **
...

5.4 Pfadregeln

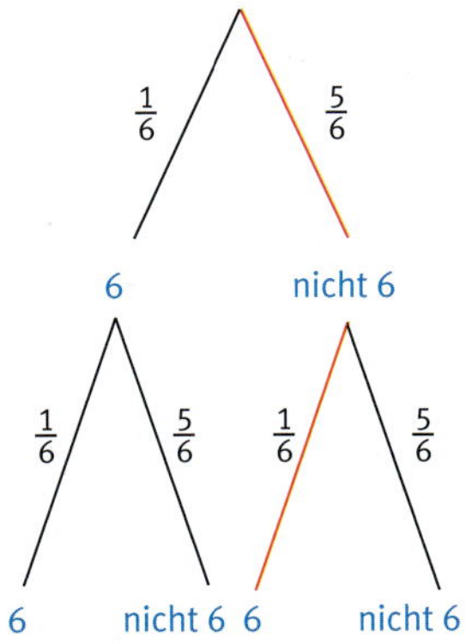

Das abgebildete Baumdiagramm soll veranschaulichen, ob bei einem Zufallsexperiment die Zahl 6 auftritt oder nicht.

- Beschreibe das abgebildete Baumdiagramm mit eigenen Worten. Gib die Bedeutung der Zahlen an den einzelnen Zweigen an.
- Nenne mindestens einen Sachzusammenhang, der zum abgebildeten Baumdiagramm passen könnte.
- Beschreibe das Ereignis E, das zu dem rot gezeichneten Ast passt.
- Überlege, wie man die Wahrscheinlichkeit eines Astes in einem Baumdiagramm bestimmen kann.

Merkwissen

Wird ein Zufallsexperiment mehrmals gleichartig hintereinander ausgeführt, spricht man von einem **mehrstufigen Zufallsexperiment**. Die Ergebnisse mehrstufiger Zufallsexperimente kann man in einem **Baumdiagramm** darstellen. Um in einem Baumdiagramm die Wahrscheinlichkeiten darzustellen, die zu einem Pfad gehören, schreibt man diese direkt an den Pfad. Die Wahrscheinlichkeiten für die einzelnen Ereignisse lassen sich dann wie folgt bestimmen:

1. Pfadregel:
Jedem **Ergebnis** entspricht genau **ein Pfad im Baumdiagramm**. Die Wahrscheinlichkeit eines Ergebnisses wird berechnet, indem alle Wahrscheinlichkeiten **entlang des Pfads** miteinander **multipliziert** werden.

2. Pfadregel:
Gehören zu einem **Ereignis** mehrere Ergebnisse, so müssen die **Pfadwahrscheinlichkeiten** der einzelnen Ergebnisse **addiert** werden, um die Wahrscheinlichkeit des Ereignisses zu berechnen.

Beispiele

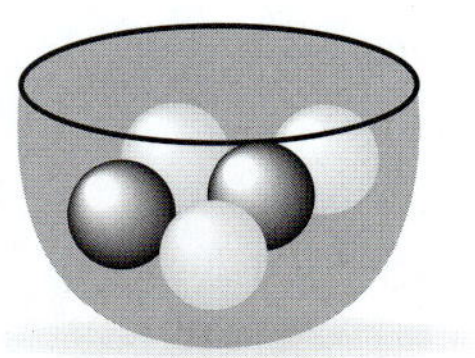

Beim „Ziehen ohne Zurücklegen" verändern sich die Wahrscheinlichkeiten.

I Aus einer Urne mit drei weißen und zwei schwarzen Kugeln werden nacheinander zwei Kugeln gezogen. Die gezogene Kugel wird nicht zurückgelegt.

a) Bestimme die Wahrscheinlichkeiten für alle auftretenden Möglichkeiten, zwei Kugeln zu ziehen.

b) Bestimme die Wahrscheinlichkeit zwei verschiedenfarbige Kugeln zu ziehen.

Lösung:

a) Die Wahrscheinlichkeiten entlang der Pfade werden mit der 1. Pfadregel bestimmt.

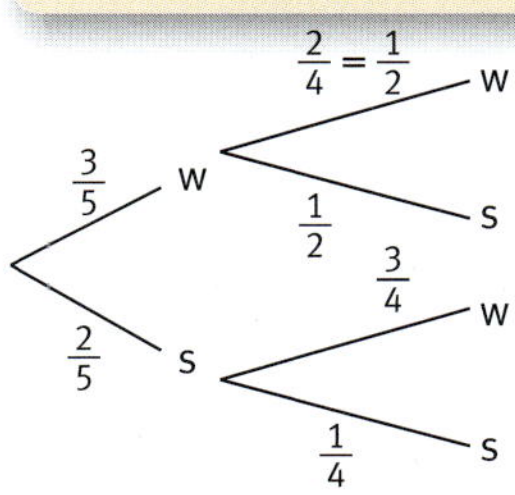

$P\,(ww) = \frac{3}{5} \cdot \frac{1}{2} = \frac{3}{10} = 30\,\%$

$P\,(ws) = \frac{3}{5} \cdot \frac{1}{2} = \frac{3}{10} = 30\,\%$

$P\,(sw) = \frac{2}{5} \cdot \frac{3}{4} = \frac{3}{10} = 30\,\%$

$P\,(ss) = \frac{2}{5} \cdot \frac{1}{4} = \frac{1}{10} = 10\,\%$

b) Die Wahrscheinlichkeiten verschiedener Pfade werden addiert.

P („eine schwarze und eine weiße Kugel") = P (ws) + P (sw) $= \frac{3}{10} + \frac{3}{10} = \frac{6}{10} = 60\,\%$

Verständnis

- Warum ist es wahrscheinlicher, beim viermaligen Werfen einer Laplace-Münze zweimal Wappen und zweimal Zahl zu erhalten, als viermal Zahl?
- Du ziehst aus einer Urne mit schwarzen und weißen Kugeln. Wie unterscheidet sich das Baumdiagramm beim Ziehen mit Zurücklegen von dem beim Ziehen ohne Zurücklegen? Woher kommen die Unterschiede?

Aufgaben

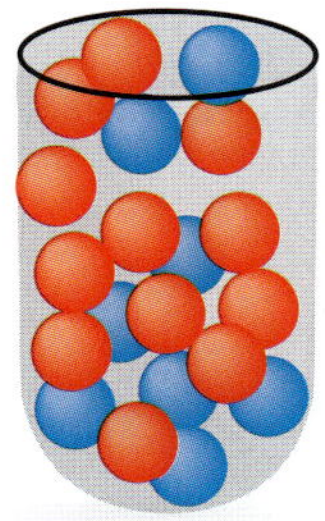

1 In einem Behälter sind 12 rote und 8 blaue Kugeln. Paul nimmt nacheinander zwei Kugeln heraus. Vergleiche die beiden Baumdiagramme und erkläre die Unterschiede. Wie geht Paul jeweils vor?

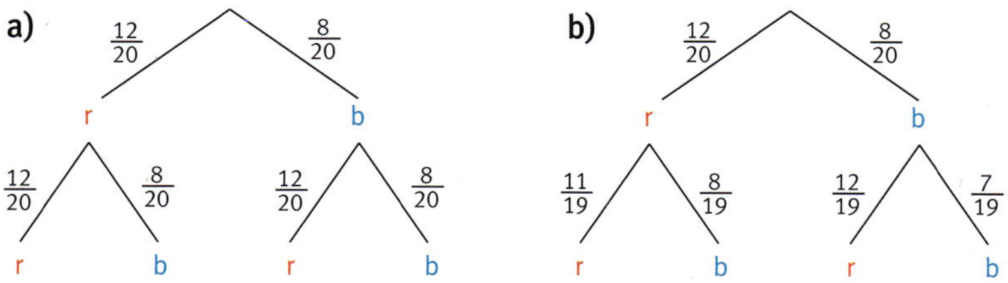

2 Eine Laplace-Münze wird zweimal geworfen. Zeichne ein Baumdiagramm und bestimme die Wahrscheinlichkeit dafür, dass...

a) zweimal Zahl erscheint.

b) einmal Wappen und einmal Zahl erscheint.

c) mindestens einmal Zahl erscheint.

d) höchstens einmal Zahl erscheint.

3 Zu einem Zufallsexperiment wurde das Baumdiagramm gezeichnet. Wie könnte das Zufallsexperiment aussehen? Beschreibe es. Finde verschiedene Möglichkeiten.

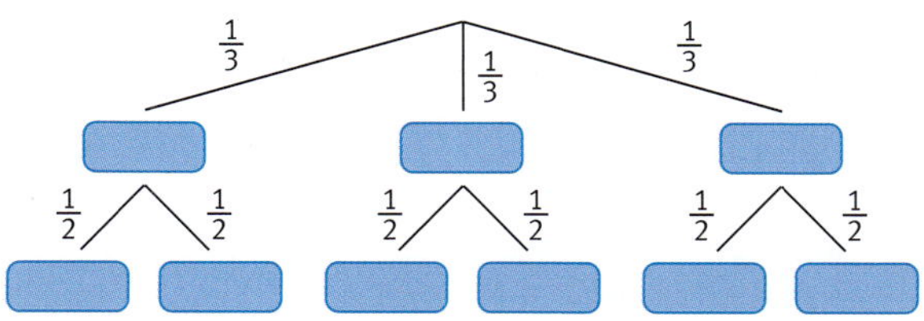

4 Denise würfelt mit einem Würfel zweimal hintereinander.

a) Sie bildet die Summe der Augenzahlen.

1 Zeichne ein Baumdiagramm, das den Sachverhalt veranschaulicht.

2 Vervollständige die Tabelle in deinem Heft.

Augensumme	2	3	4	5	6	7	8	9	10	11	12
Anzahl der Möglichkeiten	1	2									
Wahrscheinlichkeit											

Beispiel:

1. Wurf

2. Wurf

Augensumme: 2 + 5 = 7

b) Ermittle die Wahrscheinlichkeiten der folgenden Ereignisse:
A: „Beim ersten Wurf erscheint 3, beim zweiten Wurf 4."
B: „Es wird ein Pasch geworfen."
C: „Das Produkt der beiden Zahlen ist 12."
D: „Die Augensumme ist eine Primzahl."
E: „Die Augenzahl im ersten Wurf ist größer als die im zweiten Wurf."

Simon ist mit seiner Freundin Tessa auf dem Volksfest und möchte ihr eine Rose schießen. Seine Trefferwahrscheinlichkeit beträgt bei jedem Schuss 60 %. Sobald er eine Rose getroffen hat, hört er auf, spätestens jedoch nach dem vierten Schuss.

- Zeichne ein Baumdiagramm, das Simons Zufallsexperiment beschreibt. Beschrifte die Pfade mit den zugehörigen Wahrscheinlichkeiten.
- Berechne mithilfe des Baumdiagramms die Wahrscheinlichkeit, dass Simon beim ersten (beim zweiten, beim dritten, beim vierten) Schuss trifft.
- Ermittle die Wahrscheinlichkeit, dass Simon spätestens beim vierten Schuss trifft.

Das Vergleichen mit dem Ziehen von Kugeln nennt man Simulieren.

Merkwissen

In der Wahrscheinlichkeitsrechnung kann man viele Situationen mit dem **Ziehen von Kugeln aus einer Urne** vergleichen. Das Ziehen einer erwünschten Kugel wird dabei als Treffer bezeichnet. Man unterscheidet zwei Situationen:

1. Ziehen mit Zurücklegen: Die Trefferwahrscheinlichkeit bleibt bei jedem Zug gleich.

Beispiel: Werfen eines Laplace-Würfels; Treffer T: 5 und 6
Kugel-Simulation: Wiederholtes Ziehen **mit Zurücklegen** einer Kugel aus einer Urne, die zwei weiße und vier schwarze Kugeln enthält; Treffer T: weiße Kugel.

Wahrscheinlichkeit, dass zum ersten Mal im 3. Wurf eine weiße Kugel erscheint:

$$P(\text{„erster Treffer im 3. Versuch"}) = \underbrace{\frac{4}{6}}_{\text{Kein Treffer im 1. Versuch}} \cdot \underbrace{\frac{4}{6}}_{\text{Kein Treffer im 2. Versuch}} \cdot \underbrace{\frac{2}{6}}_{\text{Treffer im 3. Versuch}} = \frac{4}{27} \approx 15\,\%$$

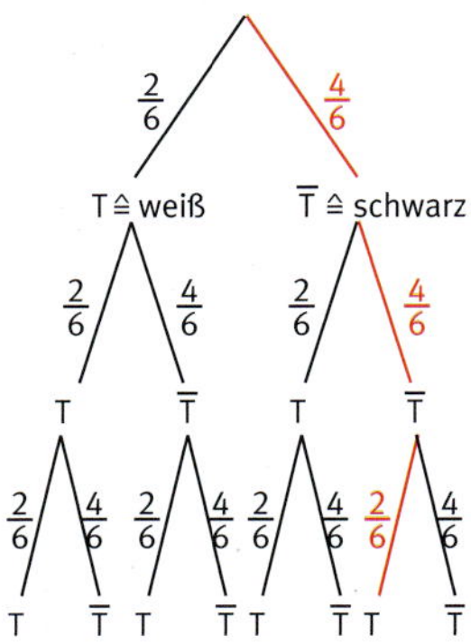

Erster Treffer im 3. Versuch

2. Ziehen ohne Zurücklegen: Die Trefferwahrscheinlichkeit verändert sich bei jedem Zug.

Beispiel: Ziehen aus einer Lostrommel, die vier Nieten und einen Gewinn enthält; Treffer T: Gewinn
Kugel-Simulation: Wiederholtes Ziehen **ohne Zurücklegen** einer Kugel aus einer Urne, die vier weiße und eine schwarze Kugel enthält; Treffer T: schwarze Kugel.

Wahrscheinlichkeit, dass der Gewinn im dritten Versuch gezogen wird:

$$P(\text{„erster Treffer im 3. Versuch"}) = \underbrace{\frac{4}{5}}_{\text{Kein Treffer im 1. Versuch}} \cdot \underbrace{\frac{3}{4}}_{\text{Kein Treffer im 2. Versuch}} \cdot \underbrace{\frac{1}{3}}_{\text{Treffer im 3. Versuch}} = \frac{1}{5} = 20\,\%$$

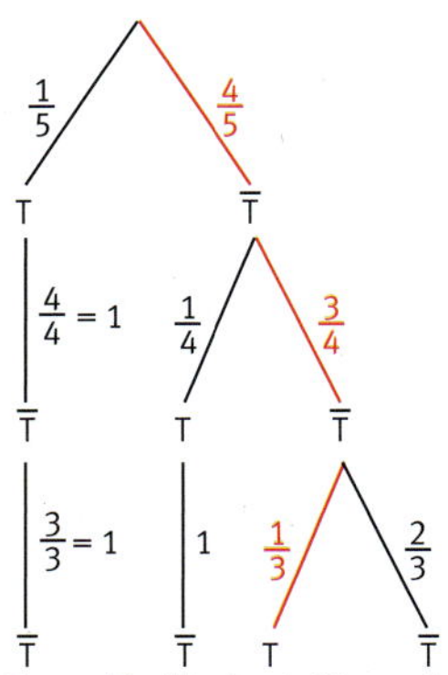

Erster Treffer im 3. Versuch

Beispiele

I Drei Schmerzpatienten bekommen dasselbe Schmerzmittel verabreicht, das erfahrungsgemäß mit einer Wahrscheinlichkeit von 80 % wirkt.

a) Gib an, ob es sich hier um Ziehen mit oder ohne Zurücklegen handelt. Begründe.

b) Zeichne ein Baumdiagramm und bestimme die Wahrscheinlichkeit, dass das Medikament bei genau zwei der Patienten wirkt.

c) Berechne die Wahrscheinlichkeit dafür, dass das Medikament bei niemandem Wirkung zeigt.

Lösung:

a) Es handelt sich um Ziehen mit Zurücklegen, weil bei allen Personen die Wahrscheinlichkeit für das Wirken des Medikaments gleich ist, also Trefferwahrscheinlichkeit 80 % = 0,8.

b) W: „Das Medikament wirkt."
P („Medikament wirkt bei genau zwei Patienten")
$= P(WW\overline{W}) + P(W\overline{W}W) + P(\overline{W}WW)$
$= 0{,}8^2 \cdot 0{,}2 + 0{,}8 \cdot 0{,}2 \cdot 0{,}8 + 0{,}2 \cdot 0{,}8^2$
$= 3 \cdot 0{,}8^3 \cdot 0{,}2 \approx 0{,}384 = 38{,}4\ \%$

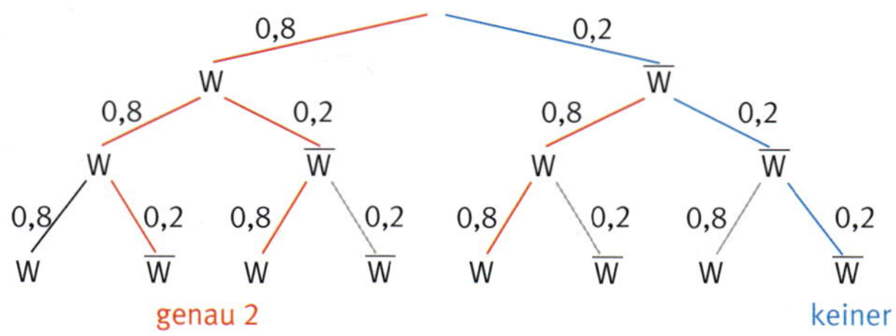

c) P („Medikament wirkt bei niemandem") $= P(\overline{W}\,\overline{W}\,\overline{W}) = 0{,}2^3 = 0{,}008 = 0{,}8\ \%$

Verständnis

- Erkläre, warum sich beim Ziehen ohne Zurücklegen die Trefferwahrscheinlichkeit bei jedem Versuch verändert.
- Richtig oder falsch? Begründe deine Antwort.
  „Das Werfen einer Münze kann man als Ziehen ohne Zurücklegen sehen."

Aufgaben

1 Gib bei den folgenden Situationen jeweils an, ob sie mit Ziehen ohne Zurücklegen oder Ziehen mit Zurücklegen verglichen werden können. Mache Vorschläge zur Anzahl und Beschriftung der Kugeln.

a) Melanie würfelt fünfmal nacheinander gleichzeitig mit zwei Würfeln und bildet die Augensumme.

b) In einem Päckchen sind 25 Tulpenzwiebeln. Laut Etikett enthält es 20 % Zwiebeln für rote und je 40 % für weiße und gelbe Tulpen. Henriette pflanzt drei Zwiebeln ein.

2 Finde jeweils mindestens drei Beispiele für Zufallsexperimente, die man ...

a) wie Ziehen mit Zurücklegen behandeln kann.

b) wie Ziehen ohne Zurücklegen behandeln kann.

3 Jannis und Carlo spielen in der gleichen Handballmannschaft. Jannis trifft einen Siebenmeter mit 90 % Wahrscheinlichkeit, Carlo in 70 % der Fälle. Im Training wirft zuerst Jannis und danach Carlo.

a) Wie groß ist die Wahrscheinlichkeit, dass ...

1 beide treffen?
2 keiner trifft?
3 mindestens einer trifft?
4 Jannis trifft, Carlo jedoch nicht.

b) Wie verändern sich die Wahrscheinlichkeiten aus a), wenn zuerst Carlo wirft?

4 Etwa 25 % einer Bevölkerung sind Linkshänder. Ermittle die Wahrscheinlichkeit, dass unter fünf zufällig ausgewählten Personen ...

a) nur Linkshänder sind.
b) kein Linkshänder ist.
c) mindestens ein Linkshänder ist.
d) höchstens ein Rechtshänder ist.
e) mindestens einer und höchstens drei Rechtshänder sind.
f) höchstens drei Rechtshänder sind.

1 Die Abbildung zeigt ein Kartenspiel. Daraus wird eine Karte zufällig gezogen.

a) Gib mindestens ein Ereignis an, ...

1 dessen Wahrscheinlichkeit $\frac{1}{32}$ ist.

2 dessen Wahrscheinlichkeit $\frac{1}{2}$ ist.

3 dessen Wahrscheinlichkeit $\frac{7}{8}$ ist.

4 dessen Wahrscheinlichkeit $\frac{15}{16}$ ist.

5 das wahrscheinlicher ist als das Ereignis K: „Es wird ein König gezogen."

6 das weniger wahrscheinlich eintritt als F: „Es wird eine Figurenkarte, aber kein Ass gezogen."

b) Gib die Wahrscheinlichkeiten der Ereignisse K und F sowie deiner Ereignisse von 5 und 6 an.

2 a) Denke dir mindestens ein Laplace-Experiment aus, bei dem jedes Ergebnis ...

1 die Wahrscheinlichkeit 25 % hat. 2 die Wahrscheinlichkeit $\frac{3}{9}$ hat.

b) Tausche dich mit einem Mitschüler aus und kontrolliert eure Lösung.

3 In einer Lostrommel sind Gewinnlose und Nieten. Vor dem Verkauf liegt die Gewinnwahrscheinlichkeit ...

1 bei $\frac{1}{8}$. 2 bei $\frac{7}{16}$. 3 bei 9 %. 4 bei 0,04.

a) Ermittle eine mögliche Anzahl der Gewinnlose und Nieten, falls die Tombola auf einem Jahrmarkt veranstaltet wird.

b) Die Tombola soll zu einer Klassenfeier durchgeführt werden. Wähle eine realistische Gewinnwahrscheinlichkeit und begründe deine Wahl. Gib die Anzahl der Gewinnlose und Nieten an.

4 Bei einem Würfelspiel werden fünf Würfel gleichzeitig geworfen.

a) Berechne die Wahrscheinlichkeit dafür, auf Anhieb eine „große Straße" zu würfeln. Die großen Straßen sind „1-2-3-4-5" oder „2-3-4-5-6".

b) Berechne die Wahrscheinlichkeit, bei einem Wurf fünf gleiche Zahlen zu würfeln.

5 Beschreibe, wie sich mit drei verschiedenen Münzen das Werfen eines gewöhnlichen Spielwürfels simulieren lässt.

6 Ein Laplace-Spielwürfel wird einmal geworfen.

E_1: „Die geworfene Augenzahl ist mindestens 4."
E_2: „Die geworfene Augenzahl ist eine Primzahl."

Ermittle die Wahrscheinlichkeit, dass ...

a) beide Ereignisse eintreten.

b) mindestens eines dieser beiden Ereignisse eintritt.

c) entweder das Ereignis E_1 oder aber das Ereignis E_2 eintritt.

d) keines der beiden Ereignisse eintritt.

7 Beim Mensch-ärgere-dich-nicht-Spiel darf man nur starten, wenn man eine Sechs würfelt. Dazu hat man maximal drei Versuche.

Es genügt, zwischen den Ereignissen S: „Sechs“ und $\overline{S}$: „keine Sechs“ zu unterscheiden.

a) Zeichne ein Baumdiagramm. Beachte, dass es nach dem Würfeln einer Sechs keine Rolle mehr spielt, welche Zahl als nächstes gewürfelt wird.

b) Bestimme die Wahrscheinlichkeit, dass man …

1 nach dem ersten Wurf nicht starten darf.

2 weder nach dem ersten noch nach dem zweiten Wurf starten darf.

c) Lotta hat bereits eine Drei und eine Eins gewürfelt. Gib die Wahrscheinlichkeit an, mit der sie nach dem dritten Wurf starten darf.

8 Die Flächen eines Laplace-Tetraeders sind mit den Zahlen 1, 2, 3 bzw. 4 beschriftet. Mirko „würfelt“ zweimal mit ihm. Als geworfen gilt jeweils die Zahl, die auf der unten liegenden Tetraederfläche steht. Er zeichnet das folgende Baumdiagramm und markiert die Ereignisse E_1 rot, E_2 blau und E_3 grün.

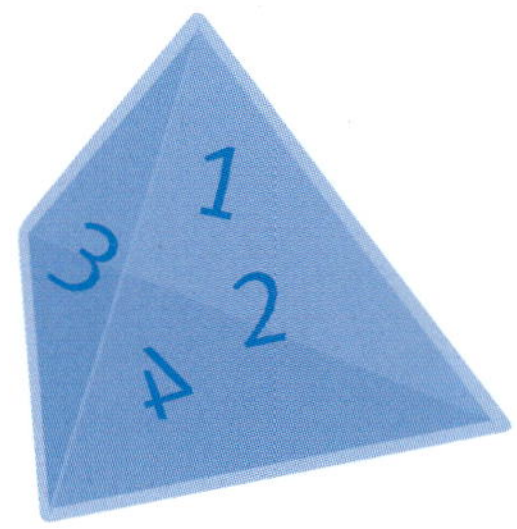

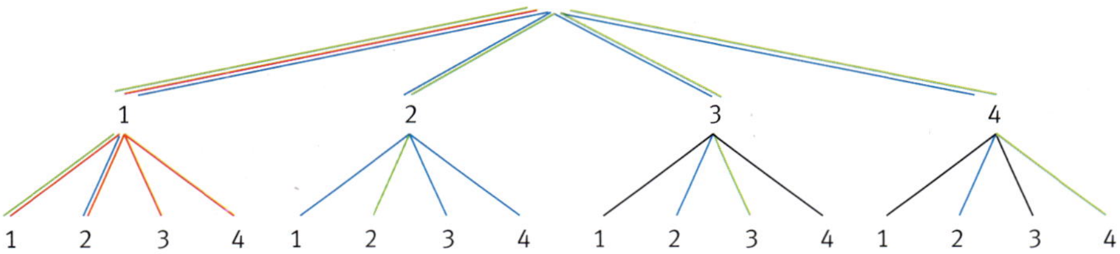

a) Schreibe die markierten Ereignisse in Mengenschreibweise.

b) Beschreibe die farbig markierten Ereignisse in Worten. Finde möglichst einfache Formulierungen.

c) Bestimme P (E_1), P (E_2) und P (E_3).

d) Schreibe die folgenden Ereignisse in Mengenschreibweise und bestimme deren Wahrscheinlichkeit.

„Mindestens eine drei“ bedeutet „eine drei oder mehr“.

1 E_4: „Mirko wirft mindestens eine Drei.“

2 E_5: „Der Summenwert der gewürfelten Zahlen ist gerade.“

3 E_6: „Mirko wirft im ersten Wurf keine Vier.“

Tipp: Betrachte E_6.

9 Alberta kommt neu in ihre Klasse und wird von der Klassenlehrerin zwischen Frank und Tine gesetzt.

a) Wie groß ist die Wahrscheinlichkeit, dass einer ihrer neuen Banknachbarn am gleichen Tag Geburtstag hat wie sie?

b) Wie groß ist die Wahrscheinlichkeit, dass die neuen Banknachbarn am gleichen Tag Geburtstag haben?

10 Statistische Erhebungen haben ergeben, dass bei der Geburt die Wahrscheinlichkeit für einen Jungen 51,3 % beträgt. Ermittle die Wahrscheinlichkeit, dass eine Familie, die zwei Kinder hat, …

a) zwei Mädchen (zwei Jungen) hat.

b) zuerst ein Mädchen und dann einen Jungen bekommen hat.

c) einen Jungen und ein Mädchen hat.

11 Hans-Peter hat einen gewöhnlichen Spielwürfel sechsmal hintereinander geworfen und jedes Mal eine Sechs erhalten. Annika vermutet, dass der Spielwürfel gezinkt ist. Wie könnte sie ihre Vermutung mathematisch begründen? Erläutere.

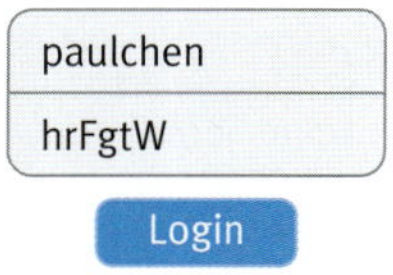

12 Um einen Online-Account zu sichern, sollte man sichere Passwörter verwenden.

a) Nenne Kriterien für sichere Passwörter.

b) Berechne die Anzahl der verschiedenen sechsstelligen Passwörter, falls nur Buchstaben ohne Umlaute und kein „ß" verwendet werden. Dabei wird zwischen Groß- und Kleinschreibung ...
1 nicht unterschieden. 2 unterschieden.

c) Ermittle die Anzahl der möglichen sechsstelligen Passwörter, wenn neben allen Buchstaben und Umlauten auch Ziffern sowie die Sonderzeichen ! " § $ % & / = ? ; : * € @ und # verwendet werden dürfen. Unterscheide zwischen Groß- und Kleinschreibung.

13 In einer Studie soll ein neues Grippemittel getestet werden. Mit dem Wirkstoff werden 8000 von insgesamt 10 000 Testpersonen geimpft. Von den Geimpften erkrankten 136 trotzdem an Grippe, von den Nichtgeimpften 158.

a) Bestimme Näherungswerte für beide Testgruppen für die Wahrscheinlichkeit, zu erkranken.

b) Sylvia und ihre beiden Schwestern Therese und Waltraud haben an der Studie teilgenommen. Therese wurde als einzige nicht geimpft. Zeichne ein geeignetes Baumdiagramm zur Sachsituation und berechne die Wahrscheinlichkeit, dass ...
1 nur Therese an Grippe erkrankt.
2 nur Waltraud erkrankt.
3 genau eine der drei Schwestern Grippe bekommt.
4 mindestens eine der Schwestern an Grippe erkrankt.

14 In einem Supermarktregal stehen noch 15 Konservendosen mit Tomaten. Drei davon haben ein höheres Füllgewicht als angegeben. Paul kauft vier der Dosen. Ermittle die Wahrscheinlichkeit, dass er zufällig ...

a) keine der schwereren Dosen erwischt.

b) genau eine der schwereren Dosen kauft.

c) mindestens eine der schwereren Dosen nimmt.

d) alle drei schwereren Dosen erwischt.

e) genau zwei der schwereren Dosen kauft.

15 Konstantin und Rosanna treten gegeneinander im Torwandschießen an. Jeder hat fünf Schuss. Konstantin weiß aus Erfahrung, dass seine Trefferquote bei 25 % liegt. Rosanna versenkt in der Regel 3 von 10 Schüssen. Bestimme die Wahrscheinlichkeit, dass ...

a) Rosanna beim vierten Schuss zum ersten Mal trifft.

b) Konstantin mindestens einmal das Tor verfehlt.

c) beide bei jedem Schuss treffen.

Das Sommerfest

Situationsbeschreibung

Beim jährlichen Sommerfest macht die Klasse V10 einen Stand mit einem Glücksspiel. Der Einsatz pro Spiel beträgt 2 €. Das Spiel läuft nach folgenden Regeln ab. Emircan, ein Schüler der V10, spielt für den Stand. Zuerst darf der Spieler entscheiden, ob er anfängt oder aber Emircan beginnen darf. Dann wird solange ein Tetraeder mit den Augenzahlen 1 bis 4 geworfen, bis einer die Vier wirft und gewinnt. Wurde aber insgesamt fünf Mal geworfen, so steht es unentschieden. Gewinnt Emircan, ist der Einsatz verloren. Gewinnt der Spieler, bekommt er den Einsatz zurück, zusammen mit einem großen Stück leckeren Kuchens. Bei einem Unentschieden beginnt das Spiel nochmal von Neuem. Du und Anette wollt es versuchen. Noch kurz bevor es los geht fragt Anette dich: „Sollen wir anfangen oder Emircan? Oder ist es egal, wer beginnt?“.

Beantworte die Frage mithilfe folgender Handlungsaufträge.

Handlungsaufträge

1. Handelt es sich hier um ein Zufallsexperiment? Begründe. Wie viele Stufen enthält das Zufallsexperiment gegebenenfalls?
2. Zeichne ein geeignetes Baumdiagramm. Beschreibe die Besonderheit.
3. Bestimme nun die Wahrscheinlichkeiten aller Äste, wo der Beginnende gewinnt, und danach die Wahrscheinlichkeit der Äste, wo derjenige gewinnt, der als zweites gewürfelt hat.
4. Wie lautet nun deine Antwort gegenüber Anette?
5. Wie würden sich der Baum und die Wahrscheinlichkeiten verändern, wenn nicht mit einem Tetraeder, sondern mit einem normalen Würfel gewürfelt würde? Begründe mathematisch. Bei einem normalen Würfel gewinnt die Augenzahl „6“.
6. Spielt das Spiel mit dem Partner nach, um eure Rechnungen zu überprüfen.

Lernsituation

Hinweis:
Bei den Abschlussprüfungen bis einschließlich 2017 beträgt die Gesamtpunktzahl pro Aufgabe 20 Punkte.
Die Lösungen zu den Abschlussprüfungsaufgaben sind erhältlich unter www.ccbuchner.de/medien (6254-05).

AUFGABE 1

Eine Wirtschaftsschule sammelte in den vergangenen 5 Jahren (Untersuchungszeitraum 2006 bis 2010) Daten über die Zukunftspläne ihrer Absolventen.

0	Anzahl der Schüler/-innen	2006	2007	2008	2009	2010
1	Industrie	11	13	13	7	16
2	Groß- und Außenhandel	13	11	11	7	12
3	Büro	23	7	9	17	13
4	Bank	7	14	22	14	9
5	EDV-Brufe	17	7	21	23	11
6	FOS	30	15	11	20	9
7	Unentschieden	19	33	23	12	20
	Gesamtzahl	**120**	**100**	**110**	**100**	**90**

2 Punkte **1.1** Ermitteln Sie die absolute Häufigkeit des Ereignisses E1: „Schüler/-innen, die eine Bürotätigkeit in den Jahren 2006 bis 2010 wählten".

2 Punkte **1.2** Berechnen Sie die relative Häufigkeit des Ereignisses E2: „Schüler/-innen, die in dem Untersuchungszeitraum in die FOS übertraten".

3 Punkte **1.3** Erstellen Sie ein Säulendiagramm über den jährlichen prozentualen Anteil der FOS-Schüler/innen an der Gesamtschülerzahl.

3 Punkte **1.4** Bestimmen Sie das arithmetische Mittel und den Modalwert für die Wahl „Bank" im Untersuchungszeitraum.

4 Punkte **1.5*** Berechnen Sie die mittlere Abweichung für die Anzahl der Schüler/-innen, die zwischen 2006 und 2010 einen Beruf in der Industrie wählten.

Der Vater eines 13-jährigen Jungen will seinem Sohn ein Fahrrad zum Geburtstag schenken. Er weiß, dass sich sein Sohn ein Fahrrad eines bestimmten Herstellers wünscht, jedoch nicht in welcher Ausführung. Der Fahrradhersteller bietet das Rad in folgenden Ausführungen an:
Felgen: Stahl (S), Alu (A)
Federung: nur hinten (HF), nur vorne (VF), Vollfederung vorn und hinten (VHF)

4 Punkte **1.6** Fertigen Sie ein Baumdiagramm mit den jeweiligen Übergangswahrscheinlichkeiten an und ermitteln Sie die Anzahl der verschiedenen Fahrradausstattungen.

Wäre der Sohn beim Kauf anwesend, würde er ein Fahrrad mit Alufelgen und Vollfederung auswählen.

2 Punkte **1.7** Ermitteln Sie die Wahrscheinlichkeit, dass sich der Vater rein zufällig genau für die bevorzugte Ausführung seines Sohnes entscheidet.

---

20 Punkte

WS APR Mathe 2013, Aufgabe 4 | Quelle: ISB Bayern | © Bayerisches Staatsministerium für Bildung und Kultus, Wissenschaft und Kunst
**: Inhalte nicht mehr Gegenstand der neuen Abschlussprüfung*

AUFGABE 2

Eine Ganztagesklasse kann beim Mittagessen in der Mensa zwischen einem Fleischgericht (F) und einem vegetarischen Gericht (V) wählen. Als Getränke stehen Saft (S) und Wasser (W) zur Wahl. Es wird angenommen, dass sich jeder Schüler für ein Gericht und ein Getränk entscheidet (Zufallsexperiment). Das Fleischgericht wählen $\frac{3}{4}$ der Schüler. 80 % der „Vegetarier" trinken Wasser, während 60 % der „Fleischesser" Saft trinken.

2.1 Fertigen Sie für dieses Zufallsexperiment ein geeignetes Baumdiagramm an und tragen Sie die einzelnen Übergangswahrscheinlichkeiten ein. *4 Punkte*

2.2 Bestimmen Sie die Wahrscheinlichkeit, dass ein Schüler Saft trinkt. *2 Punkte*

2.3 Berechnen Sie, wie viele Schüler einer Klasse, bestehend aus 20 Schülern, ein vegetarisches Menü mit Wasser wählen. *2 Punkte*

2.4 Berechnen Sie die Wahrscheinlichkeit, dass ein Schüler kein vegetarisches Gericht mit Saft wählt. *3 Punkte*

Die Schülermitverwaltung (SMV) führte eine Umfrage zu den beliebtesten Angeboten im Pausenverkauf durch. Mehrfachnennungen waren möglich. Die Ergebnisse sind nachfolgend dargestellt:

Wurstsemmel	Pizzastücke	Gebäck	Schokoriegel
91,2 %	93,4 %	82,3 %	85,0 %

2.5 Die Ergebnisse stellt die SMV in untenstehendem Säulendiagramm dar. Dadurch entsteht der Eindruck, dass Pizzastücke in etwa doppelt so gerne wie Schokoriegel gegessen werden. Nehmen Sie dazu begründet Stellung. *2 Punkte*

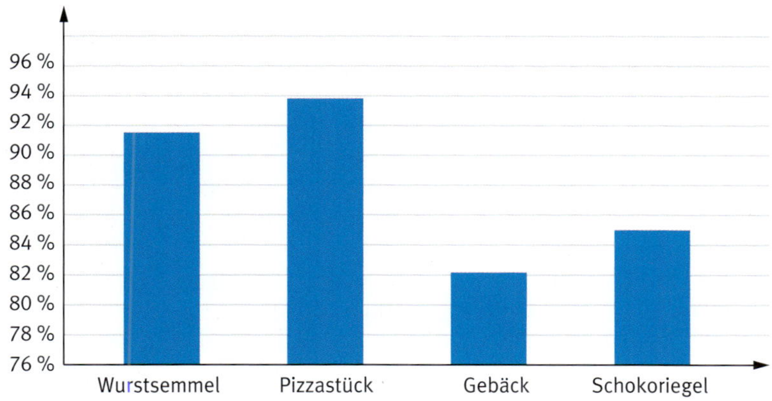

2 Punkte

2.6 In den letzten Wochen wurden am Pausenkiosk folgende Artikel verkauft.

Wurstsemmeln	Pizzastücke	Gebäck	Schokoriegel
598 Stück	602 Stück	322 Stück	478 Stück

Begründen Sie, welches der Kreisdiagramme die richtige Verteilung angibt.

A

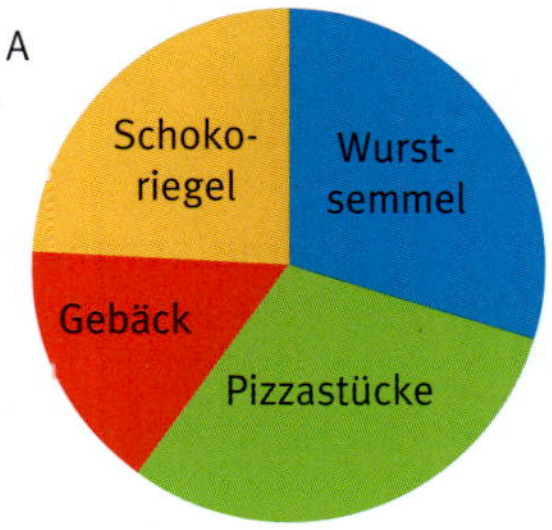

B

5 Punkte

2.7* Aus dem Getränkeautomaten wurden in den letzten zwei Wochen insgesamt 364 Getränkeflaschen verkauft. Bestimmen Sie den Median, das arithmetische Mittel und die mittlere Abweichung des Getränkeverkaufs in den zwei Wochen.

1. Woche					
Tag	Mo	Di	Mi	Do	Fr
Anzahl	37	22	18	78	18
2. Woche					
Tag	Mo	Di	Mi	Do	Fr
Anzahl	48	38	18	65	22

20 Punkte

AUFGABE 3

Im Jahr 2014 wurde eine Befragung von 1.200 Schülerinnen und Schülern, im Alter von 12 bis 19 Jahren, zum Thema „Wie oft nutzt du dein Smartphone zum Spielen?" durchgeführt.

Befragung nach Geschlecht	**täglich**	**oft**	**selten**	**nie**
Mädchen	240	120	90	150
Jungen	288	72	84	156
Befragung nach Alter	**täglich**	**oft**	**selten**	**nie**
12 – 13 Jahre	132	51	42	75
14 – 15 Jahre	138	57	48	57
16 – 17 Jahre	132	45	42	81
18 – 19 Jahre	126	39	42	93
Befragung nach Schulart	**täglich**	**oft**	**selten**	**nie**
Wirtschaftsschule	140	70	80	110
Realschule	194	72	38	96
Gymnasium	194	50	56	100

**: Inhalte in Teilen nicht mehr Gegenstand der neuen Abschlussprüfung*

3.1 Bestimmen Sie die absolute Häufigkeit des Ereignisses E1: „Schüler im Alter von 14 bis 17 Jahren, die oft oder täglich ihr Smartphone zum Spielen nutzen“. *1 Punkt*

3.2 Berechnen Sie die relative Häufigkeit des Ereignisses E2: „Schüler, die das Gymnasium besuchen und nie ihr Smartphone zum Spielen nutzen“ in Prozent bezogen auf alle 1.200 befragten Schülerinnen und Schüler. *2 Punkte*

3.3* Erklären Sie kurz anhand eines Beispiels aus oben abgebildeter Tabelle die Begriffe "Merkmalsträger" und "Merkmal". *2 Punkte*

3.4 Erstellen Sie ein Säulendiagramm, welches die Nutzung von Smartphones aller befragten Wirtschaftsschüler darstellt. *2 Punkte*

Die Schülerinnen und Schüler, welche eine Wirtschaftsschule besuchen und oft Handyspiele konsumieren, wurden nach der Höhe ihrer monatlichen Ausgaben für Handyspiele befragt. Es entstand folgende Urliste in €:

7,50	3,00	15,00	9,00	10,00	15,00	13,00	4,00	5,00	2,50

3.5 Bestimmen Sie den Median x_{med}, das arithmetische Mittel $\bar{x}$ und die Spannweite R der monatlichen Ausgaben für Handyspiele der befragten Schülerinnen und Schüler. *4 Punkte*

Ein Schüler nimmt über eine Spiele-App an einem Gewinnspiel teil. Über einen Zufallsgenerator leuchten die verschiedenen Zahlenfelder der unten abgebildeten Spielescheibe abwechselnd auf. Durch das Betätigen der Schaltfläche „STOP“ bleibt das aktuelle Zahlenfeld erleuchtet und es findet kein Felderwechsel mehr statt. Um das nächste Level zu erreichen, muss zweimal hintereinander die Zahl 0 erreicht werden.

3.6 Erstellen Sie ein Baumdiagramm für das oben beschriebene Zufallsexperiment und tragen Sie alle Übergangswahrscheinlichkeiten ein. *4 Punkte*

3.7 Bestimmen Sie die Wahrscheinlichkeiten für folgende Ereignisse nach zwei Spieldurchgängen und geben Sie ihre Ergebnisse in Prozentschreibweise an: *5 Punkte*
E1: „Der Schüler erreicht das nächste Level.“
E2: „Der Schüler hat zweimal die gleiche Zahl.“

20 Punkte

*: *Inhalte nicht mehr Gegenstand der neuen Abschlussprüfung*

Überprüfe deine Fähigkeiten und Kenntnisse. Bearbeite dazu die folgenden Aufgaben und bewerte anschließend deine Lösungen mit einem Smiley.

☺	😐	☹
Das kann ich!	Das kann ich fast!	Das kann ich noch nicht!

Hinweise zum Nacharbeiten findest du auf der folgenden Seite. Die Lösungen stehen im Anhang.

Aufgaben zur Einzelarbeit

1 Betrachtet wird das Zufallsexperiment „Werfen eines mit Zahlen beschrifteten Oktaeder-Würfels" mit dem Ergebnisraum $\Omega = \{1; 2; 3; 4; 5; 6; 7; 8\}$.

a) Schreibe folgende Ereignisse als Menge:
E_1: „Die geworfene Zahl ist größer als sieben."
E_2: „Die geworfene Zahl ist eine Primzahl."
E_3: „Die geworfene Zahl ist ein Teiler von 24."

b) Notiere das Gegenereignis von E_1 als Menge.

c) Formuliere ein unmögliches Ereignis E_4.

2 Rick ist mit Würfeln an der Reihe. Er hat die roten Spielfiguren. Wie groß ist die Wahrscheinlichkeit, dass er mit diesem Wurf eine andere Figur schlagen kann?

3 Das Spiel „Elfer raus" wird mit 80 Karten gespielt. Auf ihnen ist jeweils eine der Zahlen 1 bis 20 in einer der vier Farben Blau, Grün, Rot und Gelb aufgedruckt. Aus den Karten dieses Spiels wird eine verdeckt gezogen. Mit welcher Wahrscheinlichkeit ist die gezogene Karte ...

1 gelb? 2 ein Elfer? 3 der gelbe Elfer?

4 **a)** Wie groß ist beim abgebildeten Glücksrad die Wahrscheinlichkeit, dass der Zeiger beim einmaligen Drehen auf „Weiß" stehen bleibt?

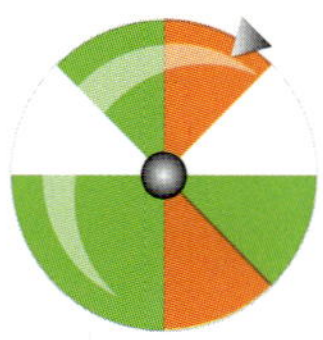

b) Zeichne ein Glücksrad, bei dem fünf unterschiedliche Ergebnisse möglich sind und die Wahrscheinlichkeit, dass der Zeiger beim einmaligen Drehen auf „Weiß" stehen bleibt, 12,5 % beträgt.

5 Aus einem Kartenspiel (32 Karten) werden nacheinander zwei Karten mit Zurückstecken gezogen. Es werden die Ereignisse K: „Die erste Karte ist ein König" und R: „Die zweite Karte ist rot" betrachtet.

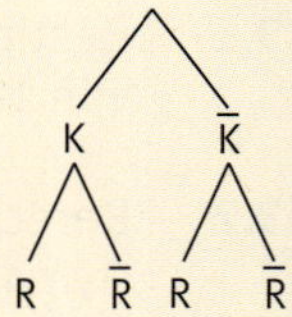

a) Berechne P (K) sowie P (R).

b) Übertrage das Baumdiagramm und ergänze an den Pfaden deren Wahrscheinlichkeiten.

c) Berechne die Wahrscheinlichkeit, dass die erste Karte ein König und die zweite Karte rot ist.

6 Ein blauer und ein grüner „Tetraeder-Würfel" sind jeweils mit den Zahlen 1 bis 4 beschriftet. Sie werden gleichzeitig geworfen. Als gewürfelt gilt jeweils die unten liegende, nicht sichtbare Zahl.

E_1: „Eine Drei und eine Vier werden erhalten."
E_2: „Zwei Vieren werden erhalten."
Welches der beiden Ereignisse E_1 und E_2 tritt mit größerer Wahrscheinlichkeit ein? Oder treten beide Ereignisse mit der gleichen Wahrscheinlichkeit ein? Begründe deine Meinung.

7 In einer Urne befinden sich sechs blaue, drei rote und eine gelbe Kugel.

a) Tim zieht zwei Kugeln mit Zurücklegen. Bestimme die Wahrscheinlichkeit, dass Tim ...

1 zwei gleichfarbige Kugeln zieht.

2 zwei verschiedenfarbige Kugeln erhält.

3 eine rote und eine gelbe Kugel zieht.

b) Bestimme die Wahrscheinlichkeiten aus a) für den Fall, dass Tim ohne Zurücklegen zieht.

8 Zwei Sportschützen schießen gleichzeitig auf eine Tontaube. Der erste Schütze trifft mit einer Wahrscheinlichkeit von 55 %, der zweite mit einer Wahrscheinlichkeit von 60 %.

a) Bestimme die Wahrscheinlichkeit, dass die Tontaube nicht getroffen wird.

b) Wird die Tontaube von den beiden Schützen nicht getroffen, so schießt ein dritter Schütze, dessen Treffsicherheit 85 % beträgt. Berechne die Wahrscheinlichkeit, dass die Tontaube von keinem der drei Schützen getroffen wird.

9 Eine Losbude verkauft 2000 Lose, darunter sind 200 Gewinne. Ermittle die Wahrscheinlichkeit, dass beim Ziehen von zwei Losen mindestens ein Gewinn dabei ist. Nutze ein Baumdiagramm.

10 Formuliere für das Ziehen aus der abgebildeten Urne jeweils das Gegenereignis und bestimme dessen Wahrscheinlichkeit.

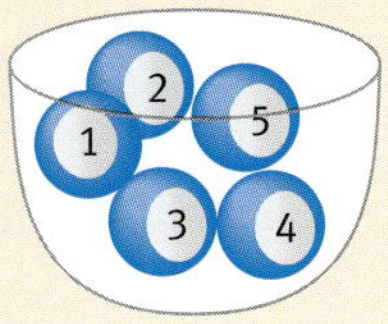

a) A: „Alina zieht gleichzeitig zwei gerade Zahlen."

b) B: „Benno zieht mit Zurücklegen zwei ungerade Zahlen."

c) C: „Clara zieht zweimal mit Zurücklegen. Von den gezogenen Zahlen ist eine gerade, die andere eine Quadratzahl."

11 Pia ist Schwimmerin. Im Sommer trainiert sie im Freibad. Wenn es regnet, geht sie an 7 von 10 Tagen hin, regnet es nicht, geht sie mit 85 %-iger Wahrscheinlichkeit.
Diesen Sommer hat es durchschnittlich nur jeden fünften Tag geregnet. Bestimme den Anteil der Tage, die Pia schwimmen gegangen ist.

12 Zwei Freunde spielen das Knobelspiel „**Sch**ere-**St**ein-**P**apier".

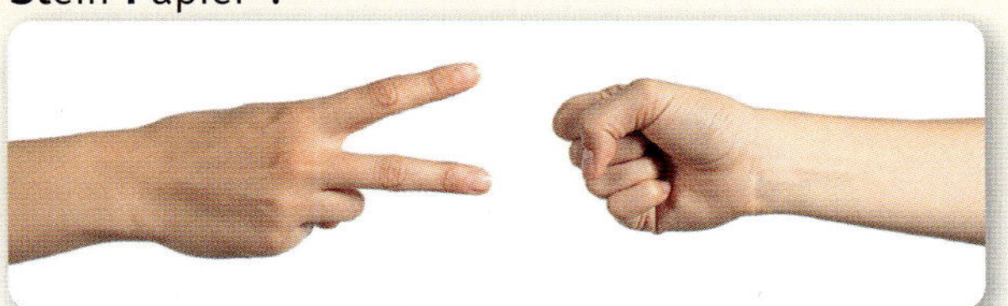

Zeichne ein Baumdiagramm. Notiere die Ereignisse in Mengenschreibweise dafür, dass ...

a) Spieler A gewinnt.

b) Spieler B gewinnt.

c) das Spiel unentschieden endet.

Aufgaben für Lernpartner

Arbeitsschritte

1 Bearbeite die folgenden Aufgaben alleine.

2 Suche dir einen Partner und erkläre ihm deine Lösungen. Höre aufmerksam und gewissenhaft zu, wenn dein Partner dir seine Lösungen erklärt.

3 Korrigiere gegebenenfalls deine Antworten und benutze dazu eine andere Farbe.

Sind folgende Behauptungen **richtig** oder **falsch**? Begründe schriftlich.

13 Das Gegenteil von „immer" ist „nie".

14 Im Baumdiagramm erhält man die Wahrscheinlichkeit eines Pfades, indem man die einzelnen Wahrscheinlichkeiten entlang des Pfades addiert.

15 Einer Urne mit je 12 roten und blauen Kugeln werden 5 Kugeln ohne Zurücklegen entnommen. Dabei wird die Wahrscheinlichkeit für das Ziehen einer roten Kugel immer kleiner.

16 Die beiden abgebildeten Baumdiagramme können dasselbe Zufallsexperiment beschreiben.

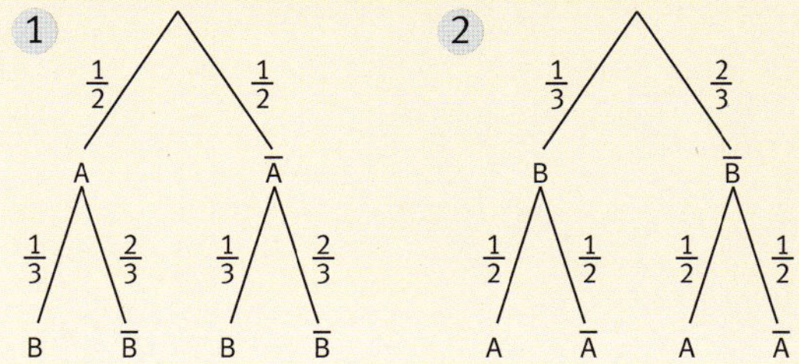

17 Bei einem gezinkten Spielwürfel ist die Wahrscheinlichkeit, eine Sechs zu werfen, 20 %. Dann ist die Wahrscheinlichkeit, zwei Sechser hintereinander zu werfen, kleiner als 10 %.

18 Arno hat die vierstellige Kombination seines Zahlenschlosses vergessen. Er erinnert sich, dass er ausschließlich Primzahlen verwendet hat. Er hat also noch $4 \cdot 3 \cdot 2 \cdot 1$ Möglichkeiten, um das Schloss zu knacken.

Aufgabe	Ich kann ...	Hilfe
1, 2, 3, 4, 6	Ausgänge und Wahrscheinlichkeiten einstufiger Zufallsexperimente bestimmen.	S. 112 S. 114
10, 13	Gegenereignisse formulieren und deren Wahrscheinlichkeit bestimmen.	S. 112
18	Anzahlen mithilfe von Baumdiagrammen bestimmen.	S. 116
5, 7, 8, 9, 10, 11, 12, 14, 15, 16, 17	Wahrscheinlichkeiten mithilfe von Baumdiagrammen und Pfadregeln berechnen.	S. 116 S. 118 S. 120

S. 112
S. 114

Beispiel:
Die Wahrscheinlichkeit, dass eine beliebige Person im Januar Geburtstag hat, ist:

$$P\,(\text{Jan}) = \frac{\text{Anzahl der möglichen Geburtstage im Jan}}{\text{Anzahl der möglichen Geburtstage}} = \frac{31}{365}$$

$$P\,(\overline{\text{Jan}}) = 1 - \frac{31}{365} = \frac{334}{365}$$

Ein Zufallsexperiment, dessen Ergebnisse alle gleich wahrscheinlich sind, heißt **Laplace-Experiment**.

Wahrscheinlichkeit des Ereignisses E:

$P\,(E) = \frac{|E|}{|\Omega|}$ Ω: Ergebnismenge

Wahrscheinlichkeit des Gegenereignisses $\overline{E}$ von E:

$P\,(\overline{E}) = 1 - P\,(E)$

S. 116

Zweimaliges Werfen einer Reißzwecke:

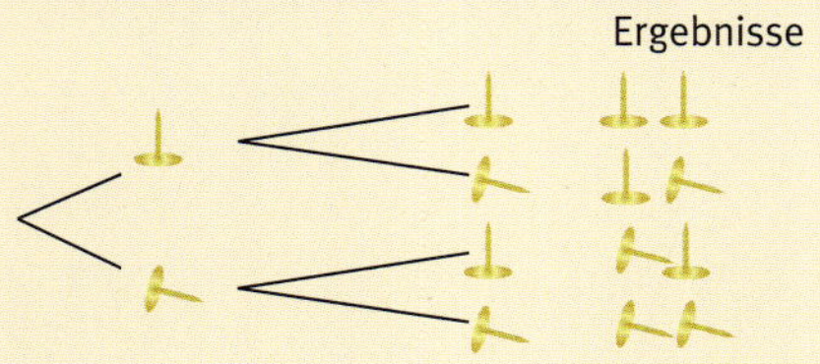

Ein **mehrstufiges** Zufallsexperiment setzt sich aus mehreren nacheinander ausgeführten Teilexperimenten zusammen.

Bei solchen Zufallsexperimenten kann die Menge der Ergebnisse in Form eines **Baumdiagramms** dargestellt werden. Zu jedem Ereignis gehört ein **Pfad**.

S. 118

Zweimaliges Drehen eines Glücksrads:

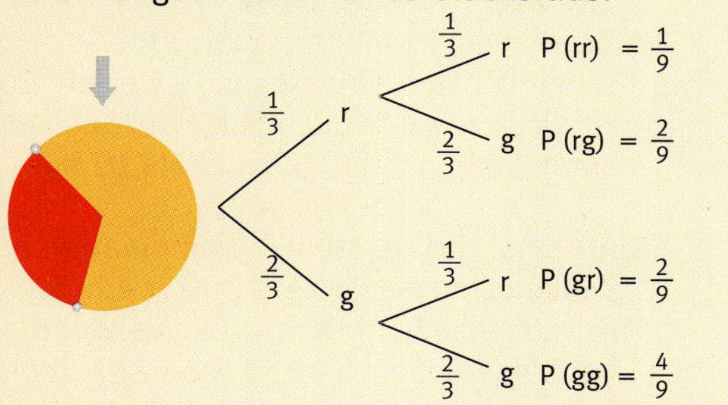

$P\,(rr) = \frac{1}{3} \cdot \frac{1}{3} = \frac{1}{9}$ $P\,(gg) = \frac{2}{3} \cdot \frac{2}{3} = \frac{4}{9}$

$P\,(\text{„gleiche Farbe“}) = \frac{1}{9} + \frac{4}{9} = \frac{5}{9}$

In einem Baumdiagramm werden oftmals die Wahrscheinlichkeiten, die zu einem Pfad gehören, an dem Pfad notiert. Die Wahrscheinlichkeiten für die einzelnen Ereignisse lassen sich wie folgt bestimmen:

1. Pfadregel: Die Wahrscheinlichkeiten entlang eines Pfades werden multipliziert.

2. Pfadregel: Wenn mehrere Pfade zu einem Ereignis gehören, addiert man die Wahrscheinlichkeiten der entsprechenden Pfade.

S. 120

Ziehen mit Zurücklegen:

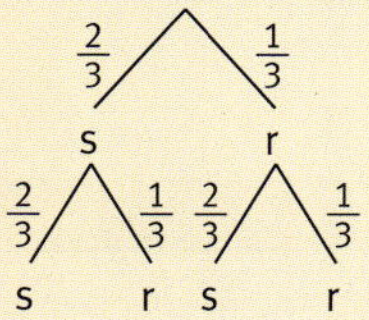

Ziehen ohne Zurücklegen:

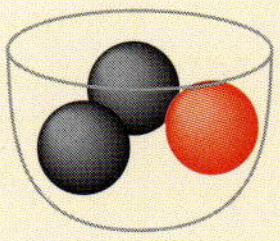

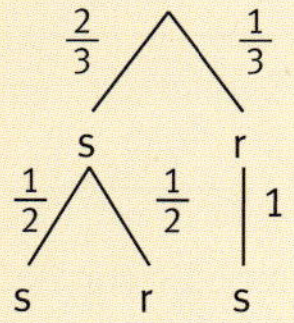

Viele Zufallsexperimente kann man mit dem Ziehen von Kugeln aus einer Urne vergleichen.

Ziehen mit Zurücklegen
Die Trefferwahrscheinlichkeit verändert sich nicht.

Ziehen ohne Zurücklegen
Die Trefferwahrscheinlichkeit ändert sich nach jedem Zug.

6 Prüfungstraining

Einstieg

Die Abschlussprüfung steht bevor. In diesem Kapitel findest du zahlreiche Übungen, die dir helfen, dich gut vorzubereiten.

Die Abschlussprüfung ist folgendermaßen gegliedert:

Teil 1 (Dauer: 20 Minuten):

- ohne Hilfsmittel (Pflicht) 15 Punkte

Teil 2 (Dauer: 130 Minuten):

- Finanzmathematik (Pflicht) 15 Punkte
- Funktionaler Zusammenhang (Pflicht) 15 Punkte
- Trigonometrie (Wahlpflicht) 15 Punkte
- Figuren- und Raumgeometrie (Wahlpflicht) 15 Punkte
- Daten und Zufall (Wahlpflicht) 15 Punkte

Aus den drei Wahlpflichtthemen wählt dein Mathematiklehrer zwei Themen aus.
Die Lösungen zu den Prüfungsaufgaben in diesem Kapitel findest du im Anhang.

Ausblick

Am Ende dieses Kapitels hast du gelernt, ...

- verschiedene Aufgabentypen für die Abschlussprüfung zu bearbeiten.
- deine persönlichen Stärken in Mathematik zu erkennen.
- die in der Abschlussprüfung zugelassenen Hilfsmittel sinnvoll einzusetzen.

AUFGABE 1

3 Punkte

1.1 Vereinfachen Sie den Term so weit wie möglich: $(x - 2y)^2 - (x + y)^2$

4 Punkte

1.2 Schätzen Sie die Länge eines Rotorblattes der abgebildeten Windräder. Berechnen Sie den Inhalt der von den Rotorblättern überstrichenen Kreisfläche. *Hinweis:* Bei Schätzungen muss der Lösungsweg nachvollziehbar sein.

1.3 Luisa wirft viermal hintereinander einen Würfel mit den Augenzahlen 1 bis 6. In der Reihenfolge der Würfe notiert sie nacheinander die vier erzielten Augenzahlen als vierstellige Zahl.

1 Punkt

1.3.1 Berechnen Sie, mit welcher Wahrscheinlichkeit eine „Schnapszahl“ (alle vier Zahlen sind gleich) heraus kommt.

1 Punkt

1.3.2 Berechnen Sie, wie viele Möglichkeiten es insgesamt für die vierstellige Zahl gibt.

1.4 Ein Quadrat mit der Seitenlänge x cm wird mit einem Rechteck verglichen. Die Länge des Rechtecks ist um 4 cm größer als die Seitenlänge des Quadrats, die Breite um 1 cm kleiner.

3 Punkte

1.4.1 Berechnen Sie den Wert von x, für den der Flächeninhalt des Quadrats um 20 cm^2 kleiner ist als der des Rechtecks.

1 Punkt

1.4.2 Geben Sie zur Aufgabe 1.4.1 die Flächeninhalte und die Seitenlänge des Quadrats und des Rechtecks an.

2 Punkte

1.5 Ergänzen Sie die folgende Rechnung sinnvoll in Ihrem Heft:
$9ab^3cd^2 - 27b^2c^5d = \square \cdot (3abcd - \square)$

---

15 Punkte

AUFGABE 2

2.1 Auf dem folgenden Bild sind Gummienten zu sehen. Erklären Sie, wie die Anzahl der Enten ungefähr angegeben werden könnte, ohne jede einzelne Ente zählen zu müssen. *2 Punkte*

2.2 Berechnen Sie den Wert des Terms: $\left(2 - \left(\frac{2}{3}\right)^2\right) : 7$ *3 Punkte*

2.3 Ein Whirlpool ist 1,2 m tief, 2 m lang und 3,5 m breit. In den Whirlpool steigen nun 4 Personen ein. Pro Person werden durchschnittlich 70 Liter Wasser verdrängt. Berechnen Sie, um wie viele Zentimeter der Wasserspiegel steigt. *4 Punkte*

2.4 Berechnen Sie 30 % von 60. *1 Punkt*

2.5 Berechnen Sie die fehlenden Winkelmaße. *2 Punkte*

2.5.1

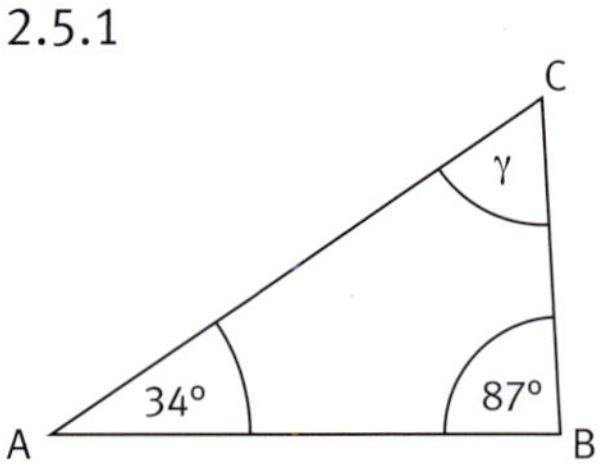

2.5.2

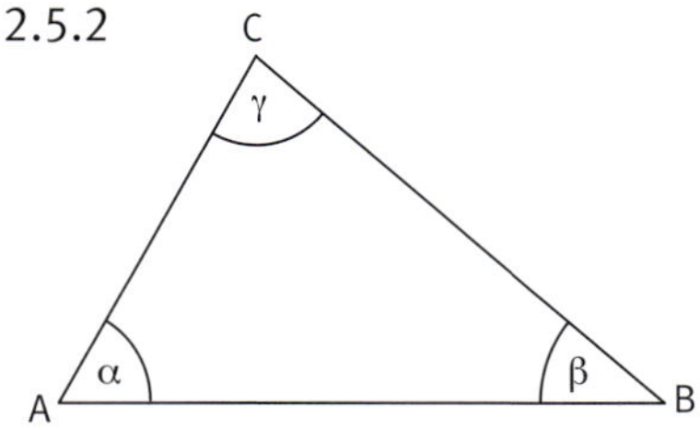

$\alpha = 60°; \gamma = 2 \cdot \beta$

2.6 In einer Tüte sind drei grüne, ein gelbes, zwei weiße, zwei orangefarbene und zwei rote Gummibärchen. Nick greift ohne hinzusehen ein Gummibärchen aus der Tüte. Mit welcher Wahrscheinlichkeit ist das Gummibärchen orange? *1 Punkt*

2.7 Bei einem Brettspiel wird ein achtseitiger Spielwürfel mit den Zahlen 1, 1, 1, 1, 2, 2, 2, 3 geworfen. Man darf bei jedem Zug den Würfel zweimal werfen. Berechnen Sie, mit welcher Wahrscheinlichkeit zwei gleiche Zahlen gewürfelt werden. *2 Punkte*

15 Punkte

AUFGABE 3

2 Punkte **3.1** Vereinfachen Sie den Term so weit wie möglich: $\left(-3x + \frac{2}{3}y\right)^2 + 4xy$

1 Punkt **3.2** Konstruieren Sie mit Zirkel und Lineal ein Dreieck ABC mit folgenden Maßen: $a = 3$ cm, $b = 5$ cm und $c = 6$ cm.

3 Punkte **3.3** Erklären Sie schrittweise, wie eine Kreistangente durch einen Punkt P konstruiert wird wenn P außerhalb des Kreises liegt.

3 Punkte **3.4** In einer Tüte sind zwei gelbe, drei rote, zwei weiße und ein grünes Bonbon. Carina isst nacheinander zwei Bonbons. Berechnen Sie, mit welcher Wahrscheinlichkeit es zwei gleichfarbige Bonbons sind.

1 Punkt **3.5** Berechnen Sie und geben das Ergebnis in kg an: 5,2 kg + 840 g

1 Punkt **3.6** Auf einer 420 km langen Radtour ist Familie Rauch am ersten Tag 63 km gefahren. Berechnen Sie, wie viel Prozent der Strecke Familie Rauch geschafft hat.

1 Punkt **3.7** Ein Händler verdient am Verkauf eines Computers 84 €. Das sind 12 % des Verkaufspreises. Berechnen Sie den Verkaufspreis.

3 Punkte **3.8** Welche Aussagen stimmen? Die zugehörigen Buchstaben ergeben ein Lösungswort.

15 Punkte

3.8.1 Was ist bei der Addition oder Subtraktion von Brüchen zu beachten?

S Die Zähler müssen gleich sein.

B Die Nenner müssen gleich sein.

R Wenn der Hauptnenner gebildet ist, werden die Zähler addiert oder subtrahiert.

3.8.2 Was ist bei der Division von Brüchen zu beachten?

A Die Nenner müssen gleich sein.

U Vom zweiten Bruch wird der Kehrwert gebildet.

C Solange die Geteiltpunkte stehen, darf nicht über Kreuz gekürzt werden.

3.8.3 Was ist bei der Multiplikation von Brüchen zu beachten?

H Es darf über Kreuz gekürzt werden.

E Die Zähler müssen gleich sein.

I Die Zähler werden multipliziert.

AUFGABE 4

4.1 Berechnen Sie und geben Sie das Ergebnis in m^2 an: $0{,}34\ m^2 + 560\ cm^2$ — *1 Punkt*

4.2 Berechnen Sie den Wert des Terms: $\frac{1}{8} \cdot (77 - (-(83 - 98) : (-5)))$ — *2 Punkte*

4.3 Die Geraden AB und CD sind parallel. Berechnen Sie die Größe des Winkels ε. Geben Sie zu jedem Lösungsschritt eine kurze Erläuterung an. Die Skizze ist nicht maßstabsgetreu. — *3 Punkte*

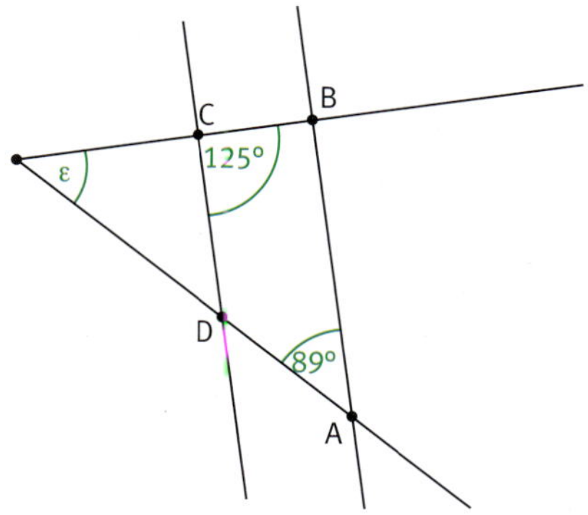

4.4 An einem Fußballturnier nehmen sechs Mannschaften teil. Jede der sechs Mannschaften spielt genau einmal gegen jede der fünf anderen fünf Mannschaften. Wie viele Spiele finden statt? — *1 Punkt*

4.5 Ein Rechteck hat die Seitenlängen 5 cm und x cm. Verlängert man die Seiten des Rechtecks jeweils um 2 cm, so stimmt der Flächeninhalt dieses neuen Rechtecks mit dem Flächeninhalt eines Dreiecks mit einer Hypotenuse von 7 cm und der zugehörigen Höhe von 10 cm überein. Berechnen Sie die Länge von x. — *3 Punkte*

4.6 Nach einer Studie zeigt jeder achte Jugendliche ein krankhaftes Computerspielverhalten. Wie viel Prozent der Jugendlichen sind das? — *1 Punkt*

4.7 Die Abbildung zeigt ein Fieberthermometer. Die schwarze dicke Linie zeigt die gemessene Körpertemperatur in Grad Celsius an.

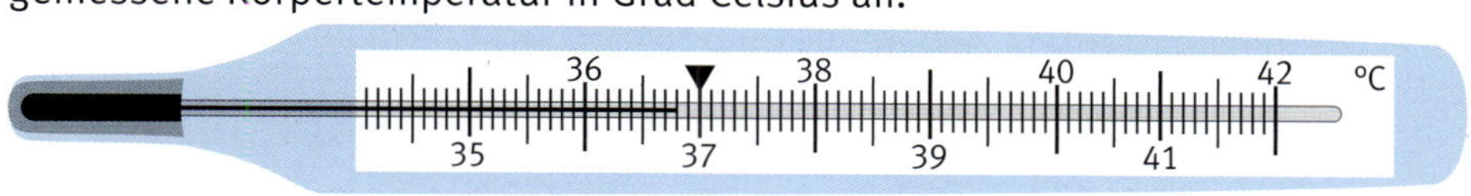

4.7.1 Geben Sie die gemessene Körpertemperatur in °C an. — *1 Punkt*

4.7.2 Eine halbe Stunde später liegt die Körpertemperatur bei 37,4 °C. Um wie viel °C ist die Temperatur angestiegen? — *1 Punkt*

4.7.3 3 Stunden später wurden 39 °C gemessen. Die durchschnittliche Körpertemperatur liegt bei 37 °C. Schätzen Sie, wie viel % über dem Durchschnitt nun die Temperatur liegt. — *2 Punkte*

15 Punkte

AUFGABE 5

2 Punkte

5.1 Berechnen Sie den Wert des Terms: $-(-88 : (-24 + 35) - 49)$

5.2 Auf den Etiketten von Lebensmittelverpackungen sind Informationen zu den Inhaltsstoffen angegeben. Die Abbildung zeigt das Etikett einer Packung Orangensaft. In der rechten Spalte ist der prozentuale Anteil des Nährwerts in einem Glas Orangensaft (200 ml) an der Referenzmenge angegeben. Die Referenzmenge gibt die empfohlene durchschnittliche Tageszufuhr für bestimmte Nährstoffe gesunder Erwachsener an.

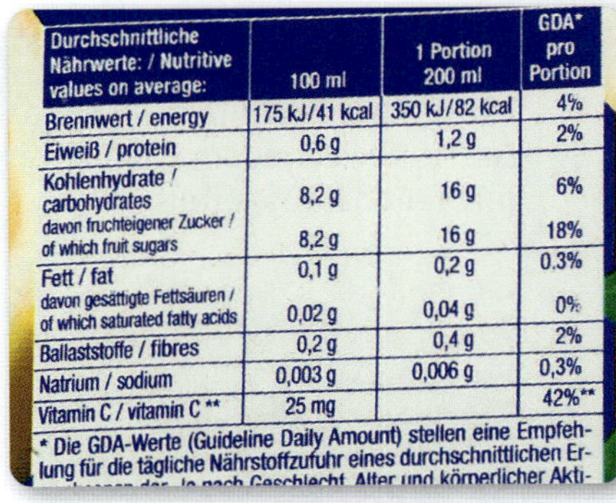

Durchschnittliche Nährwerte: / Nutritive values on average:	100 ml	1 Portion 200 ml	GDA* pro Portion
Brennwert / energy	175 kJ/41 kcal	350 kJ/82 kcal	4%
Eiweiß / protein	0,6 g	1,2 g	2%
Kohlenhydrate / carbohydrates	8,2 g	16 g	6%
davon fruchteigener Zucker / of which fruit sugars	8,2 g	16 g	18%
Fett / fat	0,1 g	0,2 g	0.3%
davon gesättigte Fettsäuren / of which saturated fatty acids	0,02 g	0,04 g	0%
Ballaststoffe / fibres	0,2 g	0,4 g	2%
Natrium / sodium	0,003 g	0,006 g	0,3%
Vitamin C / vitamin C **	25 mg		42%**

* Die GDA-Werte (Guideline Daily Amount) stellen eine Empfehlung für die tägliche Nährstoffzufuhr eines durchschnittlichen Er-

2 Punkte

5.2.1 Ein Stückchen Würfelzucker wiegt etwa 3 g. Wie vielen ganzen Würfelzuckerstückchen entspricht die in einem großen Glas (300 ml) enthaltene Zuckermenge ungefähr?

1 Punkt

5.2.2 Samuel isst ein Stück Kuchen, welches 50 g Zucker enthält. Schätze mit Hilfe der Angaben auf dem oben abgebildeten Etikett ab, welchen Anteil (in %) an der Referenzmenge für die empfohlene Tageszufuhr an Zucker er damit bereits zu sich nimmt.

1 Punkt

5.3 Für die Autohaftpflichtversicherung zahlt Frau Kern 450 €. Das sind 60 % der vollen Prämie. Berechnen Sie die Höhe der vollen Prämie.

1 Punkt

5.4 Die monatliche Miete einer Lagerhalle betrug 2000,00 €. Nach der Modernisierung der Halle wurde die Miete um 25 % erhöht. Berechnen Sie die Höhe der neuen Miete.

2 Punkte

5.5 Die Abbildung (nicht maßstabsgetreu) zeigt drei würfelförmige Schachteln. Die Kantenlänge der kleinen Schachtel beträgt 4 cm. Die Kanten der mittleren Schachtel sind 2 cm länger als die doppelte Kantenlänge der kleinen Schachtel. Die Kanten der großen Schachtel sind 2 cm länger als die doppelte Kantenlänge der mittleren Schachtel. Berechnen Sie die Kantenlängen der mittleren und der großen Schachtel.

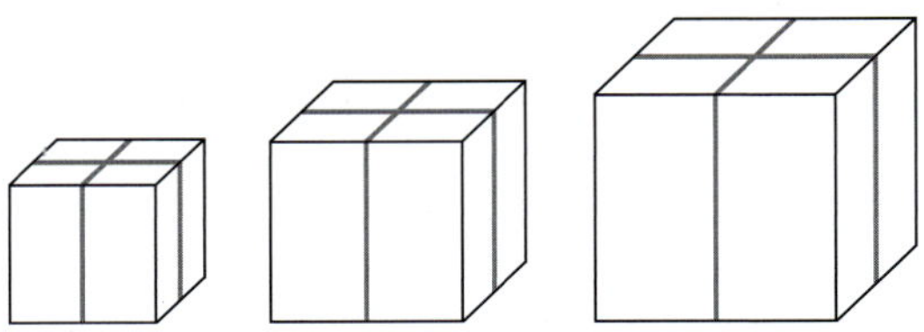

3 Punkte

5.6 Berechnen Sie den Wert des Terms: $\frac{21}{36} \cdot \left(2 + \frac{3}{42} : \frac{2}{7}\right)$

3 Punkte

5.7 Erklären Sie mithilfe der nebenstehenden Abbildung, wie die 1. Binomische Formel geometrisch veranschaulicht werden kann.

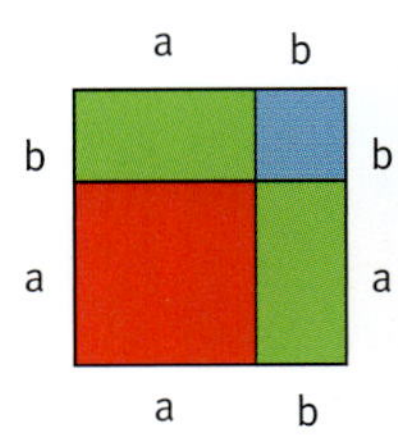

15 Punkte

AUFGABE 6

6.1 Die kleine Lisa liest für ihr Leben gerne. Von ihrem jetzigen Buch, das 320 Seiten hat, hat sie bereits 35 % gelesen. Wie viele Seiten sind das? *1 Punkt*

6.2 Berechnen Sie den Wert des Terms: $-((-22 + 31) \cdot (-7)) - (-37)$ *2 Punkte*

6.3 Aus einer Zuckerdose nimmt Robin ein Fünftel, Katrin nimmt zwei Neuntel und John ein Achtel. Ist die Dose noch halb voll? *3 Punkte*

6.4 Ein einzelnes Puzzleteil hat eine Seitenlänge von 0,4 m. Durch das Aneinanderlegen von 30 Puzzleteilen soll eine lückenlose rechteckige Spielfläche gebildet werden.

6.4.1 Heidi hat ein Rechteck mit sechs Teilen an einer Längsseite und fünf Teilen an einer Breitseite. Berechnen Sie den Umfang und den Flächeninhalt der Spielfläche. *3 Punkte*

6.4.2 Geben Sie alle weiteren Möglichkeiten an, aus allen 30 Puzzleteilen eine rechteckige Spielfläche zu legen. *1 Punkt*

6.5 Welche Aussagen sind richtig? *1 Punkt*
Zwei Dreiecke sind kongruent, wenn sie ...

1 ... in zwei Seiten und dem Zwischenwinkel übereinstimmen.
2 ... in einer Seite und den beiden anliegenden Winkeln übereinstimmen.
3 ... in drei Seiten übereinstimmen.
4 ... gleichschenklig sind und die gleiche Basislänge haben.
5 ... gleichseitig sind und den gleichen Umfang haben.

6.6 Ergänzen Sie zu einer richtigen Aussage, indem Sie eine Bedingung in ähnlicher Weise wie in Aufgabe 6.5 formulieren: *1 Punkt*
„Zwei Rauten sind kongruent, wenn sie ...“

1

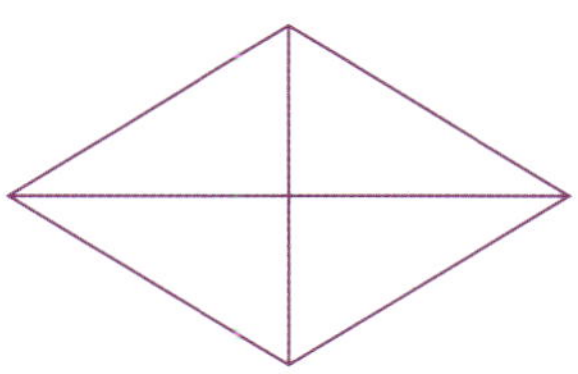

2

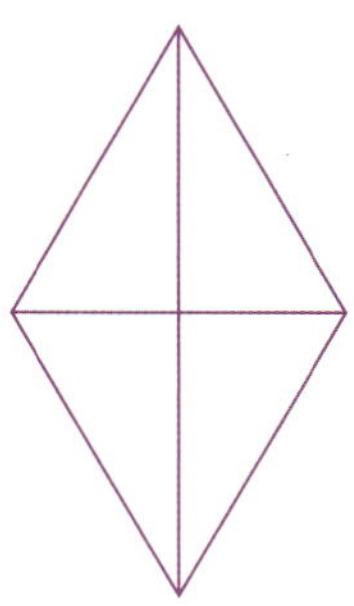

6.7 Berechnen Sie den Wert des Terms: $\frac{3}{12} : \frac{9}{4} - \frac{2}{3} \cdot \frac{6}{18}$ *3 Punkte*

15 Punkte

AUFGABE 1

In den letzten 4 Jahren hat Frau Hainzinger jedes Jahr immer zum 1. Januar einen festen Betrag angespart. Nun hat sie insgesamt schon 40 000,00 € auf dem Konto. Während der gesamten Ansparzeit erhielt sie einen Zinssatz von 1,7 %.

3 Punkte **1.1** Wie hoch war die jährlich gezahlte Rate?

Um weiterhin rentabel wirtschaften zu können, muss Frau Hainzinger ihren Betrieb vergrößern. Sie möchte eine neue Halle dazukaufen. Der Verkäufer möchte den Kaufpreis sofort erhalten. Dazu muss Frau Hainzinger einen Kredit, der ihr zu den in unten stehendem Darlehensvertrag festgelegten Bedingungen gewährt wird, aufnehmen.

Darlehensvertrag

Darlehensnehmer: Frau Sophie Hainzinger, Mainburger Straße 23, 85368 Moosburg
Darlehensgeber: Stadtsparkasse Moosburg, Stadtplatz 4, 85368 Moosburg

1. *Darlehensgewährung*
   Der Darlehensgeber gewährt dem Darlehensnehmer ein verzinsliches Darlehen in Höhe von 40 000,00 €.
2. *Verzinsung*
   Das Darlehen ist mit einem Zinssatz von 3,4 % zu verzinsen.
   Die Zinsen sind jeweils zum 31.12. fällig.
3. *Annuität*
   Die jährlich gleichbleibende Annuität errechnet sich aus dem festgelegten Zinssatz und der vereinbarten Laufzeit von 8 Jahren.

Moosburg, 23.08.2016

T. Maindl (Darlehensgeber) *S. Hainzinger* (Darlehensnehmer)

5 Punkte **1.2** Erstellen Sie den Tilgungsplan für die ersten beiden Jahre.

2 Punkte **1.3** Berechnen Sie, wie viel Zinsen Frau Hainzinger nach vollständiger Rückzahlung des Kredites an die Bank gezahlt hat.

Frau Hainzinger hat unvorhergesehene Ausgaben und kann den Kredit nicht mit der vorgesehenen Annuität abschließen.

5 Punkte **1.4** Nach wie vielen Jahren wäre der Kredit von 40 000,00 € zurückgezahlt, wenn sie als Annuität bei gleichem Zinssatz nur 3000,00 € zahlen könnte?

15 Punkte

AUFGABE 2

Herr Haas hat als 20-Jähriger 18 499,12 € zu 4 % bei einer Bank fest angelegt. Im Jahr 2017 hat er seinen zwei Kindern (Lea, Linda) die komplette angesparte Summe von 60 000,00 € gleichmäßig ausgezahlt.

2.1 Berechnen Sie, in welchem Jahr Herr Haas das Startkapital angelegt hat. *5 Punkte*

2.2 Lea hat ihren Anteil auf ein Festgeldkonto (1,1 % Zinsen) angelegt. Während ihres Studiums hebt sie sich regelmäßig am Anfang des Jahres 8000,00 € ab. Wie hoch ist ihr Kontostand nach 3 Jahren? *4 Punkte*

Linda hat bereits ihr Traumhaus gebaut. Sie und ihr Mann beginnen dieses Jahr den Kredit an die Bank zurückzuzahlen. Dem nachfolgenden Dahrlehensvertrag sind die Einzelheiten zu entnehmen.

DARLEHENSVERTRAG

Darlehensnehmer Frau Linda Bauer, Hauptstr. 33, 85368 Moosburg
Darlehensgeber Sparkasse Landshut, Unterer Graben 3, 84032 Landshut

1. Darlehensgewährung
Der Darlehensgeber gewährt dem Darlehensnehmer ein verzinsliches Darlehen in Höhe von ______________ €. Der Darlehensnehmer bestätigt mit seiner Unterschrift unter diesen Vertrag den Erhalt des Darlehensbetrages.

2. Verzinsung
Das Darlehen ist mit einem Zinssatz in Höhe von 2,30 % p. a. zu verzinsen. Die Zinsen sind jeweils am 31.12. zu zahlen.

3. Annuität
Das Darlehen ist in jährlichen gleich bleibenden Annuitäten (Zins und Tilgung) für die nächsten 12 Jahre jeweils am 31.12. zu zahlen.

Landshut: 3.11.2016

Pia Sedlmaier i. V.
(Darlehensgeber)

Linda Bauer
(Darlehensnehmer)

2.3 Die erste Tilgung (T_1) beträgt 18 327,60 €. Berechnen Sie die Höhe der Anfangsschuld. *3 Punkte*

2.4 Stellen Sie einen Tilgungsplan für die ersten beiden Jahre auf bei einer Anfangsschuld von 250 000,00 €. *3 Punkte*

15 Punkte

AUFGABE 3

Die Schreinerfirma Hölzl möchte sich vergrößern und den Betrieb ihres Konkurrenten Zweigl übernehmen. Dazu muss Herr Hölzl ein Darlehen aufnehmen. Der Darlehensvertrag findet sich nachfolgend.

DARLEHENSVERTRAG

- *Darlehensnehmer*: Herr Christoph Hölzl, Blütenstr. 5, 84032 Landshut
- *Darlehensgeber*: Sparkasse Landshut, Unterer Graben 3, 84032 Landshut

1. *Darlehensgewährung*
   Der Darlehensgeber gewährt dem Darlehensnehmer ein verzinsliches Darlehen in Höhe von 600 000,00 € (in Worten sechshunderttausend Euro). Der Darlehensnehmer bestätigt mit seiner Unterschrift unter diesen Vertrag den Erhalt des Darlehensbetrages.
2. *Verzinsung*
   Das Darlehen ist mit einem Zinssatz in Höhe von 3,00 % p. a. zu verzinsen. Die Zinsen sind jeweils am 31.12. zu zahlen.
3. *Annuität*
   Das Darlehen ist in jährlichen gleich bleibenden Annuitäten (Zins und Tilgung) für die nächsten 12 Jahre jeweils am 31.12. zu zahlen.

Landshut: 5.12.2016

Sophia Geber i. V. (Darlehensgeber) — Christoph Hölzl (Darlehensnehmer)

5 Punkte — **3.1** Erstellen Sie für die ersten 2 Jahre einen vollständigen Tilgungsplan.

2 Punkte — **3.2** Berechnen Sie die Restschuld nach 10 Jahren.

Der Verkäufer, Herr Zweigl, überlegt, die 600 000,00 € in Anleihen bei einem garantierten jährlichen Zinssatz von 0,8 % p.a. anzulegen.

2 Punkte — **3.3** Berechnen Sie den möglichen Auszahlungsbetrag nach 5 Jahren.

Er entscheidet sich jedoch dafür, die 600 000,00 € nicht anzulegen, sondern jährlich jeweils zum Jahresanfang 50 000,00 € zu entnehmen.

6 Punkte — **3.4** Berechnen Sie, wie viele volle Abhebungen er tätigen kann, wenn mit einem Zinssatz von 0,8 % p.a. zu rechnen ist.

15 Punkte

AUFGABE 4

Sophia Martin hat vor 5 Jahren von ihrer Oma 4500,00 € geschenkt bekommen. Diese Schenkung hat sie auf einem Festgeldkonto mit 2 % Zinsen angelegt.

4.1 Berechnen Sie, wie viel Geld jetzt auf dem Konto ist. *2 Punkte*

Sophia möchte sich nun ein Auto für 10 000,00 € kaufen. Sie verfügt aber nur über die Hälfte des Kaufpreises, deshalb schließt sie mit ihrem Vater Uwe Martin folgenden Vertrag:

DARLEHENSVERTRAG

Darlehensgeber – Uwe Martin, Schweppermannstraße 220, 85368 Moosburg
Darlehensnehmer – Sophia Martin, Schweppermannstraße 220, 85368 Moosburg

1. Darlehensgewährung

Der Darlehensgeber gewährt dem Darlehensnehmer ein verzinsliches Darlehen in Höhe von 5000,00 € (in Worten fünftausend Euro).

2. Verzinsung

Das Darlehen ist mit 0,5 % p.a. zu verzinsen.

3. Annuitäten

Das Darlehen ist in 4 gleichen jährlichen Raten von ______________ € jeweils am 31.12. zurückzuzahlen.
Die Laufzeit des Darlehens beginnt mit dem 01.01.2017.

Moosburg, den 01.01.2017

Uwe Martin
(Darlehensgeber) (Darlehensnehmer)

Bevor Sophia unterschreibt, vervollständigt sie noch den Vertrag und verschafft sich einen Überblick mit Hilfe des Tilgungsplans.

4.2 Erstellen Sie für Sophia den Tilgungsplan für die ersten zwei Jahre. *4 Punkte*

Anfang 2017 schließt Herr Martin eine Lebensversicherung in Höhe von 80 000,00 € ab. Er zahlt sofort 10 % der Versicherungssumme ein. Zusätzlich werden am Ende eines jeden Jahres 2400,00 € fällig.

4.3 In welchem Jahr ist die Versicherungssumme erreicht, wenn die Verzinsung 1,2 % beträgt? *3 Punkte*

Herr Martin könnte nach Fälligkeit auf eine Auszahlung von 80 000,00 € verzichten und stattdessen 10 Jahre lang vorschüssig ... € abheben.

4.4 Berechnen Sie, wie hoch die jährlichen Abhebungen sein können, wenn mit einer Verzinsung von 1,1 % zu rechnen ist. *3 Punkte*

15 Punkte

AUFGABE 1

Ein Speerwerfer wirft den Speer in 2 m Höhe im Punkt H ab. Der Speer erreicht nach 42 m den höchsten Punkt S der Flugbahn in circa 22 m Höhe.

3 Punkte

1.1 Stellen Sie die Gleichung der Flugparabel p auf.
$\left(\text{Ergebnis: p: } y = -\frac{5}{441}x^2 + \frac{20}{21}x + 2\right)$

2 Punkte

1.2 Wie weit hat der Speerwerfer seinen Speer geworfen?

6 Punkte

1.3 Berechnen Sie die Gleichung der Tangenten t an die Parabel p im Punkt H.
$\left(\text{Ergebnis: t: } y = \frac{20}{21}x + 2\right)$

4 Punkte

1.4 Skizzieren Sie die Parabel und die Tangente im Punkt H in einem geeigneten Koordinatensystem.

15 Punkte

AUFGABE 2

Der Garten- und Landschaftsbauer Kleine stellt in seinen neu angelegten Gärten in den Sommermonaten automatische Beregnungsanlagen auf. Aus einer Düse wird Wasser auf den Rasen gespritzt (siehe Skizze).

Die Maßeinheit wird in Meter angegeben.
Runden Sie alle Ergebnisse wenn nötig auf zwei Stellen nach dem Komma.

8 Punkte

2.1 Der Wasserstrahl kann durch eine Parabel beschrieben werden. Folgende Punkte sind gegeben:
$A\,(0\,|\,0{,}5)$; $B\left(1\,|\,\frac{52}{45}\right)$; $C\left(2\,|\,\frac{143}{90}\right)$
Stellen Sie die zugehörige Funktionsgleichung der Parabel auf.
$\left(\text{Ergebnis: p: } y = -\frac{1}{9}x^2 + \frac{23}{30}x + 0{,}5\right)$

2 Punkte

2.2 Berechnen Sie, in welcher Entfernung der Wasserstrahl den höchsten Punkt erreicht und geben Sie diesen an.

3 Punkte

2.3 Berechnen Sie, in welcher Entfernung von der Beregnungsanlage der Wasserstrahl wieder auf dem Rasen auftrifft.

2 Punkte

2.4 Bestimmen Sie die Funktionsgleichung einer Geraden g, wenn g parallel zur x-Achse verläuft und der Scheitelpunkt von p auf der Geraden g liegt.

15 Punkte

AUFGABE 3

In einem Unternehmen lässt sich der Verkaufsumsatz y in 10 000 Euro durch die Funktionsgleichung u: $y = -0{,}2x^2 + 2x$ beschreiben. Dabei stellt x die Absatzmenge in 10 000 Stück dar.

3.1 Ermitteln Sie den Bereich (in produzierten Stückzahlen), in dem das Unternehmen einen positiven Umsatz erwirtschaftet. *2 Punkte*

3.2 Berechnen Sie die Produktionsmenge, bei der der Umsatz maximal ist und geben Sie diesen an. *3 Punkte*

Die Produktionskosten haben einen linearen Verlauf gemäß der Funktionsgleichung k: $y = 0{,}3x + 0{,}75$.

3.3 Ermitteln Sie den Bereich (in produzierten Stückzahlen), in dem das Unternehmen einen Gewinn verzeichnen kann. *6 Punkte*

3.4 Zeichnen Sie beide Graphen in ein geeignetes Koordinatensystem. *4 Punkte*

15 Punkte

AUFGABE 4

Bei der Isar soll ein neuer Kanal, der als Überflutungsbecken dient, gebaut werden. Die Form des Kanals hat die Form einer Parabel mit der Gleichung k: $y = 0{,}2x^2 - 4$.

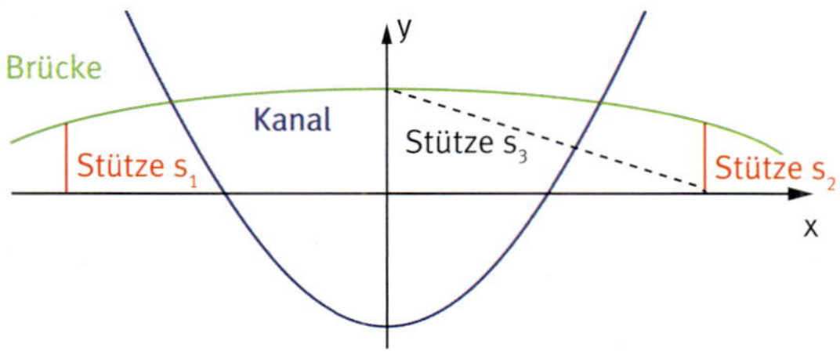

4.1 Berechnen Sie, wie breit der Kanal an der Wasseroberfläche ist. *3 Punkte*

4.2 Bestimmen Sie die maximale Tiefe des Kanals. *2 Punkte*

Über dem Kanal soll eine Fußgängerbrücke gebaut werden. Diese Brücke kann ebenfalls durch eine Parabel, die die Formvariable $a = -0{,}01$ besitzt und durch die Punkte A (5 | 2,75) und B (2 | 2,96) verläuft, beschrieben werden.

4.3 Stellen Sie zu dieser Parabel die Funktionsgleichung auf. Wie hoch ist die Brücke an ihrer höchsten Stelle? *5 Punkte*

4.4 Wie hoch sind jeweils die beiden Stützen s_1 und s_2, wenn diese zum höchsten Punkt der Brücke symmetrisch stehen und insgesamt 20 Meter voneinander entfernt sind? *2 Punkte*

4.5 Aus Sicherheitsgründen muss diagonal eine weitere Stütze s_3 angebracht werden. Stellen Sie die Funktionsgleichung auf. *3 Punkte*

15 Punkte

AUFGABE 1

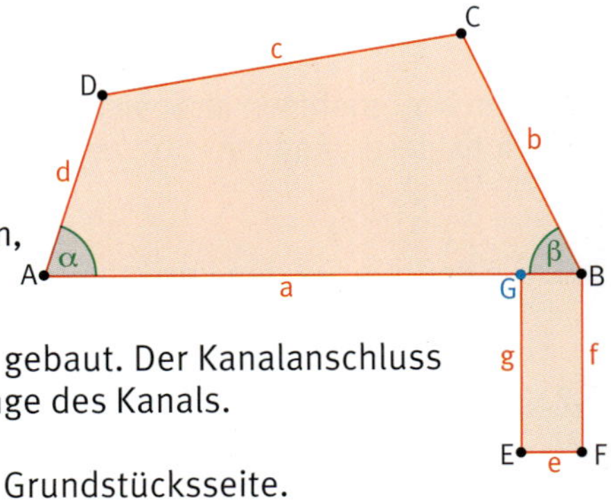

Das Grundstück von Familie Höflschweiger hat die Form eines Vierecks mit den Eckpunkten A, B, C, D und folgenden Maßen:
$|\overline{AB}| = a = 45$ m, $|\overline{BC}| = b = 26$ m, $|\overline{AD}| = d = 20$ m, $\sphericalangle BAD = \alpha = 70°$ und $\sphericalangle CBA = \beta = 85°$.

2 Punkte **1.1** Das Einfamilienhaus wird am Eckpunkt D gebaut. Der Kanalanschluss ist bei Eckpunkt B. Berechnen Sie die Länge des Kanals.

6 Punkte **1.2** Berechnen Sie die Länge $|\overline{CD}|$ der vierten Grundstücksseite.

3 Punkte **1.3** Berechnen Sie die Größe des Grundstücks.

2 Punkte **1.4** Zum Grundstück ABCD wird die rechteckige Auffahrt EFBG ebenfalls gekauft. Insgesamt hat das gesamte Grundstück nun eine Fläche von 1000 m². Die Seite $|\overline{EF}| = e$ hat eine Breite von 6 m. Berechnen Sie die Länge der Auffahrt.

2 Punkte **1.5** Die Auffahrt soll mit verschieden farbigen Granitsteinen in der Form eines „X" gepflastert werden. Berechnen Sie dazu den Winkel $\sphericalangle GFE$.

15 Punkte

AUFGABE 2

Durch einen Lauflernwagen können Kleinkinder schneller das Laufen lernen. Dabei müssen einige Maße eingehalten werden, damit dieser nicht umkippt.

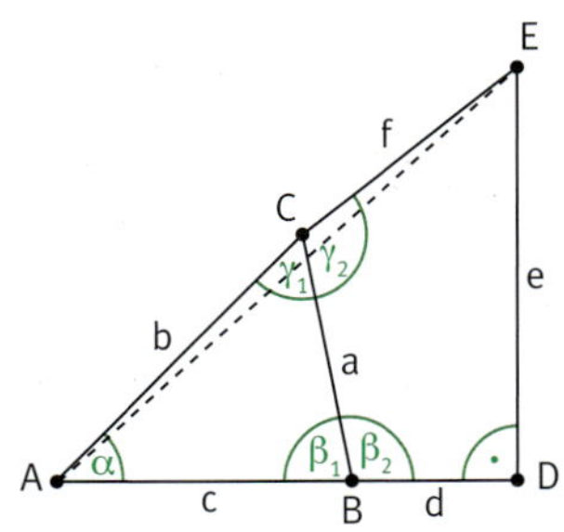

In der rechts abgebildeten Skizze stellt das Dreieck ABC den Lauflernwagen dar.

Die Länge der Strecke $|\overline{DE}|$ stellt die Größe des Kindes vom Boden bis zur Schulterhöhe dar, $|\overline{CE}|$ die Armlänge. Die Strecke $|\overline{BD}| = 20$ cm ist der Abstand vom Wagen zum Kind am Fußboden. Weiterhin gilt: $\varepsilon = \sphericalangle AED = 47{,}73°$.

4 Punkte **2.1** Berechnen Sie die Größe des Winkels $\gamma_1 = \sphericalangle ACB$.

3 Punkte **2.2** Berechnen Sie die Größe des Kindes, wenn für Hals und Kopf insgesamt 30 cm dazugerechnet werden müssen.

6 Punkte **2.3** Berechnen Sie die Armlänge des Kindes, wenn gilt: $\gamma_1 + \gamma_2 = 173{,}53°$.

2 Punkte **2.4** An Punkt C hängt senkrecht nach unten ein Faden. Wie lang muss dieser sein, damit er gerade so den Boden berührt? Es gilt: $\beta_1 = 72°$.

15 Punkte

AUFGABE 3

Der Hundertwasserturm in Abensberg hat eine Höhe von $|\overline{AE}| = 26$ m.
Die erbaute Neigung beträgt 5 m an der Spitze ($|\overline{AB}| = 5$ m).

3.1 Berechnen Sie den Winkel ∢ BAE. *2 Punkte*

3.2 Berechnen Sie die Länge der Strecke $\overline{EB}$. *2 Punkte*

Eine Touristin erblickt die Turmspitze E unter einem Winkel $\delta = 12°$.

3.3 Berechnen Sie, wie weit sie von der Eingangstür entfernt steht, wenn von einer Augenhöhe von $|\overline{CD}| = 1{,}51$ m ausgegangen wird. *4 Punkte*

3.4 Berechnen Sie den Winkel ε, mit dem die Touristin auf die Eingangstür A blickt. *3 Punkte*

3.5 Berechnen Sie die Fläche des Dreiecks ADE, wenn gilt: $|\overline{ED}| = 115{,}43$ m. *2 Punkte*

15 Punkte

AUFGABE 4

Beim Biathlon ist der Schießstand 50 m lang ($|\overline{AB}| = 50$ m). Die Zielscheibe ist 1 m über dem Boden angebracht ($|\overline{BE}| = 1$ m).
Ein Sportler ist 1,7 m groß ($|\overline{AC}| = 1{,}7$ m). In der ersten Runde schießt der Sportler im Stehen von Punkt C aus auf die Zielscheibe E. In der zweiten Runde wird im Liegen von Punkt F auf E geschossen ($|\overline{AF}| = 20$ cm).

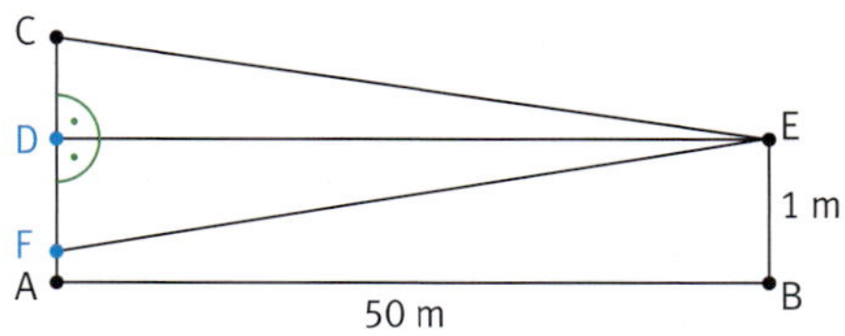

4.1 Berechnen Sie den Senkungswinkel beim Stehendschießen. *5 Punkte*

4.2 Berechnen Sie die Länge der Flugbahn der Kugel aus dem Stehend- und aus dem Liegendschießen. Runden Sie Ihr Ergebnis auf 4 Stellen nach dem Komma. *3 Punkte*

4.3 Berechnen Sie den Winkel ∢ CEF. *4 Punkte*

4.4 Berechnen Sie die Steigung in Prozent beim Liegendschießen. *3 Punkte*

15 Punkte

AUFGABE 1

In einer Eisdiele gibt es Eiswaffeln, welche innen eine Mantelfläche von 56,55 cm^2 besitzen. Der Querschnitt der Waffel ist ein gleichseitiges Dreieck.

Die Eiskugeln haben einen Radius von 4 cm.

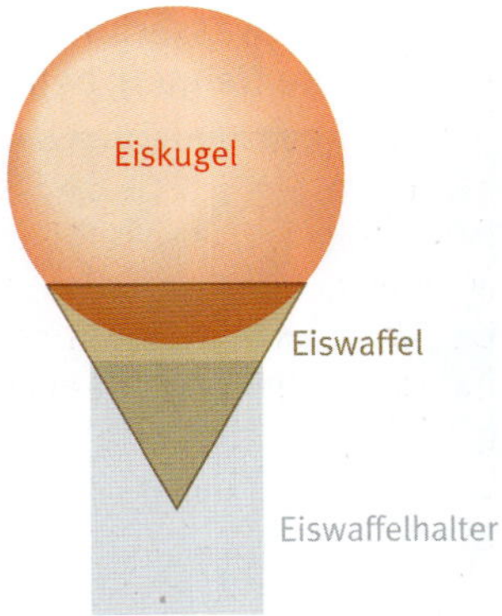

3 Punkte **1.1** Berechnen Sie den Innenradius der Eiswaffel.

2 Punkte **1.2** Berechnen Sie das Volumen einer Eiskugel.

3 Punkte **1.3** Berechnen Sie, wie hoch die Eiskugel aus der Waffel herausragt (vernachlässigen Sie dabei, dass das Eis schmilzt).

3 Punkte **1.4** Berechnen Sie die Höhe der Eiswaffel mit Eiskugel.

Der Verkäufer stellt die gefüllte Eiswaffel in einen zylinderförmigen Eiswaffelhalter, aus welcher der Kunde das Eis entgegennimmt. Die Waffel soll dabei 3,5 cm in den insgesamt 5 cm hohen Behälter einsinken.

4 Punkte **1.5** Berechnen Sie die Mantelfläche des Zylinders.

15 Punkte

AUFGABE 2

Eine Wasserkaraffe hat die Form von zwei aufeinandergesetzten Kegelstümpfen. Die Maße können der Skizze entnommen werden.

6 Punkte **2.1** Berechnen Sie, wie viel Liter Wasser die Karaffe insgesamt fasst, wenn diese bis zum oberen Rand gefüllt ist. Die Dicke des Bodens ist zu vernachlässigen.

Das Wasserglas ist annähernd zylinderförmig. Es fasst 250 ml und hat einen Radius von 3 cm.

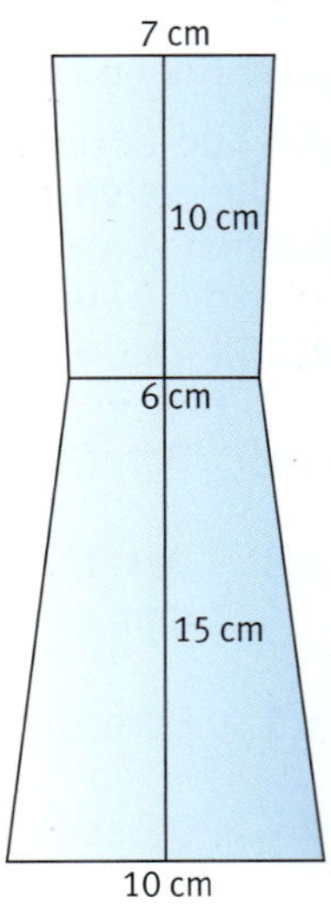

2 Punkte **2.2** Das Wasserglas soll außen mit einer bunten Folie beklebt werden. Berechnen Sie die Mantelfläche des Glases.

Im Sommer werden zusätzlich Eiswürfel im Wasserglas serviert. Diese Eiswürfel haben die Form von kleinen quadratischen Pyramiden. Jeder Eiswürfel hat ein Volumen von 4 cm^3 und eine Kantenlänge von 2 cm.

3 Punkte **2.3** Berechnen Sie die Höhe eines Eiswürfels.

4 Punkte **2.4** Wie groß ist die Oberfläche eines Eiswürfels?

15 Punkte

AUFGABE 3

Die Abbildung zeigt eine Pfeffermühle. Der untere Teil, in dem die Pfefferkörner eingefüllt sind, besteht aus Plexiglas und hat die Form eines Kegelstumpfes mit der Höhe 8 cm.
Der obere Teil ist aus Edelstahl gefertigt. Darin ist das Mahlwerk vorhanden.
Der Teil aus Edelstahl besteht aus einem Kegelstumpf mit der Höhe 6 cm, dem Zylinder mit der Höhe 2 cm und dem Deckel. Die Erhöhungen auf dem Deckel sind zu vernachlässigen.
Das Plexiglas hat eine Stärke von 0,25 cm.
Die einzelnen Maße können der Skizze entnommen werden.

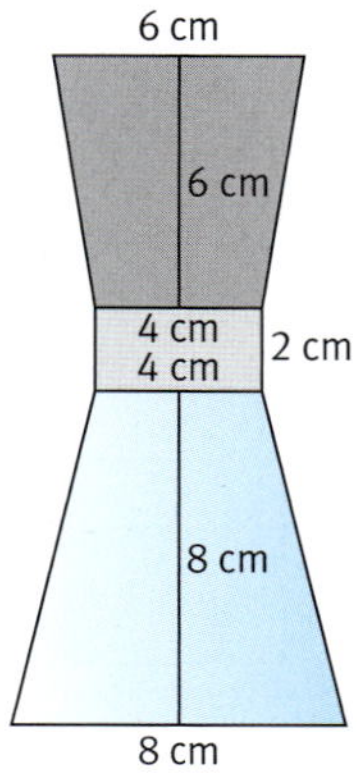

3.1 Berechnen Sie das Volumen des Plexiglasbehälters. Achten Sie auf die Wandstärke des Behälters. (Angaben sind Außenmaße.) *5 Punkte*

3.2 Ein Pfefferkorn hat durchschnittlich einen Durchmesser von 0,3 cm. Berechnen Sie, wie viele Pfefferkörner in die Pfeffermühle eingefüllt werden können. (Vernachlässigen Sie dabei den Luftraum zwischen den einzelnen Pfefferkörnern.) *3 Punkte*

3.3 Berechnen Sie die Größe der sichtbaren Oberfläche, die aus Edelstahl hergestellt wurde. *7 Punkte*

15 Punkte

AUFGABE 4

Für eine Weihnachtsbaumdekoration wird auf jeder Seite eines Würfels eine Pyramide aufgesetzt. Der so entstandene Weihnachtsstern wird mit goldener Folie beklebt. Der Würfel hat eine Kantenlänge von 4 cm, die Seitenkanten der Pyramide haben jeweils die Länge von 4 cm.

4.1 Berechnen Sie, wie viel Goldfolie zur Verkleidung des Weihnachtssternes benötigt wird. *5 Punkte*

4.2 Berechnen Sie das Volumen des gesamten Sterns. *5 Punkte*

4.3 Welche Maße muss ein quadratischer Verpackungskarton für diesen Stern mindestens haben? *2 Punkte*

4.4 Wie viel Prozent müssen im Verpackungskarton mit Füllmaterial ausgeglichen werden? *3 Punkte*

15 Punkte

AUFGABE 1

Die Unterwasser-Attraktion „Sealife“ in München bietet den Besuchern einen besonderen Service. Auf der Internetseite des Unternehmens kann man sich über die zu erwartenden Wartezeiten am gewünschten Besuchstag informieren.
Eine Grafik zeigt dabei für jeden Tag des Jahres Erfahrungswerte für die ungefähre Wartezeit eines Besuchers von der Ankunft an der Warteschlange bis zum Ticketkauf und dem darauffolgenden Einlass.

Monika und Philipp Käser wollen mit ihrem Kind Nick das „Sealife“ besuchen. Die untenstehende Grafik gibt die geschätzten Wartezeiten am Besuchstag an. Die Unterwasserwelt hat von 10:00 Uhr bis 19:00 Uhr geöffnet. Spätestens um 19:00 Uhr muss man die Räume verlassen. Der letzte Einlass ist eine Stunde vor Schluss.

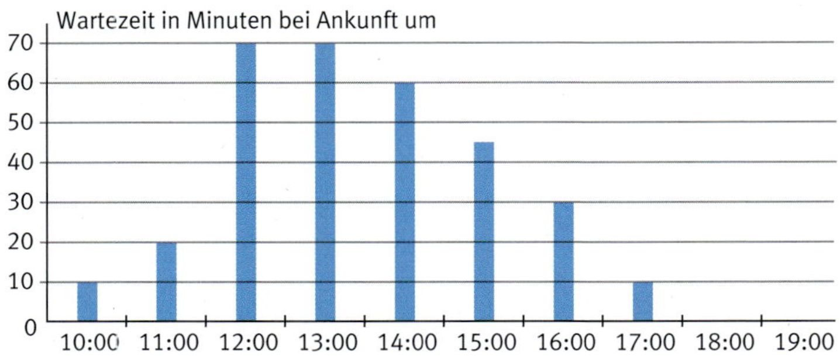

1 Punkt **1.1** Die Familie möchte nicht länger als 15 Minuten in der Schlange warten. Nehmen Sie an, dass die Grafik genau stimmt und geben Sie dann alle in der Grafik angezeigten Zeitpunkte an, die für die Familie in Frage kommen.

4 Punkte **1.2** Bestimmen Sie den Median und das arithmetische Mittel der Wartezeiten in Minuten für den Besuchstag.

Das „Sealife“ bietet als zusätzliche Attraktion ein Glücksspiel an. Dabei befinden sich 13 Kugeln (sechs rote, fünf blaue und zwei grüne) in einem Zylinder. Insgesamt darf jeder Teilnehmer nacheinander zweimal ziehen (ohne Zurücklegen).

Folgende Preise kann man gewinnen:
- Clownfisch Nemo aus Plüsch bei zwei grünen Kugeln.
- Nemo-Spritzpistole bei zwei roten Kugeln.
- Nemo-Schlüsselanhänger bei mindestens einer blauen Kugel.

4 Punkte **1.3** Erstellen Sie für dieses Zufallsexperiment ein Baumdiagramm und tragen Sie alle Übergangswahrscheinlichkeiten ein.

3 Punkte **1.4** Berechnen Sie die Wahrscheinlichkeit, dass Nick einen Schlüsselanhänger gewinnt.

3 Punkte **1.5** Berechnen Sie die Wahrscheinlichkeit, dass Nick nichts gewinnt.

15 Punkte

AUFGABE 2

Ein Glücksrad besteht aus achtzehn gleich großen Sektoren die mit den Ziffern 1, 2 oder 3 beschriftet sind.

2.1 Das Glücksrad wird einmal gedreht. Bestimmen Sie die Wahrscheinlichkeiten für die Zahlen 1, 2 oder 3. *3 Punkte*

2.2 Das Glücksrad wird nun zweimal hintereinander gedreht. Zeichnen Sie das zu diesem Zufallsexperiment gehörige Baumdiagramm und beschriften Sie die Pfade mit den entsprechenden Wahrscheinlichkeiten. *4 Punkte*

2.3 Bestimmen Sie die Wahrscheinlichkeit, dass genau zwei gleiche Ziffern erscheinen. *3 Punkte*

2.4 Zur Ausschüttung des Gewinnes ist die Summe der gedrehten Zahlen bei beiden Drehungen des Glücksrades relevant.
Bestimmen Sie die durchschnittliche Summe. *2 Punkte*

2.5 Den Hauptgewinn erhält man, wenn bei zweimaligem Drehen des Glücksrades eine höhere Summe > 4 erreicht wird. Berechnen Sie die Wahrscheinlichkeit. *3 Punkte*

15 Punkte

AUFGABE 3

Auf dem Landshuter Volksfest ist ein Schausteller für Entenangeln vertreten. Auf einem Feld schwimmen 20 Enten. Darunter gibt es 10 Nieten (entspricht 0 Punkten), 6 Enten mit jeweils 1 Punkt, 3 Enten mit jeweils 10 Punkten und eine Ente mit 50 Punkten. Falls ein Kunde mehrere Enten angelt, werden diese nicht zurückgelegt.

3.1 Es wird nur eine Ente geangelt. Mit welcher Wahrscheinlichkeit wird eine Niete, 1 Punkt, 10 Punkte oder 50 Punkte gezogen? *3 Punkte*

3.2 Ein Kunde hat diese 10 Enten auf einem Feld geangelt. Dabei hat er „Niete, Niete, 1 Punkt, 10 Punkte, Niete, Niete, 1 Punkt, 1 Punkt, 1 Punkt, Niete“. Bestimmen Sie den Modalwert, den Median und das arithmetische Mittel. *4 Punkte*

Der nächste Kunde angelt zwei Enten.

3.3 Zeichnen Sie das zu diesem Zufallsexperiment gehörige Baumdiagramm und beschriften Sie die Pfade mit den entsprechenden Wahrscheinlichkeiten. *5 Punkte*

3.4 Für das gewünschte Kuscheltier werden mindestens 30 Punkte benötigt. Berechnen Sie die Wahrscheinlichkeit, bei zweimaligem Angeln das Kuscheltier zu gewinnen. *3 Punkte*

15 Punkte

AUFGABE 4

An der Wirtschaftsschule in Landshut wird ein Sommerfest von den Schülern der Abschlussklassen organisiert.

Die Klasse 10a verkauft 80 Lose. Davon gewinnen 30 Lose, der Rest besteht aus Nieten. Lea zieht nacheinander zwei Lose ohne Zurücklegen.

3 Punkte **4.1** Zeichnen Sie das Baumdiagramm zu diesem Zufallsexperiment und beschriften Sie die einzelnen Pfade mit den dazugehörigen Wahrscheinlichkeiten.

1 Punkt **4.2** Bestimmen Sie die Wahrscheinlichkeit, dass Lea zwei Gewinne hat.

3 Punkte **4.3** Berechnen Sie die Wahrscheinlichkeit, dass Lea mindestens ein Gewinnlos zieht.

Die Klasse 10b hat im vornherein alle Abschlussschüler nach der Länge ihres Schulweges und dem benutzten Verkehrsmittel befragt. Die Schüler stellen die Ergebnisse am Sommerfest an einem Informationsstand aus.

	< 1 km	1 km – 5 km	> 5 km
Bus/Bahn	-	14	30
Fahrrad	-	12	-
zu Fuß	10	4	-

1 Punkt **4.4** Bestimmen Sie die absolute Häufigkeit der Schüler, die nicht mit dem Bus oder der Bahn kommen und mindestens 1 km Schulweg haben.

2 Punkte **4.5** Bestimmen Sie die relative Häufigkeit der Schüler, die ohne Fahrrad kommen und mindestens 1 km Schulweg haben.

5 Punkte **4.6** Stellen Sie die Ergebnisse der obigen Tabelle in einem geeigneten, farbigen Säulendiagramm dar. (Dabei soll die y-Achse die Anzahl der Schüler darstellen.)

15 Punkte

Lösungen zum Grundwissen

1

a)	130	−148	−435
b)	−1,2	−6,7	16
c)	$-\frac{3}{5}$	$-\frac{3}{2}$	$-5\frac{5}{6}$
d)	$-\frac{7}{9}$	$\frac{4}{25}$	$1\frac{1}{10}$

2

a)	−120	−25	33	−78
b)	$\frac{1}{6}$	−1	−6	12
c)	12	11	−13	−18
d)	−6	−8	7	−70

3 a) $\frac{27}{5} = 5\frac{2}{5} = 5{,}4$ b) $\left(\frac{5}{6}\right)^2 : \frac{5}{42} = \frac{35}{6}$
c) 5,2 d) 1,45

4 a) $-5 \cdot (3{,}5 + 4{,}5) = -5 \cdot 8 = -40$
b) $36{,}7 + (-6{,}7) + (-12{,}9) + (-5{,}1) = 36{,}7 - 6{,}7 + (-12{,}9 - 5{,}1)$
$= 30 - 18 = 12$
c) $\frac{1}{4} + \left(-\frac{7}{8}\right) + \left(-\frac{1}{6}\right) + \left(-\frac{5}{12}\right) = \frac{1}{4} - \frac{7}{8} + \left(-\frac{1}{6} - \frac{5}{12}\right) = -\frac{5}{8} - \frac{7}{12}$
$= -1\frac{5}{24}$
d) $-22{,}1 \cdot 98 + (-5{,}6) \cdot 98 = (-22{,}1 - 5{,}6) \cdot 98 = -27{,}7 \cdot 98$
$= -2714{,}6$
e) $-14{,}7 \cdot \left(-\frac{3}{4} + \frac{4}{3}\right) = -14{,}7 \cdot \frac{7}{12} = -8{,}575 = -8\frac{23}{40}$
f) $0{,}01 \cdot (-27{,}1 - 15{,}9) = 0{,}01 \cdot (-43) = -0{,}43$

5 $1 - \frac{1}{2} - \frac{1}{3} \cdot \frac{1}{2} = \frac{1}{3}$
Er muss noch $\frac{1}{3}$ des Platzes mähen.

6 Berechnung der Geschwindigkeit „gehend auf dem Rollband“:
$v_{gehend} = \frac{100\text{ m}}{72\text{ s}}$ $v_{Rollband} = \frac{100\text{ m}}{20\text{ s}}$
$v_{gehend\ auf\ Rollband} = \left(\frac{100\text{ m}}{72\text{ s}} + \frac{100\text{ m}}{20\text{ s}}\right) = 6\frac{7}{18}\,\frac{\text{m}}{\text{s}}$
$v = \frac{s}{t} \Leftrightarrow t = \frac{s}{v}$
(mit Zeit t, Geschwindigkeit $v = 6\frac{7}{18}\,\frac{\text{m}}{\text{s}} = \frac{115}{18}\,\frac{\text{m}}{\text{s}}$ und Strecke $s = 100$ m)
$\Rightarrow t = \frac{100\text{ m}}{\frac{115\text{ m}}{18\text{ s}}} \approx 15{,}7\text{ s}$

7 a) $4^{3+0-5} = 4^{-2} = \frac{1}{4^2} = \frac{1}{16}$ b) $4^{-2+3-(-2)} = 4^3 = 64$
c) $2^{-3+4} + 2^{-2+4} = 2 + 2^2 = 6$ d) $1{,}2^{4-3} - 1{,}2^{4-4} = 1{,}2 - 1 = 0{,}2$
e) $(-2)^{8-4-2} = (-2)^2 = 4$ f) $2^{4-7-(-3)} = 2^0 = 1$

8 a) $\frac{2^{10} \cdot a^5}{2^9 \cdot a^{10}} = \frac{2}{a^5}$ b) $\frac{6^4 \cdot a^5}{6^3 \cdot a^3} = 6a^2$ c) $\frac{6x^9}{6x^5} = x^4$
d) $\frac{1}{\left(\frac{x^4y}{x^2y^3}\right)^2} = \frac{1}{\left(\frac{x^8y^2}{x^4y^6}\right)} = \frac{x^4y^6}{x^8y^2} = \frac{y^4}{x^4} = \left(\frac{y}{x}\right)^4$
e) $\frac{125x^6}{16x^6} + \frac{27x^6}{16x^6} = \frac{152x^6}{16x^6} = \frac{19}{2} = 9{,}5$
f) $5x^5 + 5x^9 = 5x^5 \cdot (1 + x^4)$
g) $x^0 - x^{-1} + x^{-2} - x^{-3} = 1 - \frac{1}{x} + \frac{1}{x^2} - \frac{1}{x^3}$
h) $\frac{-1}{2-x} + \frac{3 \cdot (2-x)}{2-x} - \frac{(1-x)}{2-x} = \frac{4-2x}{2-x} = \frac{2 \cdot (2-x)}{2-x} = 2$

9 a) $\mathbb{L} = \{-7; 7\}$ b) $\mathbb{L} = \{-1{,}5; 1{,}5\}$ c) $\mathbb{L} = \{0\}$
d) $\mathbb{L} = \{-4; 4\}$ e) $\mathbb{L} = \varnothing$ f) $\mathbb{L} = \left\{-\frac{3}{7}; \frac{3}{7}\right\}$
g) $\mathbb{L} = \left\{-\frac{2}{3}; \frac{2}{3}\right\}$ h) $\mathbb{L} = \varnothing$ i) $\mathbb{L} = \varnothing$

10 Lösungsmöglichkeit:
a) $x^2 = 9$ b) $x^2 = 1$ c) $x^2 = \frac{4}{9}$
d) $x^2 = 6{,}25$ e) $x^2 = -1$ f) $x^2 = 2$

11 a) $\sqrt{25 \cdot 9} = 5 \cdot 3 = 15$ b) $\sqrt{196 \cdot 16} = 14 \cdot 4 = 56$
c) $\sqrt{361 \cdot 9} = 19 \cdot 3 = 57$ d) $\sqrt{\frac{36}{81}} = \frac{6}{9} = \frac{2}{3}$
e) $\sqrt{\frac{49}{64}} = \frac{7}{8}$ f) $\sqrt{\frac{81 \cdot 16}{121}} = \frac{9 \cdot 4}{11} = 3\frac{3}{11}$

12 a) $\sqrt{144 \cdot a^3b^2} = 12ab\sqrt{a}$ b) $\sqrt{\frac{8a^2}{b^2}} = \frac{2a\sqrt{2}}{b}$
c) $\sqrt{\frac{xy^2}{49}} = \frac{y\sqrt{x}}{7}$ d) $\sqrt{\frac{1}{0{,}81 \cdot x^2y^4}} = \frac{1}{0{,}9xy^2}$

13 a) $2 \cdot \sqrt{8} + 3\sqrt{8} = 5\sqrt{8}$
b) $9 \cdot \sqrt{3} - \sqrt{12} + \sqrt{3} = 10\sqrt{3} - \sqrt{3 \cdot 4} = 10\sqrt{3} - 2\sqrt{3} = 8\sqrt{3}$
c) $6 \cdot \sqrt{15} - 2 \cdot \sqrt{60} = 6 \cdot \sqrt{15} - 4 \cdot \sqrt{15} = 2 \cdot \sqrt{15}$
d) $7 \cdot \sqrt{63} - 5 \cdot \sqrt{28} = 21\sqrt{7} - 10\sqrt{7} = 11\sqrt{7}$

14 a) $\sqrt{2} \cdot \sqrt{25} = \sqrt{50}$ b) $\sqrt{49} \cdot \sqrt{4} = \sqrt{196}$
c) $\sqrt{20} \cdot \sqrt{5} = \sqrt{100}$ d) $\sqrt{432} : \sqrt{12} = 6$
$\sqrt{30} \cdot \sqrt{5} = \sqrt{150}$

15

	Potenz	Wurzel	Logarithmus
a)	$2^3 = 8$	$\sqrt[3]{8} = 2$	$\log_2 8 = 3$
b)	$3^4 = 81$	$\sqrt[4]{81} = 3$	$\log_3 81 = 4$
c)	$4^5 = 1024$	$\sqrt[5]{1024} = 4$	$\log_4 1024 = 5$

	Potenz	Wurzel	Logarithmus
d)	$4^3 = 64$	$\sqrt[3]{64} = 4$	$\log_4 64 = 3$
e)	$3^6 = 729$	$\sqrt[6]{729} = 3$	$\log_3 729 = 6$
f)	$2^9 = 512$	$\sqrt[9]{512} = 2$	$\log_2 512 = 9$

	Potenz	Wurzel	Logarithmus
g)	$3^3 = 27$	$\sqrt[3]{27} = 3$	$\log_3 27 = 3$
h)	$6^4 = 1296$	$\sqrt[4]{1296} = 6$	$\log_6 1296 = 4$
i)	$8^2 = 64$	$\sqrt[2]{64} = 8$	$\log_8 64 = 2$

16 a) $\sqrt[4]{16} = 16^{\frac{1}{4}} = 2$ b) $\sqrt[3]{512} = 512^{\frac{1}{3}} = 8$
c) $\sqrt[5]{3125} = 3125^{\frac{1}{5}} = 5$ d) $\sqrt[6]{729} = 729^{\frac{1}{6}} = 3$
e) $\sqrt[7]{128} = 128^{\frac{1}{7}} = 2$ f) $\sqrt[10]{59\,049} = 59\,049^{\frac{1}{10}} = 3$
g) $\sqrt[3]{\frac{1}{27}} = \left(\frac{1}{27}\right)^{\frac{1}{3}} = \frac{1}{3}$ h) $\sqrt[4]{\frac{16}{256}} = \left(\frac{16}{256}\right)^{\frac{1}{4}} = \frac{1}{2}$
i) $\sqrt[7]{\frac{1}{2187}} = \left(\frac{1}{2187}\right)^{\frac{1}{7}} = \frac{1}{3}$
(Umkehraufgaben analog Beispiel)

17 a) $x = \sqrt[4]{256} = 256^{\frac{1}{4}} = 4$
b) $x = \sqrt[5]{3125} = 3125^{\frac{1}{5}} = 5$
c) $x = \sqrt[3]{343} = 343^{\frac{1}{3}} = 7$
d) $x = \sqrt[6]{0{,}000064} = 0{,}000064^{\frac{1}{6}} = 0{,}2$
e) $x = \sqrt[5]{0{,}00032} = 0{,}00032^{\frac{1}{5}} = 0{,}2$
f) $x = \sqrt[7]{0{,}0000001} = 0{,}0000001^{\frac{1}{7}} = 0{,}1$
g) $x = \sqrt[8]{\frac{1}{256}} = \left(\frac{1}{256}\right)^{\frac{1}{8}} = \frac{1}{2}$
h) $x = \sqrt[6]{\frac{64}{729}} = \left(\frac{64}{729}\right)^{\frac{1}{6}} = \frac{2}{3}$

18 a) $\log_2 9 = \frac{\log 9}{\log 2} \approx 3{,}17$ b) $\log_3 25 = \frac{\log 25}{\log 3} \approx 2{,}93$
c) $\log_7 38 = \frac{\log 38}{\log 7} \approx 1{,}87$ d) $\log_8 50 = \frac{\log 50}{\log 8} \approx 1{,}88$
e) $\log_9 127 = \frac{\log 127}{\log 9} \approx 2{,}20$ f) $\log_{12} 1500 = \frac{\log 1500}{\log 12} \approx 2{,}94$
g) $\log 25 \approx 1{,}40$ h) $\log 1750 \approx 3{,}24$
i) $\log 82 \approx 1{,}91$ j) $\log 0{,}5 \approx -0{,}30$
k) $\log 0{,}08 \approx -1{,}10$ l) $\log \frac{1}{4} \approx -0{,}60$

19 a) 1; 2; 3; 4 b) −1; −2; −3; −4 c) 2; 3; 4; 5

20 a) $\log_3 9 = 2$, da $3^2 = 9$
b) $\log_2 128 = 7$, da $2^7 = 128$
c) $\log_5 125 = 3$, da $5^3 = 125$
d) $\log_6 216 = 3$, da $6^3 = 216$
e) $\log_4 1024 = 5$, da $4^5 = 1024$
f) $\log_7 7 = 1$, da $7^1 = 7$
g) $\log_2 \frac{1}{8} = -3$, da $2^{-3} = \frac{1}{2^3} = \frac{1}{8}$
h) $\log_5 \frac{1}{625} = -4$, da $5^{-4} = \frac{1}{5^4} = \frac{1}{625}$
i) $\log_7 = \frac{1}{49} = -2$, da $7^{-2} = \frac{1}{7^2} = \frac{1}{49}$

21 a) $x^2 = 9 \Leftrightarrow x = 3$ b) $x^3 = 64 \Leftrightarrow x = 4$ c) $x^1 = 9 \Leftrightarrow x = 9$
d) $x = 2^3 = 8$ e) $x = 3^2 = 9$ f) $x = 7^1 = 7$
g) $x = -5$ h) $x = -8$ i) $x = 1$

22 a) $11x + 10$ b) $-x - 1$ c) $3x - 23$
d) $7x - 25$ e) $x^2 - 3x$ f) $13x + 61$

23 Lösungsmöglichkeit:
Die Summe aus $T_2(x)$ und $T_5(x)$ ist äquivalent zum Term 3:
$T_2(x) + T_5(x) = 4 + 2x + 6x - 4 = 8x$ (3)
Die Differenz aus $T_1(x)$ und $T_6(x)$ ist äquivalent zum Term 6:
$T_1(x) - T_6(x) = 16 + x - (12 + 3x) = 4 - 2x$ (6)
Die Differenz aus $T_4(x)$ und $T_2(x)$ ist äquivalent zum Term 4:
$T_4(x) - T_2(x) = 24 + x - (4 + 2x) = 20 - x$ (4)
Die Differenz aus $T_3(x)$ und $T_5(x)$ ist äquivalent zum Term 2:
$T_3(x) - T_5(x) = 8 - 4x - (6x - 4) = 12 - 10x$ (2)
Die Differenz aus $T_6(x)$ und $T_3(x)$ ist äquivalent zum Term 1:
$T_6(x) - T_3(x) = 12 + 3x - (8 - 4x) = 4 + 7x$ (1)
Die Summe aus $T_1(x)$ und $T_4(x)$ ist äquivalent zum Term 5:
$T_1(x) + T_4(x) = 16 + x + 24 + x = 40 + 2x$ (5)

24

	gemeinsamer Faktor	vereinfachter Term
a)	$7x$	$7x(x + 3)$
b)	$6a$	$6a(2b - 6a + 3b^2)$
c)	$3x^2$	$3x^2(5x + 4y)$
d)	$0{,}4kl$	$0{,}4kl \cdot (m + 5km - 4)$
e)	$0{,}2x$	$0{,}2x \cdot (4x + 2a - 1)$
f)	$-t^2$	$-t^2 \cdot (t^2 + 1{,}2 + 4{,}8ts)$

25 a) $x^2 - 2x - 3$ b) $a^2 - 2a - ab + 2b$
c) $-3x^2 + 14x - 8$ d) $2{,}5xy + 7x - 2{,}5y^2 - 7y$
e) $1{,}44s^2 - 1{,}2st - 0{,}6s + 0{,}5t$ f) $-0{,}9a^2 + ab + 5{,}4a - 6b$

26 a) $x^2 - 3x + 2{,}25$ b) $64x^2 - 4y^2$
c) $27 + 18h + 3h^2$ d) $4x^2 + 24x + 36$
e) $-81y^2 + 90xy - 25x^2$ f) $\frac{3}{16}a^2 - \frac{3}{16}ab + \frac{3}{64}b^2$

27 a) $(a - 2b)^2$ b) $(3 + 4z)^2$
c) $(2{,}5 - 2y)(2{,}5 + 2y)$ d) $-(1 + 2r)^2$
e) $(1{,}2x - 0{,}8a)(1{,}2x + 0{,}8a)$ f) $(17y - 2)(17y + 2)$

28

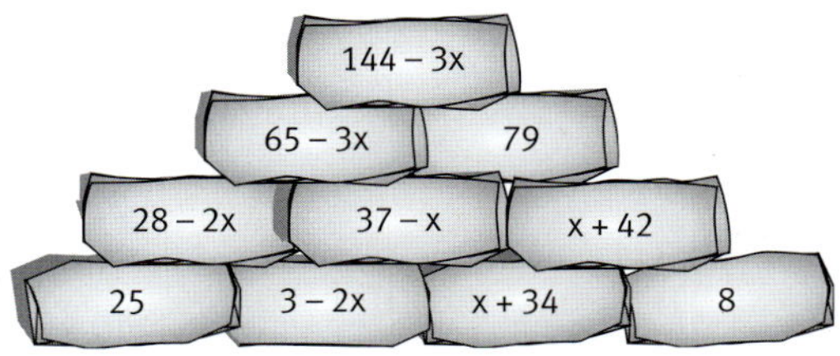

a) $144 - 3x = 0 \Leftrightarrow x = 48$
b) $144 - 3x = 36 \Leftrightarrow x = 36$
c) $144 - 3x = -36 \Leftrightarrow x = 60$
d) $144 - 3x = 144 \Leftrightarrow x = 0$

29 a) $12x - 1 = 2 \cdot (5x + 8)$
$12x - 1 = 10x + 16$
$x = 8{,}5$
$\mathbb{L} = \varnothing$ in $\mathbb{G} = \mathbb{N}$

b) $-2{,}5 + 4x = 4 - (x - 2{,}5 + 4x)$
$-2{,}5 + 4x = 4 - x + 2{,}5 - 4x$
$x = 1$
$\mathbb{L} = \{1\}$ in $\mathbb{G} = \mathbb{Z}$

c) $-z \cdot (2 - z) = (2 - z)^2$
$-2z + z^2 = 4 - 4z + z^2$
$z = 2$
$\mathbb{L} = \{2\}$ in $\mathbb{G} = \mathbb{Q}$

d) $(2x + 3)^2 = 4x \cdot (x + 6)$
$4x^2 + 12x + 9 = 4x^2 + 24x$
$x = \frac{3}{4}$
$\mathbb{L} = \{\frac{3}{4}\}$ in $\mathbb{G} = \mathbb{Q}$

30 a) $8x - 56 = 128 \Leftrightarrow x = 23$
b) $-8x + 162 = x \Leftrightarrow x = 18$
c) $5x + 10x + 15x + 20x + 25x = 600$
$75x = 600 \Leftrightarrow x = 8$

31 *Hinweis:* angegeben sind jeweils nur die Gleichungen der Geraden.

a) I $y = 2x - 2$
II $y = x + 1$
Die Geraden schneiden sich im Punkt S (3 | 4).
$\mathbb{L} = \{(3|4)\}$

b) I $y = 0{,}5\,x - 1{,}5$
II $y = -2x + 6$
Die Geraden schneiden sich im Punkt S (3 | 0).
$\mathbb{L} = \{(3|0)\}$

c) I $y = -1{,}5x + 2{,}5$
II $y = -\frac{1}{3}x - 1$
Die Geraden schneiden sich im Punkt S (3 | –2).
$\mathbb{L} = \{(3|-2)\}$

d) I $y = \frac{1}{3}x + \frac{1}{2}$
II $y = \frac{1}{3}x - 1$
Die Geraden verlaufen parallel. Es gibt keine Lösung.
$\mathbb{L} = \varnothing$

e) I $y = 0{,}5\,x + 1{,}5$
II $y = 0{,}5\,x + 1{,}5$
Die Geraden sind identisch.
Es gibt unendlich viele Lösungen.
$\mathbb{L} = \mathbb{R}$

f) I $y = 2x + 3$
II $y = 2x - 3$
Die Geraden verlaufen parallel. Es gibt keine Lösung.
$\mathbb{L} = \varnothing$

32 **a)** I $x = y + 5$
II $x + y = 29$
I einsetzen in II:
$\Rightarrow\ y + 5 + y = 29 \quad | -5$
$2y = 24 \quad | :2$
$y = 12 \quad$ einsetzen in I
$\Rightarrow\ x = 12 + 5$
$x = 17 \qquad \mathbb{L} = \{(17|12)\}$

b) I $2x - 5y = 31$
II $2x = 16 - 10y$
II einsetzen in I:
$\Rightarrow\ 16 - 10y - 5y = 31 \quad | -16$
$-15y = 15 \quad | :(-15)$
$y = -1 \quad$ einsetzen in II
$\Rightarrow\ 2x = 16 + 10 \quad | :2$
$x = 13 \qquad \mathbb{L} = \{(13|-1)\}$

c) I $5y + 32 = 4x$
II $12x - 6y = 42 \quad | :6$
$2x - y = 7 \quad | -2x$
$-y = 7 - 2x \quad | \cdot(-1)$
II' $y = -7 + 2x \quad$ einsetzen in I
$\Rightarrow\ 5 \cdot (-7 + 2x) + 32 = 4x$
$-35 + 10x + 32 = 4x$
$10x - 3 = 4x \quad | -4x + 3$
$6x = 3 \quad | :6$
$x = 0{,}5$ einsetzen in II'
$\Rightarrow\ y = -7 + 1$
$y = -6 \qquad \mathbb{L} = \{(0{,}5|-6)\}$

d) I $2x + 4y = 10$
II $0{,}5x = 8 - y \quad | \cdot 2$
II' $x = 16 - 2y \quad$ einsetzen in I
$\Rightarrow\ 2 \cdot (16 - 2y) + 4y = 10$
$32 - 4y + 4y = 10$
$32 = 10$ (falsche Aussage) $\quad \mathbb{L} = \varnothing$

e) I $x - 2y = 6 \quad | +2y$
II $y + 1 = 0{,}5x - 2$
I' $x = 6 + 2y \quad$ einsetzen in II
$\Rightarrow\ y + 1 = 0{,}5 \cdot (6 + 2y) - 2$
$y + 1 = 3 + y - 2 \quad | -y$
$1 = 1 \qquad \mathbb{L} = \{(x; y) \mid y = \frac{x}{2} - 3\}$

f) I $22y - 6x + 15 = 0$
II $x = \frac{2}{3}y + 7 \quad$ einsetzen in I
$\Rightarrow\ 22y - 6 \cdot \left(\frac{2}{3}y + 7\right) + 15 = 0$
$22y - 4y - 42 + 15 = 0$
$18y - 27 = 0 \quad | +27$
$18y = 27 \quad | :18$
$y = 1{,}5 \quad$ einsetzen in II
$\Rightarrow\ x = 1 + 7$
$x = 8 \qquad \mathbb{L} = \{(8|1{,}5)\}$

33 Gesamtanzahl der Besucher: 300 : 2 = 150
Anzahl der Erwachsenen: x Anzahl der Kinder: y
I $x + y = 150 \quad | -y$
II $12x + 7y = 1\,325$
I' $x = 150 - y \quad$ einsetzen in II
$\Rightarrow 12 \cdot (150 - y) + 7y = 1\,325$
$1\,800 - 12y + 7y = 1\,325 \quad | -1\,800$
$-5y = -475 \quad | :(-5)$
$y = 95 \quad$ einsetzen in I'
$\Rightarrow x = 150 - 95$
$x = 55$
Die Vorstellung wurde von 55 Erwachsenen und 95 Kindern besucht.
Höhe der Mehreinnahmen:
(95 · 12 € + 55 · 7 €) – 1 325 €
= (1140 € + 385 €) – 1 325 €
= 1525 € – 1325 € = 200 €
Anderer Lösungsweg: (95 – 55 =) 40 Personen würden jeweils (12 € – 7 € =) 5 € mehr bezahlen.
Die Mehreinnahmen würden (40 · 5 € =) 200 € betragen.

34 Die Längen der beiden Katheten betragen a cm bzw. b cm.
$A_{neu} = A + 10$
Mit $a : b = 3 : 1 \Leftrightarrow a = 3b$ und $A = \frac{1}{2}ab$ gilt:
$\frac{1}{2} \cdot (a + 2) \cdot (b + 2) = \frac{1}{2}ab + 10$ bzw.
$\frac{1}{2} \cdot (3b + 2) \cdot (b + 2) = \frac{1}{2} \cdot 3b \cdot b + 10$
$3b^2 + 8b + 4 = 3b^2 + 20$
$b = 2;\ a = 6$
Die Längen der Katheten betragen 2 cm und 6 cm.

35 I $1 + 6 + x + 7 + y + 0 = 28$
II $(1 \cdot 1 + 6 \cdot 2 + x \cdot 3 + 7 \cdot 4 + y \cdot 5 + 0 \cdot 6) : 28 = 3{,}25$
I' $x = 14 - y \quad$ I' einsetzen in II
$\Rightarrow 41 + 3 \cdot (14 - y) + 5y = 91$
$y = 4 \quad$ einsetzen in I
$\Rightarrow x = 10$
Zehn Schüler erhielten die Note 3 und vier Schüler die Note 5.

36 30,00 € ≙ 15 %

$\frac{30{,}00\,€}{15} \cdot 100 = 200{,}00\,€$
Die Jacke hat ursprünglich 200,00 € gekostet.

37 $126{,}00\,€ \mathrel{\hat{=}} 30\,\%$
$\frac{126{,}00\,€}{30} \cdot 100 = 420{,}00\,€$
Das Fahrrad kostet 420,00 €.

38 a) 7,77 € b) 27,57 € c) 41,84 €
Gesamt: 77,18 €
Sandra muss für ihr Outfit insgesamt 77,18 € bezahlen.

39 Erhöhung um 15 %: $0{,}89\,€ \cdot 115\,\% \approx 1{,}02\,€$
Erhöhung um 8 %: $0{,}89\,€ \cdot 108\,\% \approx 0{,}96\,€$
Erhöhung um 7 %: $0{,}96\,€ \cdot 107\,\% \approx 1{,}03\,€$
Der Endpreis ist jeweils unterschiedlich. Man kann sich die Rechnung mit konkreten Werten auch ersparen, es genügt zu erkennen, dass $1{,}15 \neq 1{,}08 \cdot 1{,}07$.

40 a)/b)

Alter in Tagen	Höhe in cm	Anteil von 82 cm in %	Zuwachs in %
5	16	19,5	-
10	24	29,3	50
15	38	46,3	58,3
20	55	67,1	44,7
25	80	97,6	45,5
30	82	100	2,5
35	82	100	0

41 25 % Ermäßigung bedeutet, dass der neue Preis 75 % des alten Preises entspricht.
Preis vor der zweiten Ermäßigung: $54\,€ : 0{,}75 = 72\,€$
Preis vor der ersten Ermäßigung: $72\,€ : 0{,}75 = 96\,€$
Die Schuhe haben ursprünglich 96 € gekostet.

42 a) arithmetisches Mittel: $3{,}\overline{45}$
Median: 3
Modalwert: 3

b) arithmetisches Mittel: 5,208 m
Median: 5,20 m
Modalwert: 5,20 m

c) arithmetisches Mittel: 0,2575
Median: 0,26
Modalwert: 0,1; 0,4

43 a) arithmetisches Mittel: 55 min
Median: 35 min
Modalwert: 35 min
Das arithmetische Mittel beschreibt in diesem Fall am besten die durchschnittliche Fernsehzeit.
Der Median und Modalwert vernachlässigen beide den vergleichsweise hohen Wert am Samstag und sind daher eher ungeeignet.

b) Die Fernsehzeit am Dienstag würde jetzt 60 min betragen. Somit gibt es jetzt zwei Modalwerte: 35 min und 60 min. Der Median bleibt gleich und das arithmetische Mittel wird auf ungefähr 59,3 min erhöht.

c) Die gesamte Fernsehzeit ohne Samstag beträgt 205 min. Die Fernsehzeit am Samstag sei x.
$45 = \frac{205 + x}{7} \Leftrightarrow x = 110$
Er dürfte Samstag nur noch 110 min fernsehen.
Wenn man die Serie am Dienstag noch einkalkuliert, sind es noch 80 min am Samstag.

44 a)

Anzahl der Geschwister	absolute Häufigkeit	relative Häufigkeit	Winkel
0	6	26,1 %	94°
1	10	43,5 %	157°
2	4	17,4 %	63°
3	2	8,7 %	31°
4	1	4,3 %	16°

Die Abweichung vom Vollwinkel von 360° kommt durch Rundung zustande.

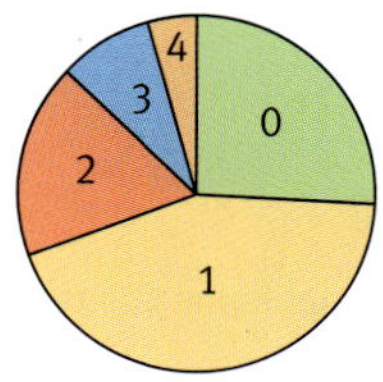

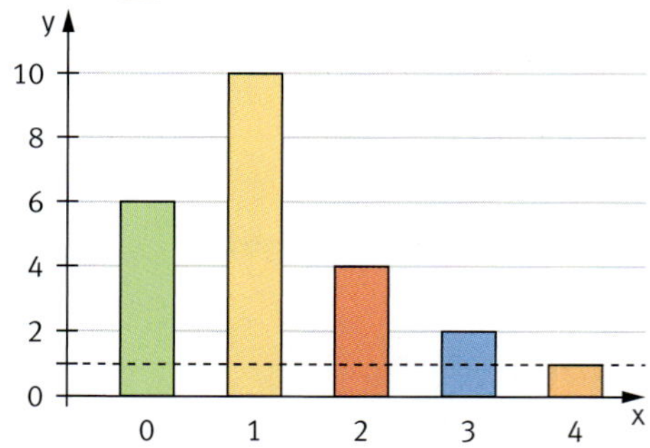

b) arithmetisches Mittel $\bar{x}$:
$\frac{(0 \cdot 6 + 1 \cdot 10 + 2 \cdot 4 + 3 \cdot 2 + 4 \cdot 1)}{(6 + 10 + 4 + 2 + 1)} = \frac{28}{23} \approx 1{,}22$
Im Mittel hat ein Schüler 1,22 Geschwister.

c) Im Balkendiagramm kann man den Mittelwert sehr gut einzeichnen (siehe a). Das Kreisdiagramm eignet sich dafür nicht, da nur relative Häufigkeiten dargestellt sind.

d) Median: 0; 0; 0; 0; 0; 0; 1; 1; 1; 1; 1; 1; 1; 1; 1; 1; 1; 2; 2; 2; 2; 3; 3; 4
Modalwert: 1
Beide Werte sind identisch. Beim Modalwert lässt sich die Aussage „Die größte Gruppe ist die derjenigen Kinder, die genau einen Bruder oder genau eine Schwester haben." treffen. Damit hat man schon eine recht gute Vorstellung der Verteilung. Damit ist wohl der Modalwert der aussagekräftigere Wert der Verteilung, da es vor allem auch keine Ausreißerwerte gibt.

45 Neben den folgenden Zerlegungen sind natürlich auch noch andere möglich:

a)

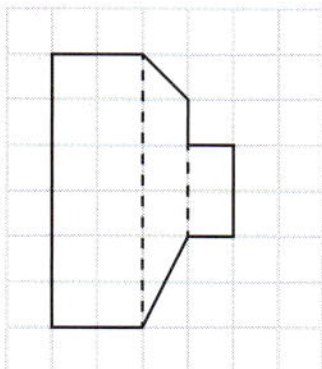

$A = A_{\text{großes Rechteck}} + A_{\text{Trapez}} + A_{\text{kleines Rechteck}}$

$A = 1\text{ cm} \cdot 3\text{ cm} + \frac{3\text{ cm} + 1{,}5\text{ cm}}{2} \cdot 0{,}5\text{ cm} + 0{,}5\text{ cm} \cdot 1\text{ cm}$

$A = 3\text{ cm}^2 + 1{,}125\text{ cm}^2 + 0{,}5\text{ cm}^2 = 4{,}625\text{ cm}^2$

b)

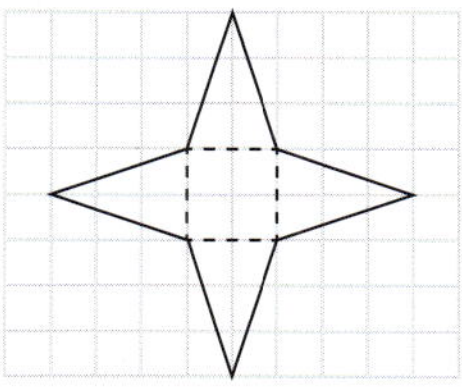

$A = A_{\text{Quadrat}} + 4 \cdot A_{\text{Dreieck}}$

$A = 1\text{ cm} \cdot 1\text{ cm} + 4 \cdot \frac{1}{2} \cdot 1\text{ cm} \cdot 1{,}5\text{ cm}$

$A = 1\text{ cm}^2 + 3\text{ cm}^2 = 4\text{ cm}^2$

c)

$A = A_{\text{Rechteck}} + A_{\text{Dreieck}}$

$A = 3{,}5\text{ cm} \cdot 1\text{ cm} + \frac{1}{2} \cdot 2\text{ cm} \cdot 1{,}5\text{ cm}$

$A = 3{,}5\text{ cm}^2 + 1{,}5\text{ cm}^2 = 5\text{ cm}^2$

46 a) Es sind verschiedene Lösungswege möglich. Zwei davon werden in den Teilaufgaben b) und c) wieder aufgegriffen.

b)

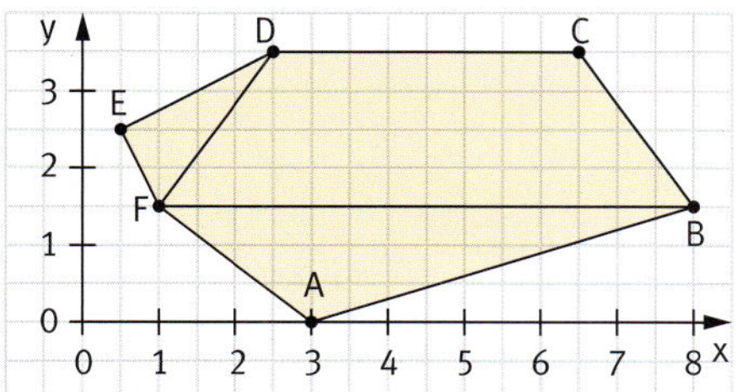

$A = A_{\text{Dreieck ABF}} + A_{\text{Trapez FBCD}} + A_{\text{Dreieck EFD}}$

Die Flächeninhalte des Dreiecks ABF und des Trapezes FBCD lassen sich mit den bekannten Formeln einfach berechnen. Für den Flächeninhalt des rechtwinkligen Dreiecks EFD muss man nur das Produkt der beiden kürzeren Seitenlängen (Katheten) halbieren.

Berechnung der Kathetenlängen des Dreiecks EFD:

$|\overline{EF}| = \sqrt{1^2 + 0{,}5^2}\text{ cm} = \sqrt{1{,}25}\text{ cm}$

$|\overline{ED}| = \sqrt{1^2 + 2^2}\text{ cm} = \sqrt{5}\text{ cm}$

$A = \frac{1}{2} \cdot 7\text{ cm} \cdot 1{,}5\text{ cm} + \frac{7\text{ cm} + 4\text{ cm}}{2} \cdot 2\text{ cm} + \frac{1}{2} \cdot \sqrt{1{,}25}\text{ cm} \cdot \sqrt{5}\text{ cm}$

$A = 3{,}5\text{ cm} \cdot 1{,}5\text{ cm} + 5{,}5\text{ cm} \cdot 2\text{ cm} + \frac{1}{2} \cdot \sqrt{6{,}25}\text{ cm}^2$

$A = 5{,}25\text{ cm}^2 + 11\text{ cm}^2 + 1{,}25\text{ cm}^2 = 17{,}5\text{ cm}^2$

c)

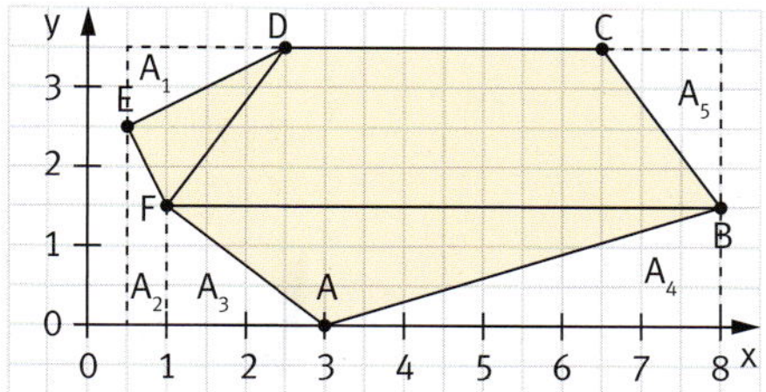

$A = A_{\text{Rechteck}} - (A_1 + A_2 + A_3 + A_4 + A_5)$

$A = 7{,}5\text{ cm} \cdot 3{,}5\text{ cm} - \left(\frac{1}{2} \cdot 2\text{ cm} \cdot 1\text{ cm} + \frac{2{,}5\text{ cm} + 1{,}5\text{ cm}}{2} \cdot 0{,}5\text{ cm} + \frac{1}{2} \cdot 2\text{ cm} \cdot 1{,}5\text{ cm} + \frac{1}{2} \cdot 5\text{ cm} \cdot 1{,}5\text{ cm} + \frac{1}{2} \cdot 2\text{ cm} \cdot 1{,}5\text{ cm}\right)$

$A = 26{,}25\text{ cm}^2 - (1\text{ cm}^2 + 1\text{ cm}^2 + 1{,}5\text{ cm}^2 + 3{,}75\text{ cm}^2 + 1{,}5\text{ cm}^2)$

$A = 26{,}25\text{ cm}^2 - 8{,}75\text{ cm}^2$

$A = 17{,}5\text{ cm}^2$

47 a) $A = r^2\pi \approx 28{,}27\text{ cm}^2 \qquad u = 2r\pi \approx 18{,}85\text{ cm}$

b) Kreis k_1 mit $u_1 = 14{,}7$ cm bzw. $r_1 = \frac{14{,}7\text{ cm}}{2\pi} \approx 2{,}34$ cm und Kreis k_2 mit $r_2 = 3{,}5$ cm.
Da $r_1 = 2{,}34\text{ cm} < 3{,}5\text{ cm} = r_2$ gilt, hat der Kreis k_2 den größeren Flächeninhalt.

c) $u = 5 \cdot 36\text{ cm} = 180\text{ cm} \quad r = \frac{180\text{ cm}}{2\pi} \approx 28{,}65\text{ cm}$

48 a) $A_{\text{Ring}} = \pi \cdot [R^2 - r^2] = \pi \cdot [(4\text{ cm})^2 - (2\text{ cm})^2] = \pi \cdot 12\text{ cm}^2$
$A_{\text{Ring}} \approx 37{,}7\text{ cm}^2$

b) $A_{\text{Ringstück}} = \frac{3}{4}\pi \cdot [(4\text{cm})^2 - (2\text{ cm})^2] = \frac{3}{4}\pi \cdot 12\text{ cm}^2$
$A_{\text{Ringstück}} \approx 28{,}3\text{ cm}^2$

49 Kreisbogenlänge b:
$b = \frac{\mu}{180°} \cdot \pi r = \frac{155°}{180°} \cdot \pi \cdot 2{,}3\text{ cm} \approx 6{,}22\text{ cm}$
Flächeninhalt A des Kreissektors:
$A = \frac{\mu}{180°} \cdot \pi r^2 = \frac{155°}{360°} \cdot \pi \cdot (2{,}3\text{ cm})^2 \approx 7{,}16\text{ cm}^2$

50 a) 5 cm b) $\sqrt{29}$ cm ≈ 5,4 cm
c) $\sqrt{24}$ cm ≈ 4,9 cm d) $\sqrt{66{,}36}$ cm ≈ 8,1 cm

51

Länge von …	a)	b)	c)	d)
Kathete 1	12 cm	7 cm	8 dm	10 m
Kathete 2	9 cm	24 cm	15 dm	240 dm
Hypotenuse	15 cm	25 cm	17 dm	26 m

52 Breite des Sees: b
$b^2 = 50^2 - 43^2 = 651$
$b \approx 25{,}5$
Der See ist an der angegebenen Stelle ungefähr 25,5 m breit.

53 Im Würfel gilt: a = b = c = 5 cm
Raumdiagonale: $d = 5\sqrt{3}$ cm

54 Die Zeichnung entspricht im Wesentlichen der Skizze in der rechten Spalte. Im ersten Schritt zeichnet man die Strecke $\overline{AB}$ der Länge 8,5 cm (Hypotenuse). Die Punkte C_1 bis C_5 liegen auf dem Thaleskreis mit dem Radius 4,25 cm.

55 **a)**

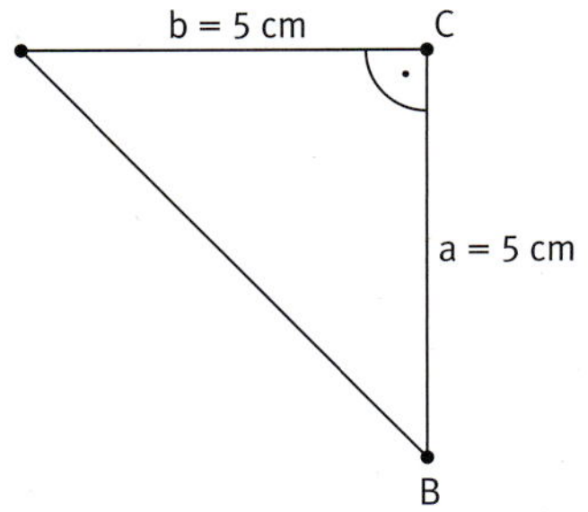

b)

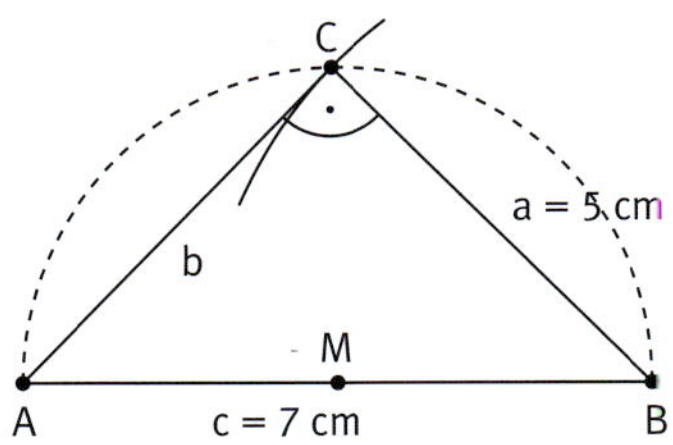

56 **a)** Es handelt sich um ein gleichseitiges Dreieck, da $\alpha = \beta = \gamma$ gilt. Im gleichseitigen Dreieck sind alle Winkel 60°.

b) $\alpha + 3 \cdot \alpha + 5 \cdot \alpha = 180°$
$9 \cdot \alpha = 180° \Leftrightarrow \alpha = 20°; \beta = 60°; \gamma = 100°$

57 **a)** Das Dreieck ist konstruierbar nach dem Kongruenzsatz SWS:

Beschreibung:
1. Zeichne die Strecke $\overline{AB}$ mit c = 3,8 cm.
2. Trage in B den Winkel $\beta = 70°$ an.
3. Zeichne einen Kreisbogen um B mit r = a = 5,2 cm.
4. Der Schnittpunkt des freien Schenkels mit dem Kreisbogen ergibt C.

Konstruktion:

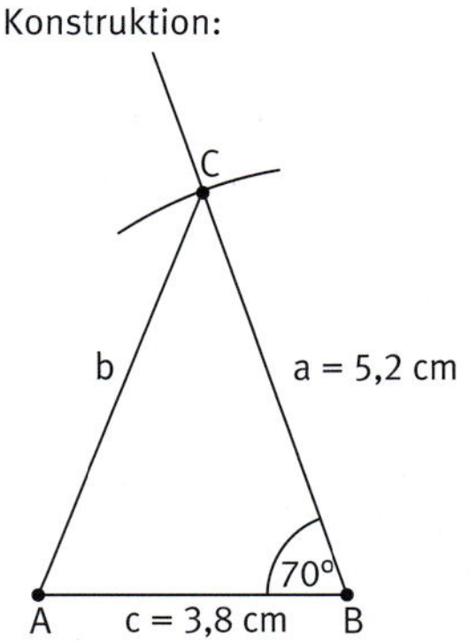

b) Das Dreieck ist konstruierbar nach dem Kongruenzsatz SSS:
Beschreibung:
1. Zeichne die Strecke $\overline{AB}$ mit c = 7,0 cm.
2. Zeichne einen Kreisbogen um A mit r = b = 6,0 cm.
3. Zeichne einen Kreisbogen um B mit r = a = 4,8 cm.
4. Die Kreise schneiden sich in C.

Konstruktion:

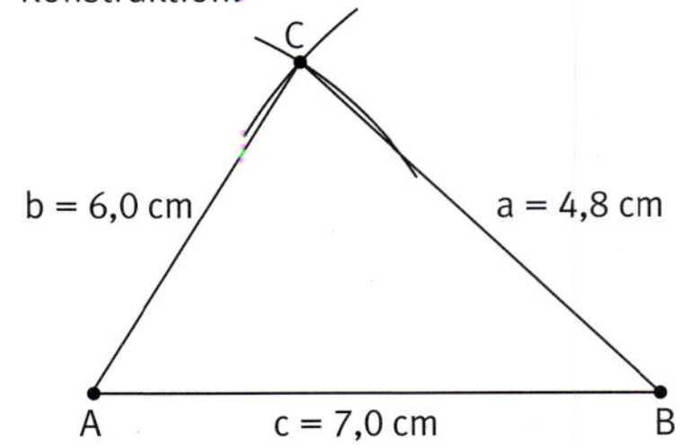

c) Das Dreieck ist konstruierbar nach dem Kongruenzsatz WSW:

Beschreibung:
1. Zeichne die Strecke $\overline{AC}$ mit b = 4,3 cm.
2. Trage in A den Winkel $\alpha = 57°$ an.
3. Trage in C den Winkel $\gamma = 80°$ an.
4. Der Schnittpunkt der freien Schenkel von α und γ ergibt B.

Konstruktion:

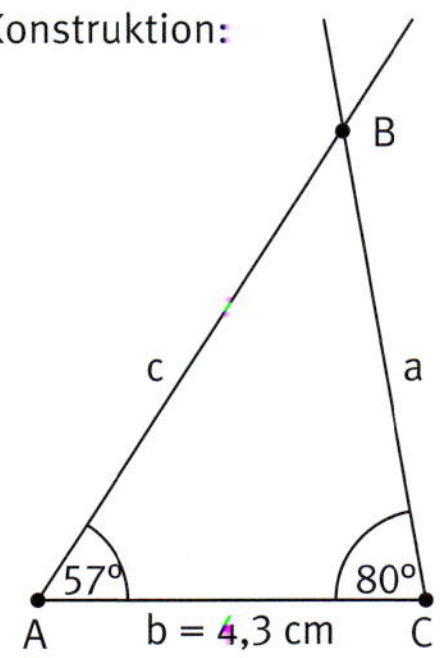

d) $\alpha + \frac{1}{2} \cdot \alpha + 3 \cdot \alpha = 180°$
$4{,}5 \cdot \alpha = 180° \Leftrightarrow \alpha = 40°; \beta = 20°; \gamma = 120°$
Das Dreieck ist konstruierbar nach dem Kongruenzsatz WSW:

Beschreibung:
1. Zeichne die Strecke $\overline{BC}$ mit a = 5,4 cm.
2. Trage in C den Winkel $\gamma = 120°$ an.
3. Trage in B den Winkel $\beta = 20°$ an.
4. Der Schnittpunkt der freien Schenkel von γ und β ergibt A.

Konstruktion:

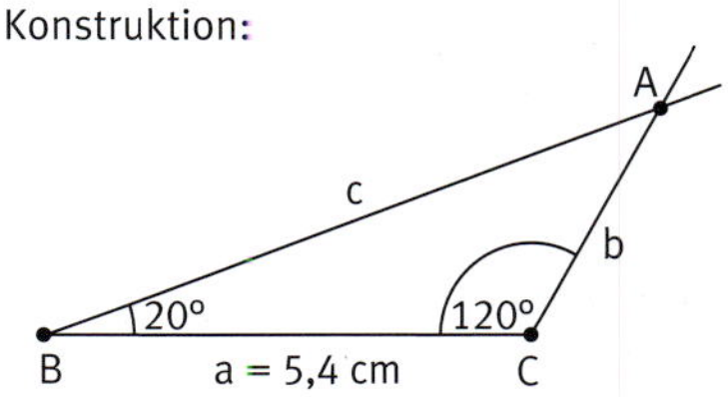

58 **a)** x = 3,2 cm   **b)** $x = 3\frac{4}{7}$ cm
c) $x = 2\frac{2}{3}$ cm   **d)** x = 40 mm

59 **a)** $\frac{|SC|}{|SD|} = \frac{|SA|}{|SB|}$ **b)** $\frac{|SA|}{|SB|} = \frac{|AC|}{|BD|}$ **c)** $\frac{|AC|}{|SA|} = \frac{|BD|}{|SB|}$
d) $\frac{|LN|}{|NK|} = \frac{|MO|}{|OK|}$ **e)** $\frac{|LK|}{|NK|} = \frac{|KM|}{|KO|}$ **f)** $\frac{|OK|}{|OM|} = \frac{|NK|}{|NL|}$

Lösungen zu „1.7 Das kann ich!“ – Seite 42

1

	a)	b)	c)	d)
K	2500 €	1700 €	18 500 €	240 €
p	5	8	6	3
Zeit	7 Mon.	4 Mon.	3 Mon.	50 d
Z	72,92 €	45,33 €	277,50 €	1 €

2 Das bessere Angebot ist Super-Sparen:
Super-Sparen: $K = 20\,000\,€ \cdot 1{,}028^5 \approx 22\,961{,}25\,€$
Dyna-Spar: (Rundungsbedingte Abweichungen möglich)

1. Jahr	2. Jahr	3. Jahr	4. Jahr	5. Jahr
20 400 €	20 859 €	21 380,48 €	22 021,89 €	22 792,66 €

3

	a)	b)	c)	d)
K_0	8500 €	1000 €	2500 €	6000 €
K_n	11 192,88 €	1207,10 €	2828,52 €	7329,24 €
p	3,5	1,9	2,5	2,9
n	8 Jahre	10 Jahre	5 Jahre	7 Jahre

4 a) $2 = \left(1 + \frac{p}{100}\right)^n \Leftrightarrow n = \frac{\log 2}{\log\left(1 + \frac{p}{100}\right)}$

1 $n \approx 28{,}1$ (29 Jahre) 2 $n \approx 23{,}4$ (24 Jahre)
3 $n \approx 17{,}7$ (18 Jahre) 4 $n \approx 7{,}3$ (8 Jahre)

b) $2 = \left(1 + \frac{p}{100}\right)^n \Leftrightarrow \frac{p}{100} = \sqrt[n]{2} - 1$

1 $p \approx 5{,}1$ 2 $p \approx 5{,}5$
3 $p \approx 7{,}2$ 4 $p \approx 12{,}2$

5 $K_0 = 10000\,€$; $p = 3$; $n = 4$ Jahre

a) 1 Kapitalentwicklung ohne Zinseszins:
Das Kapital wächst jährlich immer um den gleichen Betrag (300 €).
nach 1 Jahr:
$K_1 = K_0 \cdot 1{,}03 = 10\,300\,€$ ($Z = 300\,€$)
nach 2 Jahren:
$K_2 = K_1 + 300\,€ = 10\,300\,€ + 300\,€ = 10\,600\,€$
nach 3 Jahren:
$K_3 = K_2 + 300\,€ = 10\,600\,€ + 300\,€ = 10\,900\,€$
nach 4 Jahren:
$K_4 = K_3 + 300\,€ = 10\,900\,€ + 300\,€ = 11\,200\,€$

2 Kapitalentwicklung mit Zinseszins:
Die Zinsen der Vorjahre werden jeweils mitverzinst.
nach 1 Jahr:
$K_1 = K_0 \cdot 1{,}03 = 10\,300\,€$
nach 2 Jahren:
$K_2 = K_1 \cdot 1{,}03 = 10\,300\,€ \cdot 1{,}03 = 10\,609\,€$
nach 3 Jahren:
$K_3 = K_2 \cdot 1{,}03 = 10\,609\,€ \cdot 1{,}03 = 10\,927{,}27\,€$
nach 4 Jahren:
$K_4 = K_3 \cdot 1{,}03 = 10\,927{,}27\,€ \cdot 1{,}03 \approx 11\,255{,}09\,€$

b) Längerfristige Betrachtung:

n (Jahre)	K_n (€) ohne Zinseszinseffekt	K_n (€) mit Zinseszinseffekt
0	10 000	10 000
1	10 300	10 300
2	10 600	10 609
3	10 900	10 927,27
4	11 200	11 255,09
5	11 500	11 592,74
6	11 800	11 940,52
7	12 100	12 298,74
8	12 400	12 667,70
9	12 700	13 047,73
10	13 000	13 439,16
11	13 300	13 842,34
12	13 600	14 257,61
13	13 900	14 685,34
14	14 200	15 125,90
15	14 500	15 579,67

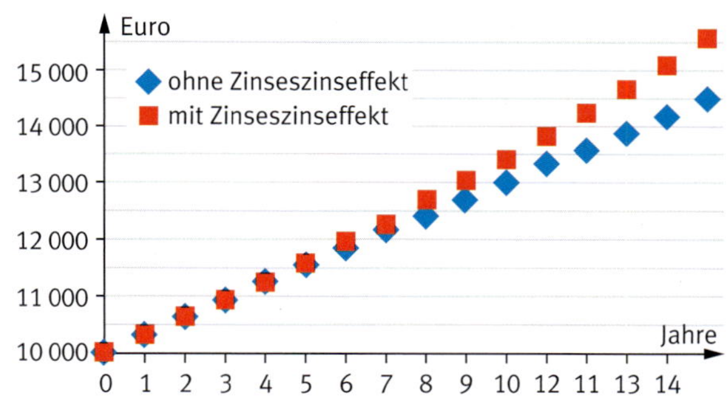

6 2,15 % Zinsen von 15 000 € über 15 Monate:
$15\,000\,€ \cdot 0{,}0215 \cdot \frac{15}{12} \approx 403{,}13\,€$
Bearbeitungsgebühr:
$15\,000\,€ \cdot 0{,}017 = 255\,€$
Tatsächliche Kreditkosten: 658,13 €

$p_{eff} = \frac{\text{Kreditkosten} \cdot 100 \cdot 12}{\text{Auszahlungsbetrag} \cdot \text{Monate}} = \frac{658{,}13\,€ \cdot 100 \cdot 12}{15000\,€ \cdot 15} \approx 3{,}51$

Der effektive Zinssatz beträgt 3,51 %.

7 Guthaben bei jährlicher Verzinsung (Ahmed):
$K_n = K_0 \cdot q^n$ (n: Anzahl der Jahre)
$K_0 = 2500\,€$; $p = 2{,}5$; $q = 1{,}025$; $n = 7$ Jahre
$\Rightarrow K_7 = 2500\,€ \cdot 1{,}025^7 \approx 2971{,}71\,€$
Guthaben bei monatlicher Verzinsung (Katharina):
$K_m = K_0 \cdot \left(1 + \frac{p}{100} \cdot \frac{1}{12}\right)^m$ (m: Anzahl der Monate)
$K_0 = 2500\,€$; $p = 2{,}5$; $m = 84$ Monate
$\Rightarrow K_{84} = 2500\,€ \cdot \left(1 + \frac{2{,}5}{100} \cdot \frac{1}{12}\right)^{84} \approx 2977{,}57\,€$

8 Kapital nach 25 Jahren bei einer nachschüssigen Zahlung ohne Anfangszahlung:

$K_n = r \cdot \frac{q^n - 1}{q - 1}$

p = 2,75; q = 1,0275; r = 1860 €; n = 25 Jahre

$K_{25} = 1860\,€ \cdot \frac{1{,}0275^{25} - 1}{0{,}0275} \approx 65631{,}68\,€$

Nach 25 Jahren erhält der Sohn 65 631,68 €.

9 Kapital nach 15 Jahren bei einer nachschüssigen Zahlung mit Anfangszahlung:

$K_n = K_0 \cdot q^n + r \cdot \frac{q^n - 1}{q - 1}$

p = 3; q = 1,03; r = 10 000 €; K_0 = 42 000 €; n = 15 Jahre

$K_{15} = 42\,000\,€ \cdot 1{,}03^{15} + 10\,000\,€ \cdot \frac{1{,}03^{15} - 1}{1{,}03 - 1}$

$K_{15} \approx 251\,423{,}77\,€$

10 Tilgungsplan bei Ratentilgung:

Jahr	Restschuld (€)	Zinsen (€)	Tilgung (€)	Annuität (€)
1	5400,00	210,60	1800,00	2010,60
2	3600,00	140,40	1800,00	1940,40
3	1800,00	70,20	1800,00	1870,20

Gesamtbetrag: 5821,20 €

Tilgungsplan bei Annuitätentilgung:

Jahr	Restschuld (€)	Zinsen (€)	Tilgung (€)	Annuität (€)
1	5400,00	210,60	1731,59	1942,19
2	3668,41	143,07	1799,12	1942,19
3	1869,29	72,90	1869,29	1942,19

Gesamtbetrag: 5826,57 €

Seite 43

11 Bei Annuitätentilgung gilt für die gleichbleibende Annuität A:

$A = K_0 \cdot q^n \cdot \frac{q - 1}{q^n - 1}$

K_0 = 170 000 €; n = 10 Jahre; p = 3,45; q = 1,0345

$A = 170\,000\,€ \cdot 1{,}0345^{10} \cdot \frac{1{,}0345 - 1}{1{,}0345^{10} - 1} \approx 20\,389{,}55\,€$

12 K_0 = 60 % von 2 Mio. € = 1 200 000 €

Tilgungsplan bei Annuitätentilgung:

Jahr	Restschuld (€)	Zinsen (€)	Tilgung (€)	Annuität (€)
1	1 200 000,00	24 000,00	46 000,00	70 000,00
2	1 154 000,00	23 080,00	46 920,00	70 000,00
3	1 107 080,00	22 141,60	47 858,40	70 000,00
4	1 059 221,60	21 184,43	48 815,57	70 000,00
5	1 010 406,03	20 208,12	49 791,88	70 000,00
6	960 614,15	19 212,28	50 787,72	70 000,00
7	909 826,44	18 196,53	51 803,47	70 000,00
8	858 022,96	17 160,46	52 839,54	70 000,00
9	805 183,42	16 103,67	53 896,33	70 000,00
10	751 287,09	15 025,74	54 974,26	70 000,00
11	696 312,83	13 926,26	56 073,74	70 000,00
12	640 239,09	12 804,78	57 195,22	70 000,00
13	583 043,87	11 660,88	58 339,12	70 000,00
14	524 704,75	10 494,09	59 505,91	70 000,00
15	465 198,84	9303,98	60 696,02	70 000,00
16	404 502,82	8090,06	61 909,94	70 000,00
17	342 592,88	6851,86	63 148,14	70 000,00
18	279 444,74	5588,89	64 411,11	70 000,00
19	215 033,63	4300,67	65 699,33	70 000,00
20	149 334,30	2986,69	67 013,31	70 000,00
21	82 320,99	1646,42	68 353,58	70 000,00
22	13 967,41	279,35	13 967,41	14 246,76

Gesamtbetrag: 1 484 246,76 €

⟹ Laufzeit: knapp 22 Jahre

13 Bei Annuitätentilgung gilt für die gleichbleibende Annuität A:

$A = K_0 \cdot q^n \cdot \frac{q - 1}{q^n - 1}$

K_0 = 79 500 €; n = 5 Jahre; p = 2,5; q = 1,025

$A = 79\,500\,€ \cdot 1{,}025^5 \cdot \frac{1{,}025 - 1}{1{,}025^5 - 1} \approx 17\,112{,}13\,€$

Bei einer Laufzeit von 5 Jahren ergibt sich ein Gesamtbetrag von 85 560,65 €.

Tilgungsplan bei Ratentilgung:

Jahr	Restschuld (€)	Zinsen (€)	Tilgung (€)	Annuität (€)
1	79 500,00	1987,50	15 900,00	17 887,50
2	63 600,00	1590,00	15 900,00	17 490,00
3	47 700,00	1192,50	15 900,00	17 092,50
4	31 800,00	795,00	15 900,00	16 695,00
5	15 900,00	397,50	15 900,00	16 297,50

Gesamtbetrag: 85462,50 €

14 Tilgungsplan bei Annuitätentilgung:

K_0 = 75000 €; n = 5 Jahre; p = 2,8; A = 5000 €

Jahr	Restschuld (€)	Zinsen (€)	Tilgung (€)	Annuität (€)
1	75 000,00	2100,00	2900,00	5000,00
2	72 100,00	2018,80	2981,20	5000,00
3	69 118,80	1935,33	3064,67	5000,00
4	66 054,13	1849,52	3150,48	5000,00
5	62 903,64	1761,30	3238,70	5000,00

Restschuld zu Beginn des 6. Jahres: 59 664,94 €

15 1 % Tilgung: T = 0,01 · 95 000 € = 950 €

Zinsen des ersten Jahres bei einem Zinssatz von 6,5 %:

Z = 0,065 · 95 000 € = 6175 €

Annuität A = T + Z = 7125 €

Aus dem Tilgungsplan ergibt sich eine Laufzeit von fast 32 Jahren.

16 a) $A = K_0 \cdot q^n \cdot \frac{q-1}{q^n-1}$

$K_0 = 175\,000$ €; n = 12 Jahre; p = 3,1

$A = 175\,000\text{ €} \cdot 1{,}031^{12} \cdot \frac{1{,}031-1}{1{,}031^{12}-1} \approx 17\,685{,}98\text{ €}$

b) Zinsen im ersten Jahr: Z = 5425 €

Tilgungsrate im ersten Jahr: $T_1 = \frac{A}{q^n} \approx 12\,260{,}98$ €

c) Tilgungsplan bei Annuitätentilgung:

Jahr	Restschuld (€)	Zinsen (€)	Tilgung (€)	Annuität (€)
1	175 000,00	5425,00	12 260,98	17 685,98
2	162 739,02	5044,91	12 641,07	17 685,98
3	150 097,95	4653,04	13 032,94	17 685,98
4	137 065,01	4249,02	13 436,96	17 685,98
5	123 628,04	3832,47	13 853,51	17 685,98

17 Annuität A = 13 800 €; n = 20 Jahre; p = 5,3; q = 1,053

$A = K_0 \cdot q^n \cdot \frac{q-1}{q^n-1} \iff K_0 = \frac{A}{q^n} \cdot \frac{q^n-1}{q-1}$

$K_0 = \frac{13\,800\text{ €}}{1{,}053^{20}} \cdot \frac{1{,}053^{20}-1}{1{,}053-1} \approx 167\,686{,}74\text{ €}$

Michaela kann ein Darlehen in Höhe von etwa 165 000 € aufnehmen.

18 $K_0 = 150\,000$ €; $n_1 = 15$ Jahre; $p_1 = 2{,}5$; $q_1 = 1{,}025$

Annuität für die ersten 8 Jahre:

$A_1 = K_0 \cdot q_1^{n_1} \cdot \frac{q_1-1}{q_1^{n_1}-1}$

$A_1 = 150\,000\text{ €} \cdot 1{,}025^{15} \cdot \frac{1{,}025-1}{1{,}025^{15}-1} \approx 12\,114{,}97\text{ €}$

Durch einen Tilgungsplan (für die Jahre 1 – 8) lässt sich die Restschuld am Ende des 8. Jahres ermitteln:

Jahr	Restschuld (€)	Zinsen (€)	Tilgung (€)	Annuität (€)
1	150 000	3750	8364,97	12 114,97
2	141 635,03	3540,88	8574,09	12 114,97
3	133 060,94	3326,52	8788,45	12 114,97
4	124 272,49	3106,81	9008,16	12 114,97
5	115 264,33	2881,61	9233,36	12 114,97
6	106 030,97	2650,77	9464,20	12 114,97
7	96 566,77	2414,17	9700,80	12 114,97
8	86 865,97	2171,65	9943,32	12 114,97

Restschuld: 86 865,97 € (entspricht K_8)

$K_9 = 86\,865{,}97\text{ €} - 9943{,}32\text{ €} = 76\,922{,}65\text{ €}$

Annuität für die weiteren 7 Jahre:

$A_2 = K_9 \cdot q_2^{n_2} \cdot \frac{q_2-1}{q_2^{n_2}-1} = 76\,922{,}65\text{ €} \cdot 1{,}045^7 \cdot \frac{1{,}045-1}{1{,}045^7-1}$

$A_2 \approx 13\,053{,}89$ €

Tilgungsplan für die weiteren 7 Jahre (9 – 15):

Jahr	Restschuld (€)	Zinsen (€)	Tilgung (€)	Annuität (€)
9	76922,65	3461,52	9592,37	13053,89
10	67330,28	3029,86	10024,03	13053,89
11	57306,25	2578,78	10475,11	13053,89
12	46831,14	2107,40	10946,49	13053,89
13	35884,65	1614,81	11439,08	13053,89
14	24445,57	1100,05	11953,84	13053,89
15	12491,73	562,13	12491,76	13053,89

19 Die Aussage ist falsch. Die Zinseszinsformel lautet:

$K_n = K_0 \cdot \left(1 + \frac{p}{100}\right)^n$

20 Die Aussage ist richtig.

21 Die Aussage ist richtig.

Guthaben nach 10 Jahren: $K_{10} = 121\,899{,}44$ €. Eine Erhöhung um $\frac{1}{5}$ würde einem Guthaben von $K_{10} = 120\,000$ € entsprechen.

22 Die Aussage ist richtig. Je höher die Tilgungsrate, desto schneller sinkt die Restschuld und deren Zinsen. Der Zinssatz fällt dem gegenüber realistisch viel weniger ins Gewicht.

Lösungen zu „2.7 Das kann ich!“ – Seite 62

1

	a)	b)	c)	d)	e)
r	6 cm	2,88 m	0,35 m	1,25 mm	2,00 m
A_0	452,39 cm²	104,23 m²	1,5 m²	19,63 mm²	50,27 m²
V	904,78 cm³	100,06 m³	0,18 m³	8,18 mm³	33,51 m³

2

	a)	b)	c)	d)
r	5,17 cm	1,29 m	2,48 cm	5,57 dm
A_0	335,9 cm²	20,91 m²	77 cm²	390 dm²
V	580 cm³	9 m³	63,89 cm³	723,86 dm³

	e)	f)
r	$\sqrt[3]{125}$ mm = 5 mm	$2 \cdot \sqrt[3]{6}$ m
A_0	314,16 mm²	165,97 m²
V	523,60 mm³	201,06 m³

3 $u = 2\pi r$ $\quad r = \frac{u}{2\pi}$ $\quad r \approx 9{,}2$ cm

$A_0 = 4\pi r^2$ $\quad A_0 \approx 1071$ cm²

Oberfläche mit Verschnitt:

$A_{0\text{ gesamt}} = 1{,}15 \cdot A_0 = 1{,}15 \cdot 1071 \approx 1232$

Man benötigt etwa 1232 cm² Leder.

4 r = 6 cm = 0,6 dm $\quad V = \frac{4}{3}\pi r^3$

$V = \frac{4}{3} \cdot \pi \cdot 0{,}6^3 \approx 0{,}9$

Masse der Kugel:

$m = 2{,}4 \cdot 0{,}9 = 2{,}16$

Die Kugel wiegt etwa 2,2 kg.

5 a) u = 40 075 km (Äquatorlänge)

$u = 2\pi r \iff r = \frac{u}{2\pi}$

Erdradius: $r = \frac{40\,075\text{ km}}{2\pi} \approx 6378{,}13\text{ km} \approx 6400\text{ km}$

b) Volumen der Erde:
$V = \frac{4}{3} \cdot \pi \cdot (6378{,}13\ km)^3 \approx 1\,086\,847\,748\,069\ km^3$
Oberflächeninhalt der Erde:
$A_O = 4 \cdot \pi \cdot (6378{,}13\ km)^2 \approx 511\,206\,771\ km^2$

c) Wasserfläche: $0{,}71 \cdot A_O \approx 362\,956\,807\ km^2$
Landfläche: $0{,}29 \cdot A_O \approx 148\,249\,964\ km^2$

6 30,8 ml = 30,8 cm³ und
$V_{Kugel} - V_{Hohlraum} = \frac{4}{3} \cdot \pi \cdot (5\ cm)^3 - \frac{4}{3} \cdot \pi \cdot (r\ cm)^3$
$V_{Kugel} - V_{Hohlraum} = 30{,}8\ cm^3$
$\Leftrightarrow \frac{4}{3} \cdot \pi \cdot (5\ cm)^3 - \frac{4}{3} \cdot \pi \cdot (r\ cm)^3 = 30{,}8\ cm^3$
$\Rightarrow \frac{4}{3} \cdot \pi \cdot (5\ cm)^3 - 30{,}8\ cm^3 = \frac{4}{3} \cdot \pi \cdot r^3$
$\Rightarrow 125\ cm^3 - \frac{3 \cdot 30{,}8\ cm^3}{4\pi} = r^3 \Leftrightarrow 117{,}65\ cm^3 \approx r^3$
$\Leftrightarrow r \approx 4{,}9$ cm und x cm = 5,0 cm – 4,9 cm = 0,1 cm
Die Wand der Hohlkugel ist 0,1 cm dick.

7 Volumen des Würfels: 125 cm³
Volumen der Kugel: $V_{Kugel} = \frac{1}{3} V_{Würfel}$
$V_{Kugel} = \frac{1}{3} V_{Würfel} = \frac{4}{3}\pi r^3 \Leftrightarrow r = \sqrt[3]{\frac{V_{Würfel}}{4 \cdot \pi}}$
$\Rightarrow r = \sqrt[3]{\frac{125\ cm^3}{4 \cdot \pi}} \approx 2{,}15\ cm$
$\Rightarrow d = 2r \approx 4{,}3\ cm$

8 a) $3{,}86\ m = u_{außen} \Leftrightarrow r_{außen} \approx 61{,}4\ cm$
$\Rightarrow r_{innen} = 57{,}2\ cm$
Für das Volumen des Kessels ergibt sich somit:
$V = \frac{1}{2} \cdot \frac{4}{3} \cdot r^3_{innen} \cdot \pi \approx 392{,}0\ dm^3 = 392{,}0\ l$

b) Oberflächeninhalt des Kessels A_O:
$A_O = \frac{1}{2} \cdot A_{O\ äußere\ Kugel} + \frac{1}{2} \cdot A_{O\ innere\ Kugel} + A_{Kreisring}$
$A_{O\ äußere\ Kugel} = 4 \cdot \pi \cdot r^2_{außen} = 4 \cdot \pi \cdot (61{,}4\ cm)^2$
$A_{O\ äußere\ Kugel} \approx 47\,374{,}71\ cm^2$
$A_{O\ innere\ Kugel} = 4 \cdot \pi \cdot r^2_{innen} = 4 \cdot \pi \cdot (57{,}2\ cm)^2$
$A_{O\ innere\ Kugel} \approx 41\,115{,}15\ cm^2$
$A_{Kreisring} = \pi \cdot (r_{außen} - r_{innen})^2 = \pi \cdot (61{,}4\ cm - 57{,}2\ cm)^2$
$A_{Kreisring} \approx 55{,}42\ cm^2$
$\Rightarrow A_O = \frac{1}{2} \cdot 47\,374{,}71\ cm^2 + \frac{1}{2} \cdot 41\,115{,}15\ cm^2 + 55{,}42\ cm^2$
$\Rightarrow A_O \approx 44\,300{,}35\ cm^2 \approx 44\,300\ cm^2$
Es werden ca. 44 300 cm² Goldfolie benötigt.

9 a) $V \approx 7238\ cm^3 \approx 7{,}24\ l$
$A_O \approx 1810\ cm^2 = 18{,}1\ dm^2$

b) $m = 7{,}24\ l \cdot 179\ \frac{g}{1000\ l} + 18{,}1\ dm^2 \cdot 150\ \frac{g}{100\ dm^2}$
$m \approx 28{,}4\ g$

10 r = 10 m $\quad V = \pi r^2 \cdot h \quad h = \frac{V}{\pi r^2} \quad h \approx 22{,}9$
Der Behälter ist 22,9 m hoch.

11 a) $A_{Dach} = 2 \cdot 15 \cdot 8{,}6$
$A_{Dach} = 258\ m^2$
$V = 15 \cdot \frac{1}{2} \cdot 11{,}2 \cdot h$
$h = \sqrt{8{,}6^2 - 5{,}6^2}$
$h \approx 6{,}5$
$V = 15 \cdot \frac{1}{2} \cdot 11{,}2 \cdot 6{,}5$
$V = 546\ m^3$

b) $A_{Dach} = 4 \cdot \frac{1}{2} \cdot 8 \cdot h_s$
$h_s = \sqrt{12^2 - 4^2}$
$h_s \approx 11{,}3$
$A_{Dach} = 4 \cdot \frac{1}{2} \cdot 8 \cdot 11{,}3$
$A_{Dach} = 180{,}8\ m^2$
$V = \frac{1}{3} \cdot 8^2 \cdot h$
$h = \sqrt{11{,}3^2 - 4^2}$
$h \approx 10{,}6$
$V = \frac{1}{3} \cdot 8^2 \cdot 10{,}6$
$V \approx 226{,}1\ m^3$

c) $A_{Dach} = \pi \cdot 20 \cdot 33$
$A_{Dach} \approx 2073\ m^2$
$V = \frac{1}{3} \cdot \pi \cdot 20^2 \cdot h$
$h = \sqrt{33^2 - 20^2}$
$h \approx 26{,}2$
$V = \frac{1}{3} \cdot \pi \cdot 20^2 \cdot 26{,}2$
$V \approx 10\,974{,}6\ m^3$

d) $A_{Dach} = \frac{1}{2} \cdot 4 \cdot \pi \cdot 6^2$
$A_{Dach} \approx 226{,}2\ m^2$
$V = \frac{1}{2} \cdot \frac{4}{3} \cdot \pi \cdot 6^3$
$V \approx 452{,}4\ m^3$

Seite 63

12 $V = \pi \cdot 0{,}7^2 \cdot 8 \approx 12{,}32$
Der Brunnen kann maximal etwa 12 m³ fassen.

13 a)
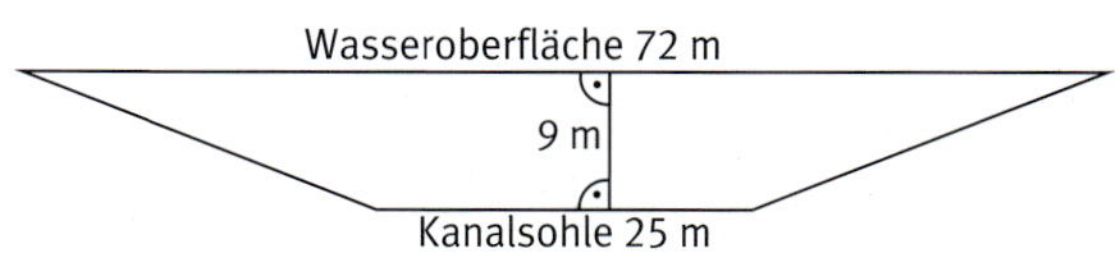

b) $A_{Trapez} = \frac{a + c}{2} \cdot h_a$
$A_{Trapez} = \frac{72 + 25}{2} \cdot 9 = 436{,}5$
$V_{Prisma} = A_{Trapez} \cdot h$
$V_{Prisma} = 436{,}5 \cdot 98\,000 \approx 42\,777\,000$
$V_{Prisma} = 42\,777\,000\ m^3 \approx 0{,}043\ km^3$
Tom hat nicht Recht mit seiner Behauptung.

14 a) $V_{gesamt} = V_{Zylinder} + V_{Kegel}$
$V_{Zylinder} \approx 11{,}94\ m^3$
$V_{Kegel} \approx 1{,}88\ m^3$
$V = 11{,}94\ m^3 + 1{,}88\ m^3 = 13{,}82\ m^3$

b) $V_{Kegel} = 1{,}88\ m^3 - 0{,}62\ m^3 = 1{,}26\ m^3$
$\frac{1}{3}\pi \cdot r^2 \cdot h = 1{,}26\ m^3$
$h \approx 1{,}20\ m$

c) Radius der Plane: 1,1 m
$A = \pi \cdot r^2 = \pi \cdot (1{,}1\ m)^2 \approx 3{,}8\ m^2$

15 a)/b)
Da Volumen und Oberflächeninhalt für beide Teilaufgaben gleich sind, gilt:
$V = V_{kleiner\ Quader} + V_{großer\ Quader} + V_{Zylinder}$
(Zylinder ohne Teil 2 und 3)
$V = [(15 \cdot 40 \cdot 40) + (25 \cdot 40 \cdot 40) + (12^2\pi \cdot 150)]\ cm^3$
$V \approx 131\,858\ cm^3$
$m = \rho \cdot V \approx 356{,}0\ kg$
$A_O = A_{Zylindermantel\ 1} + A_{Quaderoberfläche\ 2} + A_{Quaderoberfläche\ 3} - 2 \cdot A_{Kreis}$
$A_O = 2 \cdot \pi \cdot 12\ cm \cdot 150\ cm + 5600\ cm^2 + 7200\ cm^2 - 2 \cdot (12\ cm)^2 \cdot \pi$
$A_O \approx 23\,205\ cm^2 \approx 2{,}32\ m^2$

16 Die Aussage ist falsch, das Volumen verachtfacht sich.

17 Die Aussage ist richtig.

18 Die Aussage ist falsch. Die Radien müssen subtrahiert werden.

19 Die Aussage ist richtig.
$A_{O\ neu} = 4 \cdot A_{O\ alt} = 4 \cdot (4\pi \cdot r^2_{alt}) = 4\pi \cdot (2r_{alt})^2$
$\Rightarrow r_{neu} = 2r_{alt}$
$V_{neu} = \frac{4}{3}\pi r^3_{neu} = \frac{4}{3}\pi \cdot (2r_{alt})^3 = 8 \cdot \left(\frac{4}{3}\pi \cdot r^3_{alt}\right) = 8 \cdot V_{alt}$

20 Die Aussage ist richtig.

21 Die Aussage ist falsch.

Lösungen zu „3.8 Das kann ich!" – Seite 88

1 a) $\tan\alpha = \frac{50\ dm}{124\ dm} \approx 0{,}40$ $\quad \tan\beta = \frac{124\ dm}{50\ dm} = 2{,}48$

b) $\tan\alpha = \frac{30{,}1\ cm}{13{,}8\ cm} \approx 2{,}18$ $\quad \tan\beta = \frac{13{,}8\ cm}{30{,}1\ cm} \approx 0{,}46$

2 a) $\tan 4° \approx 0{,}0699 \approx 7\ \%$ Steigung

b) $\tan 17° \approx 0{,}306 \approx 31\ \%$ Steigung

c) $\tan 42° \approx 0{,}900 \approx 90\ \%$ Steigung

3 a) $\alpha = \tan^{-1} 0{,}17 \approx 9{,}6° \approx 10°$

b) $\alpha = \tan^{-1} 0{,}25 \approx 14°$

c) $\alpha = \tan^{-1} 0{,}11 \approx 6{,}3° \approx 6°$

4 Es gibt verschiedene Möglichkeiten, die Größen zu berechnen. Die Lösungen sind – bis auf Rundung – eindeutig, die Lösungswege dagegen nicht. So kann man z. B. oft den Satz des Pythagoras nutzen; auch die Wahl der trigonometrischen Funktion ist oft frei.

a) $\beta = 41{,}8°$; $b \approx 4{,}0\ cm$; $a \approx 4{,}5\ cm$

b) $\beta = 46°$; $c \approx 72\ mm$; $b \approx 51{,}8\ mm$

c) $c \approx 6{,}6\ cm$; $\alpha \approx 59°$; $\beta \approx 31°$

d) $c \approx 91{,}8\ cm$; $\alpha \approx 60{,}6°$; $\beta \approx 29{,}4°$

e) $\alpha = 46{,}7°$; $c \approx 7{,}5\ cm$; $a \approx 8{,}0\ cm$

5 a) $\cos\alpha^* = \frac{2{,}5\ cm}{6{,}0\ cm} \Rightarrow \alpha^* \approx 65{,}4° = \alpha$
Das Dreieck ist rechtwinklig bei C.

b) $\sin\alpha = a \cdot \frac{\sin\beta}{b} = 18\ cm \cdot \frac{\sin 58{,}3°}{21\ cm}$
$\Rightarrow \alpha \approx 46{,}8°$ und $\gamma \approx 180° - 46{,}8° - 58{,}3° = 74{,}9°$
Das Dreieck ist nicht rechtwinklig.

c) $\sin\alpha = a \cdot \frac{\sin\beta}{b} = 4\ m \cdot \frac{\sin 51{,}3°}{5\ m}$
$\Rightarrow \alpha \approx 38{,}6°$ und $\gamma \approx 180° - 38{,}6° - 51{,}3° = 90{,}1° \approx 90°$
Das Dreieck ist rechtwinklig bei C.

d) $\cos\alpha^* = \frac{7{,}6\ cm}{10\ cm} \Rightarrow \alpha^* = 40{,}5° \neq \alpha$

6 Es gibt verschiedene Möglichkeiten, die Größen zu berechnen. Die Lösungen sind – bis auf Rundung – eindeutig, die Lösungswege dagegen nicht. So kann man z. B. oft den Satz des Pythagoras nutzen; auch die Wahl der trigonometrischen Funktion ist oft frei.

a) rot markierte Strecke (Seite c):
$c = 15\ dm$; $\gamma \approx 61{,}9°$; $\beta \approx 28{,}1°$

b) rot markierte Strecke (Höhe h):
$h \approx 0{,}8\ cm$; $\beta \approx 14{,}6° = \alpha$; $\gamma \approx 150{,}8°$

c) rot markierte Strecke (Seite a):
$a \approx 41{,}9\ dm$; $\beta \approx 72{,}6° = \alpha$; $\gamma = 34{,}8°$

d) rot markierte Strecke (Seite b):
Berechnet wird zunächst der Streckenabschnitt von Fußpunkt der Höhe bis zum Punkt B: p

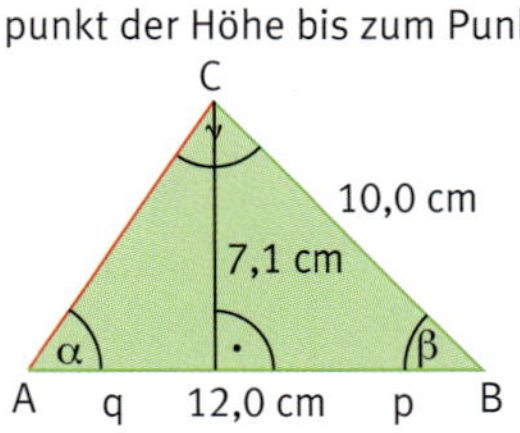

$p \approx 7\ cm$
$q = 12\ cm - 7\ cm = 5\ cm$
$b \approx 8{,}7\ cm$; $\beta \approx 45{,}6°$; $\alpha \approx 54{,}9°$; $\gamma \approx 79{,}5°$

e) rot markierte Strecke (Seite c):
$b \approx 4{,}5\ cm$; $c \approx 5{,}1\ cm$; $\beta = 63°$

f) rot markierte Strecken (Seite c und Höhe h):
$h \approx 1{,}2\ cm$

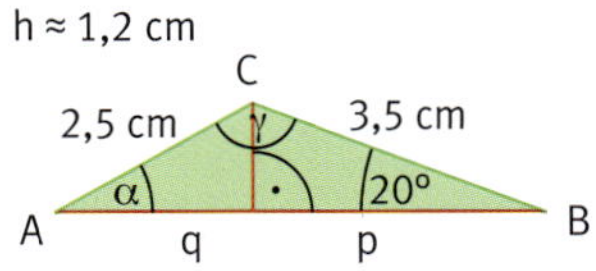

$p \approx 3{,}3\ cm$; $q \approx 2{,}2\ cm$
$c = p + q = 3{,}3\ cm + 2{,}2\ cm = 5{,}5\ cm$
$\alpha \approx 28{,}7°$; $\gamma \approx 131{,}3°$

7 $a = b = c \approx 10{,}3\ cm$

8 a) $\alpha = \gamma \approx 53{,}1°$; $\beta \approx 73{,}8°$; $h_b = 5{,}2\ cm$

b) $A = \frac{1}{2} \cdot 7{,}8\ cm \cdot 5{,}2\ cm \approx 20{,}3\ cm^2$
$A = \frac{1}{2} \cdot (6{,}5\ cm)^2 \cdot \sin 73{,}8° \approx 20{,}3\ cm^2$

9 a) $a \approx 7{,}4$ dm; $b \approx 4{,}5$ dm; $\alpha = 61°$
b) $a \approx 90{,}8$ cm; $b \approx 48{,}0$ cm; $\beta = 31°$
c) $b \approx 12{,}8$ cm; $c \approx 14{,}2$ cm; $\alpha = 21{,}3°$
d) $c \approx 7{,}9$ cm; $\beta \approx 35{,}7°$; $\gamma \approx 79{,}3°$
e) $a \approx 10{,}0$ cm; $\alpha \approx 95{,}9°$; $\beta \approx 50{,}9°$

10 a)

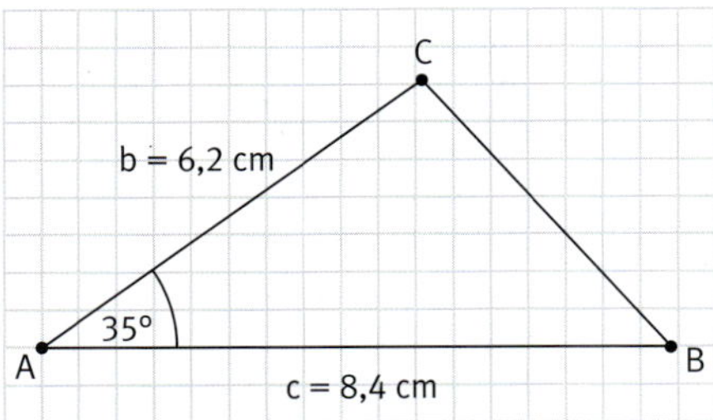

b) $a \approx 4{,}9$ cm

11 $a \approx 9{,}5$ cm

Seite 89

12 a) $a \approx 4{,}4$ cm; $c \approx 5{,}6$ cm; $\gamma = 61°$
b) $b \approx 5{,}0$ cm; $c \approx 5{,}7$ cm; $\beta = 33°$
c) $a \approx 4{,}6$ cm; $\alpha \approx 48{,}5°$; $\beta \approx 43{,}5°$
d) $b \approx 11{,}0$ cm; $\beta \approx 83{,}9°$; $\gamma \approx 39{,}1°$

13

	a)	b)	c)
a	6,7 cm	6,4 m	4,6 cm
b	6,7 cm	5,8 m	7,0 cm
c	5,9 cm	10,5 m	10,3 cm
α	63,5°	32,3°	22,1°
β	64,1°	29,0°	34,9°
γ	52,4°	118,7°	123,0°

Hinweis: Je nach Rechnung bzw. Rundung können die Ergebnisse variieren.

14 Anwendung des Kosinussatzes:
$|\overline{WL}|^2 = |\overline{BW}|^2 + |\overline{BL}|^2 - 2 \cdot |\overline{BW}| \cdot |\overline{BL}| \cdot \cos 53°$
$\Leftrightarrow |\overline{WL}| = \sqrt{|\overline{BW}|^2 + |\overline{BL}|^2 - 2 \cdot |\overline{BW}| \cdot |\overline{BL}| \cdot \cos 53°}$
$|\overline{WL}| = \sqrt{(2{,}9)^2 + (5{,}3)^2 - 2 \cdot 2{,}9 \cdot 5{,}3 \cdot \cos 53°}$ km
$|\overline{WL}| \approx 4{,}2$ km
Die Entfernung vom Punkt W zum Punkt L beträgt circa 4,2 km.
$v = \frac{s}{t} \Leftrightarrow t = \frac{s}{v} \Leftrightarrow t \approx 0{,}16 \text{ h} \approx 10 \text{ min}.$
Das Motorboot braucht in etwa 10 Minuten.

15 Berechnung des Winkels bei R: 111°
Anwendung des Sinussatzes:
$\frac{|\overline{BR}|}{\sin 40°} = \frac{660 \text{ m}}{\sin 111°} \Leftrightarrow |\overline{BR}| = \frac{660 \text{ m}}{\sin 111°} \cdot \sin 40° \approx 454{,}4 \text{ m}$
Die Entfernung vom Badestrand zur Roseninsel beträgt in etwa 454 m.

16 $A \approx 33{,}5 \text{ cm}^2$

17 a) $A \approx 4{,}6 \text{ cm}^2$ b) $A \approx 662{,}7 \text{ mm}^2$ c) $A \approx 16{,}1 \text{ cm}^2$

18 Die Aussage ist falsch. Bei einer Steigung von 100 % ergibt sich ein Steigungswinkel von 45°.

19 Die Aussage ist falsch. Mit dem Kosinussatz lassen sich im allgemeinen Dreieck bei drei gegebenen Maßen (Seitenlängen) alle Innenwinkel berechnen.

20 Das ist falsch: Sind nur die Winkel gegeben, kann man keinen Flächeninhalt berechnen. Für die Flächenberechnung mithilfe des Sinus benötigt man beispielsweise zwei Seitenlängen und die Größe des eingeschlossenen Winkels.

21 Das ist falsch: Der Kosinussatz gilt für jedes Dreieck.

22 Das ist falsch: Der Satz des Pythagoras ist vielmehr ein Sonderfall des Kosinussatzes.

23 Das ist richtig.

Lösungen zu „4.6 Das kann ich!“ – Seite 108

1 hellgrüner Graph: 8 roter Graph: 4
gelber Graph: 7 blauer Graph: 3
grüner Graph: 1
Es verbleiben 2, 5 und 6

2 a) f: $y = \frac{1}{3}x - 4$
b) $f(0) = -4$
Der Punkt S (0|−4) liegt auf dem Graphen.
c) $\frac{1}{3}x - 4 = 0 \Leftrightarrow x_0 = 12$
d) Zeichnung des Graphens gemäß den Vorgaben

3 a) a: $y = 0{,}3\,x + 25$

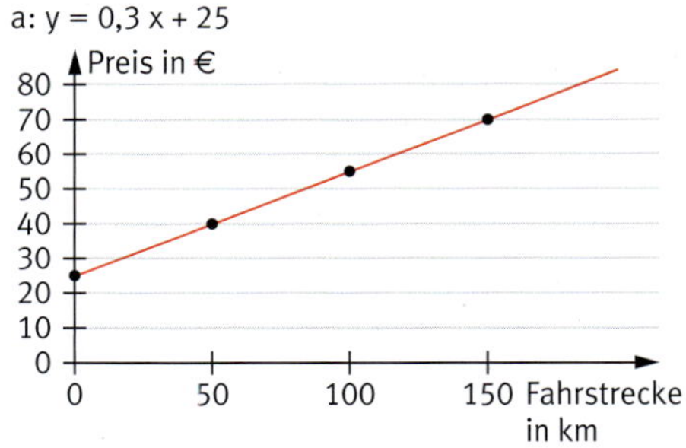

b) s: $y = 35x + 40$

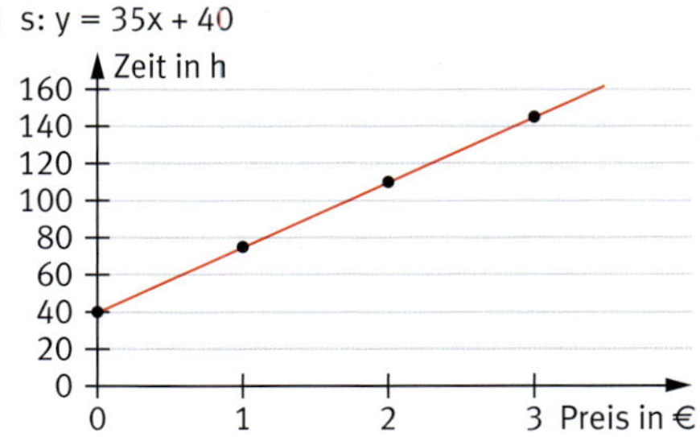

c) i: $y = 0{,}02\,x + 9{,}99$

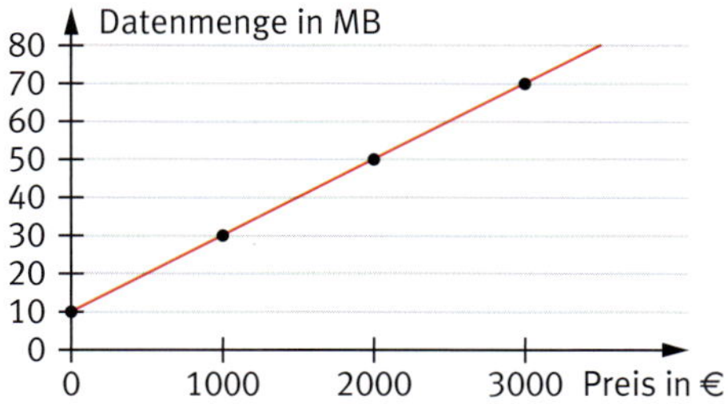

d) t: $y = 29{,}95$

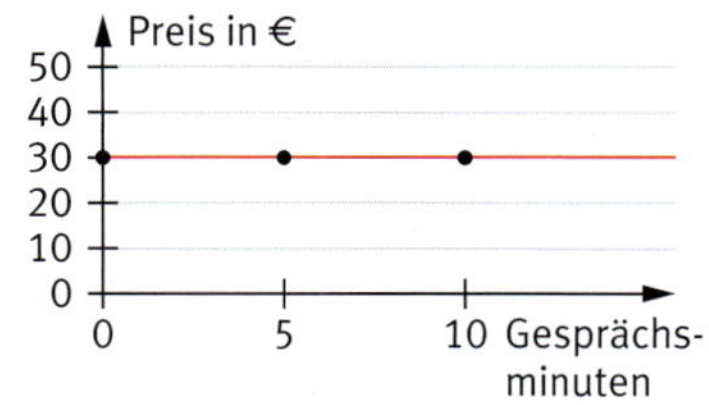

4 Lösungsmöglichkeiten:

a) p: $y = 0{,}5\,x \cdot (x - 1)$

b) p: $y = 0{,}5x^2 - 1$

c) p: $y = -1{,}5\,(x + 3) \cdot (x + 1)$

d) p: $y = -(x - 2)^2$

5 **a)** Scheitelpunkt: S (0 | 0,5)
Form: nach unten geöffnet, gestaucht
Nullstellen: $x_{1/2} \pm \sqrt{\frac{5}{8}} \approx \pm\, 0{,}8$
Schnittpunkt mit der y-Achse: P (0 | 0,5)
Symmetrieachse: $x = 0$
Monotonie: steigend für $x \leqq 0$, fallend für $x \geqq 0$
$\mathbb{D} = \mathbb{R}$; $\mathbb{W} = \mathbb{R}$ mit $y \leqq 0{,}5$

b) Scheitelpunkt: S (2 | −1)
Schnittpunkt mit y-Achse: P (0 | 3)
Form: nach oben geöffnet
Nullstellen $x_1 = 1$; $x_2 = 3$
Symmetrieachse: $x = 2$
Monotonie: fallend für $x \leqq 2$, steigend für $x \geqq 2$
$\mathbb{D} = \mathbb{R}$; $\mathbb{W} = \mathbb{R}$ mit $y \geqq -1$

c) Scheitelpunkt: S (0 | −1)
Schnittpunkt mit y-Achse: P (0 | −1)
Form: nach oben geöffnet
Nullstellen $x_1 = -1$; $x_2 = 1$
Symmetrieachse: $x = 0$
Monotonie: fallend für $x \leqq 0$, steigend für $x \geqq 0$
$\mathbb{D} = \mathbb{R}$; $\mathbb{W} = \mathbb{R}$ mit $y \geqq -1$

d) Scheitelpunkt: S (1,25 | −1,5625)
Schnittpunkt mit y-Achse: P (0 | 0)
Form: nach oben geöffnet
Nullstellen $x_1 = 0$; $x_2 = 2{,}5$
Symmetrieachse: $x = 1{,}25$
Monotonie: fallend für $x \leqq 1{,}25$, steigend für $x \geqq 1{,}25$
$\mathbb{D} = \mathbb{R}$; $\mathbb{W} = \mathbb{R}$ mit $y \geqq -1{,}5625$

e) Scheitelpunkt: S (−4,5 | −1,125)
Schnittpunkt mit y-Achse: P (0 | 9)
Form: nach oben geöffnet, gestaucht
Nullstellen $x_1 = -3$; $x_2 = -6$
Symmetrieachse: $x = -4{,}5$
Monotonie: fallend für $x \leqq -4{,}5$, steigend für $x \geqq -4{,}5$
$\mathbb{D} = \mathbb{R}$; $\mathbb{W} = \mathbb{R}$ mit $y \geqq -1{,}125$

f) Scheitelpunkt: S (−1,5 | −2)
Schnittpunkt mit y-Achse: P (0 | 2,5)
Form: nach oben geöffnet, gestreckt
Nullstellen $x_1 = -2{,}5$; $x_2 = -0{,}5$
Symmetrieachse: $x = -1{,}5$
Monotonie: fallend für $x \leqq -1{,}5$, steigend für $x \geqq -1{,}5$
$\mathbb{D} = \mathbb{R}$; $\mathbb{W} = \mathbb{R}$ mit $y \geqq -2$

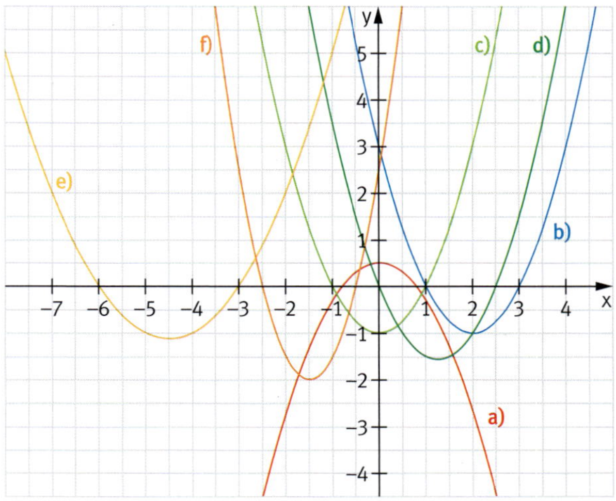

6 **a)** $p_a(0) = 2 \neq -2 \quad\Longrightarrow\quad A_a\,(0|-2) \notin p_a$

b) $p_b(-3) = 2 \quad\Longrightarrow\quad A_b\,(-3|2) \in p_b$

c) $p_c(2) = -14 \neq -13 \quad\Longrightarrow\quad A_c\,(2|-13) \notin p_c$

Die Zeichnungen bestätigen die rechnerischen Ergebnisse.

7 **a)** Der Verlauf des Skatingbodens wird durch einen Parabelast beschrieben. Der Scheitelpunkt der Parabel liegt im Ursprung. Um die Funktionsgleichung zu bestimmen, benötigt man einen Punkt, der auf der Parabel liegt. P (500 | 400) in $y = ax^2$ eingesetzt ergibt:
$400 = a \cdot 500^2 \Longrightarrow a = 0{,}0016 \Longrightarrow y = 0{,}0016x^2$

b) Die Träger sind im Abstand von 100 cm befestigt. Der erste Träger hat also die x-Koordinate 100.
Die Höhe h der Träger ergibt sich jeweils aus den zugehörigen Funktionswerten:

1. Träger: $x = 100$
$y = 0{,}0016 \cdot (100)^2 = 16 \quad\Longrightarrow\quad h = 16$ cm
2. Träger: $x = 200$
$y = 0{,}0016 \cdot (200)^2 = 64 \quad\Longrightarrow\quad h = 64$ cm
3. Träger: $x = 300$
$y = 0{,}0016 \cdot (300)^2 = 144 \quad\Longrightarrow\quad h = 144$ cm
4. Träger: $x = 400$
$y = 0{,}0016 \cdot (400)^2 = 256 \quad\Longrightarrow\quad h = 256$ cm
5. Träger: $x = 500$
$y = 0{,}0016 \cdot (500)^2 = 400 \quad\Longrightarrow\quad h = 400$ cm

Seite 109

8 a) $2x^2 - 2,5x - 2 = 0$
$D = 6,25 + 16 = 22,25 > 0$
$x_1 \approx -0,55$; $x_2 \approx 1,8$
S_1 (−0,55 | 1,72); S_2 (1,8 | 2,9)

b) $0,25x^2 + 0,375x + 0,25 = 0$
$D = 0,140625 - 0,25 < 0$
Kein Schnittpunkt

c) $x^2 + 3x + 2,25 = 0$
$(x + 1,5)^2 = 0$
$x = -1,5$
S (−1,5 | 4,75)

d) $0,75x^2 - 4,5x + 6 = 0$
$D = 20,25 - 18 = 2,25 > 0$
$x_1 = 2$; $x_2 = 4$
S_1 (2 | 2); S_2 (4 | 6)

e) $0,375x^2 + 1,75x + 2,5 = 0$
$D = 3,0625 - 3,75 < 0$
Kein Schnittpunkt

f) $2x^2 - 2x - 2 = 0$
$D = 4 + 16 = 20 > 0$
$x_1 \approx -0,6$; $x_2 \approx 1,6$
S_1 (−0,6 | 0); S_2 (1,6 | 0)

9 Gerade g durch P (2 | −4) und Q (8 | 8):
g: $y = 2x - 8$
Schnittpunkte mit P:
$x^2 - 6x + 8 = 2x - 8$
$\Leftrightarrow x^2 - 8x + 16 = 0$
$\Leftrightarrow (x - 4)^2 = 0$
$\Leftrightarrow x = 4$
Es gibt genau einen gemeinsamen Punkt von p und g, g ist Tangente an p mit T (4 | 0).

10 a) Bei $v = 30\ \frac{km}{h}$ gilt: $s_B = 18$ m
Bei $v = 50\ \frac{km}{h}$ gilt: $s_B = 40$ m

b) $\mathbb{D} = \mathbb{R}_0^+$

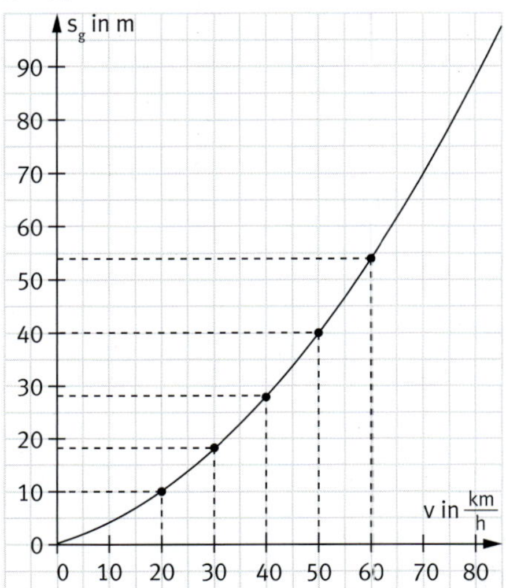

c) Es gilt: $10 = 0,3v + 0,01v^2$
$\Leftrightarrow 0,01v^2 + 0,3v - 10 = 0$
$\Rightarrow v = 20\ \frac{km}{h}$

d) Bei $v = 40\ \frac{km}{h}$ gilt: $s_B = 28$ m
Bei $v = 60\ \frac{km}{h}$ gilt: $s_B = 54$ m
Der Bremsweg vergrößert sich von 28 m auf 54 m, also um 26 m.

11 Die Aussage ist falsch.

12 Die Aussage ist richtig. Denn es gilt: $m_1 = \frac{-1}{m_2}$

13 Die Aussage ist falsch. Der Schnittpunkt lautet: S (−1 | −1,5).

14 Die Aussage ist falsch. Zusätzlich zu den beiden Nullstellen müsste der Formfaktor a bekannt sein. Dasselbe gilt für den Scheitelpunkt S. Zusätzlich zu den Koordinaten muss einer der Koeffizienten a, b oder c bekannt sein.

15 Die Aussage ist richtig.

16 Die Aussage ist richtig.

17 Die Aussage ist falsch, was man schon alleine an der Punktprobe erkennen kann. Der Scheitelpunkt der Parabel lautet: S (−1,5 | 1,25).

18 Die Aussage ist richtig.

19 Die Aussage ist richtig.

20 Die Aussage ist falsch. Die Graphen schneiden sich in zwei Punkten.

Lösungen zu „5.8 Das kann ich!“ – Seite 130

1 a) $E_1 = \{8\}$; $E_2 = \{2; 3; 5; 7\}$; $E_3 = \{1; 2; 3; 4; 6; 8\}$
b) $\overline{E_1} = \{1; 2; 3; 4; 5; 6; 7\}$
c) Individuelle Lösungen sind möglich, z. B.:
E_4: „Die geworfene Zahl ist größer als 8.“

2 Rick muss eine Zwei oder eine Drei würfeln, um eine andere Figur schlagen zu können (= E).
$P(E) = \frac{2}{6} \approx 33,3\ \%$

3 1 $P(E_{gelb}) = \frac{20}{80} = 25\ \%$
2 $P(E_{Elfer}) = \frac{4}{80} = 5\ \%$
3 $P(E_{gelbe\ Elfer}) = \frac{1}{80} = 1,25\ \%$

4 a) Die Wahrscheinlichkeit, dass der Zeiger beim einmaligen Drehen auf „Weiß“ stehen bleibt, ist 25 %.
b) Es sind individuelle Lösungen möglich. Der Anteil „Weiß“ muss einem Achtel entsprechen, d.h. einem Kreisteil mit einem Mittelpunktswinkel von 45°.

5 **a)** $P(K) = \frac{4}{32} = \frac{1}{8}$ $\quad P(R) = \frac{16}{32} = \frac{1}{2}$

b)

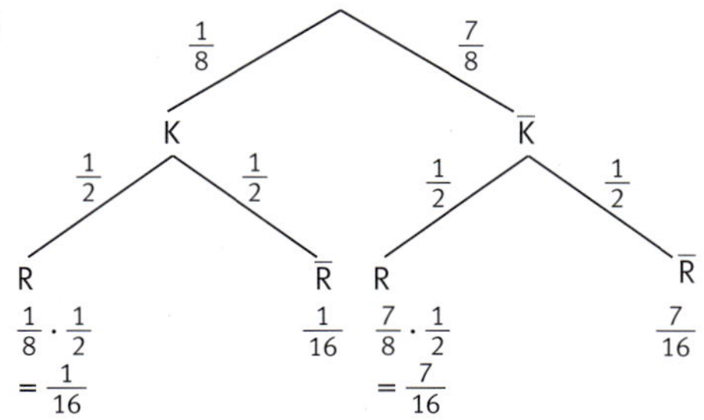

c) $P(KR) = \frac{1}{8} \cdot \frac{1}{2} = \frac{1}{16}$

6 Ω = {(blau – 1, grün – 1); (blau – 1, grün – 2), (blau – 1, grün – 3); (blau – 1, grün – 4); (blau – 2, grün – 1); .... (blau – 4, grün – 3); (blau – 4, grün – 4)}
Unter den 16 möglichen Ergebnissen gibt es zwei günstige Ergebnisse für E_1: (blau – 3; grün – 4) und (blau – 4, grün – 3); d. h., es wird eine Drei auf blauem Würfel und eine Vier auf grünem Würfel gewürfelt oder es wird eine Drei auf grünem Würfel und eine Vier auf blauem Würfel gewürfelt.
Unter den 16 möglichen Ereignissen gibt es nur ein günstiges Ergebnis für E_2: (blau – 4, grün – 4), d. h., auf dem blauen Würfel und auf dem auf grünen Würfel wird eine Vier gewürfelt.
$P(E_1) = \frac{2}{16} = 12{,}50\,\% > P(E_2) = \frac{1}{16} = 6{,}25\,\%$
Das Ereignis E_1 tritt mit größerer Wahrscheinlichkeit ein als E_2.

7 **a)** mit Zurücklegen

1 P („zwei gleichfarbige Kugeln“)
$= P(bb) + P(rr) + P(gg) = 0{,}6^2 + 0{,}3^2 + 0{,}1^2 = 0{,}46$
= 46 %

2 P („zwei verschiedenfarbige Kugeln“)
$= P(br) + P(rb) + P(bg) + P(gb) + P(rg) + P(gr)$
$= 2 \cdot P(br) + 2 \cdot P(bg) + 2 \cdot P(rg)$
$= 2 \cdot 0{,}6 \cdot 0{,}3 + 2 \cdot 0{,}6 \cdot 0{,}1 + 2 \cdot 0{,}3 \cdot 0{,}1 = 0{,}54 = 54\,\%$
oder
P („zwei verschiedenfarbige Kugeln“)
= 1 – P („zwei gleichfarbige Kugeln“)
$= 1 - 0{,}46 = 0{,}54 = 54\,\%$

3 P („eine rote und eine gelbe Kugel“)
$= P(rg) + P(gr) = 2 \cdot P(rg) = 2 \cdot 0{,}3 \cdot 0{,}1 = 0{,}06 = 6\,\%$

b) ohne Zurücklegen

1 P („zwei gleichfarbige Kugeln“)
$= P(bb) + P(rr) + P(gg)$
$= \frac{6}{10} \cdot \frac{5}{9} + \frac{3}{10} \cdot \frac{2}{9} + 0 = \frac{1}{3} + \frac{1}{15}$
$= \frac{2}{5} = 0{,}4 = 40\,\%$
Hinweis: Das Ergebnis gg ist nicht möglich, also P (gg) = 0.

2 P („zwei verschiedenfarbige Kugeln“)
= 1 – P („zwei gleichfarbige Kugeln“)
$= 1 - 0{,}4 = 0{,}6 = 60\,\%$

3 P („eine rote und eine gelbe Kugel“)
$= P(rg) + P(gr)$
$= \frac{3}{10} \cdot \frac{1}{9} + \frac{1}{10} \cdot \frac{3}{9} = \frac{1}{15} \approx 0{,}067 = 6{,}7\,\%$

8 **a)** P („Tontaube wird nicht getroffen“)
$= 0{,}45 \cdot 0{,}4 = 0{,}18 = 18\,\%$

b) P („Tontaube wird von keinem der drei Schützen getroffen“)
= P („Tontaube wird von den beiden ersten verfehlt“) · P („dritter Schütze trifft nicht“)
$= 0{,}18 \cdot 0{,}15 = 0{,}027 = 2{,}7\,\%$

9

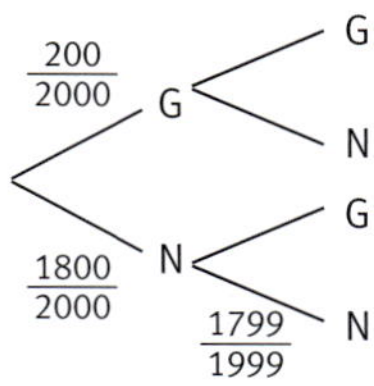

P (mindestens ein Gewinn) = 1 – P (kein Gewinn)
$= 1 - \left(\frac{1800}{2000} \cdot \frac{1799}{1999}\right) \approx 0{,}19 = 19\,\%$

Seite 131

10 **a)** $\overline{A}$: „Alina zieht gleichzeitig zwei Zahlen, davon ist mindestens eine Zahl ungerade.“
$P(\overline{A}) = 1 - P(A) = 1 - \frac{2}{5} \cdot \frac{1}{4} = 1 - \frac{1}{10} = \frac{9}{10} = 90\,\%$

b) $\overline{B}$: „Benno zieht mit Zurücklegen zwei Zahlen, davon ist mindestens eine gerade.“
$P(\overline{B}) = 1 - P(B) = 1 - \frac{3}{5} \cdot \frac{3}{5} = 1 - \frac{9}{25} = \frac{16}{25} = 0{,}64 = 64\,\%$

c) Hier ist hilfreich, zunächst das Ereignis C in Mengenschreibweise zu notieren: C = {1–2; 1–4; 2–1; 2–4; 4–1; 4–2; 4–4}
$\overline{C}$: „Clara zieht zweimal mit Zurücklegen. Es ist nicht eine Zahl gerade und die andere eine Quadratzahl.“
$P(\overline{C}) = 1 - P(C) = 1 - \frac{7}{25} = \frac{18}{25} = 0{,}72 = 72\,\%$

11 R: „Es regnet.“ S: „Pia geht schwimmen.“

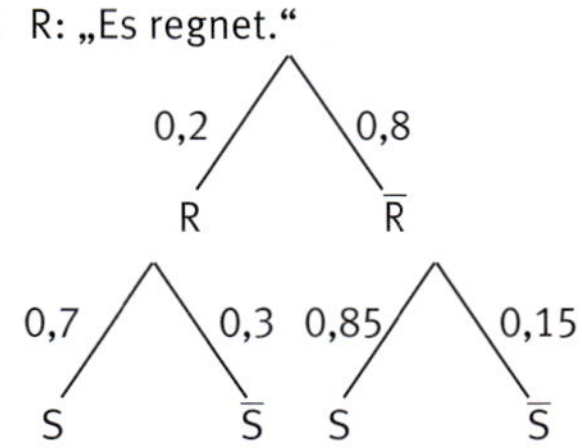

$P(S) = 0{,}2 \cdot 0{,}7 + 0{,}8 \cdot 0{,}85 = 0{,}82 = 82\,\%$
Pia ist an 82 % der Tage schwimmen gegangen.

12

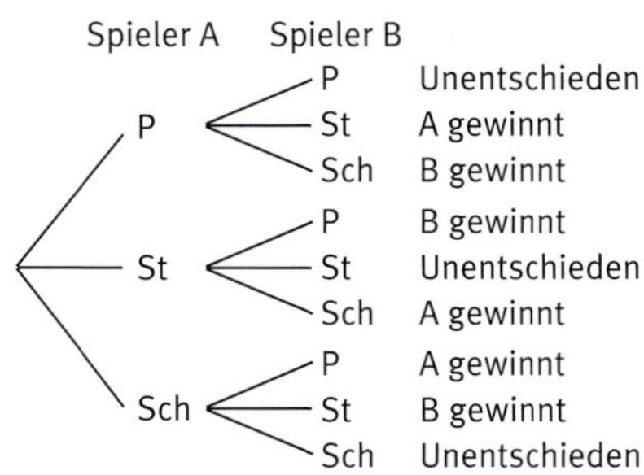

a) A gewinnt bei {P–St; St–Sch; Sch–P}.

b) B gewinnt bei {P–Sch; St–P; Sch–St}.

c) Das Spiel endet unentschieden bei {P–P; St–St; Sch–Sch}.

13 Das ist falsch, das Gegenteil von „immer" ist „nicht immer" oder „mindestens einmal nicht".

14 Die Aussage ist falsch, die Wahrscheinlichkeiten müssen entlang des Pfades multipliziert werden.

15 Das ist falsch. Es stimmt nur, wenn jedes Mal eine rote Kugel gezogen wird. Zieht man im Extremfall jedoch immer eine blaue, so steigt die Wahrscheinlichkeit, eine rote zu ziehen, von ursprünglich $\frac{1}{2}$ zuerst auf $\frac{12}{23}$ und dann auf $\frac{12}{22}$ usw.

16 Das ist richtig.
Bei beiden Diagrammen gilt:
$P(AB) = \frac{1}{6}$ $P(A\overline{B}) = \frac{1}{3}$ $P(\overline{A}B) = \frac{1}{6}$ $P(\overline{A}\,\overline{B}) = \frac{1}{3}$

17 Das ist richtig.
P (2 Sechser in Folge) $= 0{,}2^2 = \left(\frac{1}{5}\right)^2 = \frac{1}{25} < \frac{1}{10} = 10\,\%$

18 Das ist falsch. Da jede Ziffer mehrmals vorkommen kann, hat er $4 \cdot 4 \cdot 4 \cdot 4 = 4^4$ Möglichkeiten.

Lösungen zu Kapitel 6 – Prüfungstraining

Seite 134

1.1 $(x-2y)^2 - (x+y)^2$
$= x^2 - 4xy + 4y^2 - (x^2 + 2xy + y^2)$
$= -6xy + 3y^2 = 3y \cdot (y - 2x)$

1.2 Die Breite der Autos beträgt ca. 2 m. In dieser Lösung dient die Breite des aus unserer Sicht weiter entfernten Autos als Bezugsgröße.
Die Breite des Autos passt ca. 4-mal in die Länge eines Rotorblattes. Damit beträgt die Länge eines Rotorblattes ca. 8 m.
Kreisfläche, die die Rotorblätter überstreichen:
$A = r^2 \cdot \pi = (8\text{ m})^2 \cdot \pi \approx 201{,}06\text{ m}^2 \approx 201\text{ m}^2$

1.3 1.3.1
Mögliche Schnapszahlen:
1111; 2222; 3333; 4444; 5555; 6666
P(„Schnapszahl") $= \frac{1}{6} \cdot \frac{1}{6} \cdot \frac{1}{6} \cdot \frac{1}{6} \cdot 6 = \left(\frac{1}{6}\right)^3$
P („Schnapszahl") $\approx 0{,}0046 \approx 0{,}5\,\%$

1.3.2
1296 (= $6 \cdot 6 \cdot 6 \cdot 6$) Möglichkeiten

1.4 1.4.1
Flächeninhalt des Quadrats: x^2
Flächeninhalt des Rechtecks: $(x + 4) \cdot (x - 1)$
$x^2 + 20 = (x + 4) \cdot (x - 1)$
$x = 8$

1.4.2
Seitenlänge des Quadrats: 8 cm
Seitenlängen des Rechtecks: 12 cm; 7 cm
$A_Q = 64\text{ cm}^2$; $A_R = 84\text{ cm}^2$

1.5 $9ab^3cd^2 - 27b^2c^5d = 3b^2d \cdot (3abcd - 9c^5)$

Seite 135

2.1 Lösungsmöglichkeit:
Über das Bild wird ein Raster mit gleich großen Quadraten (z. B. der Größe 1 cm x 1 cm) gelegt (gezeichnet). Dann werden alle Enten in einem kleinen Quadrat gezählt.
Für die Gesamtzahl der Enten multipliziert man die Anzahl der Enten in einem kleinen Quadrat mit der Anzahl der Quadrate.

2.2 $\left(2-\left(\frac{2}{3}\right)^2\right) : 7 = \left(2-\frac{4}{9}\right) : 7 = \left(\frac{18-4}{9}\right) : 7 = \frac{2}{9}$

2.3 Volumen des Whirlpools: $8{,}4\text{ m}^3 = 8400\text{ dm}^3$
Verdrängtes Wasser: $280\text{ l} = 280\text{ dm}^3$
8400 dm^3 Wasser $\triangleq 1{,}2$ m (Höhe)
280 dm^3 Wasser $\triangleq x$ m (Höhe)
$x = 4$ cm
Der Wasserspiegel steigt um 4 cm.

2.4 30 % von 60: $0{,}3 \cdot 60 = 18$

2.5 2.5.1
$\gamma = 180° - 87° - 34° = 59°$
2.5.2
$60° + \beta + 2\beta = 180°$
$\beta = 40°$; $\gamma = 80°$

2.6 Gesamtzahl: 10 Gummibärchen
Orangefarbene Gummibärchen: 2
P(„orange") = 0,2

2.7 P(„11") $= \frac{1}{2} \cdot \frac{1}{2} = \frac{1}{4}$
P („22") $= \frac{3}{8} \cdot \frac{3}{8} = \frac{9}{64}$
P („33") $= \frac{1}{8} \cdot \frac{1}{8} = \frac{1}{64}$
P („zwei gleiche Zahlen")
= P(„11") + P („22") + P („33")
$= \frac{1}{4} + \frac{9}{64} + \frac{1}{64} = \frac{26}{64} = 0{,}40625 \approx 41\,\%$

Seite 136

3.1 $\left(-3x + \frac{2}{3}y\right)^2 + 4xy = \left(9x^2 - 4xy + \frac{4}{9}y^2\right) + 4xy = 9x^2 + \frac{4}{9}y^2$

3.2 Die Konstruktion erfolgt nach dem Kongruenzsatz SSS und ist hier nicht abgebildet.
Beschreibung:
1. Zeichne die Strecke $\overline{AB}$ mit c = 6,0 cm.
2. Zeichne einen Kreisbogen um A mit r = b = 5,0 cm.
3. Zeichne einen Kreisbogen um B mit r = a = 3,0 cm.
4. Die Kreise schneiden sich in C.

3.3
1. Zeichne die Verbindungsstrecke $\overline{MP}$ zwischen dem Kreismittelpunkt M und dem Punkt P und markiere den Mittelpunkt T dieser Strecke.
2. Zeichne den Thaleskreis über $\overline{MP}$.
3. Die Schnittpunkte des Thaleskreises mit der Kreislinie ergeben die beiden Berührpunkte. Die beiden Kreistangenten sind die Geraden, die durch P und die Berührpunkte verlaufen.

3.4 P („zwei gleichfarbige Bonbons“)
= P („zwei gelbe Bonbons“) + P („zwei rote Bonbons“) +
P („zwei weiße Bonbons“)
$= \frac{2}{8} \cdot \frac{1}{7} + \frac{3}{8} \cdot \frac{2}{7} + \frac{2}{8} \cdot \frac{1}{7} = \frac{5}{28}$

3.5 5,2 kg + 0,84 kg = 6,04 kg

3.6 63 km von 420 km: 15 %

3.7 Dem ursprünglichen Verkaufspreis entsprechen 100 %, das sind 700 €.

3.8 Lösungswort: BRUCH

Seite 137

4.1 $0{,}34\ m^2 + 0{,}056\ m^2 = 0{,}396\ m^2$

4.2 $\frac{1}{8} \cdot (77 - (-(83 - 98) : (-5)))$
$= \frac{1}{8} \cdot (77 - (-3)) = 10$

4.3 55° (Winkel bei C): Nebenwinkel zu 125°
89° (Winkel bei D): Stufenwinkel zu 89°
$\varepsilon = 180° - 55° - 89° = 36°$ (Winkelsumme)

4.4 5 + 4 + 3 + 2 + 1 = 15 Spiele

4.5 $(5 + 2)\ cm \cdot (x + 2)\ cm = \frac{1}{2} \cdot 7\ cm \cdot 10\ cm$
x = 3 (cm)

4.6 Jeder 8. Jugendliche entspricht 12,5 %.

4.7 4.7.1
Körpertemperatur: 36,8 °C
4.7.2
Anstieg: 0,6 °C
4.7.3
37 °C ≙ 100 %
Eine Temperatur von 39 °C entspricht einem Anstieg von 2 °C.
Gesucht: 2 von 37
2 von 40 würde genau $\frac{1}{20}$ = 5 % entsprechen. Der Anteil von 37 ist demnach etwas größer als 5 % (genau: ≈ 5,41 %).

Seite 138

5.1 $-(-88 : (-24 + 35) - 49) = -(-8 - 49) = 57$

5.2 5.2.1
8,2 g ≙ 100 ml
24,6 g ≙ 300 ml
24,6 g : 3 g = 8,2
Mit einem Glas Orangensaft (300 ml) nimmt man mehr als acht Stückchen Würfelzucker zu sich.
5.2.2
16 g Zucker entsprechen 18 % des Tagesbedarfs.
16 g ≙ 18 %
50 g Zucker entsprechen somit mehr als dem dreifachen Prozentsatz (= 54 %).
Mit dem Stück Kuchen ist also schon über die Hälfte (> 50 %) der empfohlenen Tagesmenge aufgenommen.

5.3 Der vollen Prämie entsprechen 100 %, das sind 750 €.

5.4 Der neuen Miete entsprechen 125 %, das sind 2500 €.

5.5 Kantenlänge der kleinen Schachtel: 4 cm
Kantenlänge der mittleren Schachtel: 10 cm
Kantenlänge der großen Schachtel: 22 cm

5.6 $\frac{21}{36}\left(2 + \frac{3}{42} : \frac{2}{7}\right) = \frac{21}{36} \cdot \left(2 + \frac{3}{12}\right) = \frac{21}{36} \cdot \frac{27}{12} = \frac{21}{16}$

5.7 Ein Quadrat mit der Seitenlänge a wird auf beiden Seiten um b verlängert.
Bei der Zerlegung entsprechen die Flächeninhalte der einzelnen Quadrate bzw. Rechtecke dem Summanden der 1. Binomischen Formel: $(a + b)^2 = a^2 + 2ab + b^2$

Seite 139

6.1 112 Seiten von 320 Seiten sind 35 %.

6.2 $-((-22 + 31) \cdot (-7)) - (-37) = 63 + 37 = 100$

6.3 $\frac{1}{5} + \frac{2}{9} + \frac{1}{8} = \frac{197}{360}$ Die Hälfte wäre $\frac{180}{360}$.
Die Dose ist also noch mehr als halb voll.

6.4 6.4.1
Länge: 2,4 m Breite: 2 m
$u_R = 8{,}8\ m$ $A_R = 4{,}8\ m^2$
6.4.2
3 und 10 Matten; 2 und 15 Matten; 1 und 30 Matten

6.5 Die Aussagen 1, 2, 3 und 5 sind richtig.

6.6 Zwei Seiten und der dazwischenliegende Winkel müssen übereinstimmen.

6.7 $\frac{3}{12} : \frac{9}{4} - \frac{2}{3} \cdot \frac{6}{18} = \frac{3}{12} \cdot \frac{4}{9} - \frac{2}{9} = \frac{4}{36} - \frac{2}{9} = -\frac{1}{9}$

Seite 140

1.1 Rentenrechnung:
vorschüssige Kapitalerhöhung mit
$K_n' = 40\,000$ €; p = 1,7; q = 1,017; n = 4
Gesucht: Rate r
Mit der Formel für den Endwert ergibt sich:
r ≈ 9585,63 €

1.2 K_0 = 40 000 €; p = 3,4; q = 1,034; n = 8
Jährliche Annuität:
A ≈ 5794,80 €
Tilgungsplan bei Annuitätentilgung:

Jahr	Restschuld (€)	Zinsen (€)	Tilgung(€)	Annuität (€)
1	40 000	1360	4434,80	5794,80
2	35 565,20	1209,22	4585,58	5794,80

1.3 Die Zinsen entsprechen den gezahlten Annuitäten abzüglich der Höhe des Darlehens: Z = 6358,40 €

1.4 A = 3000 €; K_0 = 40 000 €; p = 3,4; q = 1,034
Gesucht: n
Mit der Formel für die Annuität ergibt sich unter Verwendung des Logarithmus:
n ≈ 18,0625
Der Kredit wäre nach 19 Jahren komplett zurückgezahlt.

Seite 141

2.1 K_n = 60 000 €; K_0 = 18 499,12 €; p = 4; q = 1,04
Gesucht: Anzahl der Jahre n
Mit der Zinseszinsformel ergibt sich:
n = 30 Jahre
Das Startkapital wurde im Jahr 1987 angelegt.

2.2 Rentenrechnung:
vorschüssige Kapitalminderung mit
K_0 = 30 000 €; p = 1,1; q = 1,011; r = 8000 €; n = 3
Mit der Formel für den Endwert ergibt sich:
K_3'≈ 6469,05 €

2.3 T_1 = 18 327,60 €; p = 2,3; q = 1,023; n = 12
Gesucht: Anfangsschuld K_0
Mit der Formel für die Tilgungsrate bei Annuitätentilgung ergibt sich:
K_0 ≈ 250 000 €

2.4 Tilgungsplan bei Annuitätentilgung:

Jahr	Restschuld (€)	Zinsen (€)	Tilgung (€)	Annuität (€)
1	250 000,00	5750,00	18 327,60	24 077,60
2	231 672,40	5328,47	18 749,13	24 077,60

Seite 142

3.1 Tilgungsplan bei Annuitätentilgung:

Jahr	Restschuld (€)	Zinsen (€)	Tilgung (€)	Annuität (€)
1	600 000	18 000	42 277,25	60 277,25
2	557 722,75	16 731,68	43 545,57	60 277,25

3.2 K_0 = 600 000 €; p = 3; q = 1,03;
v = 10; A = 60 277,25 €
Gesucht: Restschuld nach v (= 10) Jahren
Mit der Formel für die Restschuld bei Annuitätentilgung ergibt sich: K_{10} ≈ 115 338,71 €

3.3 K_0 = 600 000 €; p = 0,8; q = 1,008; n = 5
Gesucht: Auszahlungsbetrag nach 5 Jahren
Mit der Zinseszinsformel ergibt sich:
K_5 ≈ 624 387,08 €

3.4 Rentenrechnung:
vorschüssige Kapitalminderung mit
K_n' = 0 €; K_0 = 600 000 €; p = 0,8;
q = 1,008; r = 50 000 €
Gesucht: Anzahl der Jahre n
Mit der komibinierten Zinseszins-/Rentenformel ergibt sich unter Verwendung des Logarithmus:
n ≈ 12,56
12 volle Abhebungen können getätigt werden.

Seite 143

4.1 K_0 = 4500 €; p = 2; q = 1,02
Gesucht: Betrag nach 5 Jahren
Mit der Zinseszinsformel ergibt sich:
K_5 ≈ 4968,36 €

4.2 K_0 = 5000 €; p = 0,5; q = 1,005; n = 4
Gesucht: jährliche Annuität
Mit der Formel für die Annuität bei Annuitätentilgung ergibt sich:
A ≈ 1265,66 €

Tilgungsplan bei Annuitätentilgung:

Jahr	Restschuld (€)	Zinsen (€)	Tilgung (€)	Annuität (€)
1	5000	25	1240,66	1265,66
2	3759,34	18,80	1246,86	1265,66

4.3 Rentenrechnung:
nachschüssige Kapitalerhöhung mit
K_n = 80 000 €; K_0 = 8000 €; p = 1,2; q = 1,012;
r = 2400 €
Gesucht: Anzahl der Jahre n
Mit der komibinierten Zinseszins-/Rentenformel ergibt sich unter Verwendung des Logarithmus:
n ≈ 24,91
Die Versicherungssumme ist nach 25 Jahren, also im Jahr 2042 erreicht.

4.4 Rentenrechnung: vorschüssige Kapitalminderung mit
K_n' = 0 €; K_0 = 80 000 €; p = 1,1; q = 1,011; n = 10
Gesucht: Rate r
Mit der kombinierten Zinseszins-/Rentenformel ergibt sich:
r ≈ 8399,55 €

Seite 144

1.1 H (0|2) und S (42|22) einsetzen liefert:
p: $y = -\frac{5}{441}x^2 + \frac{20}{21}x + 2$

1.2 Gesucht sind die Nullstellen der Parabel p.
$x_1 \approx -2{,}05$ (nicht sinnvoll); $x_2 \approx 86{,}05$
Der Speerwerfer hat den Speer circa 86 m weit geworfen.

1.3 Gleichung der Tangenten: t: $y = mx + t$
Gleichsetzen: $t = p$ liefert:
$0 = -\frac{5}{441}x^2 + \left(\frac{20}{21} - m\right)x + 2 - t$
Da der Punkt H auf der Tangenten liegt, gilt: $t = 2$
Damit t eine Tangente an die Parabel p ist, muss außerdem gelten:
Diskriminante $D = b^2 - 4ac = 0$.
Damit ergibt sich: $m = \frac{20}{21}$
und somit: t: $y = \frac{20}{21}x + 2$

1.4 Zu wählen ist eine geeignete Einteilung der Achsen:
x-Achse: 1 cm (2 Kästchen) ≙ 10 m
y-Achse: 1 cm (2 Kästchen) ≙ 4 m

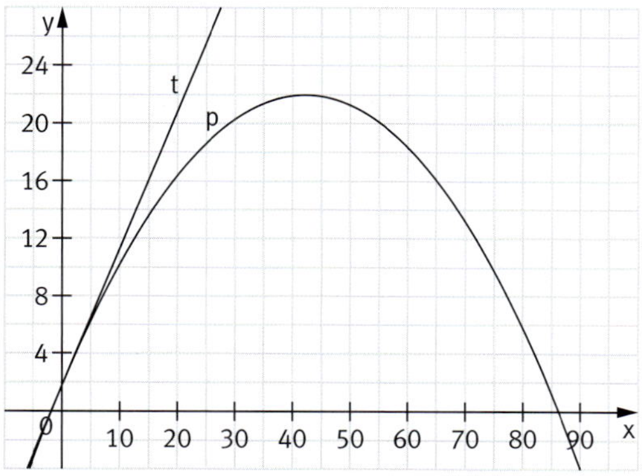

2.1 Einsetzen der Punkte A, B und C in die Gleichung
p_1: $y = ax^2 + bx + c$ liefert:
p_1: $y = -\frac{1}{9}x^2 + \frac{23}{30}x + 0{,}5$

2.2 Gesucht ist der Scheitelpunkt:
Einsetzen von a, b und c in die allgemeinen Koordinaten des Scheitelpunktes liefert:
Scheitelpunkt S: S (3,45 | 1,8225)
Den höchsten Punkt erreicht der Wasserstrahl bei einer Entfernung von der Beregnungsanlage von ca. 3,5 m mit einer Höhe von ca. 1,8 m.

2.3 Gesucht sind die Nullstellen:
$x_1 = -\frac{3}{5}$ (nicht sinnvoll); $x_2 = 7{,}5$
In einer Entfernung von 7,5 m von der Beregnungsanlage trifft der Wasserstrahl wieder auf dem Rasen auf.

2.4 Gleichung der Geraden: g: $y = 1{,}8225$

Seite 145

3.1 Gesucht sind die Nullstellen: $x_1 = 0$; $x_2 = 10$
Ab dem ersten produzierten Stück bis zu einer Stückzahl von 100 000 Stück ist der Umsatz positiv.

3.2 Gesucht ist der Scheitelpunkt:
Einsetzen von a, b und c in die allgemeinen Koordinaten des Scheitelpunktes liefert:
Scheitelpunkt S: S (5 | 5)
Der maximale Umsatz beträgt 50 000 €. Dieser wird erreicht bei einer Produktionsmenge von 50 000 Stück.

3.3 Gesucht sind die Schnittpunkte der Graphen von u und k:
Gleichsetzen von k (x) und u (x) liefert:
$x_1 \approx 0{,}47$; $x_2 \approx 8{,}03$
und somit: S_1 (0,47 | 0,89) und S_2 (8,03 | 3,16)
Oberhalb einer Produktionsmenge von 47 000 Stück und unterhalb einer Produktionsmenge von 803 000 Stück wird ein Gewinn erzielt. Dieser liegt zwischen 89 000 € und 316 000 €.

3.4 Zu wählen ist eine geeignete Einteilung der Achsen:
x-Achse: 1 cm (2 Kästchen) ≙ 10 000 Stück
y-Achse: 1 cm (2 Kästchen) ≙ 10 000 €

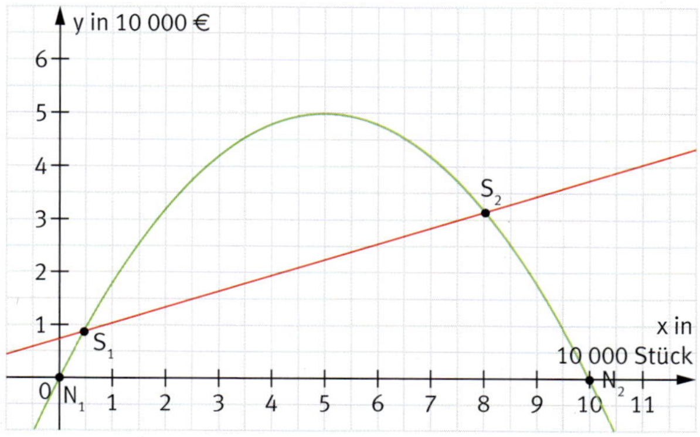

4.1 Gesucht sind die Nullstellen:
$x_1 = 2\sqrt{5} \approx 4{,}47$; $x_2 = -2\sqrt{5} \approx -4{,}47$
Der Kanal ist ca. 8,94 m breit.

4.2 Der Kanal ist maximal 4 Meter tief.

4.3 Einsetzen der Formvariable $a = -0{,}01$ und der Punkte A und B liefert:
b: $y = -0{,}01x^2 + 3$
An der höchsten Stelle ist die Brücke 3 m hoch.

4.4 Gesucht: b (10)
Einsetzen liefert: b (10) = 2.
Die Stützen sind 2 m hoch.

4.5 Die Gerade verläuft durch die Punkte (10 | 0) (Fußpunkt der Stütze s_2) und (3 | 0) (höchster Punkt der Brücke).
Einsetzen liefert: $t = 3$ und $m = -0{,}3$
und somit: s_3: $y = -0{,}3x + 3$

Seite 146

1.1 Anwendung des Kosinussatzes im Dreieck ABD:
$|\overline{BD}| \approx 42{,}54$ m $\approx 42{,}5$ m

1.2 Berechnung des Winkels ∢DBA mit dem Sinussatz im Dreieck ABD:
∢DBA ≈ 26,22°
⟹ ∢CBD = 85° − 26,22° = 58,78°
Anwendung des Kosinussatzes im Dreieck BCD:
$|\overline{CD}| \approx 36{,}59$ m

1.3 Anwendung der allgemeinen Formel für den Flächeninhalt:
$A_{\text{Grundstück}} = A_{\text{Dreieck ABD}} + A_{\text{Dreieck BCD}} = 895{,}79\ \text{m}^2$

1.4 Flächeninhalt der Auffahrt:
$1000\ m^2 - 895{,}79 m^2 = 104{,}21\ m^2$
Mit der gegebenen Breite ergibt sich für die Länge:
$f = 17{,}37\ m \approx 17{,}4\ m$

1.5 Berechnung des Winkels ∢GFE mit dem Tangens im rechtwinkligen Dreieck EFG:
∢GFE ≈ 71°

2.1 Anwendung des Kosinussatzes im Dreieck BCA:
$\gamma_1 \approx 56{,}32°$

2.2 Berechnung der Länge der Strecke $\overline{DE}$ mit dem Tangens im rechtwinkligen Dreieck ADE:
$|\overline{DE}| \approx 50$ cm
Das Kind ist somit ungefähr 80 cm groß.

2.3 Berechnung der Länge der Strecke $\overline{AE}$ mit Hilfe des Satz von Pythagoras:
$|\overline{AE}| \approx 74{,}33$ cm ≈ 74 cm
Berechnung des Winkels ∢CEA mit dem Sinussatz im Dreieck AEC:
∢CEA ≈ 3,48°
Berechnung von $|\overline{CE}|$ (Armlänge des Kindes) mit dem Sinussatz im Dreieck AEC:
$|\overline{CE}| \approx 34$ cm
Die Armlänge des Kindes beträgt in etwa 34 cm.

2.4 Berechnung der Fadenlänge mit dem Sinus im rechtwinkligen Dreieck:
$\beta_1 = 72°$; Hypotenuse a = 33 cm;
Gegenkathete: Fadenlänge
Der Faden ist ungefähr 31,4 cm lang.

Seite 147

3.1 Berechnung des Winkels ∢BAE mit dem Kosinus im rechtwinkligen Dreieck ABE:
∢BAE ≈ 78,91°

3.2 Mit dem Satz des Pythagoras ergibt sich:
$|\overline{EB}| \approx 25{,}51$ m

3.3 25,51 m – 1,51 m = 24 m
Entfernung zur Eingangstür: x + 5 m = $|\overline{AC}|$
Berechnung der Seitenlänge x mit dem Tangens im rechtwinkligen Dreieck:
$\delta = 12°$; Gegenkathete 24 m; Ankathete: x
x ≈ 112,9 m ≈ 113 m
Entfernung zur Eingangstür: ungefähr 118 m

3.4 Berechnung des Winkels ∢ADC mit dem Tangens im rechtwinkligen Dreieck BCD:
∢ADC ≈ 89,27°
$\varepsilon = 90° - 89{,}27° = 0{,}73°$
Die Touristin blickt unter einem Winkel von ungefähr 0,7 ° auf die Eingangstür.

3.5 Anwendung der allgemeinen Formel für den Flächeninhalt für das Dreieck ADE:
∢BEA = 180° – 90° – 78,91° = 11,09°
∢DEB = 180° – 90° – 12° = 78°
∢DEA = 11,09° + 78° = 89,09°
$A_{\text{Dreieck ADE}} \approx 1500\ m^2$

4.1 Berechnung des Winkels ∢DCE mit dem Tangens im rechtwinkligen Dreieck CDE:
∢DCE ≈ 89,2°
Senkungswinkel: 90° – 89,2° = 0,8°

4.2 Mit dem Satz des Pythagoras ergibt sich:
Stehendschießen: $|\overline{CE}| \approx 50{,}0049$ m
Liegendschießen: $|\overline{FE}| \approx 50{,}0064$ m

4.3 Anwendung des Kosinussatzes im Dreieck FEC:
∢CEF ≈ 1,72° ≈ 1,7°

4.4 Steigungswinkel beim Liegendschießen:
90° – ∢EFD
∢EFD = 180° – 1,7° – 89,2° = 89,1°
Steigungswinkel: 0,9°
Steigung in Prozent: tan 0,9° · 100 ≈ 1,6 %

Seite 148

1.1 Mit der Formel für die Mantelfläche eines Kegels und r = 0,5 s ergibt sich:
s ≈ 6 cm; r ≈ 3 cm

1.2 Volumen der Eiskugel mit r = 4 cm:
$V \approx 268{,}08\ cm^3$

1.3 Teilergebnis: x ≈ 2,65 cm
(Abstand des Mittelpunkts der Eiskugel zur Eiswaffel; Satz des Pythagoras mit der Hypotenuse 4 cm und den Katheten 3 cm und x.)
$h_E = 4\ cm + 2{,}65\ cm = 6{,}65\ cm$

1.4 Höhe der Eiswaffel: $h_{EW} \approx 5{,}2$ cm
(Satz des Pythagoras mit der Hypotenuse 6 cm und den Katheten 3 cm und h_{EW})
Höhe der Eiswaffel mit Eiskugel:
$h_{EW} + h_E = 11{,}85$ cm

1.5 Mit dem 2. Strahlensatz wird der Radius des Zylinders x berechnet:
$\frac{3\ cm}{x\ cm} = \frac{5{,}2\ cm}{3{,}5\ cm}$ x ≈ 2,02 cm
$M_{\text{Zylinder}} = 63{,}46\ cm^2$

2.1 Die Karaffe hat die Form von zwei aufeinandergesetzten Kegelstümpfen:
$V_{\text{Kegelstumpf}} = V_{\text{gesamter Kegel}} - V_{\text{abgeschnittene Spitze}}$
Die Höhe des gesamten Kegels und somit auch des abgeschnittenen Kegels lässt sich mit dem 2. Strahlensatz ermitteln:
Für den unteren Kegelstumpf gilt:
$\frac{5\ cm}{3\ cm} = \frac{(15 + x_1)\ cm}{x_1\ cm} \Rightarrow x_1 = 22{,}5$ cm (Höhe der Spitze)

$h_{\text{gesamter Kegel}} = 37{,}5\ \text{cm}$; $h_{\text{abgeschnittene Spitze}} = 22{,}5\ \text{cm}$
$r_{\text{gesamter Kegel}} = 5\ \text{cm}$; $r_{\text{abgeschnittene Spitze}} = 3\ \text{cm}$
Entsprechend gilt für den oberen Kegelstumpf:
$\frac{3{,}5\ \text{cm}}{3\ \text{cm}} = \frac{(10 + x_2)\ \text{cm}}{x_2\ \text{cm}} \Longrightarrow x_2 = 60\ \text{cm}$ (Höhe der Spitze)
$h_{\text{gesamter Kegel}} = 70\ \text{cm}$; $h_{\text{abgeschnittene Spitze}} = 60\ \text{cm}$
$r_{\text{gesamter Kegel}} = 3{,}5\ \text{cm}$; $r_{\text{abgeschnittene Spitze}} = 3\ \text{cm}$
$V_{\text{unterer Stumpf}} \approx 981{,}75\ \text{cm}^3 - 212{,}06\ \text{cm}^3 \approx 769{,}69\ \text{cm}^3$
$V_{\text{oberer Stumpf}} \approx 897{,}97\ \text{cm}^3 - 565{,}49\ \text{cm}^3 \approx 332{,}48\ \text{cm}^3$
$V_{\text{Karaffe}} = 1102{,}17\ \text{cm}^3 \approx 1{,}1\ \text{l}$

2.2 $V_{\text{Zylinder}} = 250\ \text{ml} = 250\ \text{cm}^3$
Mit $r = 3$ cm ergibt sich für die Höhe:
$h_{\text{Zylinder}} \approx 8{,}84\ \text{cm}$
$M_{\text{Zylinder}} \approx 166{,}63\ \text{cm}^2$

2.3 Höhe des Eiswürfels:
$h = 3\ \text{cm}$

2.4 $h_s \approx \sqrt{10}\ \text{cm} \approx 3{,}16\ \text{cm}$
$O_{\text{Pyramide}} = A_{\text{Quadrat}} + 4 \cdot A_{\text{Dreieck}} \approx 16{,}65\ \text{cm}^2$

Seite 149

3.1 Der Plexiglasbehälter hat die Form von einem Kegelstumpf:
$V_{\text{Kegelstumpf}} = V_{\text{gesamter Kegel}} - V_{\text{abgeschnittene Spitze}}$
Die Höhe des gesamten Kegels und somit auch des abgeschnittenen Kegels lässt sich mit dem 2. Strahlensatz ermitteln:
$\frac{3{,}75\ \text{cm}}{1{,}75\ \text{cm}} = \frac{(7{,}75 + x)\ \text{cm}}{x\ \text{cm}} \Longrightarrow x \approx 6{,}8\ \text{cm}$ (Höhe der Spitze)
$h_{\text{gesamter Kegel}} = 14{,}55\ \text{cm}$; $h_{\text{abgeschnittene Spitze}} = 6{,}8\ \text{cm}$
$r_{\text{gesamter Kegel}} = 3{,}75\ \text{cm}$; $r_{\text{abgeschnittene Spitze}} = 1{,}75\ \text{cm}$
$V_{\text{Stumpf}} \approx 192{,}46\ \text{cm}^3$

3.2 $\text{Volumen}_{\text{Pfefferkorn}} \approx 0{,}014\ \text{cm}^3$
Anzahl Pfefferkörner:
$V_{\text{Stumpf}} : V_{\text{Pfefferkorn}} = 192{,}46\ \text{cm}^3 : 0{,}014\ \text{cm}^3 \approx 13\,750$

3.3 Der Teil aus Edelstahl besteht aus einem Kegelstumpf und einem Zylinder:
$M_{\text{Kegelstumpf}} = M_{\text{gesamter Kegel}} - M_{\text{abgeschnittene Spitze}}$
Die Höhe des gesamten Kegels und somit auch des abgeschnittenen Kegels lässt sich mit dem 2. Strahlensatz ermitteln:
$\frac{3\ \text{cm}}{2\ \text{cm}} = \frac{(6 + x)\ \text{cm}}{x\ \text{cm}} \Longrightarrow x = 12\ \text{cm}$ (Höhe der Spitze)
$h_{\text{gesamter Kegel}} = 18\ \text{cm}$; $h_{\text{abgeschnittene Spitze}} = 12\ \text{cm}$
$r_{\text{gesamter Kegel}} = 3\ \text{cm}$; $r_{\text{abgeschnittene Spitze}} = 2\ \text{cm}$
Die Seitenkanten s errechnen sich mit dem Satz des Pythagoras aus der Höhe und dem Radius:
$s_{\text{gesamter Kegel}} = \sqrt{333}\ \text{cm} \approx 18{,}25\ \text{cm}$
$s_{\text{abgeschnittene Spitze}} = \sqrt{148}\ \text{cm} \approx 12{,}17\ \text{cm}$

$M_{\text{Stumpf}} \approx 171{,}99\ \text{cm}^2 - 76{,}44\ \text{cm}^2 \approx 95{,}55\ \text{cm}^2$
$A_{\text{Deckel}} = 9\pi\ \text{cm}^2 \approx 28{,}27\ \text{cm}^2$
$M_{\text{Zylinder}} = 8\pi\ \text{cm}^2 \approx 25{,}13\ \text{cm}^2$
$O_{\text{Edelstahl}} = 148{,}95\ \text{cm}^2$

4.1 $h_s \approx 3{,}46\ \text{cm}$
$M_{\text{Pyramide}} \approx 27{,}68\ \text{cm}^2$
$M_{\text{Goldfolie}} = 6 \cdot M_{\text{Pyramide}} = 166{,}08\ \text{cm}^2$

4.2 $h_{\text{Pyramide}} \approx 2{,}82\ \text{cm}$
$V_{\text{Pyramide}} \approx 15{,}04\ \text{cm}^3$
$V_{\text{Würfel}} = 64\ \text{cm}^3$
$V_{\text{Stern}} = 6 \cdot V_{\text{Pyramide}} + V_{\text{Würfel}} = 154{,}24\ \text{cm}^3$

4.3 Platzbedarf des Sterns:
$2 \cdot h_{\text{Pyramide}} + \text{Kantenlänge}_{\text{Würfel}} = 9{,}64\ \text{cm}$
In der Realität würde also wohl ein Karton mit den Maßen 10 cm x 10 cm x 10 cm zum Einsatz kommen.

4.4 $V_{\text{Karton}} \approx 895{,}84\ \text{cm}^3$
$V_{\text{Füllmaterial}} = 895{,}84\ \text{cm}^3 - 154{,}24\ \text{cm}^3 \approx 741{,}60\ \text{cm}^3$
Dies entspricht ≈ 82,78 %, also circa 83 %.

Seite 150

1.1 10 Uhr und 17 Uhr und 18 Uhr

1.2 0, 10,10, 20, 30, 45, 60, 70, 70
Median: 30 Minuten
Modalwert: 10 und 70 Minuten
$\bar{x} = 35$

1.3

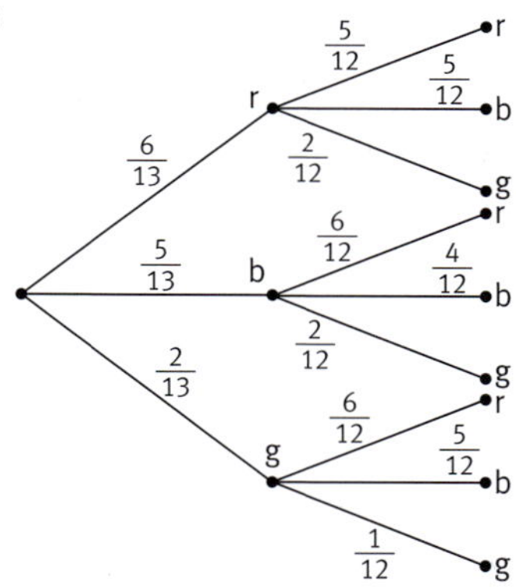

1.4 P („Schlüsselanhänger“)
= P („mindestens eine blaue Kugel“)
= P (rb; br; bb; bg; gb) = $\frac{25}{39} \approx 64{,}1\ \%$

1.5 P („kein Gewinn“) = P (rg; gr) = $\frac{2}{13} \approx 15{,}38\ \%$

Seite 151

2.1 P (1) = 50 %; P (2) = $33{,}\overline{3}$ %; P (3) = $16{,}\overline{6}$ %

2.2

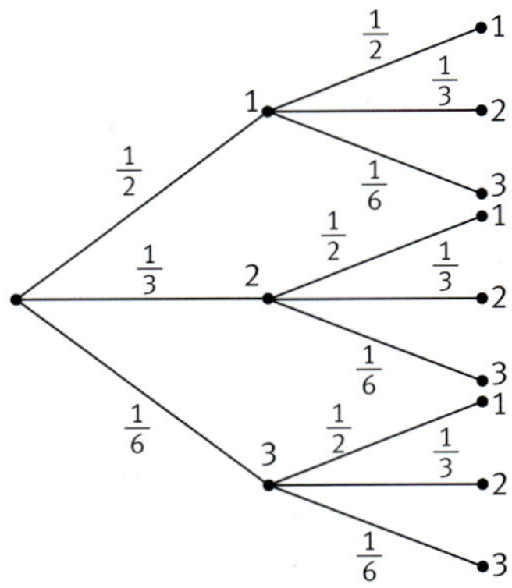

2.3 P („zwei gleiche Ziffern“) = $\frac{7}{18} \approx 38{,}89\ \%$

2.4 $(2 + 3 + 4 + 3 + 4 + 5 + 4 + 5 + 6) : 9 = 4$

2.5 P („x > 4“) = $\frac{5}{36} \approx 13{,}89\ \%$

3.1 P („Niete“) = 50 %; P („1 Punkt“) = 30 %
P („10 Punkte“) = 15 %; P („50 Punkte“) = 5 %

3.2 0 0 0 0 0 1 1 1 1 10
Modalwert: Niete mit 5 x vorhanden
Median: 0,5
$\bar{x} = 1{,}4$

3.3

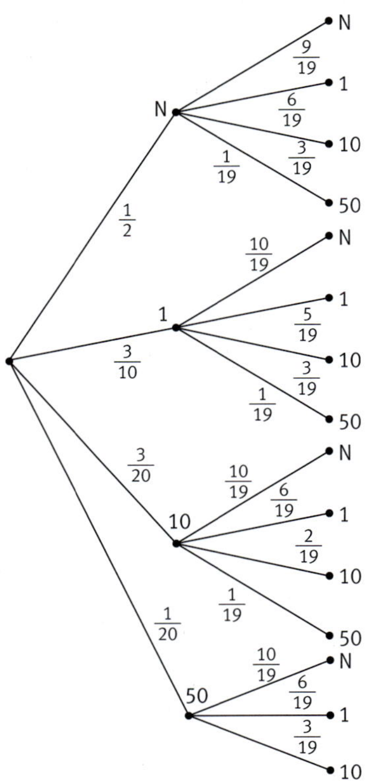

3.4 P („30 Punkte“) = 10 %

Seite 152

4.1

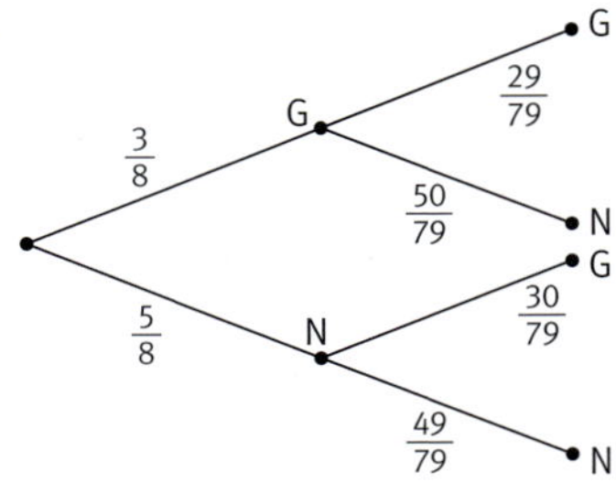

4.2 P („2 Gewinne“) = $\frac{87}{632} \approx 13{,}77\%$

4.3 P („mindestens einen Gewinn“)
= 1 – P („keinen Gewinn“) = $\frac{387}{632} = 61{,}23\%$

4.4 12 + 4 = 16 Schüler

4.5 Betroffene Schüler: 48
Schüler gesamt: 70
h ≈ 69 %

4.6

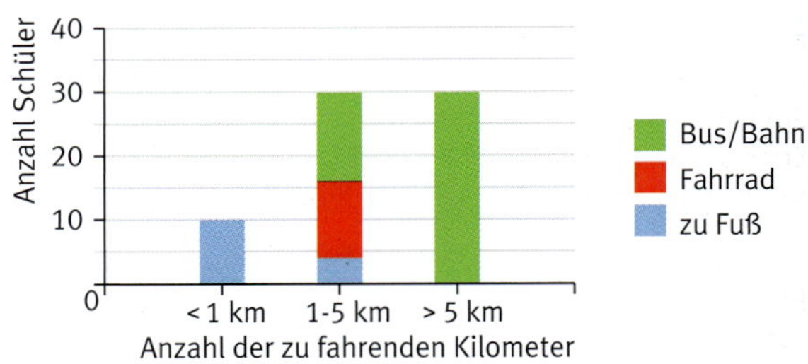

oder

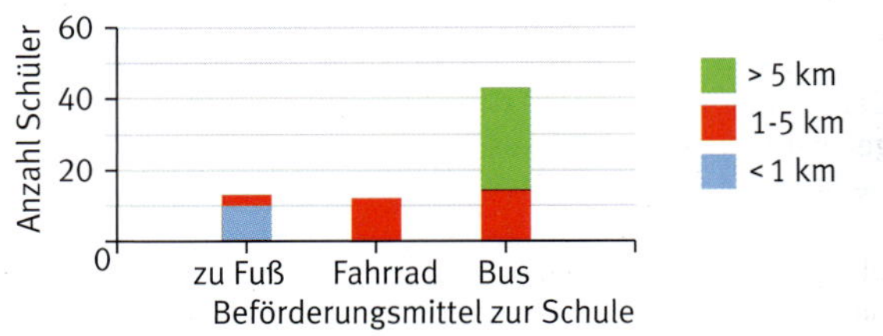

DPA picture alliance/Nasa/NASA Goddard Space Flight C – S. 62; fotolia: ristaumedia.de – Einband, S. 1 / MaxWo – S. 18 / ferkelraggae – S. 30 / Marc Xavier – S. 32 / arsdigital – S. 32 / Turbowerner – S. 47 / ichola-kov – S. 48 / Helmut Niklas – S. 49 / synto – S. 49 / Michael Eichhorn – S. 55 / Bernd Kröger – S. 58 / nmann77 – S. 65 / Automoguillem – S. 131 / Robert Kneschke – S. 98 / AR – S. 99 / euregiophoto – S. 100 / wion – S. 101 / RRF – S. 116 / arkpo – S. 117 / Alterfalter – S. 138 / womue – S. 149; Hieb, Toralf, Kirschkau – S. 46; iStockphoto: Saturated – S. 62 / deepblue4you – S. 134; NASA/Mariner 10, Astrogeology Team, U.S. Geologi-cal Survey – S. 47 / NASA/JPL/University of Arizon – S. 47; plainpicture/beyond/Junos, Hamburg – S. 124; Thinkstock/iStock: cobicoinc – S. 17 l / Scanrail – S. 20 / Vlad Kochelaevskiy – S. 23 / AdamGregor – S. 24 / RAZVYDAS – S. 24 / mikespics – S. 28 / ConstantinosZ – S. 29 / Ridofranz – S. 36 / VladTeodor – S. 36 / mileus – S. 42 / in4mal – S. 43 / gongzstudio – S. 57 Mr, S. 79 / shalamov – S. 57 / Irockka_T – S. 57 / Discov-od – S. 58 / somchaisom – S. 59 / CharlieAJA – S. 59 / Herzstaub – S. 78 / roman023 – S. 85 / swisshippo – S. 95 / FabrizioBernardi – S. 100 / Thierry Vialard – S. 109 / Arne Trautmann – S. 120 / cmfotoworks – S. 122, 152 / fragless – S. 122 / Choreograph – S. 124 / bedo – S. 135 / Algul – S. 144 / OcusFocus – S. 146 / hydrangea100 – S. 148 / NiseriN – S. 150 / ernstboese – S. 151; Thinkstock: Jupiterimages/PolkaDot – S. 13 / Hemera/Nurbek Sagynbaev – S. 17 / Hemera/Goce Risteki – S. 20 / Wavebreak Media/wavebreakmedia Ltd – S. 26 / Good-shoot/Jupiterimages – S. 29 / Creatas – S. 35 / DigitalVision/Michael Blann – S. 43 / Hemera/Alex Varlakov – S. 99 / Hemera/Goce Risteki – S. 99 / Photodisc/Jack Hollingsworth – S. 133; Wikimedia: Christian Horvat, modi-fied by Xavax (perpektive) – S. 52 / Johann Wein/CC BY-SA 3.0 – S. 147